揭开巨富的秘密　倾听智者的声音

洛克菲勒
写给儿子的 38 封信
详解版

（美）洛克菲勒◎著　梁素娟◎编译

北京联合出版公司
Beijing United Publishing Co.,Ltd.

图书在版编目（CIP）数据

洛克菲勒写给儿子的38封信：详解版 /（美）洛克菲勒著；梁素娟编译 . —北京：北京联合出版公司，2016.3（2023.10 重印）

ISBN 978-7-5502-7155-5

Ⅰ .①洛… Ⅱ .①洛…②梁… Ⅲ .①洛克菲勒，J.D.（1839 ~ 1937）—书信集 Ⅳ .① K837.125.38

中国版本图书馆 CIP 数据核字（2016）第 023251 号

洛克菲勒写给儿子的38封信：详解版

著　　者：（美）洛克菲勒
编　　译：梁素娟
出 品 人：赵红仕
责任编辑：李　征
封面设计：李艾红
内文排版：吴秀侠

北京联合出版公司出版
（北京市西城区德外大街83 号楼9 层 100088）
河北松源印刷有限公司印刷　新华书店经销
字数501千字　720毫米×1020毫米　1/16　29印张
2016年3月第1版　2023年10月第8次印刷
 ISBN 978-7-5502-7155-5
定价：68.00元

约翰·D. 洛克菲勒 (1839–1937)，是人类历史上第一位亿万富翁，他曾通过气势如虹的兼并和扩张垄断了美国的石油工业，被世人称为"石油大王"。从一个小小的经纪人到全球石油业的霸主，他成就了一个传奇，造就了美国历史上一个独特的时代，被誉为"窥见上帝秘密的人"。比尔·盖茨曾经说："我心目中的赚钱英雄只有一个名字，那就是洛克菲勒。"

美国早期的富豪，多半靠机遇成功，唯有约翰·D. 洛克菲勒例外。他精明而富有远见、冷静而又具备胆略，他的成功绝不是偶然，而是凭借自己独有的魄力和手段，白手起家，一步一步地建立起他那庞大的石油帝国。可以毫不夸张地说，洛克菲勒的创业史是美国梦的典型代表，洛克菲勒家族过去 150 年的发展史就是整个美国历史的一个缩影，并且已经成为美国国家精神的杰出代表。

洛克菲勒不仅是一位成功的商人，一位充满智慧的创造者，更是一位和蔼慈祥、教子有方的父亲。他知道，能带给孩子一生幸福的不是金钱，而是精神上的富足和良好的生活习性。正是凭借洛克菲勒这样的教育观念，他的子孙后辈人才辈出。洛克菲勒于 1937 年 5 月 23 日去世，他留下的巨额财富和事业由子孙们继承下去。在今天，经历了人类历史 100 多年的洗礼，而绵延了六代的洛克菲勒家族依然是这个世界上富有的家族之一，对美国的经济和政治都有着巨大的影响。

洛克菲勒家族的子孙之所以能将家族的辉煌与成功延续至今，和他们自小受到的家庭教育是分不开的。在教育子女方面，洛克菲勒家族有着一套独特的教育方式和计划。其中，最为典型的就是洛克菲勒的教子信札。洛克菲勒将其一生的思想精华融入写给儿子的信中，讲述了他的人生智慧和财富之道。从他的书信中我们知道：对金钱有欲望并不是一件羞耻的事情；借贷更容易让我们成为富人；金钱来源于社会，也要服务于社会等。这些都是我们在生活中领悟不到的真谛。

它会指引我们人生的方向，引导我们树立正确的价值观和人生观。

而今，洛克菲勒的这些信件已经成了当下年轻人的人生准则。基于此，我们编撰了这本书。本书收录的洛克菲勒写给儿子的 38 封信，饱含了一位父亲对儿子那浓浓的爱以及殷切的希望，真实、完整地记录了洛克菲勒在其 98 年的峥嵘岁月中的人生智慧和成功之道。这些信总结和浓缩了他的人生经验和处世感悟，通过深情的教诲和极富文学魅力的笔触，给儿子在学识、品格、仪表、交际、事业、生活等方面提出了极其宝贵的人生忠告，在获取财富、成就事业等方面提出了许多中肯的指导。与其他只收录这 38 封信原文的书不同的是，本书进一步剖析了信件的内容，将每一封信都作为一个章节来阐述，对其进行了详细的解读，文中以具体的洛克菲勒的案例来阐释其观点，有了事例的解说和例证，能够让读者更加准确地理解洛克菲勒的信的内容，理解洛克菲勒所要传达给年轻人的真正含义。

接受正确有益的忠告，不但可以帮助你树立正确的人生观、价值观，还能给你力量和指引，让你站在巨人的肩上，更快、更顺利地取得人生的成功。希望通过我们的努力，能够给如今正在迷茫或者是正在奋斗中的年轻人一点启示，能够给你带来一些奋斗的动力。愿这本书能够成为你人生道路上的指明灯，给你指引方向，赐予你灵感。

目录

约翰·D.洛克菲勒 | 简介

谁是美国历史上最富有的人？世界著名财经杂志《福布斯》曾做过一项相关调查。此调查当然不能仅凭个人财富在巅峰时期的金额多少来决定，而是对照当时美国国内生产总值来反映他们对于美国经济的影响。最终得出的答案是——"石油大王"约翰·D.洛克菲勒。如果将约翰·D.洛克菲勒的财富转化成 2006 年的美元标准，得到的数字是 2000 多亿美元，这比比尔·盖茨的个人资产高出数倍。比尔·盖茨也视洛克菲勒为偶像，他说："我心目中的赚钱英雄只有一个——约翰·D.洛克菲勒。"

要了解美国资本主义经济发展史，无法避免地要谈到洛克菲勒，他也是现代商业史上最具争议的人物。一方面，洛克菲勒创建的标准石油公司在发展到巅峰时期时，曾垄断全美 80% 的炼油工业和 90% 的油管生意，因此有人认为洛克菲勒只不过是不择手段、唯利是图的资本家；另一方面，洛克菲勒笃信基督教，以他名字命名的基金会，秉承"在全世界造福人类"的宗旨，其捐款总额高达 5 亿美元，因此也有人恭维洛克菲勒说他是个慷慨的慈善家。"石油大王"的漫长一生，毁誉参半。

1839 年 7 月 8 日，约翰·D.洛克菲勒出生于纽约州哈得逊河畔的一个小镇。他们家族是 18 世纪从德国举家移民到美国的。他父母的个性截然不同：父亲是一个很讲求实际的人，在教育孩子时，给他们灌输的思想也是"只有付出劳动才能得到报酬"；母亲则是个一言一行都皈依《圣经》的虔诚的基督教徒，她勤快简朴。洛克菲勒作为长子，他从父亲那里学会了讲求实际的经商之道，又从母亲那里学到了精细、节俭、守信用、一丝不苟的长处，这对他日后的成功产生了莫大的影响。

洛克菲勒从小就表现出了商业才能，他有个记账本，上面详细地记录了自己干活的情况，以此来向父亲要求报酬。同时，他把这些钱积攒下来，贷给当地的农民，收取一定的利息，从中赚取费用。一次，洛克菲勒在树林中发现了火鸡的窝，就把小火鸡带回家饲养，到感恩节的时候再把火鸡卖掉，洛克菲勒又从中赚得了可观的利润。

洛克菲勒14岁那年，在克利夫兰中心中学上学。放学后，他常到码头上闲逛，看商人做买卖。有一天，他遇到一个同学，两人边走边聊起来。那个同学问："约翰，你长大后想干什么？"年轻的洛克菲勒毫不迟疑地回答说："我要成为一个拥有10万美元的人，我准会成功的。"

中学毕业后，洛克菲勒决定不上大学，到商界谋生。洛克菲勒对工作的要求颇高，他翻开克利夫兰的工商企业名录，仔细寻找有相当知名度的公司。他后来回忆道："我上铁路公司、银行、批发商那儿去找工作，小铺小店我是不去的。我可是要干大事的。"但是这谈何容易，每天早上8点，洛克菲勒离开住处，身穿黑色衣裤和高高的硬领西服，戴上黑领带，去赴新一轮的预约面试。尽管多次被人拒之门外，但洛克菲勒还是没有灰心丧气。洛克菲勒说，他把列入名单的公司走了一遍之后，又从头开始，有些公司甚至去了两三次，但谁也不想雇个孩子。可是洛克菲勒是那种倔脾气的人，越是受到挫折，他的决心越是坚定。每星期有6天去面试，他一连坚持了6个星期。

1855年9月26日上午，16岁的洛克菲勒走进从事农产品运输代理的休伊特—塔特尔公司。接见他的是二老板亨利·B.塔特尔，他需要一个记账员，于是考虑让洛克菲勒担任。午饭后，再次来到公司的洛克菲勒见到了大老板艾萨克·L.休伊特，这位大老板在仔细看完洛克菲勒的字后，说："留下来试试吧。"得到聘用的洛克菲勒欣喜若狂，当时的激动心情即使洛克菲勒在老年回想起来仍记忆犹新。从此9月26日这个日子成了洛克菲勒的就业纪念日，他把这个日子当作自己的第二个生日来庆祝。

担任记账员的洛克菲勒成天埋头于账本里，对工作的态度一丝不苟，他回忆说："由于我第一份工作是记账员，所以我学会了十分尊重数字和事实，无论它有多小……"后来公司让洛克菲勒负责付账单，他对待这项工作的态度更是谨慎认真，每次都要仔细核查，用洛克菲勒自己的话说——"比花自己的钱还尽心"。对于出现的几分钱的小差错，洛克菲勒都不能忍受，这种负责尽职的态度让老板非常满意。此外，年轻的洛克菲勒在为休伊特老板收房租时，不仅表现得有耐心、有礼貌，而且还表现出了斗牛犬般不屈不挠的精神，即不收到房租决不罢休。

除了记好账外，洛克菲勒还常为公司经营方面出主意。有一次，公司买入一批大理石，打开包装后发现，高价购进的大理石材上有瑕疵，老板沮丧不已但又无计可施。这时，头脑灵活的洛克菲勒建议把责任推到负责运货的 3 家运输公司头上，向这 3 家公司分别提出赔偿损失的要求。这个绝妙的主意使商行得到的赔款比原来高出两倍。洛克菲勒优秀的表现颇得老板赏识，在 1855 年年底，休伊特支付洛克菲勒 50 美元作为头三个月的工钱。紧接着不久，休伊特又宣布，这位助理记账员的工资将升到每月 25 美元。洛克菲勒追忆道："就在那儿，我开始了学做生意的生涯，每周工资是 5 美元。"

1857 年，18 岁的洛克菲勒被提升为主任记账员，年收入提升到 600 美元。这时的洛克菲勒开始充满自信地尝试一些面粉、火腿和猪肉的生意，尽管规模不大，但每次都能给他带来一些收益。

1858 年，年仅 19 岁的洛克菲勒在朋友莫利斯·克拉克的提议下，与之合伙创立了一家经营农产品的公司。洛克菲勒以 10% 的利息从父亲那里借来 1000 美元，加上自己储蓄的 800 美元，他创办了生平第一个合伙公司——克拉克—洛克菲勒公司。新公司的经营非常顺利，第一年就做了 4.5 万美元的生意，净赚 4000 美元，第二年年底净赚 1.2 万美元。在经营过程中，克拉克对洛克菲勒的经营能力十分赞赏，他在描述当年的情况时说："他有条不紊到极点，留心细节，不差分毫。如果有一分钱该给我们，他必取来。如果少给客户一分钱，他也要客户拿走。"洛克菲勒做生意时总是信心十足、雄心勃勃，同时又言而有信，想方设法使自己取信于人。

1859 年 8 月 28 日，宾夕法尼亚州发现石油，无数怀揣发财梦想的人一时间蜂拥而至。洛克菲勒虽然对石油抱有极大的热忱，但没有失去理智而盲目跟风。他决定亲自去宾州原油产地做一番调查，以便获得直接而可靠的信息。在原油产地，洛克菲勒看到井架林立，一派生气勃勃的景象。冷静的洛克菲勒没有被表面的繁荣景象所蒙蔽，他看到了盲目开采背后的潜在危机。

经过一段时间的实地考察，洛克菲勒回到了克利夫兰。他在此基础上做出的最后决定是不对原油生产进行投资，因为那里的油井已有 72 座，日产量 1135 桶，而石油的需求量却十分有限，在供过于求的情况下油市的行情必定下跌，这是盲目开采的必然结果。果然不出洛克菲勒所料——"打先锋的赚不到钱"。由于疯狂开采，油价一跌再跌，每桶原油从当初的 20 美元暴跌到区区 10 美分。许多石油商因此赔了身家，而洛克菲勒却因为冷静的头脑得以避免遭受损失。洛克菲勒就此告诫说，要想创造一份事业，必须学会忍耐。大多数石油生产商在这种浮躁的气氛下，都想尽快把井里的油采干，而没想建立一个工业。洛克菲勒则始终保持着沉着冷静的态度，他相信这个行业具有长远的前景。

1861 年，美国南北战争爆发。没有参战的洛克菲勒在生意场上大显身手，他迅速办理了高额贷款，大量囤积战时必需的物品。这给洛克菲勒带来了极为可观的利润。战争带来的远不止这些，因为当时铁路迅速兴起，石油的需求量也大大增加。

首次宾州之行使洛克菲勒有了这样一个认识，探油的结果实在无法预料，相比之下炼油似乎既保险又有条理。没过多久，他建立了这样的信念：炼油是从这个行业中获得最大利益的关键。这是一位叫塞缪尔·安德鲁斯的朋友给洛克菲勒的启发，洛克菲勒由经营农产品转到石油行业，也正是因为塞缪尔·安德鲁斯极力劝导的缘故。安德鲁斯是照明油方面的专家，他认为煤油将比其他来源的光要亮，市场也更大。为了寻找赞助人，安德鲁斯找到了克拉克和洛克菲勒。洛克菲勒觉得这是一个不错的机会，于是在 1863 年，洛克菲勒决定在克利夫兰投资新建炼油公司——安德鲁斯－克拉克公司。

胆小谨慎的克拉克与胆大激进的洛克菲勒性格迥异，因此两人经常在决策上出现严重分歧。洛克菲勒在后来的回忆录里说："因为我贷款扩大炼油业务的事，他非常生气，好像我冒犯了他似的。"最终导致两人不得不分道扬镳的催化剂是，1865 年 1 月，在一个名叫皮特霍尔河的地方发现了一座油田。为了扩大规模，洛克菲勒请克拉克同意签一张借据，但是洛克菲勒得到的却是克拉克的怒火："为了发展这个石油业务，我们一直在借钱，借的钱太多了。"洛克菲勒毫不退让地反驳说："只要借钱能稳稳地扩大业务，我们就应该借。"克拉克企图吓住洛克菲勒，便威胁说要散伙。

解决问题的办法是将公司拍卖给出价最高的买主。拍卖底价是 500 美元，但很快涨到 5 万美元，这已经超过了洛克菲勒所预想的炼油厂的价值。最后又升至 7.2 万美元，洛克菲勒毫不迟疑地报出 7.25 万美元，他明白这事将决定自己的一生。拍卖会后，洛克菲勒用 7.25 万美元换回了代理公司的另一半股份。于是公司名称被改名为洛克菲勒－安德鲁斯公司，洛克菲勒在 26 岁时，拥有了克利夫兰最大的炼油厂，每天能提炼 500 桶原油，一跃跻身于世界最大的炼油厂之列。

1865 年 12 月，洛克菲勒－安德鲁斯公司开了第二家炼油厂——标准炼油厂。4 年后，两家工厂以联合股份的形式起名为标准石油公司，在俄亥俄州注册，洛克菲勒任总裁。之后洛克菲勒一连收购了几家炼油厂，并涉足管道运输业，还建立了自己的铁路网络，对行业实行垄断。1865 年洛克菲勒初进石油业时，克利夫兰有 55 家炼油厂，到 1870 年标准石油公司成立时只有 26 家生存下来，1872 年底标准石油公司就控制了这 26 家中的 21 家。

1878年8月，安德鲁斯与洛克菲勒在对股东分红问题上出现分歧。洛克菲勒不能容忍那些只喜欢多得红利而不愿把收益投入再生产的董事。安德鲁斯威胁说要转让公司的股票，洛克菲勒按照他的要求以100万元买下了他手中的股票，从此便独自执掌公司大权。

随着石油帝国的迅速发展，尾大不掉的危险性也随之逐渐显露，洛克菲勒对这一弊病有着清醒的认识。一次偶然的机会，洛克菲勒在一本公开发行的刊物上读到一篇文章，里面写道："小商人时代结束，大企业时代来临。"这与洛克菲勒的想法不谋而合，于是洛克菲勒用高达500美元的月薪聘请文章的作者多德为法律顾问。

多德是个年轻的律师，在进入洛克菲勒的公司后，他负责为洛克菲勒的公司寻找法律上的漏洞。一天，他在仔细研读《英国法》中的信托制度时，突然灵光一现，提出了"托拉斯"这个垄断组织的概念。

所谓"托拉斯"，就是生产同类产品的多家企业，不再各自为政，而以高度联合的形式组成一个综合性企业集团。这种形式比起最初的"卡特尔"，即那种各自独立的企业为了掌握市场而在生产和销售方面结成联合战线的方式，其垄断性要强得多。

在多德的"托拉斯"理论的指导下，洛克菲勒在1882年1月20日召开"标准石油公司"的股东大会，组成9人的"受托委员会"，掌管所有标准石油公司的股票和附属公司的股票。洛克菲勒理所当然地成为该委员会的委员长。随后，受托委员会发行了70万张信托证书，仅洛克菲勒等4人就拥有46万多张，占总数的2/3。就这样，洛克菲勒如愿以偿地创建了一个史无前例的联合事业——托拉斯。

在这个托拉斯结构下，洛克菲勒合并了40多家厂商，垄断了全国80%的炼油工业和90%的油管生意。托拉斯迅速在全美各地、各行业蔓延开来，在很短时间内，这种垄断组织形式就占了美国经济的90%。很显然，洛克菲勒成功地造就了美国历史上一个独特的时代——垄断时代。

尽管标准石油公司在炼油、运输和销售等方面无所不能，可是直到19世纪80年代初，它还只拥有4处石油生产基地。自从在宾夕法尼亚州发现油田的25年后，美国境内再也没有发现大型油田。因此有许多人对洛克菲勒石油帝国的坚实性产生过怀疑，有人甚至建议标准石油公司退出石油工业，而转向更为稳定的行业，但是洛克菲勒选择了坚持。

转机出现在1885年5月。一支勘探队在俄亥俄州西北部的莱玛镇寻找天然气时，意外地钻探出一片大油田。然而美中不足的是，原油所含的化学成分中存在着一些难以对付的问题，燃烧时会在灯上形成一层薄膜。更麻烦的是，它的硫化物含量太高，会腐蚀机器，并且散发出一种难闻的气味。为了解决质量问题，洛克菲勒在1886年7月请来一位叫赫尔曼·弗拉希的著名德裔化学家，让他除去石油中的臭味。

于是当时就有一个两难的选择摆在了标准石油公司的面前：是立即购买油田呢，还是等试验成功了再进行收购？选择等待就有可能坐失良机，一向谨慎的洛克菲勒表现出了惊人的胆量和远见，他决定立即收购油田。这一决定遭到了董事会的一致反对，洛克菲勒拿出了背水一战的决心和勇气，他提出用自己的300万美元进行投资，并且承担两年风险。如果成功了的话，公司再把钱还给他；要是失败的话，风险由他一人承担。

标准石油公司花了数百万元买下莱玛的油田，并铺设了输油管道。那时这种"臭鼬石油"每桶只卖15美分，没有市场，但公司还是把这些石油库存起来。到1888年存量达到4000万桶以上。终于，到1887年10月，弗拉希取得成功，提炼出了可供上市的煤油。标准石油公司立即全力以赴投入了石油生产，并开始进行这一行业前所未有的大并购。1890年他吞并了联合石油公司和其他三家大型石油生产公司，控制了宾夕法尼亚和西弗吉尼亚州30万英亩的土地。

19世纪80年代，标准石油公司在很长一段时间实行全球石油垄断。为了开拓国外市场，1882年洛克菲勒派人进行了为期两年的海外市场调查，不久洛克菲勒就用煤油顺利打开了中国、日本、印度等国的市场。但是俄国巴库发现原油后，新一轮的竞争继而打响，俄国人甚至有将美国石油赶出世界市场的野心。

激烈的竞争再次激起洛克菲勒的斗志，他决定设立自己的海外机构。1888年标准石油公司设立了它的第一个海外分支机构——英美石油公司，而且很快便垄断了英国的石油生意。1890年，标准石油公司又在不莱梅成立了德美石油公司，负责德国的石油市场。另外，洛克菲勒在鹿特丹设立了一个石油输送站，负责向法国供应全部所需原油。而后又买下了荷兰、意大利石油公司的部分股份，并策划在印度进行一场激烈的价格战。标准石油公司还向欧洲派出了第一艘装载量为100万加仑的巨型蒸汽油轮。

为了抢占亚洲的生意，标准石油公司甚至屈尊代销俄国煤油。不久后，标准石油公司终于在亚洲设立了一系列营业所，并且向上海、加尔各答、孟买、横滨、神户和新加坡等地派去了一批代理人。此时的标准石油公司已拥有了10万名员工，洛克菲勒创立的这个石油帝国成了世界上最大、最富有的融生产与商业为一体的机构。洛克菲勒创建的石油公司几经更名，最终定名为美孚石油公司。

1896年，57岁的洛克菲勒选择了退休，将标准石油公司交给儿子小约翰·D.洛克菲勒打理。但是他始终保留着标准石油公司的最大股权，可以参与标准石油公司的商业决策。

在41年的退休生活里，他把主要精力放在慈善事业上。最初没有人愿意接受他的捐款，因为他们认为洛克菲勒的钱都是用肮脏的手段赚来的，沾满了血腥。但是通过洛克菲勒的努力，人们慢慢地相信了他的诚意。密歇根湖畔一家学校因为资不抵债而面临着倒闭的窘境，洛克菲勒立即捐出数百万美元，令学校起死回生并发展至今天的芝加哥大学。洛克菲勒捐款20万美元建立的洛克菲勒医学研究所成为了美国第一个医疗研究中心，后来这个研究所因为卓越的成就获得了12项诺贝尔奖，获奖次数比任何同类研究所都多。此外，洛克菲勒还创办了不少福利事业。

从19世纪90年代开始，洛克菲勒每年的捐献都超过100万美元。1913年，设立了"洛克菲勒基金会"，专门负责捐款工作。他捐款总额达5亿美元之多，但是，他捐款的速度远跟不上赚钱的速度。

1910年，洛克菲勒的财富达到了10亿美元，成了美国历史上第一个拥有10亿美元的人。

1911年5月15日，依据1890年的《谢尔曼反托拉斯法》，美国最高法院判决美孚石油公司属于垄断机构。根据这一判决，美孚石油公司被拆分成38家地区性石油公司。然而尽管有最高法院的判决以及被冠名为不择手段的垄断资本家，但是投资者依然热衷地追捧这些分公司的股票，使得拆分后的众多公司的股票市值合起来远远超过原来美孚石油公司的市值。洛克菲勒家族的财产非但没有减少，反而比以前更多了。

1937年5月23日，98岁的洛克菲勒去世。留下的巨额财富和石油帝国事业有子孙们承接下去，至今已延续至第六代了，洛克菲勒家族也成了美国最负盛名的财富家族。这个家族对美国的经济和政治都有着巨大的影响。由约翰·D.洛克菲勒创建的石油帝国在后辈子孙的经营下，其辉煌一直在持续着。

从一个小小的经纪人到全球石油业的霸主，洛克菲勒成就了一个传奇。洛克菲勒的创业史在美国早期富豪中颇具代表性，是美国梦的典型代表。他精明而富有远见、冷静而又具备胆略，他的成功绝不是偶然，正如他自己所说："如果把我剥得一文不剩并丢在沙漠里，只要一行驼队经过，我就可以重建整个王朝。"

第❶封信

起点不决定终点

原文

July 20,1897

亲爱的约翰：

　　你希望我能始终与你一起出航，虽然听起来很不错，但我不可能永远做你的船长。上帝为我们创造双脚，是要让我们靠自己的双脚走路。

　　踽踽独行，也许你尚未做好准备，但你必须知道，我身处的那个商业世界充满挑战与神奇，而你的新生活将从那里开始。在那里，你将参加完全陌生而又关乎未来的人生盛宴。至于你如何使用摆放在面前的刀叉、如何品味命运天使奉上的每一道菜肴，那完全要靠你自己。

　　当然，我期望你在不远的将来就能卓尔不群，并且比我更胜一筹。而我决定将你留在我身边，无非是想让你的事业生涯有个高起点，让你无需艰难跋涉便可享有迅速腾达的机会。

　　这当然没有什么值得你去庆幸和炫耀的，更用不着感激。美利坚合众国的建国信念是人人生而平等，但这种平等是权利与法律意义上的平等，与经济和文化优势无关。想想看，我们这个世界就如同一座高山，当你的父母生活在山顶上时，注定你不会生活在山脚下；当你的父母生活在山脚下时，注定你不会生活在山顶上。在多数情况下，父母的位置决定了孩子的人生起点。

每个人的人生起点不尽相同，但这并不意味着，其人生的最后结果就被出身定型。在这个世界上，永远不存在穷富世袭，也不存在成败罔替，有的只是"我奋斗，我成功"的真理。我坚信，我们的命运由我们自己的行动决定，而绝对不是完全由我们的出身决定。

正如你所知道的那样，在我小的时候，家境十分贫寒，记得我刚上中学时所用的书本都是好心的邻居给我买的。我的人生起点也只是一个周薪只有 5 美元的记账员，但是经过不懈的努力奋斗，我却建立了一个令无数人艳羡的石油王国。在旁人眼里，这似乎是个传奇，而我却认为这是对我持之以恒、积极奋斗的回报，是命运之神对我艰苦付出的奖赏。

约翰，机会永远都会不平等，但结果却可能平等。历史上，无论是在政界还是在商界，尤其在商界，白手起家的事例俯拾皆是，他们曾经都因贫穷而少有机会，然而都因努力奋斗而功成名就。同样，拥有一切优势在手的富家子弟最终走向失败的事例也比比皆是。马萨诸塞州的一项统计数字表明，17 个有钱人的孩子里面，竟然没有一个是以富翁的身份离开这个世界的。

在很久以前，社会上便流传着一个讽刺纨绔子弟无能败家的故事，大意是说在费城的一个小酒吧里，一位客人谈起某位百万富翁，心生羡慕地说："他是白手起家的百万富翁。""是啊，"旁边一位比较精明的先生回答说，"他继承了 2000 万，然后他把这笔钱变成了 100 万。"

这是一个令人沮丧的故事。但在我们今天这个社会，富家子弟正处在一种不进则退的窘境之中，他们中的很多人注定要受人同情和怜悯，甚至要下地狱。

家族的荣耀与辉煌的过去，并不能保证其子孙后代有美好的未来。我承认早期的优势的确大有帮助，但这不是最后赢得胜利的保障。我曾经不止一次地思考这个对富家子弟而言带有悲哀性的问题，我似乎觉得，在富家子弟继承优势的同时，也减少了他们学习和发展生存技巧的机会。而出身窘迫的人因为解救自身的迫切需要，他们便会积极发挥创意和能力，并且珍惜和把握各种机会。我还注意到，富家子弟缺乏贫困出身者的那种想要拯救自己的野心，他们做的仅仅是祈求上帝赐予他们成就。

因此，在你和你的姐姐们很小的时候，我就有意识地不让你们知道你们的父亲是个富人，我向你们灌输最多的是诸如节俭、个人奋斗等价值观念，因为我知道给人带来伤害最快捷的途径就是金钱，它可以让人腐化堕落、飞扬跋扈、不可一世，失去最美好的快乐。我不能用财富埋葬我心爱的孩子们，愚蠢地让你们成为不思进取、只知道依赖父母成果的无能之辈。

一个真正快乐的人，是能够享受自己创造的人。那些像海绵一样，只懂得索取不知道付出的人，永远也体会不到真正的快乐。

我相信没有人不渴望过上快乐而高贵的生活，但是对于高贵快乐生活从何而来这一问题，很少人能说明一二。在我看来，高贵快乐的生活不是来自高贵的血统，也不是来自高贵的生活方式，而是来自高贵的品格——自立精神。看看那些赢得世人尊重、处处施展魅力的高贵人士，我们就知道自立的可贵。

约翰，你的每一个举动都将成为我心头的牵挂。但与这种牵挂相比，我更对你充满信心，我相信你优异的品格——比世界上任何财富都更有价值的品格，将帮助你铺设出一条美好的前程，并将助你拥有成功而又充实的人生。但你需要强化这样的信念：起点可能影响结果，但不会决定结果。能力、态度、性格、抱负、手段、经验和运气等各种因素，在人生和商业世界里扮演着极为重要的角色。你的人生刚刚开始，但一场人生之战就在你面前。我能深切地感觉到你想成为这场战争的胜者，但你要知道，每个人都有追求胜利的意志，只有做好准备的人才会赢得胜利。

我的儿子，享有特权而毫无力量的人是废物，受过教育而毫无影响的人是一堆一文不值的垃圾。找到自己的路，上帝就会帮你！

爱你的父亲

详解

命运是由我们的行动决定的，而不是出身

出身不好常常被很多人当作不能成功的理由，这个理由看上去很合理——我没有良好的背景，没有大笔的财富，没受过优等的教育。命运似乎在一开始就给我们烙

下了一个既定的印记。但是，事实果真如此吗？没有良好出身的人真的生来就是无能者、失败者吗？洛克菲勒给出了我们答案，他对自己的孩子教育道："每个人的人生起点不尽相同，但这并不意味着其人生的最后结果就因出身被定型。在这个世界上，永远不存在穷富世袭，也不存在成败阀替，有的只是'我奋斗，我成功'的真理。我坚信，我们的命运由我们自己的行动决定，而绝对不是完全由我们的出身决定。"

贝多芬曾经说过，我要扼住命运的咽喉，绝不能让命运使我屈服。可见，与其哀叹自己的命运，不如相信自己的力量。洛克菲勒就是这样一个人。

洛克菲勒是世界上第一位亿万富翁，他是一个商业奇才，造就了美国十大财团之———洛克菲勒家族。

1839年，洛克菲勒出生于美国里奇福德镇，姐弟六个，他是家中长子。父亲行事放荡，无所不做：出售假药、贩卖马匹、买卖毛皮等，后来还因犯了重婚罪而东躲西藏，搅得家里不得安宁。父亲常年不在家，家中所有的重担都落在了母亲一个人身上。

洛克菲勒和弟妹没有穿过新衣服，衣服破了，补了又补，一件衣服，姐弟几个几乎都穿了个遍。更为可怜的是，他们住在一间没有泥墙的木板房子里，夏天还好，到了冬天，寒风、雪花从木板缝隙里挤进来，一家人冻得瑟瑟发抖，只能相互拥抱着取暖。

年少的洛克菲勒每天早上给别人家挤完牛奶，再光着脚丫走几公里的路去上学。这就是洛克菲勒的童年生活，即使生活在这样贫穷的环境中，洛克菲勒也从未抱怨过。

在没有父亲的日子里，洛克菲勒变得越来越坚强。作为家中长子，他担负着沉重的责任。他要精打细算地生活，要仔细地花每一分钱，这也无意中使他养成了节俭和赚钱的意识。

洛克菲勒7岁的时候，发现了一个火鸡窝。他趁着母鸡离开的时候，将小火鸡抱回了家，精心饲养。到了感恩节的时候，他把养得又肥又大的火鸡抱到市场上叫卖，得到了他人生中的第一桶金。后来，他将赚到的这些钱借给了一个农夫，并收取7%的利息。这样一来，洛克菲勒在不用付出任何劳动的前提下，又净赚了一些钱。

经过这些事，洛克菲勒很小就有了创业的念头。经过不断的努力，1858年，洛克菲勒终于成立了自己的第一家公司，当年便净赚了4000美元，这时他才19岁。第二年，他和合伙人得到了6000美元的收入。

在公司经营的过程中，洛克菲勒始终坚持道德原则和法律原则。所以，在客户心中，大家都认为洛克菲勒是一个雄心勃勃、信心十足、言而有信、待人诚恳的有为青年。也正是因为这些品质让洛克菲勒拥有了很大的客户群和众多合作伙伴。

就这样，洛克菲勒凭借着自己的毅力和干劲，一步步地走下来，走到了令人瞩目的位置。虽然中间经历了诸多坎坷，但是他都咬牙坚持下来了。

后来，有人问洛克菲勒是如何从一个穷小子变成亿万富翁的，他则答道："出身决定了我最初的贫穷，但那不是我的权利，我的权利是成为一名富翁。"

洛克菲勒出身贫穷，但他却用坚持和努力换来了亿万家产。可见，命运对一个人最大的馈赠并不是给予他高贵的出身和满屋的财富，而是超人的毅力和才能，并用重重困难去考验他。因此，盲目抱怨出身的人应该做出反省了，要知道，我们完全可以用自己的行动来改变命运，证明自己的价值。

布里斯托伯爵约翰·哈维是含着金汤匙出生的，可他却将金钱用在了毒品和奢侈品上。他死后，原本庞大的布里斯托伯爵家族也已经落败一空，他生前继承的几千万英镑的遗产，在死后也只剩下了 5000 英镑。除去葬礼的花费，已是所剩无几了。

由此也可以看出，不管我们是含着钻石还是石子出生，后面的生活才是需要我们自己经营的。如果有上进心、有毅力，那么一美元也能够成为我们的创业资本；如果不思进取、得过且过，一亿元也不够挥霍的。

所以，就是现在，该是我们行动的时候了。不要再抱怨自己的出身不好，也不要再埋怨命运的不公，我们要相信，出身只是自己来到世上的一个凭证，而努力和奋斗才会决定并见证我们的一生。

起点可能影响结果，但不会决定结果

在我们的一生中，会有很多种选择，而唯独出身是我们无法选择的。有的人生在富裕人家，一辈子吃喝不愁；有些人则生在穷苦人家，饱腹都成问题。但是，这并不能代表什么，要知道，世界上很多的成功人士并不是富裕出身，这也就说明了你的出身对你以后的影响并不大。

由此也可以看出，出身可能不平等，机会也可能不平等，但是你得到的结果却有可能是平等的。自古到今，白手起家的例子比比皆是。就好比世界石油大王洛克菲勒，他小时候，只是贫民窟中的一员，甚至连温饱都成问题。可如今，谁又能不羡慕他所取得的成就呢？

洛克菲勒曾经对他的儿子约翰说："我承认家族的荣誉确实对子孙有很大的帮

助，但是家族荣誉却无法保证你最后的成功。"

洛克菲勒的资产几乎遍布全球。为了防止子女们不思进取，在他们学业毕业之前，他们根本就不知道自己生在一个这般富裕的家庭里面。

不过，等到他们毕业之后，洛克菲勒倒也不吝啬用他的方式来帮助他们。

小约翰从学校毕业之后，便被洛克菲勒带进了标准石油公司的纽约总部，成了自己的助理，并且将自己手下全部的资产都拿给小约翰看，让他知道自己将是这些资产的继承人。也就是从这个时候起，小约翰才算是真正了解了自己家族的实力。

洛克菲勒对小约翰说："我把你带到这里，无非就是给你一个人生的最高起点，减少你跋山涉水的辛苦。希望你在不久的将来就能够超越我，能够卓尔不群。"

随后，洛克菲勒继续对小约翰说："巨额的家产和高的起点对你来说并没有什么可骄傲的，因为这是你父母努力的结果。要知道，当你的父母站在高山顶的时候，你绝对不可能站在山脚下，而当你的父母站在山脚下的时候，你也不可能站在山顶上。因为，在大多数情况下，父母的位置就决定了你的人生起点。

"但是，你也要知道，人生起点的不同，并不能决定结果的差异。在这个世界上，并没有起点决定结果的故事，有的只是我奋斗、我拼搏的真理。一个人的成功是由行动决定的，而非起点决定的。"

世界上的大部分人并没有如同小约翰这般超高的起点，他们中的大多数只是普普通通的一员，他们只有普通的家庭、普通的学历。在这一批人当中，有的人得过且过，并不懂得奋斗；而有些人则不甘于命运，而奋起拼搏，最终成为让人仰视的成功者。

成功者都有一个共同的特点，他们在起跑线上或许属于中下者，可是他们拼搏，他们坚持，他们努力，最终赢得了成功的机会，赢得了如小约翰般成功的人生。

由此也可以看出，一个人的起点可能会影响你的人生结果，但是却绝对无法决定结果。起点低不是一件可怕的事情，只要你努力奋斗，再低的起点也能够赢得辉煌的人生。

"打工皇后"吴士宏第一个成为跨国信息产业公司中国区总经理的内地人，是唯一一个取得如此业绩的女性，她的传奇也在于她的起点之低——只有初中文凭和成人高考英语大专文凭。而她的秘诀就是"没有一点雄心壮志的人，是肯定成不了什么大事的"。

吴士宏年轻时命途多舛，还曾患过白血病。战胜病魔后她开始珍惜宝贵的时间。她仅仅凭着一台收音机，花了一年半时间学完了许国璋英语三年的课程，并且在自学的高考英语专科毕业前夕，她以对事业的无比热情和非凡的勇气通过外企服务公司成功应聘到 IBM（International Business Machines Corporation, 国际商业机器公司）公司，而在此前外企服务公司向 IBM 推荐过好多人都没有被聘用。她的信念就是："绝不允许别人把我拦在任何门外！"

在 IBM 工作的最早的日子里，吴士宏扮演的是一个卑微的角色，沏茶倒水，打扫卫生，完全是脑袋以下肢体的劳作。在那样一个先进的工作环境中，由于学历低，她经常被无理非难。吴士宏暗暗发誓："这种日子不会久的，绝不允许别人把我拦在任何门外。"后来，吴士宏又对自己说："有朝一日，我要有能力去管理公司里的任何人。"为此，她每天比别人多花 6 个小时用于工作和学习。经过艰辛的努力，吴士宏成为同一批聘用者中第一个做业务代表的人。继而，她又成为第一批本土经理，第一个 IBM 华南区的总经理。

在人才济济的 IBM，吴士宏算得上是起点最低的员工了，但她十分"敢"想，想要"管理别人"。而一个人一旦拥有进取心，即使是最微弱的进取心，也会像一颗种子，经过培育和扶植，它就会茁壮成长，开花结果。

所以说，出身差、起点低并不能成为你自甘堕落的借口，也不会成为你走向成功的绊脚石。只要我们坚信，未来掌握在我们自己手中；只要我们努力，就能够看到改变的希望；只要我们努力，成功就驻留在不远方。

贫困者更容易有拯救自己的野心

要问世界上最伟大的梦想催化剂是什么，毫无疑问，那就是野心。这正如洛克菲勒所说的一样："家族荣耀与辉煌的过去，并不能保证其子孙后代有美好的未来。我承认早期的优势对未来的确大有帮助，但这不是最后赢得胜利的保障。我曾经不止一次地思考这个对富家子弟而言带有悲哀性的问题，我似乎觉得，在富家子弟继承优势的同时，也减少了他们学习和发展生存技巧的机会。而出身窘迫的人，因为解救自身的迫切需要，他们便会积极发挥创意和能力，珍惜和把握每一次改变和成功的机会。我还注意到，富家子弟缺乏贫困出身者那种想要拯救自己的野心，他们做的仅仅只是祈求上帝赐予他们成就。"

野心是一种伟大的信仰，也是一个备受争议的话题。处在困境中的人，往往会有更大的力量来改变自己的人生，所以，贫穷是一剂很好的良药，它能够激发起人们内心的欲望和野心，这也是对美好生活的向往。

当一个人身处贫穷境地时，他会有想要改变现状的念头，会有放手一搏的勇气。后期的洛克菲勒可谓是腰缠万贯、财富成山，可他在教育子女时，却从没忘记过贫穷带来的力量。

洛克菲勒一生有5个儿女。毫不夸张地说，在这5个儿女未成年之前，他们一直认为自己是生活在贫穷家庭中的。因为，洛克菲勒巧妙地掩盖了他富人的身份，掩盖了家中富可敌国的财富。而这5个孩子在成人之前，甚至都没有到过父亲的办公室，更没有见过父亲的工厂。洛克菲勒之所以这样做，为的就是给他们灌输贫穷的意识，催促他们努力、自立。

在家里，洛克菲勒通过制定一系列的规矩，使孩子们有了很好的节约意识和勤劳观念。比如，孩子们要想得到零花钱可得到，就必须做家务：打一只苍蝇可以得到2分钱，帮人削铅笔可以得到1毛钱、拔草可得到1块钱、修理家具可得到1块钱等。孩子们为了赚取更多的零花钱，只能拼命地干家务，争着做家务。不得不说，在这种过程中，洛克菲勒很好地刺激了孩子们想要赚钱的野心——想要改变自己生活状况的野心。

有一次，洛克菲勒对13岁的女儿说："如果你能够监督大家节约使用煤气，那么每月煤气预算中所节省下来的钱就是你的报酬。"从那之后，13岁的小女儿经常四处溜达，只要看到有人在使用煤气灯，她都会主动上前将其关小一点。

洛克菲勒的儿子小约翰后来回忆说，他小时候一直认为家里是一贫如洗的，而且在8岁之前，他甚至一直都在穿裙子，因为他上面有四个姐姐。而也正是因为父亲这样的教育，才使得他们有了努力和改变的信念，才有了赚钱的欲望和野心。

一个人的价值永远超不出他的雄心。所以，野心不是贬义词，它是人们对成功的欲望和渴求，没有野心，我们就会目光短浅，就会安于现状、缺乏开拓精神。没有野心，我们就没有目标。试想，一个连自己的人生目标都无法确定的人，如何能获得成功？

而那些在贫穷环境中长大的孩子，内心有更多想要改变命运的欲望和野心，也就拥有了前进的动力，拥有抓住机会的勇气，从而更可能接近自己的目标，走向成功之路。

有一个叫李刚的人，他曾经在一家合资企业任首席财务官。在成为首席财务官之前，他非常卖命地工作，也取得了突出的成绩。老板非常赏识他，第一年就把他提拔为财务部经理，第二年提拔为首席财务官。

当上首席财务官后，拿着丰厚的薪水，驾着公司配备的专车，住着公司购买的豪宅，他的生活品质得到了很大的提升。然而，他的工作热情却一落千丈，他把更多的精力放在了享乐上。

当朋友问他还有什么追求时，他说："我应该满足了，在这家公司里，我已经到达自己能够到达的顶点了。"李刚认为公司的 CEO 是董事长的侄子，自己做 CEO 是不可能的，能够做到首席财务官就到达顶点了。

他做首席财务官差不多一年的时间，却没有干出值得一提的业绩。朋友善意地提醒他："应该上进一点了，没有业绩是危险的。"

果不其然几天之后，他被辞退了，丰厚的薪水没了，车子也归还给了公司。一切都是因为他的懒惰和缺乏野心。

野心是促使事业成功的动力。青年时期轻而易举地获得成功，如果就此心满意足，不思进取，最初的成功就会成为失败的源头。"10 岁是神童，15 岁是才子，但是 20 年之后，可能又成为平凡之人。"这句俗语，说透了其中的含义。

不过，有野心固然很好，但我们千万不可被野心迷住了双眼，更不可被野心推动着向前走。如果是自己在推动野心，那么这种自主的行动将会带领人们走向事业有成的高峰；可如果我们是被野心推动、不由自主地向前，那么野心会将一个可怜人推下悬崖，或推进地狱。

能够享受自己的"创造"，才是快乐

什么才是真正的快乐？这个问题可谓是仁者见仁，智者见智，每个人都有不一样的认识和回答。但有一点是肯定的，那就是快乐是需要自己亲自体验、动手创造的。

洛克菲勒也一语道破："一个真正快乐的人，是能够享受自己创造的人。"没错，走旧路、穿旧装的人是不能获得心理上的快乐的，只有自己亲自动手，去发现，去尝试，去创造，才能享受到快乐的滋味。

一天，温馨的晚餐过后，洛克菲勒和孩子们开始畅谈："还记得我带你们到北部打猎的情景吗？"

"当然记得，而且面对狼群临危不惧的小约翰是最不能让人忘记的。"伊丽莎白感慨道。

"很好。我希望你们还用当初那种'初生牛犊不畏虎'的精神来面对今天的挑战！如今，我们要对付的是竞争公司的新产品。很明显，要在这场竞争中获得胜利，就要全面地应用创造能力。现在，虽然我们的一种产品在市场上落后于竞争产品，但我们不能放纵这些事情，我们应该有所准备，予以还击。"洛克菲勒耐心地解释道。

接着，洛克菲勒做了进一步的阐述："我们已经把公司相当一部分盈利投资到持续性的研究和开发计划里。并且为改良现在的产品，我们最近打开了若干重要突破口。因此，我坚信很快就能应对竞争产品的威胁。"

"技术开发部已经设计了几个方案投入市场，但仍然毫无起色！"小约翰很懊恼地说。

"小约翰，别着急，从我的经营哲学来说，只要是与制造公司有关的新的改良方案，都不应该马上拿到市场上去实践，而用于准备对付我们现在所经历的'不时'之需，才是高明的。

"作为一个成功的商人，我们必须总结经验教训。作为这次事件的最大教训，你必须牢记以下事情。有不少公司将大部分利润作为红利分给股东，而对于新产品的开发和改良一文也不花，这是严重的错误。优秀的公司为了长期保持公司的优势，即使分出一部分利润，也要对研究和开发新产品进行投资。

"作为第二教训，希望你们理解的是，为了事业的成功，必须培养业务人员的创造性和丰富的想象力。过去只要有教育和努力，就有希望获得成功。但是时代不同了，要取得今天的成功，就要在教育与努力之外再加上这些要素——有创造性的、想象力丰富的心灵。

"年轻时开始干事业的时候，我对年长同事们的发明才能和天才的创造能力有一种敬畏感，认为自己毫无创造能力。值得高兴的是，随着时间、学习、习惯和经验的积累，证明了那只是自己的一种想法。如果当初就能领悟这一点的话，就可以省去很多徒劳的苦恼、动摇的时间。"洛克菲勒细致入微地分析着。

"我想我从小就缺乏较强的创造力！"伊丽莎白自我反省地说。

洛克菲勒笑着说："伊尼，现在你还是在犯我以前所犯过的、各种年龄的许多人都犯的错误。每个人都有创造力，而且创造力没有好坏之分。我们要想获得自信，就必须懂得享受自己的'创造力'，并且从中得到快乐。只有这样，我们才能够通过创造力，让自己成为一个自信的人。"

从心理学上来说，创造之所以能为我们带来无尽的快乐，主要是其能满足我们的好奇心和成就感。创造能充分体现我们的智慧、技能和良好的性格特质，是对我们能力的褒奖。此外，客观上来说，创造还能促进我们相关能力的进一步提高，这种精神鼓励自然会使我们的心情变得愉悦。

高贵的生活来自高贵的品格，而不是血统

在现代社会中，人们对血统和种族的态度已经明显不似以往那么坚决和重视。我们说一个人很绅士、很高贵，主要是因为看到他某些优雅的举动，而不是翻他的族谱，知道他是哪个贵族的后裔；同样，我们说某个文学作家高尚，也是基于其气节、品德和思想。所以高贵的生活来自高贵的品格，而不是血统。在这一点上，洛克菲勒也有着同样的真知灼见。

"我相信所有人都渴望过上快乐而高贵的生活，但是对于高贵快乐生活从何而来这一问题，很少人能说明一二。在我看来，高贵快乐的生活不是来自高贵的血统，也不是来自高贵的生活方式，而是来自高贵的品格——自立精神。"洛克菲勒在高贵生活方式上的理解更加直接，那就是自立，只有具备自立精神才能产生高贵的生活。

如果论血统、论家产，洛克菲勒似乎永远不会成为一位高贵的人，而自立精神使洛克菲勒最终成为一个伟大的人。

洛克菲勒的自立精神从小就有了，这种良好的品德支撑着他做出了同龄人做不到的事业。

众所周知，洛克菲勒在童年时期家境很贫寒，而他去克利夫兰上学的事情更是使他的母亲倍感艰辛，还好，洛克菲勒的父亲常年在外做生意，并答应每周为他提供一美元的食宿费，这为数不多的钱在解决洛克菲勒日常生活花费的同时，却也给他带来了烦恼。因为他的父亲时不时地会说些嘲讽的话语，认为洛克菲勒不能自己谋生、自食其力，是一件无耻可悲的事情。长期贫苦的生活和父亲伤人的指责促使洛克菲勒开始走向社会，自立自足。

学校放假之后，洛克菲勒没有像其他同学一样来一场说走就走的旅行，相反，他弄来一身行头，每天把皮鞋擦得锃亮，按照清单上已经列出的目标公司，开始了找工作的历程。

在持续将近五个星期的时候，洛克菲勒的朋友开始劝他放弃，父亲甚至斥责地

说道："如果你找不到工作，就回乡下去。"但是洛克菲勒还是以乐观的心态面对这个打击。"为什么没人雇佣我？"洛克菲勒在陷入沉思的同时，将雇主给出的回复做了总结：没经验、年龄太小、公司已经有足够的人员了……"就一定没人愿意雇用我吗？"洛克菲勒不相信。

终于，在风和日丽的一天，洛克菲勒收到休伊特—塔特尔公司的面试通知，并顺利成为这个位于莫温大街主做农产品运输代理的公司的记账员。而洛克菲勒猜想，之所以成功，可能因为面试官对这个在七八月间疯狂找工作的年轻人有了深刻的印象。

这一天被洛克菲勒称为就业日，但这离真正的成功还很遥远！

在别人看来，记账员是一份很枯燥的工作，可是洛克菲勒却不这么认为。相反，他将自己全部的精力都投入到了这份工作中。每天天不亮，他便要起床工作，哪怕是一个很小的细节之处，他也不会轻易放过：找到账目中的错误，每天更换新的账簿等。

这样的工作持续一段时间后，洛克菲勒看到了收获。他赚得的工资不仅可以维持自己的日常生活，他还用多余的钱为母亲买了一份母亲节礼物。更让洛克菲勒兴奋的是，人们已经开始认可他了，这是他最为高兴的事情。

洛克菲勒在日记中这样写道：我开始觉得心中已经积累了许多经商方面的经验和感受，这是许多人想象不到的，一个创业的蓝图在我脑海中渐渐清晰起来，虽然这样的清晰建立在我两个月来身体的疲惫和大脑孜孜不倦的转动上，但我换来的是一个更加成熟的自己，还有休伊特对我的信任，办公室里同事们对我的尊重，没有人再把我当作一个毛孩子了。

洛克菲勒最开始自立的目的，就是摆脱父亲的救援，反击父亲侮辱般的话语。

不仅是日常生活起居方面，在经济独立方面，洛克菲勒的这种自立精神还帮助他打开了石油帝国的大门。

天行健，君子以自强不息。高贵不是刻意追求来的，而是通过自立精神刺激自发产生的。自立通常意味着吃苦，这点和洛克菲勒的观点是一致的。俗话说，吃得苦中苦，方为人上人。多吃些苦，多经历一些磨难和锻炼，对一个人的发展是有好处的，这也是提高其能力的有效途径。能力提高了，与其他人竞争的起点也就持平了。

血统是否高贵和你的生活并没有多大的关系，只要你保持着自立精神，你的生活就是高贵的，这是毋庸置疑的。由此也可以看出，我们要想过上高贵的生活，就必须要培养我们自身的自立精神，培养我们为了未来而努力奋斗的决心。

第 ❷ 封信

相信自己是重要人物

原文

July 21,1897

亲爱的约翰：

　　享受别人给予的热烈而真挚的爱戴，这种感觉真是棒极了。今天，芝加哥大学的学生让我体验到了这种美妙的感受。姑且把这种行为看作是对我创建该校的回报，不过，这的确让我喜出望外。

　　说实话，在我决定投资创建这所大学之前，我从未奢望在那里受到圣人般的礼遇。我最初的想法只是希望能为我们的青年一代做些什么，为了给他们传承我们最优秀的文化并造就自己的美好未来提供一些力所能及的帮助。现在看来，我的目的达到了，这是我一生中最明智的投资。

　　芝加哥大学的青年学生非常可爱，他们对美好未来无限向往，都拥有成就一番事业的愿望和决心。他们当中几个一脸稚气的男孩跑来跟我说，我是他们的榜样，真诚地希望我能给他们一些建议。我接受了他们的请求，我忠告那些未来的洛克菲勒：

成功不是以一个人的身高、体重、学历或家庭背景来衡量的，而是由他思想的"大小"来决定。我们思想的大小决定我们成就的大小。这其中最重要的一条就是我们要看重自己，克服人类最大的弱点——自卑。千万不要廉价出卖自己，你们比你们想象中的还要伟大，所以，要将你们的思想扩大到你们真实的程度，绝对不要看轻自己。

这时掌声突然响起，我显然被它彻底俘虏了，以致得意忘形，管不住我的舌头，我继续说：

几千年来，很多哲学家用他们的智慧偈语忠告我们：认识自己。但是，大部分人都把它解释为仅仅认识自己消极的一面。大部分的自我评估都包括太多的缺点、错失与无能。认识自己的缺点固然是一件好事，我们可以借此谋求改进。但是，如果我们仅仅认识自己消极的一面，就会陷入混乱，使自己变得没有任何价值。

对那些渴望得到别人尊重的人来说，现实是很残酷的，因为别人对他的看法，与他对自己的看法相同。我们都会受到那种"我们自认为是怎样"的待遇。那些自以为比别人差一截的人，结果也一定会是比别人差一截，不管他的实际能力到底如何，因为人的思想本身具有调节并控制其各种行为的能力。

如果一个人觉得自己比不上别人，他就会表现出"真"的比不上别人的各种行为，而且这种感觉无法掩饰或隐瞒。那些自以为"不是很重要"的人，就真的会成为"不是很重要"的人。

而另一方面，那些相信自己具有"承担重大责任的能力"的人，就真的会变成一个"很重要"的人物。所以，如果你们真想成为重要人物，就必须首先使自己承认"我确实很重要"，而且要真诚地肯定，如此别人才会跟着这么想。

每个人都无法逃脱这样一个推理原则：你如何思考将会决定你采取什么样的行动，你的行动方式将决定别人对你的看法，就像你们的成功计划一样，要获得别人的尊重其实很简单。为了得到他人的尊重，首先你必须觉得自己确实有值得别人尊敬的地方，而且你们越尊重自己，别人对你们的敬意也将越发强烈。

请你们想一想：你们会不会尊重那些成天游荡在破旧街道的人？当然不会。为什么？原因就在于那些无赖汉根本不看重自己，他们只会让自卑感腐蚀他们的心灵而自暴自弃。倘若他们看重自己，他们便不会这么自甘堕落。

一个人的思想观念是人格的核心。你们自己认为是什么样的人，你们就真的会成为什么样的人。

不管他是谁，无论他身居何处，他究竟是无名之辈还是身世显赫，他到底是文明还是野蛮，也不论他是年轻还是年老，他都有成为重要人物的强烈欲望。请仔细想一想你们身边的每一个人——你的邻居、你自己、你的老师、你的同学、你的朋友，他们当中谁会没有成为重要人物的强烈愿望？全都有，这种愿望是人类最强烈、最直接的一种目标。

但是，为什么很多人却将这个本可以实现的目标，永远地变成了无法实现的美梦呢？在我看来，态度起到了决定性作用。态度是我们每个人思想和精神因素的物化，它决定着我们的选择和行动。在这个意义上说，态度是我们最好的朋友，也会是我们最大的敌人。

我承认，我们不能左右风的方向，但我们可以调整风帆——选择我们的态度。一旦你们选择了看重自己的态度，那些"我是个没用的人""我是个无名小卒""我算老几""我一文不值"等等贬低自己、消磨意志、削弱信心和自暴自弃的懦夫的想法就会消失殆尽，取而代之的，是心灵的复活、思维和行为方式的积极改变、信心的增强，以"我能！而且我会！"的心态面对一切。

小伙子们！如果你们中间有谁曾经自己骗自己，请就此停止，因为那些不觉得自己重要的人，都是自暴自弃的普通人。任何时候都不要贬低自己，你最先要做的就是选出自己的各种资产——优点。这要问你自己："我有哪些优点？"在分析自己的优点时，不能太客气。

你们要专注自己的长处，告诉自己你比你想象的还要好。你要让自己的眼光注视到更远的未来，对自己充满期待，而不能只将眼光局限于现状。要随时记住这个问题："重要人物会不会这么做呢？"做到这些的话，成为重要的伟大人物也就离你们不远了。

孩子们，通往成功的道路上铺满了黄金，然而这条道路却只是一条单行线。此时此刻，我们需要一种乐观的态度。乐观常被哲学家称为"希望"。首先让我来告诉你们，这是对乐观的曲解！乐观是一种信念，拥有这种信念的人他会相信，生活终究是乐多苦少，即使不如人愿的事情屡屡发生，好事终将占得上风。

约翰，你知道吗，在我短短十几分钟的即兴演讲中，我竟获得了8次掌声。遗憾的是过多的掌声干扰了我的思路，我有一个重要的观点被掌声赶跑了，那就是提高思考能力，这会让他们的行为水准得以提高，使他们更有作为。但我还是很高兴，我的舌头居然有那么大的魅力。

爱你的父亲

详解

思想的大小决定成就的大小

由生到死，每个人都在重复行走着一个圆形轨迹。也许我们无法选择圆心位置，但是可以拉长自己的人生半径，这样获得的面积就会更大。所以，思想有多远，人就能走多远。

洛克菲勒向来就是一个高度重视自己价值的人，不仅对自己，他还热衷于将这些正确的想法传递给年轻人。在写给儿子的信中他就有提到：成功不是以一个人的身高、体重、学历或家庭背景来衡量的，而是由他思想的"大小"来决定。我们思想的大小决定我们成就的大小。这其中最重要的一条就是我们要看重自己，克服人类最大的弱点——自卑。千万不要廉价出卖自己，你比你想象中的还要伟大，所以，要将你的思想扩大到你真实的程度，绝对不要看轻自己。

这是在给芝加哥大学进行演讲时的演说词，这不仅是形式上的演说词，更是洛克菲勒一生的真实写照和奋斗心得。

洛克菲勒是一个善于自省并坚持自省的人，繁忙的工作使他不能像虔诚的教徒一般每日祈祷，但是他总会抽出一点时间进行必要的反省和检讨，还把这些反省内容记录下来。洛克菲勒所有的账本和记事本不单单是为了记录日常流水般的事物，更是成为他人生价值观的表现载体，呈现出洛克菲勒的思想广度。

直到以后，洛克菲勒对他的第一份工作还是那么难以忘怀，他很感谢那份工作，感谢雇主休伊特，洛克菲勒非常愿意将这段时光放在蜜糖罐里，因为泡的时间越长，蜜糖越甜。就是这份像蜜糖一样甜的工作，使洛克菲勒基本上摆脱了自卑的困扰，改善了生活状况，在观察老板经营时洛克菲勒有了很多自己的主见，也正是与休伊特截然不同的想法，使洛克菲勒在商业道路上比休伊特走得更远。

刚愎自用是休伊特的硬伤，尽管洛克菲勒提出了很多关于公司发展方面的良好建议，但是休伊特却还是一意孤行，听不进去一点儿意见。在公司开始走下坡路的时候，正好遇到克利夫兰商贸冷清的状况，炎热和干旱使农贸生意无法入手，洛克菲勒提醒休伊特不要只盯着一个业务、一个领域的工作，要让自己的眼界和思想放宽一些，否则是不会给公司带来太多好处的。同样，应付竞争是更加耗费精力和金钱的。但是休伊特无动于衷，他完全无视其他领域的资源优势，依然毫无新意地重复着低买高卖、压价抬价的投机活动。最后，很多人超过了休伊特，走在了前面，而休伊特则是无利可图了。

故步自封成为休伊特公司发展的绊脚石，亲眼目睹休伊特公司破产的洛克菲勒也从这些事情中领悟到思想变通的重要性。因为从最开始，洛克菲勒和休伊特所抱有的思想就不一样，所拥有的志向也不一样。洛克菲勒在事件中懂得变通和思考，而休伊特却喜欢闭门造车，不懂得利用周遭的资源，最后也只能以失败而告终。

上帝是公平的，他为每个人都分配了"思想"这一资源，只不过有的人放在了显眼的位置，有的则稍加隐蔽，有的集中放置了，有的则被分散配置，有的集中在人生的起步阶段，有的出现在人生发展后期。那些总是抱怨命运、不思进取的人，显然没有懂得这个道理，即使自己掌握着成功的资源，却没有运用这些资源的智慧。

有些时候，一些看似普通的事物，只要你肯在上面花费时间去思考、去想象，或许就会创造出成功，乃至人生的奇迹。

哥伦布用了18年的时间为横穿大西洋作准备。在这期间，他遭受到了很多的嘲讽和耻笑。因为在大多数人看来，哥伦布就是一个妄想家。

经过多次的游说，他最终征得了西班牙国王和王后的同意，获得了国王和王后赠予的一艘船只。哥伦布就此远行，成功横穿大西洋，并且在此过程中发现了美洲大陆。

哥伦布凯旋后，西班牙上下举国欢腾，人们高呼着手臂，称赞着他们的英雄。国王和王后也专程在宫廷大摆筵席，为哥伦布庆功。

哥伦布的成功引来了别人的赞美，也引来了不少的妒忌。宴会上，有人嘲讽说："不就是一个白日做梦的水手吗？要是每一个人都有一艘大船的话，那每一个人都能够跨越大西洋了。"

哥伦布听到后倒也没有恼怒，他从座位上站起来，对那些嘲讽他的人说："如果你们感兴趣的话，我们来玩一个小小的游戏吧。这个游戏很简单。就是比比谁能够将鸡蛋给竖起来。"

那些人费了千般力，努力想把鸡蛋竖起来，可是最后却失败了。在座的人们都认为这是一件不可能的事情。这个时候，哥伦布站起来了，他将鸡蛋的一端轻轻往桌子上一碰，鸡蛋就这么稳稳地站住了。

哥伦布看着众人说道:"你们看,在你们眼中,将鸡蛋竖立起来是一件不可能的事情,可是我却做到了。你们想的是无法完成,而我在此之前,却已经想到了它的解决办法。这就是为什么我可以发现美洲大陆,而你们却发现不了的原因。"

下面的人听了哥伦布的话,都不再说什么了。

一件简单的事情,几乎每一个人都可以轻易做到,但是成功的那个必定是最先想到的。所以说,你的思想有多大,你的成就也就有多大。成就的关键在于,你一定要有思想。

由此可见,一个乐观、有思想的人,是不会被人生各种困难所束缚的,他们会凭借自己积极的心态和行动力来改变这些窘境。这也就提醒大家,思想决定命运,对待事物我们要客观积极,用崇高宏伟的思想为人生开辟一条明亮的道路。

认识自己积极的一面,才能感受自身的价值

古人有云,吾日三省吾身;同样深入人心的还有"见贤思齐焉"的教诲。这些真知灼见在深刻影响、激励我们不断向前的同时,也无形中传递给我们这样一种概念:认识自己就是要发现自己的不足,而后改进。当然这种思想并无不是,但是洛克菲勒却对此有着不一样的深层理解,他说道:"几千年来,很多哲学家用他们的智慧偈语忠告我们:认识自己。但是,大部分人都把它解释为仅仅认识自己消极的一面。大部分的自我评估都包括太多的缺点、错失与无能。认识自己的缺点固然是一件好事,我们可以借此谋求改进。但是,如果我们仅仅认识自己消极的一面,就会陷入混乱,使自己变得没有任何价值。"

客观对待自己的错误和不足是我们需要学习的一方面,但是积极发现我们的优点和长处也是我们生活的重要部分。只有知优知劣,才能做到有的放矢,使价值得到最大体现。

从小洛克菲勒就以瘦削的身形、沉默的神情给人一种沉闷呆板的印象。上学期间,一位自认为很有想法的数学老师还曾在私底下用带有明显厌恶情绪的词语形容洛克菲勒,说他是一个老谋深算、不露声色的阴险家伙。

这些话通过同学传到了洛克菲勒的耳朵里,虽然洛克菲勒对这种无德老师的行为感到愤恨,不过对于那些评价他的话,洛克菲勒倒是以积极的心态接受了,他不但不介意,甚至还很满意。洛克菲勒不喜欢别人将他称之为毛头小孩,而是喜欢被

人称作沉稳、有教养、有智谋的商人。所以，对于这位数学老师的评价，洛克菲勒认为是对他的肯定和赞美。

喜欢安静也是洛克菲勒不同于常人的一点，他对宁静的偏好很严重，他厌恶酒吧等风花雪月的场所，甚至因为不能忍受合伙人占用上班的时间去玩乐，洛克菲勒还和他们有过激烈的争论。

不过，洛克菲勒却从来没有想过改正这个习惯，他总是用各种休息的时间思考事业，思考人生。没有纸醉金迷生活的诱惑，洛克菲勒能用更多的时间种植花草、打球骑马，过自己的私人生活。

除了不喜欢娱乐场所，洛克菲勒平时的话也不是很多，不过只要是他说出来的就一定是深思熟虑过的。在别人看来，沉默寡言不仅不能很好地进行谈判，还不利于结交朋友。洛克菲勒依然很坚定地保留着自己的这个特点，谈判方面的很多事情他都交给了弗拉格勒，沉默代表力量的格言则由洛克菲勒来实现。

在南方公司事件爆发后，美国工商业都会名单上的几家公司展开了激烈的抗议活动，而作为中坚力量的洛克菲勒首当其冲成为口诛笔伐的对象。面对混乱的形势，洛克菲勒始终拒绝接待媒体记者，他将自己关在家里，用大家争吵的时间来思考公司接下来的发展之路。

洛克菲勒曾说，我喜欢用书信和他们联系。沉默代表力量，只有内心虚弱的人才会随口乱讲，对着大众和媒体记者喋喋不休，而谨慎的商人则永远是守口如瓶，三思而行。其他人之所以不能取得大成就，就是因为他们不能排除外界的干扰，不能集中精力将心思投入到该做的事情上。

洛克菲勒曾说，他自己的脉搏每分钟只跳52次，他还努力控制自己脸上的肌肉，使它们在面对突发状况时能变得更安静，防止他人从他的表情中知道任何端倪。这个喜怒不形于色的威严商人，总是将他人认为是缺点的性格加以很好地锻炼，发挥它们积极的一面，使自己成为低调但行动有力的行业强者。

使自己成为重要人物的方法之一就是提高自己的专长能力。我们可能常常遇到这样一种情况，那就是，对于某些缺点和不足我们本身是知晓的，但是要改正起来发现很困难，就好像你本来不喜欢这样做，但是大家却严格要求你必须这样做，其实你内心已经满是抵触情绪，一通纠正下来，效果反而不是很好。但相反，在以提高自己专长为主要方面的同时注意从实践中改正不足，既能得到足够的成就感，还能从真实事件中把握不足，如此一来，价值才能得到更好发挥。

认识自己积极的一面，不仅能使我们感受到自身的价值，更能培养我们乐观积极的人生态度，而这种心态是成功人士的重要标志，也是帮助我们走完一生的重要支撑。

态度，决定着我们的选择和行动

洛克菲勒指出：我们不能左右风的方向，但我们可以调整风帆——选择我们的态度。一旦你们选择了看重自己的态度，那些"我是个没用的人""我是个无名小卒""我算老几""我一文不值"等等贬低自己、消磨意志、削弱信心和自暴自弃的懦夫想法就会消失殆尽，取而代之的，是心灵的复活、思维和行为方式的积极改变、信心的增强，以"我能！而且我会"的心态面对一切。

芝加哥大学建校初期，洛克菲勒并不看好它的发展。不过，在一次芝加哥大学演讲之后，洛克菲勒对这所大学的看法有了改变。他说芝加哥大学里的每一位学生都十分的可爱，他们对未来充满了憧憬和向往，他们都想着去成就一番大事业。而且在演讲过程中，很多的青年学生，都希望这个石油大王可以给他们的人生提出一点建议。

洛克菲勒看着下面满脸期待神色的学生们，语重心长地说道："一个人的身高、体重、外形甚至是家庭背景，都无法决定你的成功。成功是由思想决定的，关键是我们自己要看重自己。"讲到这，台下响起了雷鸣般的掌声。

洛克菲勒的演讲情绪也被这些可爱的学生们感染了。他继续说道："大部分的人将认识自己归结在认识自己的缺点上面。其实不然，认识缺点固然是好事，但是我们也应该看到自己积极的一面，一定要给自己树立'我能我会'的信念。

"你一定要记住，你将自己看成什么样的人，最后你们肯定就会成为那样的人。所以，不管你是谁，不管你出身名门还是无名小卒，你一定要有成为重要人物的渴望。可是在现实生活中，又有一大部分的人都无法实现这个目标。在洛克菲勒看来，态度决定了一切。我们要保持一种乐观的态度，要相信最终到来的终将是好事。"

洛克菲勒的这一篇演讲，得到了大学生们的热烈反响。

是的，态度决定着我们的未来，决定着我们的选择和行动，也正是因为洛克菲勒对人生的坚定态度，才让他有了这般成就。所以说，我们一定要有坚定的信念和态度，要相信自己的能力，树立我能我会的观念。只有这样，我们才能够取得成功。

同样，不同的人对待同一件事情的不同态度，也会带来不同的结果。

一天，两个秀才一起参加科举考试，结果遇到了一支出殡的队伍。看到那口黑乎乎的棺材，其中一个秀才心里立即"咯噔"一下，凉了半截，心想：真触霉头，赶考的日子居然碰到这个倒霉的棺材，于是，心情一落千丈，走进考场，那个"黑乎乎的棺材"一直挥之不去，结果，文思枯竭，果然名落孙山。

另一个秀才虽然心里也是"咯噔"一下，但转念一想：棺材！不就是有"官"有"财"吗？好兆头，看来今天一定会高中，于是情绪高涨，走进考场，文思如泉涌，果然一举高中。

回到家里，两人都对家人说：那"棺材"真的好灵。其实，第一个秀才之所以名落孙山，是因为情绪不好而文思枯竭，是因为"触霉头"的棺材。而另一个秀才却金榜题名，在考场上文思泉涌、情绪高涨，是因为受到"好兆头"棺材的影响。

看来不同的心态对人们产生的影响是完全不同的，其实，很多人都明白这个道理，可是如何用积极的态度指导自己的行动成为成败的关键。那么，在有悲观情绪时，想办法转移注意力就很必要，同时平时要多使用积极乐观的词语，借助一些标志性事物形成思维暗示，放弃悲观记忆，保存美好乐观记忆。

你比自己想象的要更好

每个人都希望自己是这个世界上独一无二的，是最好的，只可惜，人生不如意之事十之八九，凡事不能都依照你自己的意愿走。在人生这个过程中，我们失败过、痛哭过也流泪过，但是只要我们不灰心、不失去希望，那我们就有成功的可能。因为你要相信，在大多数情况下，我们比自己想象的还要更好。

洛克菲勒也曾经说过："我们要看重自己，克服人类最大的弱点——自卑。千万不要廉价出卖自己，你们比你们想象中的还要伟大，所以，要将你们的思想扩大到你们真实的程度，绝对不要看轻自己。"不管我们经历多少失败，我们都要相信，自己就是最好的那一个。只有这样，我们才有勇气重整旗鼓，才有勇气继续向前。

有一次，洛克菲勒的公司要招聘一名副经理。这天，有一个男子前来应聘。这名男子38岁，只是社区学院毕业，这和洛克菲勒公司的招聘要求完全不符。面试人员看完这个男人的简历后，便冷冷地说道："对不起先生，我想，您并不符合我们公司的应聘要求。"

只见这名男子信心满满地说道："我只希望您能够给我五分钟的阐述时间，五分钟之后，如果您还是不能接受我，那么我就无话可说了。"

面试人员看他自信心十足的样子，便想给他一次机会。于是，这名男子讲述了自己的经历。

原来，这名男子从事销售行业已经有15年的时间了，先后去过八个公司。面试人员一听，脸上便露出了不屑的神色：这么不长性的员工，我们怎么可能录取呢？男子看到工作人员的脸色，便解释道："我之所以离开，是因为这八家公司全部都倒闭了。"

面试人员听后都一阵窃笑，这让他们更加怀疑他的能力了。

这位男子好像没有看到工作人员的反应似的，继续说道："我敢应聘这个职位，就是依仗着我曾经失败过。虽然我一个人的力量根本无法挽回公司倒闭的事实，但是我作为公司的一员，在此过程中，我也积累了很多的经验和阅历。我相信自己，更相信自己的能力。更为重要的是，我了解每一家公司失败的原因和细节。"

这一点确实极为重要，而面试人员显然也知道这个经验的重要性。结果，这名男子被录取了，成了洛克菲勒公司的一名副经理。

上述的这个男子，虽然失败了很多次，但是在他的心里，他一直相信自己是一个能承担大事的人，所以他最后才当上了洛克菲勒公司的副经理。由此也可以看出，要想成为一个重要的人物，首先就要树立"我很重要"的信念，而且还要无比坚信地肯定自己，相信自己的能力。

美国著名教育家、人际关系专家戴尔·卡耐基先生的夫人桃乐西·卡耐基女士，在她训练学生记人名的一节课后，一位女学生跑来找她，这位女学生说："卡耐基太太，我希望你不要指望你能改进我对人名的记忆力，这是绝对办不到的事。"

"为什么办不到呢？"卡耐基夫人吃惊地问道，"我相信你的记忆力会相当棒！"

"可是这是遗传的呀，"女学生回答她，"我们一家人的记忆力全都不好，我爸爸、我妈妈将它遗传给我。因此，你要知道，我这方面不可能有什么更出色的表现。"

卡耐基夫人说："小姐，你的问题不是遗传，是懒惰。你觉得责怪你的家人比用心改进自己的记忆力容易。你不要把这个'可是'当作你的借口，请坐下来，我证明给你看。"

随后的一段时间里，卡耐基夫人专门耐心地训练这位小姐做简单的记忆练习，由于她专心练习，学习的效果很好。卡耐基夫人最终打消了这位小姐认为自己无法将记忆力训练得优于父母的想法。她因此学会了从自己本身找缺点，学会了自己改造自己，而不是找借口。

在这个社会上，只有你相信了自己的能力，你才能做出比别人更好的事业。我们要时常告诉自己：我们比自己想象中的还要好。只要我们不惧失败，不惧自卑，那么成功就是属于我们的。

第❸封信

隐瞒你的聪明

原文

October 9,1897

亲爱的约翰：

明天，我要回老家克利夫兰处理一些我们家族内部的事情。我希望在此期间，你能代我打理一些事务。但我提醒你，如果你遇到某些棘手或自己拿不定主意的事情，你要多向盖兹先生请教和咨询。

盖兹先生是我最得力的助手，他忠实真诚、直言不讳、尽职尽责，而且精明干练，总能帮我做出明智的抉择，我非常信任他，我相信他一定会对你大有帮助，前提是你要尊重他。

儿子，我知道你是布朗大学的优秀毕业生，你在经济学与社会学方面的知识算得上优秀。但是，你应该清楚，知识原本是空的，除非把知识付诸行动，否则什么事都不会发生。而且，教科书上的知识，几乎都是那些皓首穷经的知识匠人在象牙塔里编撰出来的，它难以帮你解决实际问题。

我希望你能摆脱对知识、学问的依赖心理，这是你走上人生坦途的关键。你需要知道，学问本身并不代表能力。你需要将你所具备的学问巧妙地运用到实践当中，才能发挥学问的作用。要成为能够活用学问的人，你必须首先成为具有实行能力的人。

那么实行能力从哪里来呢？在我看来它就潜藏在吃苦的过程中。我的经验告诉我，走过艰难之路——布满艰辛、不幸、困难和失败的道路，不仅会铸就我们坚强的性格，我们赖以成就大事的实行能力也将从中得到锻炼。在苦难中向上攀爬的人，知道什么叫千方百计地去寻找方法、手段，让自己得救。处心积虑地去吃苦，是我笃信的成功信条之一。

也许你会讥讽我，认为没有什么想法比吃苦更傻的了。不！一个人没有不幸的体验，反而是他的不幸。很多事情都是来得快去得也快，那些实现了一夜成名、一夜暴富梦想的人们，有谁不是很快就销声匿迹了？吃苦所得到的，是将你的事业大厦建立在坚实的地面上，而不是流沙里。人要有远见，只有长时间地吃苦，才有长时间的收获。我相信你已经发现了，自从你到我身边工作以来，我并没有让你去承受重担。但这并不表明我怀疑你的能力，我只是希望你善于做小事而已。

做好小事是做成大事的基石，如果你从一开始就高高在上，就无法体贴部属的心情，也就不能真正地活用别人；在这个世界上要活下去、要创造成就，你必须借助于人力，即别人的力量，但你必须从做小事开始，才会了解当部属的心情，等你有一天走上更高的职位，你就知道如何让他们贡献出全部的工作热情了。

儿子，世界上只有两种聪明人：一种是活用自己的聪明人，例如艺术家、学者、演员；另一种是活用别人的聪明人，例如经营者、领导者。后一种人需要一种特殊的能力——抓住人心的能力。但很多领导者都是聪明的傻瓜，他们以为要抓住人心，就得依据由上而下的指挥方式。在我看来，这非但不能得到领导力，反而会使其领导力大打折扣。要知道，每个人对自己受到轻视都非常敏感，被看矮一截会丧失热情。这样的领导者只会使部属无能化。

善于驱使别人的经营者、领导者或大有作为的人，一向宽宏大量，他们懂得高看别人和赞美他人的艺术。这意味着他们要有感情的付出，而付出深厚的感情的领导者最终必赢得胜利，并获得部属更多敬重。

没有知识的人终无大用，但有知识的人很可能成为知识的奴隶。每个人都需要知道，一切的知识都会转化成先入为主的观念，结果是形成一边倒的保守心理，认为"我懂""我了解""社会本来就是这样"。有了"懂"的感觉，就会缺乏想要知道的兴趣，没有兴趣就将丧失前进的动力，等待他的也只剩下百无聊赖了。这就是因为不懂才成功的道理。但是，受自尊心、荣誉感的支配，很多有知识的人对"不懂"总是难以启齿，好像向别人请教，表示自己不懂，是见不得人的事，甚至把"不懂"当罪恶。这是自作聪明，这种人永远都不会理解那句伟大的格言——每一次说不懂的机会，都会成为我们人生的转折点。

自作聪明的人是傻瓜，懂得装傻的人才是真聪明。如果把聪明视为可以捞到好处的标准，那我显然不是一个傻瓜。

直到今天我都能清晰记得一次装傻的情景，当时我正为如何筹借到 15000 美元大伤脑筋，走在大街上我都在苦苦思索这个问题。说来有意思，正当我满脑子闪动着借钱、借钱的念头时，有位银行家拦住了我的去路，他在马车上低声问我："你想不想借用 50000 美元，洛克菲勒先生？"我交了好运吗？我有点不相信自己的耳朵。但在那一瞬间我没有表现出丝毫的急切，我看了看对方的脸，慢条斯理地告诉他："是这样……你能给我 24 小时考虑一下吗？"结果，我以最有利于我的条件与他达成了借款合同。

装傻带给你的好处有很多很多。装傻的含义，是摆低姿态，变得谦虚，换句话说，就是瞒住你的聪明。越是聪明的人越有装傻的必要，因为就像那句格言所说的——越是成熟的稻子，越垂下稻穗。儿子，有了爱好，然后才能做到轻巧。现在，就开始热爱装傻吧！我料想得到，在我离开的日子里，让你独当一面对你而言绝非易事，但这没有什么。"让我等等再说"，是我在经商中始终奉行的格言。我做事总有一个习惯，在作决定之前，我总会冷静地思考、判断，但我一旦做出决定，就将义无反顾地执行到底。我相信你也能行。

爱你的父亲

详解

把具备的学问巧妙地运用到实践当中

任何知识的得来，都需要一番艰苦的努力，而将学到的知识加以利用就更不是一件简单的事儿。这些知识必须经过巧妙运用，才能真正为自己所有，转化成有效的"生产力"。对于这一点，洛克菲勒在写给儿子的信中讲得明明白白："我希望你能摆脱对知识、学问的依赖心理，这是你走上人生坦途的关键。你需要知道，学问本身并不代表你自身的能力。你需要将你所具备的学问巧妙地运用到实践当中，才能发挥学问的作用。要成为能够活用学问的人，首先你必须成为具有实行能力的人。"

在这封信中，洛克菲勒表达出对儿子的殷切希望，也直接指出了让学到的学问转化成个人真正能力的办法，那就是坚持理论结合实践的原则，将学问运用到实践中，进入到实实在在的行动中去。

善于学习的洛克菲勒总是能够从身边人身上学到很多实用的知识，还能对课本知识进行有机消化和运用。

对洛克菲勒性格影响最大的人莫过于父亲和母亲了。洛克菲勒的母亲是一位极度虔诚的基督教徒，她严格规范自己的一言一行，使它们能符合《圣经》的要求。她还将这种精神传递给孩子们，而洛克菲勒也潜移默化地受到了这种思想的影响。

洛克菲勒的母亲时常将生活中的知识分享给洛克菲勒，比如勤劳并且节俭对于白手起家的人来说是致富的基本常识；像蜜蜂一样勤劳地劳动，不能妄想天上掉馅饼，有了一定积蓄之后也不能胡乱花费，要量入为出，打算好每一分钱的用处。

生活经验亦是不可忽视的宝贵知识，洛克菲勒将母亲的忠告铭记在心，并巧妙地运用到以后的工作生活中。最明显的一个证明就是账本，没有经过谁的提醒，洛克菲勒从少年开始就自觉记账了，上面记录的尽是生活琐碎小事的花费，连和妻子约会时的花费也在其中。

但不得不说，洛克菲勒母亲的生活常识很是有效，勤劳使洛克菲勒在工作中总是能收获更多的赞誉和物质奖励，而节俭的生活方式使洛克菲勒有了改变人生的第一桶金。

父亲大比尔经常外出做生意，对洛克菲勒几人的生活并没有多大的照顾。不过，这个与洛克菲勒母亲性格截然不同的男人深谙现实社会的黑暗和冷酷，他总是在经商闲暇之时，用一些特殊的方法来教育孩子们。比如教洛克菲勒如何写商业书信，怎么清晰记账，怎样处理收付款。

这些比较实用的知识和母亲传统的说教不同，它们对洛克菲勒后来的经商生涯有着至关重要的作用。细心的洛克菲勒也积极将这些知识运用到后来的工作中，尤其是他的第一份工作——记账员。聪明好学的洛克菲勒也借助工作的机会，完美发挥以往积累的知识，并不断加深经营技能，在账务问题上总是做到细致入微、清清楚楚。

虽然没有机会接受更高的教育，不过平时爱好阅读的洛克菲勒总是通过读书来收获科学系统的专业知识。他读书不是死读书，而是结合现实的经济状况做出合宜的决定。比如，在面对市场无序竞争时，原油产量激增导致石油价格暴跌，场面一度难以控制。这让洛克菲勒对斯密的"看不见的手"理论产生了一丝怀疑：究竟那只看不见的手在哪里，什么时候能调整这种混乱的市场？

后来，洛克菲勒认识到在短期内依靠那只看不见的手是行不通了，石油行业的洗牌活动迟早会进行，规模生产也会成为非常重要的组织形式。想到这里，洛克菲勒便大刀阔斧地开始了市场整顿，他和众多小炼油商谈判，通过购买他们手中的公司，来达到整体控制的目的。虽然这项计划因为受到一些无信用厂商的破坏，效果不及预期，但事实证明，后来的市场发展正如洛克菲勒预测的那样。而这种思想，正是洛克菲勒将具备的知识巧妙运用到实践中的具体体现。

虽然洛克菲勒在上完中学后就投身到商界之中，没有选择继续上大学，但是，他从父母那里继承来的优秀品格，还是深深地影响了他。除了他从父母那里继承过来的优秀品格，社会这所大学校在洛克菲勒的成长过程中也起到了非常大的作用。身边的环境影响很重要，但是能将这些优秀的指导意见运用到实际生活中更显得弥足珍贵了。

有位聪明人说得好："教育涵盖了许多方面，但是它本身不教你任何一面。"这句话向我们展示了一条真理：拥有知识的你如果不采取行动，世界上最实用、最可行的哲学也无法行得通。

只有长时间地吃苦，才有长时间的收获

成长从来就不是件一蹴而就的事情，任何成长都是在付出长时间的努力之后，才能结出丰硕的果实。对于这种付出来说，最直接的一种形式就是辛苦劳动和吃苦。而且这种吃苦不应该是一两日的，而是长期的行为，只有长时间地吃苦，才有长时间的收获。

对于付出与收获之间的关系，洛克菲勒在给他儿子的信中这样说道："也许你会讥讽我，认为没有什么想法比吃苦更傻的了。不！一个人没有不幸的体验，反而是他的不幸。很多事情都是来得快去得也快，那些实现了一夜成名、一夜暴富梦想的人们，有谁不是很快就销声匿迹了？吃苦所得到的，是将你的事业大厦建立在坚实的地面上，而不是流沙里。人要有远见，只有长时间的吃苦，才有长时间的收获。"

吃得苦中苦，方为人上人。吃苦不是为了成为所谓的"上等人"，而是应该使自己有能力和品德上的提高，有心灵上的充实收获，而吃苦也是我们成长的必需手段。

洛克菲勒肯吃苦，肯长期吃苦，不得不说是和他的家庭背景有重大关系的。我们都知道，洛克菲勒出生在一个不太富裕的家庭，还有几个需要抚养的兄弟姐妹。更为雪上加霜的是，洛克菲勒还有一个极其不负责任的父亲。作为长子的洛克菲勒，自小便和母亲一起承担起了养家糊口的重担。

洛克菲勒的母亲是一位伟大的妇女，她虽然没有什么深厚的文化修养，但在妇女德行和教育孩子方面有却着非常卓越的成就，深受其影响的洛克菲勒就是成功的范例。

洛克菲勒从来都不是一个懒惰享受的人，他像母亲一样，用自己的双手帮助做一些力所能及的家务事。此外，为了担负起养家的责任，洛克菲勒还利用空闲的时间在农场劳动，赚取相应的薪酬。正式工作后，洛克菲勒将他自小养成的艰苦勤劳的习惯融入到工作中来。他从不将繁重的工作当作是多么辛苦的事情，相反，他热爱甚至痴迷于工作。这个典型的"工作狂"将大量的时间用在工作上，连享受自己私生活的时间都没有。

虽然出身比较贫穷，但是洛克菲勒对礼貌和穿着十分重视，不求穿多么贵重的衣服，只求干净、整齐、得体。洛克菲勒非常厌恶那些头脑简单说着粗话的石油生产商，可为了工作，他不得不面对这些没有礼貌的家伙们。有时候，为了考察项目，洛克菲勒经常坐长时间的车去外地油田，穿着高帮雨靴到泥泞不堪的生产一线，忍受着石油刺鼻的气味，去了解石油质量、产量和蕴藏量等各方面资料。

对于创业者来说，辛苦是不可避免的。敢于吃苦、不怕吃苦的洛克菲勒总是能通过辛苦工作来掌握最真实准确的商业信息，而以商业信息为载体的策略制定和执行无疑是更直接有效的，而屡屡在商业战争中赢得胜利就是洛克菲勒辛苦付出后的最大收获。所以，我们不应该害怕吃苦，一定要敢于为自己的梦想去吃苦，更要敢于长时间吃苦。要知道，只有不断积累才能使预期收获更大程度地增加，我们才能保证长时间内都有收获，而且还是不错的收获。

洛克菲勒之所以有了现在的这番成就，和他长时间地吃苦是分不开的。正如我国儒家代表人物孟子所说："故天将降大任于斯人也，必先苦其心志，劳其筋骨，饿其体肤，空乏其身，行拂乱其所为，所以动心忍性，曾益其所不能。"这就告诉我们要肯吃苦，敢吃苦，只有吃苦才能增益自身能力。

对于吃苦的重要性我们都有一定认识，但是要做到长时间地吃苦，就需要我们有坚强的意志了。吃苦精神就好像是帮助我们攀登的云梯，如果想有更大的进步，我们必须一步一步地借助云梯向上攀爬，只有长时间坚持攀爬，才能抵达高处，爬几下就放弃是永远不会有提高的。

当然，只是一味地吃苦并不能使我们与成功相拥，进军任何一片领域都需要用吃苦披荆斩棘，清除前进道路上的各种障碍。所以，想要成功的人们不要对吃苦有任何心理负担，时刻铭记吃苦精神，才能收获最美味的人生果实。

摆低姿态、学会谦逊，是聪明人的"傻"

聪明人都会巧妙地将自己"聪明"的头脑隐藏起来，从来不肯轻易地展现，更别说是炫耀了。虽然这种大智若愚的做法很不容易被他人理解，但低调谦逊的态度总能为自己带来预期的收获。尽管这种表现让"聪明人"看起来有些"傻"，但是，这却是一种远比自我张扬更为聪明的明智之举。

对于这个道理，洛克菲勒在信中这样说道："装傻带给你的好处有很多很多。装傻的含义，是摆低姿态，变得谦虚，换句话说，就是瞒住你的聪明。越是聪明的人越有装傻的必要，因为就像那句格言所说的——越是成熟的稻子，越垂下稻穗。儿子，有了爱好，然后才能做到轻巧。现在，就开始热爱装傻吧！"

对于洛克菲勒来说，培养低调谦逊的态度是很容易的，应该说洛克菲勒的骨子里就是一种谦逊与张扬相结合的状态，张扬是他敢于大声喊出对金钱的渴望，谦逊是他对人对事的虚心、谨慎态度。有意将自己的见识隐藏起来，是洛克菲勒的另一种聪明。

装傻就要有意识地克服夜郎自大的狂妄心理，装傻就要提示自己保持平和低调的心态，用平静的气场影响并迷惑对手，为自己展开行动创造良好条件。

在石油行业打拼的洛克菲勒明白，石油设备、技术、工人和销售等方面都是资金的重点流向，而要使这些部分完整地组合并运行起来，就需要大量的资金投入。

在经商方面，洛克菲勒不能说是洁白无瑕，作为一个时代的商业代表，洛克菲勒身上带着当时美国商人共同的特性，是19世纪末期美国经济发展的缩影。所以，在当时的经济、法律面前，洛克菲勒身上还有令人不齿的做法，比如他总是装傻。

一向行为低调的洛克菲勒在人生中后期，因为巨额财富总是被人们非常多地关注，他在资金和项目运作方面的策略也被人们拿来议论，尤其是影响重大的商业动作，甚至还会给洛克菲勒本人及公司带来官司纠纷。

面对人们的质疑，洛克菲勒经常将责任推给下属，而他谦逊的姿态也常能获得部分民众的信任。可事实上，公司的很多计划都是经过洛克菲勒同意的，也就是下属们都是在获得洛克菲勒的指导和同意之后才能开展工作。抛开其他人性分析，洛克菲勒用装傻的方式对待危机公关，也可谓是一种不错的方法。

一个没见过洛克菲勒的记者，凭借外界的传闻以为洛克菲勒是一个商业嗜血恶魔，为了完成采访任务他硬着头皮去了。可是见到洛克菲勒后，他在自己的采访稿中这样写道："他为人谦逊而不张扬，举止文雅却丝毫没有其他百万富翁常见的虚荣。而大众之所以能相信洛克菲勒的言辞，也许和他长期低调谦逊的性格分不开的，拥有这样的性格也就很容易让人相信他的行为了。"

洛克菲勒这种叫儿子守拙的方法，实际上是在教授儿子走向成功的办法。每个人每一时期都有其相对应的身份和地位，都必须扮演一定的角色，在这个过程中，只有放低自己的身段，以谦逊的姿态示人，才有可能获得最终的胜利。

所以，在为人处世过程中，我们一定要摆低姿态，以谦逊的姿态和态度示人，主动示弱，以为自己赢得主动。

要知道，在有些时候，"傻瓜"不一定真傻，而自以为是的聪明人，也不一定真聪明。

有一个小男孩，家境比较贫穷。他从小少言寡语，人们都将他当成傻子，一些大人们也时常会捉弄他。他们会把一个五分的硬币和一美元的硬币扔到他的面前，让他选择。而他每一次都会捡起五美分。于是，人们更加断定他是一个傻子。

有一天，一个好心的人对他说："你应该捡一美元的呀，一美元要比五美分大。"谁知这个小男孩笑了笑说："我当然知道啊，可是如果我捡了一美元的硬币，他们哪还有什么兴趣给我硬币呢？"

故事中的小男孩就是在装傻。装傻，是聪明人表达智慧的另外一种特殊方式。装傻是一种境界，这种境界叫大智若愚。装傻可以使我们减少对事物的挑剔，要求少了，机会就多了。

会装傻才是真聪明，所以我们应该学着摆低姿态，学会谦逊，依靠装傻为自己争取更大的发展空间和机遇。

不懂不是一种"罪恶"

在现实生活中，一些人是真的懂，一些人是真的不懂，还有一些人却喜欢不懂装懂。最后一类人将不懂看成了"罪恶"。在他们心中，不懂是一件很可耻的事情，所以在别人面前，他们选择遮掩和隐瞒。这一类人就属于自作聪明，最后聪明反被聪明误，倒是耽误了自己的前程。

洛克菲勒曾经说过：没有知识的人终无大用，但有知识的人很可能成为知识的奴隶。每个人都需要知道，一切的知识都会转化成先入为主的观念，结果是形成一边倒的保守心理，认为"我懂""我了解""社会本来就是这样"。有了"懂"的感觉，就会缺乏想要知道的兴趣，没有兴趣就将丧失前进的动力，等待他的也只剩下百无聊赖了。这就是因为不懂才成功的道理。但是，受自尊心、荣誉感的支配，很多有知识的人对"不懂"总是难以启齿，好像向别人请教，表示自己不懂，是见不得人的事，甚至把不懂当罪恶。这是自作聪明，这种人永远都不会理解那句伟大的格言——每一次说不懂的机会，都会成为我们人生的转折点。同样，如果你不懂装懂的话，误事是小，害命为大了。

有一只居住在图书馆里的老鼠，整天摆出一副学者的姿态，不把同类放在眼里。有一天，这只老鼠和粮仓里的老鼠相遇了。于是，这只图书馆的老鼠趾高气扬地说道：你们可真是可怜啊，为了填饱肚子，就一直住在那个干燥无比、憋闷无比的粮仓里。那里除了粮食以外还能有什么呢？你看我居住的图书馆，安静淡然，古今中外的书籍任我翻看。

那位居住在粮仓里的老鼠崇拜地说道："那么，您肯定懂得很多知识咯？"

住在图书馆的那个老鼠傲慢地说道："那是自然，我在这里已经住了好多年了。就算是一天一页书，我也已经看过好多本了呢。"

那位粮仓的老鼠两眼放光地说道："那真的是太好了，我正好有一件事情向您请教呢。"说着，这只老鼠将图书馆的老鼠带到了粮仓里面，用手指着粮仓一角处的瓶子，说道："您看看这只瓶子上面写的是什么东西？"

其实，图书馆的老鼠根本就不认识字，但是他却喜欢不懂装懂，于是便说道："你们可真是瞎担心，这不就是一瓶香油吗，有什么可害怕的。"说着，便一饮而尽。而这只老鼠也就此丧命了。这样，粮仓里的那些老鼠才知道，这一瓶子根本不是什么香油，而是老鼠药。

图书馆里的老鼠不懂装懂，硬是将老鼠药说成了香油，最后白白送掉了自己的性命。而在历史上，那些能够有所作为的伟人大家们，他们也有一个共同的品质，那就是不耻下问，不懂绝对不会装懂。

罗蒙诺索夫是俄国著名的学者、诗人，他曾经步行了两千多公里路，前往莫斯科求学，可是最后却因为他并非出身名门而被拒之门外。后来，罗蒙索诺夫又装扮成外城贵族的子弟，混进了斯拉夫－希腊－拉丁学院学习，想要进修自己一窍不通的拉丁文。

只是，那个时候，罗蒙诺索夫已经二十多岁了，而拉丁文班上大多是十三四岁的孩童。可是就算是这样，罗蒙诺索夫也并没有因此而感到羞耻。他坐在老师安排的最后一排，自动忽视了来自小朋友们的嘲笑。有些时候，他还会向嘲笑他的那些小孩子请教拉丁文的读音。正是因为他这种严谨的学习态度，班上的嘲笑声才渐渐地停息了。

后来，罗蒙诺索夫以优异的拉丁文功底，被派遣前去德国学习，最终成为了一名伟大的科学家和学者。

罗蒙诺索夫取得的这些成就，和他的不耻下问、虚心求学是分不开的。正是因为他的不懂就是不懂，才使得他有了积极上进的信心，有了努力学成的信念。

所以说，在现实生活中，我们一定要抱着不耻下问、不懂就问的心态，去面对每一件事情，万不可不懂装懂，否则害了自己不说，还耽误了自己的前程。只有把心中的不懂和疑惑说出来，我们才能够更好地解决问题，才能够减少心中的疑虑。问出一点，得到一点，也懂得一点。

第❹封信

现在就去做

原文

December 24,1897

亲爱的约翰：

　　聪明人说的话总能让我记得很牢。有位聪明人说得好："教育涵盖了许多方面，但是它本身不教你任何一面。"这位聪明人向我们展示了一条真理：如果你不采取行动，世界上最实用、最美丽、最可行的哲学也无法行得通。

　　我一直相信，机会是靠争取得来的。再好的构想都存在缺陷，即使是再普通不过的计划，只要你确实执行并且继续发展，所取得的效果都会比半途而废的好计划要好得多，因为前者会贯彻始终，而后者却前功尽弃。所以我说，成功没有秘诀，要在人生中取得正面结果，有过人的聪明智慧和一技之长自然好，没有也无需沮丧，只要肯积极行动，你就会越来越接近成功。

　　遗憾的是，很多人并没有汲取这个最大的教训，结果让自己沦为了平庸之辈。看看那些庸庸碌碌的普通人，你就会发现，他们都在被动地活着，他们说的远比做的多，甚至只说不做。但他们几乎个个都是找借口的行家，他们会找各种借口来拖延，直到最后他们证明这件事不应该、没有能力去做或已经来不及了为止。

与这类人相比，我似乎聪明、狡猾了许多。盖茨先生吹捧我是个主动做事、自动自发的行动者。我很乐意听到这样的吹捧，因为我没有辜负它。积极行动是我身上的另一个标识，我从不喜欢纸上谈兵。因为我知道，没有行动就没有结果，世界上没有哪一件东西不是由一个个想法付诸实施所得来的。人只要活着，就必须考虑行动。

很多人都承认，没有智慧作为基础的知识是没用的，但更令人沮丧的是即使空有知识和智慧，如果没有行动，一切仍属空谈。行动与充分准备其实可视为物体的两面。人生必须适可而止。做太多的准备却迟迟不去行动，最后只会徒然浪费时间。换句话说，事事必须有节制，我们不能落入不断演练、计划的圈套，而必须承认现实：不论计划有多周详，我们仍然不可能准确预测最后的解决方案。

我当然不否认计划非常重要，计划是获得有利结果的第一步，但计划并非行动，也无法代替行动。就如同打高尔夫球一样，如果没有打过第一洞，便无法到达第二洞。行动解决一切。没有行动，什么都不会发生。我们无论如何也买不到万无一失的保险，但我们可以做到的是下定决心去实行我们的计划。

缺乏行动的人，都有一个坏习惯：喜欢维持现状，拒绝改变。我认为这是一种极具欺骗和自我毁灭效果的坏习惯，因为一切都在变化之中，正如人会生死一样，没有不变的事物。但因内心的恐惧——对未知的恐惧，很多人抗拒改变，哪怕现状多么不令他满意，他都不敢向前跨出一步。看看那些本该事业有成，却一事无成的人，你就知道不同情他们是件很难的事。

是的，每个人在决定一件大事时，心里都会或多或少有些担心、恐惧，都会面对到底要不要做的困扰。但"行动派"会用决心燃起心灵的火花，想出各种办法来完成他们的心愿，更有勇气克服种种困难。

很多缺乏行动的人大都很天真，喜欢坐等事情自然发生。他们天真地以为，别人会关心他们的事。事实上，除了自己以外，别人对他们不大感兴趣，人们只对自己的事情感兴趣。例如一桩生意，我们获利比重越高，就要越主动采取行动，因为成败与别人的关系不大，他们不会在乎的。这时候，我们最好把它推一把，如果我们怠惰、退缩，坐等别人采取主动来推动事情的话，结果必定会令人失望。

一个人只有自己依靠自己，才不会让自己失望，并能增加自己控制命运的机会。聪明人只会去促使事情发生。

人生中最令人感到挫折的，莫过于想做的事太多，结果不但没有足够的时间去做，反而想到每件事的步骤繁多，而被做不到的情绪所震慑，以致一事无成。我们必须承认，时间有限，任何人都无法做完所有的事情。聪明人知道，并非所有的行动都会产生好的结果，只有明智的行动才能带来有意义的结果，所以聪明人只会做以后能获得正面效果的工作，做与完成最大目标有关的工作，而且专心致志，所以聪明人总能做出最有价值的贡献，并捞到很多好处。

要吃掉大象需要一口一口地吃，做事也是一样，想完成所有的事情，只会让机会溜掉。我的座右铭是：洛克菲勒对紧急事件采取不公平的待遇。

很多人都是自己使自己变成一个被动者的，他们想等到所有的条件都十全十美，也就是时机对了以后才行动。人生随时都是机会，但是几乎没有十全十美的。那些被动的人平庸一辈子，恰恰是因为他们一定要等到每一件事情都百分之百的有利、万无一失以后才去做。这是傻瓜的做法。我们必须向生命妥协，相信手上的正是目前需要的机会，才会将自己挡在陷入行动前永远痴痴等待的泥沼之外。

我们追求完美，但是人类的事情没有一件绝对完美，只有接近完美。等到所有条件都完美以后才去做，只能永远等下去，并将机会拱手让给他人。那些要等到所有事情都已经准备妥当才出发的人，将永远也离不开家。要想变成"我现在就去做"的那种人，就必须停止一切白日梦，时时想到现在，从现在就开始做。诸如"明天""下礼拜""将来"之类的句子，跟"永远不可能做到"意义相同。

每个人都有失去自信，怀疑自己能力的时候，尤其是在逆境中的时候。但真正懂得行动艺术的人，却可以用坚强的毅力克服它，会告诉自己每个人都有失败的时候，有失败得很惨的时候，会告诉自己不论事前做了多少准备、思考多久，真正着手做的时候，都难免会犯错误。然而，被动的人，并不把失败视为学习和成长的机会，却总在告诫自己：或许我真的不行了，以致失去了积极参与未来的行动。

很多人都相信心想事成，但我却将其视为谎言。好主意一毛钱能买一打，最初的想法只是一连串行动的起步，接下来需要第二阶段的准备、计划和第三阶段的行动。在我们这个世界上从来不缺少有想法有主意的人，但懂得成功地将一个好主意付诸实现比在家空想出一千个好主意要有价值得多的人却很少。

人们用来判断你的能力的真正基础，不是你脑子里装了多少东西，而是你的行动。人们都信任脚踏实地的人，他们都会想：这个人敢说敢做，一定知道怎么做最好。我还没听过有人因为没有打扰别人、没有采取行动或要等别人下令才做事而受到赞扬的。那些在工商界、政府、军队中的领袖，都是很能干又肯干的人、百分之百主动的人。那些站在场外袖手旁观的人永远当不成领导人物。

不论是自动自发者还是被动的人，都是习惯使然。习惯有如绳索，我们每天纺织一根绳索，最后它粗大得无法折断。习惯的绳索不是带领我们到高峰就是引领我们到低谷，这得看好习惯或坏习惯了。坏习惯能摆布我们、左右成败，它很容易养成，但却很难伺候。好习惯很难养成，但很容易维持下去。

要有现在就做的习惯，最重要的是要有积极主动的精神，戒除精神散漫的习惯，要决心做个主动的人，要勇于做事，不要等到万事俱备以后才去做，永远没有绝对完美的事。培养行动的习惯，不需要特殊的聪明智慧或专门的技巧，只需要努力耕耘，让好习惯在生活中开花结果即可。

儿子，人生就是一场伟大的战役，为了胜利，你需要行动，再行动，永远行动！这样，你的安全就能得到保障。

祝圣诞节快乐！我想此时送给你的这封信，是再好不过的圣诞礼物了。

爱你的父亲

详解

把计划坚持到最后就是一种成功

制订计划要比计划本身更重要。一个人在社会上生存，没有一个详细的规划是做不成事情的。计划是成功路上的一部分。世上没有一蹴而就的成功，所有的成功都有详细的计划在支撑。如果失去了这些，成功也将无处可寻。

著名石油大王洛克菲勒是一个十足的行动派，不过在行动之前，他都会做一番详细的计划。而他在教育子女的过程中，也注重计划意识的培养。在他看来，机会是人争取而来的，计划再普通，只要你付诸努力和行动，就能够得到有利的结果。

伊丽莎白是洛克菲勒的女儿，有一次，伊丽莎白问父亲："父亲，我现在完全不知道十年后的自己会做什么？"

洛克菲勒思索了一会儿，说道："女儿，要知道，有你这般苦恼的人并不在少数。很多年轻人都面临着和你一样的抉择。我能理解，这是每个人都需要经历的困惑期。在这一时期，你们从外界所能得到的可靠的、确切的消息很少。就好比，你还没有弄清楚什么是工学，怎么就能成为工程师呢？你想要做医学家、法学家，可你对医学、法学的了解又有多少呢？"

伊丽莎白听了之后，又疑惑地问道："那我怎样才知道自己喜欢什么职业呢？"

洛克菲勒看着女儿说道："关于职业的选择，其实还有一个捷径。就是在你身边，可以有一个随时对你进行指点的人，并且对你感兴趣的工作不惜时间和精力地给予帮助。你要明白，以前人们的观念是女人只能待在家里，而如今，很多的女性已经走向了社会，走向了工作岗位。几十年前，我在学习的时候很少碰到专业的女性，但是现在女性却奔波在社会的各个领域。所以，社会上所有的领域，都是你应该思考的对象。"

伊丽莎白更加疑惑了："那么父亲，我到底该怎么做呢？"

洛克菲勒继续说道："十年之后对你来说还是很遥远的事情，不过你可以想象一下什么样的工作会让你感到幸福快乐。然后在这样的前提下，给自己做一个详细的计划，并且综合其他的因素，做出一个表格。当你挑选出几个你喜欢的职业时，我会和你一起将它们压缩成两三个，然后再做一个计划。我和我的朋友们会给你提出最有用的建议，以免你犯我们年轻时的错误。这个计划完成的时候，也就是你充满信心、满怀希望的时候。要知道，计划完成的时候也就是你成功的时候。"

伊丽莎白听得很入迷："父亲，我好像明白了，而且我想我已经有一个初步的计划了。谢谢。"

计划是一件沉闷、严肃的事情，但它也是你一生最快乐、最能满足你理想的时候。当你做好了计划后，你就应该根据你的计划来安排你的生活，做你喜欢做的事情，做你需要完成的事情。所以，在你做计划之前，你需要冷静下来，好好地考虑。这关乎着你的未来，甚至是你最后的结果。

同样，制订好计划之后，如果不能持之以恒地坚持下去，也不会成功的。

我们都知道，电话是由贝尔发明的，其实这研究成果却有爱迪生很大的功劳。起初，爱迪生也将自己的研究方向定在了电话通话上。只是，经过一段时间的研究摸索，爱迪生发现，不管想什么样的办法，设计出来的电话就是无法通话。无奈之下，爱迪生只得放弃了自己的这一科学研究。

两年之后，贝尔在一次偶然的机会中继续了爱迪生的研究。很快，电话横空出世，贝尔更是成了历史上第一个使用电话的人。贝尔之所以成功，就只是因为他在爱迪生电话研究的基础上，仅仅是拧紧了一个小小的螺丝而已。

爱迪生是世界发明大王，但他却也有被问题吓倒的时候。一颗小小的螺丝便让这位失败了一千多次的爱迪生半途而废。不得不说，如果爱迪生能够将自己的电话计划实施下去的话，那么现在的电话发明者的冠名应该是爱迪生，而非贝尔了。

现在，给自己一点时间，好好静下心来想一想，你的目标是什么，你实施目标的路线是什么，而你的理想又将会停在何方？不要对计划吝啬，要知道，一个详细清楚的计划比得上你多天的摸爬滚打。而当我们制订了计划后，就请按照你的计划，坚持地走下去。等计划走到了最后，你会发现你已经将成功拥在胸口了。

立刻行动，才能解决一切

生活就是一场竞赛，坐以待毙的人只能被淘汰，而我们所能做的也必须要做的就是继续向前走，毫不犹豫地向前走。

在商场上，坐以待毙就等于宣告死亡和投降，要想逃过这样的命运，立刻行动，奋起反击，拼死抵抗。只有这样，你才能为你的事业赢得一线生机，才能够让你的企业在商场上占有一席之地。

商场霸主洛克菲勒就是这样的人。面对商海沉浮，他所能想到的并不是退出，而是要战斗，并且是立刻战斗。洛克菲勒曾经说过："积极行动是我身上的另一个标识，我从不喜欢纸上谈兵。因为我知道，没有行动就没有结果，世界上没有哪一件东西不是由一个个想法付诸实施所得来的。人只要活着，就必须考虑行动。如果你不采取行动的话，就算是最美丽、最实用的哲学，也是无用的。"

石油行业刚兴起时，利润高、成本低，这也引起了很多人的注意。一些其他行业的人纷纷下海，想要从中分得一杯羹。大量人力的投入，并没有促进石油产业的发展，反而造成了石油产业衰退的状况。

竞争激烈，石油价格急剧下降，几乎毫无利润可言，这对于石油商来说，可谓是天大的灾难。在当时，大部分的炼油厂都出现了亏损的状况。更加严重的是，这种情况并没有吓退那些疯狂的开采者，他们还在不停地开采着，整个石油产业陷入了巨大的危机中。

对于这种情况，洛克菲勒也是极其担忧的。他担心，如果再这么发展下去，他这么多年的付出可能就要毁于一旦了。不过，他也明白，此时并不是唉声叹气的时候，他不能坐以待毙，他要行动，要在灾难中寻找生机。

他没日没夜地研究着当前的形势，他想要从中找到一个妥善的解决办法。后来，他便想到了一个将竞争转为合作的办法。他知道，之所以会出现这种状况，主要是因为石油业的迅速发展，引来了带有毁灭性的竞争。要想阻断这种恶性竞争，就必须将它驯服，让它按照自己的构想行走。

所以他决定收购那些生产过剩、秩序混乱的炼油厂。为了筹得足够的资金，洛克菲勒主张建立股份公司。这样一来，他们可以对外销售股票，得到资金上的支持，并且还不会影响对原先公司的控制。

最初，洛克菲勒的这项计划遭到了很多人的反对和嘲讽，认为他会徒劳无功。有一位资深的企业家告诉他："你的计划要么会取得巨大成功，要么会得到巨大的失败。"

可是，不管外界的声音如何，都无法打击洛克菲勒的自信心。他要行动了。他和安德鲁斯的合伙公司撤销了，重新成立了一家股份公司，并取名为标准石油公司，并成功收购了几十家炼油厂。

渐渐地，石油市场上的价格稳定下来了，而洛克菲勒的计划也算是取得了巨大的成功。稳定了市场价格，维持了市场秩序。

坐以待毙只会促使人更快地走向死亡，而行动起来、奋起反击却会给人赢得一线生机。要相信，行动可以解决一切。很显然，洛克菲勒深知这个道理。在大风暴面前，洛克菲勒并没有选择坐以待毙，而是选择从绝望中找寻出路。也正是由于洛克菲勒的高瞻远瞩，才挽救了石油价格，拯救了整个石油市场，维护了石油市场的秩序。

洛克菲勒曾经说过："我们追求完美，但是人类的事情没有一件绝对完美，只有接近完美。等到所有条件都完美以后才去做，只能永远等下去，并将机会拱手让给他人。那些要等到所有事情都已经准备妥当才出发的人，将永远也离不开家。"要想变成"我现在就去做"的那种人，就必须停止一切白日梦，时时想到现在，从现在就开始做。诸如"明天""下礼拜""将来"之类的句子，跟"永远不可能做到"意义相同。这也就说明了现在就做的重要性。

只有养成现在就做的习惯，我们才能够获得成功的青睐。

伊迪斯是洛克菲勒的小女儿。有一段时间，伊迪斯的精神一直处于紧绷的状态，神情紧张，情绪也是烦躁不安。洛克菲勒见状，便为她请来了一位心理医生。

伊迪斯对这位医生诉说了自己这一段时间的痛苦。在这期间，这位医生总共接了三个电话，而且每接到一个电话，就会立刻处理电话里所交代的事情。事情处理完毕后，这位医生对伊迪斯说："很抱歉，一直耽误着您的时间。"

伊迪斯却显得非常轻松，说道："医生，我理解的。通过这十多分钟的相处，我似乎已经知道自己焦虑的源头了。看来，我是要改变一下我的工作习惯了。不过，在我离开之前，我是否可以有幸参观一下你的办公室呢？"

这位医生很爽快地就答应了。伊迪斯看到医生的办公桌上除了电脑和几支笔以外什么都没有，她好奇地问道："医生，您要处理的文件都放在哪里了？"医生回答道："我已经全部处理完了。"伊迪斯又问道："那需要回复的邮件呢？"医生说道："收到邮件之后，我会第一时间就给予回复。"

一段时间后，伊迪斯邀请这位心理医生去参观自己的办公室。

伊迪斯一边介绍着自己的办公室一边说道："医生，您知道吗？在认识您之前，我这里有三张办公桌，上面堆满了需要处理的东西。可是在和您谈话之后，我突然明白了：不管什么时候，都应该现在去做，不能积压。所以，我回来后便立刻处理了一些积压的信件和文件。你看，现在我只留下了一张办公桌，不会再有多余的文件了。而这样也让我的精神放松了许多，我的焦虑和紧张也已经好了。"

是的，我们每一个人都应该像伊迪斯那样，养成现在就做的习惯。要知道，立刻处理手上的事情并不是一件困难事，困难的是要养成这种立刻就做的习惯。今日事今日做一直是我们提倡的做事态度和习惯，只有这样，你才能够为你的成功埋下有利的伏笔。

同样，如果你没有现在就做的习惯，而是喜欢拖拖拉拉，那么这不仅会让你的精神紧张，你的情绪烦躁，更会让你的事业一事无成。

由此看来，养成现在就做的习惯是一件刻不容缓的事情，遇到事情，我们更要积极主动地去应对。要明白，好习惯会助你成功，坏习惯也能够毁掉你的一生。

给自己一个明确的目标

目标是人生成功的必备条件。成功和失败并不在于你的机遇和天赋，而在于你有没有给自己制定一个明确的目标。石油大王洛克菲勒也曾经迷茫过，也曾经将目标丢失过，但是值得庆幸的是，这位石油大王的迷失并没有持续太久。

在洛克菲勒年轻的时候，他时常会陷入一种迷茫的状态。有些日子，他实在是无聊得发慌，就开始四处闲逛。他乘坐大巴车到达犹他州的一个农场附近。天黑了，他便敲开农场主的门。农场主很热情，为他准备了丰盛的晚餐，并且还留他在农场内过夜。

第二天，洛克菲勒告别了农场主，踏上了返程。他沿着小路一步步地走着，他多么希望能够有一辆马车载他一程啊。最终，一个路过的农民让洛克菲勒上了他的马车。这一刻，洛克菲勒感到前所未有的满足和得意。

那位农民问："你想要去哪儿呢？"

洛克菲勒回答道："我要去我喜欢去的地方，这一条漫长的小道会带领我，直到我找到我向往的地方。"

谁知，这位农民听了回答之后面色有些讶异和愠怒。

农民问道："你不会是想告诉我，你根本就没有目的地吧？"

洛克菲勒急忙回答道："我当然有我的目的地，只是我的目的在不断地改变，它每天都在改变着。"

听到这里，农民突然停下车，将洛克菲勒赶了下去，并且称他为游手好闲之徒，还告诫洛克菲勒："你应该找一份工作，挣点钱，过你的小日子。"

就这样，农民将他丢在了路边。洛克菲勒的心里有一些失落。

后来，洛克菲勒回到了那个生他养他的地方，他用两个星期的时间去走亲访友，再次仔细地看了一下这个地方。他心里知道，这个地方已经不适合他发展了。他的梦和理想，这个小地方早就已经容纳不下了。

后来，洛克菲勒离开了那里。他说，一个人认识到发展很重要，但是回看以前的脚印，会让你明白你选择的道路是否正确。

赶车农民的一番话，给了洛克菲勒很大的启示。他回到最初的地方，看遍了以往的足迹，也找到了自己目标和方向。洛克菲勒还说："一旦你明确了自己的目标，就要为实现目标做好准备。如果忽视了这样的准备，到头来，你不仅浪费了时间，也浪费了你之前所有的劳动和努力，将会给你的一生留下巨大的阴影。"

哈佛大学有一项非常著名的关于目标对人生影响的跟踪调查。对象是一群智力、学历、环境等条件都差不多的年轻人，调查结果发现：

27%的人，没有目标；

60%的人，目标模糊；

10%的人，有清晰但比较短期的目标；

3%的人，有清晰且长期的目标。

25年的跟踪研究结果表明，他们的生活状况及分布现象十分有意思。

那些3%有清晰且长期目标者，25年来几乎不曾更改过自己的人生目标。25年来他们都朝着同一个方向不懈地努力，25年后，他们几乎都成了社会各界的顶尖成功人士，他们中不乏白手创业者、行业领袖、社会精英。

那些10%有清晰短期目标者，大都生活在社会的中上层。他们的共同特点是，那些短期目标不断被达成，生活状态稳步上升，成为各行各业的不可或缺的专业人士，如医生、律师、工程师、高级主管等。

60%的模糊目标者，大都生活在社会的中下层，他们能安稳地生活与工作，但都没有什么特别的成绩。

剩下的27%是那些25年来都没有目标的人群，他们大都生活在社会的最底层。他们的生活都过得很不如意，常常失业，靠社会救济，并且常常抱怨他人，抱怨社会，抱怨世界。

由此也可以看出，只有目标明确的人，他的前途才不会迷茫。虽然有些时候，外界的环境对你的能力都有着或多或少的限制，也有一些突发的事件让你无法很好地完成自己喜欢的事情。但是，只要你坚持下去，只要你有方向，你每天总是会有收获的。

所以，赶快和那些浑浑噩噩的日子说拜拜吧，赶快给自己制定一个明确的目标吧，这样才有收获理想人生的可能。

提前把事情做完

有人做事喜欢中规中矩，有人做事喜欢拖拖拉拉，有人做事却喜欢提前行动。中规中矩的人会按时交差，会按时工作，按时休息；拖拖拉拉的人，喜欢将今天推到明天，将昨天推到今天，最后火急火燎、紧张兮兮；提前做事的人，却会收到有的放矢、事半功倍的效果。

有人说，提前将事情做完，也是对生命的延续。这是很有道理的一句话，明天的事情今天做完了，这样你也就给自己多赢得了一天的时间，也就意味着你比别人多了 24 小时的"生命"时间。

对于一个企业的老板来说，提前将事情办完也有着极其重要的意义。提前几天将项目完成，就会为你下一个项目争取到更多的时间。长此以往，可能很多个项目都是在这样的工作循环中一个个地挤出来的。这是企业的额外价值，是走在人前面的必要手段。

洛克菲勒在管理自己的公司时使用的也是这样的方法。

洛克菲勒离开上一个公司后，和克拉克合伙开了一家公司。公司刚成立没多久，生意就火爆起来，这使得他和克拉克也越发地忙碌。不过，洛克菲勒的忙碌除了订单多外，还有一个主要原因，那就是他喜欢将所有的事情都提前做。

洛克菲勒他们的工作方式是以周期为计划的，而其他的公司则喜欢在年末做计划，然后在年初实行。这样一来，洛克菲勒他们也就多了很多的准备时间，做起事情来也显得比较从容不迫。其中有些业务还是洛克菲勒趁着生意清淡时期，前往俄亥俄州争取过来的。

事情提前完成，多出来的一些时间，洛克菲勒喜欢去四处看看，看看能不能再挖掘一些新客户，听听最新动态和发展。这样一来，他多多少少都会有一些收获。

不过，洛克菲勒的合作伙伴克拉克似乎并不赞同洛克菲勒的做法，他认为，洛克菲勒的神经太紧张了。年初的时候，洛克菲勒已经谈了很多生意了，而克拉克却似乎还没有从节日的喜悦中清醒过来。

所以大部分情况下，洛克菲勒通常会将所有的工作都准备就绪后，才会告知克拉克的下一步计划。

在日常生活中我们也有这样的感受，今天的事情如果留给明天做，就会感觉明天的事情更多，而且越多越忙，越忙越乱。最后，做的不少，浪费的时间不少，可是成效却非常的低。要想改善这种状况，我们应该像洛克菲勒一样，把事情提前做。哪怕提前一天，就有可能给你省下不少时间，将事情处理得井井有条。

同样，如果你没有提前做的意识，那么也意味着你会落在别人的后面，更有甚者会让你所有的付出都功亏一篑，危及你的生存和生命。

在原始森林里，住着各色各样的鸟儿，它们都在辛勤地劳动着。在这些鸟儿中有一只寒号鸟，它长着一身漂亮的羽毛，有一副很漂亮的歌喉。当别人都在忙碌的时候，它却站在树枝上，卖弄自己的本领。看着眼前来来回回飞奔的鸟儿，它很是不屑，眼中充满了嘲弄。

有一只好心的鸟儿见状，便劝说道："你也赶快筑巢吧，否则冬天该怎么过呢？"寒号鸟不屑地说："现在离冬天还有很长时间呢，不好好享受一下现在的阳光，忙什么！"

很快，冬天已经来临了。晚上，鸟儿们待在自己的房子里过冬。而寒号鸟却是站在寒风中瑟瑟发抖，并且还不断地哀号道："我明天一定要筑巢，快冻死了。"

第二天，太阳出来了。寒号鸟竟然忘记了昨天一夜的折磨，又站在树枝上唱起了歌。这时，又有好心的鸟儿飞过来说道："赶快筑巢吧，要不然晚上还是会受冻的。"

可是，这个时候的寒号鸟只想着要享受阳光，哪听得进去他人的劝说呢。就这样，到了晚上，寒号鸟又哀号起来……

连续几天，寒号鸟晚上哀号，白天唱歌，就是不想着给自己筑巢。

冬天到来的时候，别的鸟都住在了事先准备的房子里，而寒号鸟却在大雪凛冽的夜晚被冻死了。

所以，不要把事情留给明天，要学会提前做、现在做，而不是等到了紧要关头，才慌慌张张、紧张兮兮地做完。最后，加班加点赶出来的东西一定粗糙无比，成了无用功。把事情提前做，就会给自己赢得更多的自由时间去支配，才能够事事走在别人的前面，超越别人，成就自己。

明智的决定才有意义

明智的决定不是人走你亦跟，也不是人走你不跟，而是在合适的时间、合适的时机，做出最适合的行动。没有明智的支撑，再强大的企业集团也会一步步地走向垮塌；没有明智的前提，再轰动的行动也不会得到好的结果。

洛克菲勒曾经说过："成功没有什么其他的秘诀，只有你有冷静的头脑，有明智的决定，那么你才会越来越接近成功。"

有一段时期内，美国股票价格呈现疯狂上涨的趋势。查尔斯·米切尔是美国国民商业银行的总裁，他为了一己私利，不断地向股市投入大量的资金，防止股票价格下跌。而当时的股票经纪人和一些银行家们也都在鼓励众人积极投入到股票行业，就连一些著名的学者也没有了往日的冷静。

比如耶鲁大学著名的经济学教授欧文·费雪，他对股票的投资已经到了疯魔的状态，并且在他演讲的过程中还对众人鼓吹说：股票的价格会呈现持久性的高峰状态。他的这番言论使得原本就火热的股票市场变得更加热闹起来。

不过，在这场股票争夺战中也有极少数的冷静者。美国总统肯尼迪的父亲便是其中之一，他敏锐察觉到了股票市场濒临崩溃的饱和状态，及早地撤出了自己的资金，才没有给自己带来损失。

而洛克菲勒能够逃过这场风波也要感谢一位小孩子。一天，洛克菲勒在街边擦鞋，为他擦鞋的是一个十几岁的小孩童。他告诉洛克菲勒："先生，您应该去买进些股票，因为股票的价格处于高峰状态。"

正是孩童的这句话给了洛克菲勒很大的警示：如果连一个街边擦鞋的孩童都知道股市的状况，那也意味着股市离崩溃不远了。于是，他立刻将手中的股票全部脱手。

没过多长时间，美国股票市场价格大跌，很多人都亏得血本无归。而洛克菲勒却因为及早地退出了股票市场，才保留了自己的资本，没有让资金被套空，这也让他有了足够的资本去做他想要做的事业。

当人们正在疯狂地炒股时，洛克菲勒并没有盲目地跟进，而是通过一个小童的话语，敏锐地察觉到了股票市场的端倪，及早抽身，保留了充足的创业资本。由此也可以看出，当所有人都迷恋一件事物的时候，这件事物所带来的结果不一定是好的，或许这时反其道而行，却能够收到出其不意的效果。

可是，在社会中，大部分的人在作决定时并没有意识到作决定后的后果，也没有考虑决定会带来什么样的影响。最后，一个决定可能就毁了你之前的努力，毁了你的前程，毁了你精心准备的未来。

由此可见，决定之前深思熟虑是非常有必要的。越是成功的人，他们在这一点上越是深有体会。他们不管做什么事情、做什么决定，都会将前后的因果、利害考虑清楚，才会郑重地做出抉择，做出一个最好的抉择。

洛克菲勒在一次捐赠会上结识了哈珀先生，并且从哈珀先生那里了解到，摩根·帕克神学院因资金不足，已经陷入了困境中。摩根·帕克神学院和老芝加哥大学有着密切的联系，因为神学院的关系，老芝加哥大学也面临着解体的危险。

哈珀教授表示，芝加哥大学基础良好，只要有充足的资金，他就能够组建最好的师资力量。虽然洛克菲勒对哈珀先生的提议非常感兴趣，但是洛克菲勒并没有表示什么。

后来，洛克菲勒又认识了盖茨牧师。盖茨牧师是一个很有远见和胆识的人。更巧的是，盖茨牧师也有着很高昂的办学热情。或许是受他的感染，洛克菲勒开始认真考虑起芝加哥大学这件事情来。

不过，作为一个商人，他必须要考虑到这件事情给他带来的后果和利益，他必须要衡量好它们的价值，然后再作决定。后来，盖茨又给他呈递了一份调查报告：在芝加哥大学周围聚集着很多的基督教徒，而在这周围却没有一所像样的大学。所以他们可以先在芝加哥大学的旧址上开办一所很有实力的小学院，并且还要慢慢将它发展扩大。

洛克菲勒称得上是一个虔诚的基督徒。最后，盖茨先生用这份报告说服了他。

洛克菲勒又找到了哈珀先生，希望他可以在教学的同时再抽出一点时间来指挥办学的准备工作。而且，他只告诉哈珀先生，先筹建一个小学院，而关于芝加哥大学重建问题再另作商议。

不可否认，洛克菲勒的心里是很欣赏盖茨牧师的，但是他并没有表露声色，因为他还需要一点时间仔细地观察他，这样他才放心将更重要的任务交给他。

直到有一次，洛克菲勒和盖茨牧师同搭一辆火车。一路上，洛克菲勒就等着盖茨向他开口，讨论办学的问题。可是让他没想到的是，这一路盖茨牧师表现得很是镇静，一副胸有成竹的样子。

洛克菲勒见此，悬着的心才算终于放下来了。第二天，洛克菲勒便告诉盖茨他决定为芝加哥大学重建捐款的事宜，并且要求他制订一个详细的计划给他。

毫不夸张地说，洛克菲勒的身价何止几所芝加哥大学，但尽管是这样，在投资办学这件事情上，洛克菲勒也是经过了深思熟虑的。当他第一次从哈珀先生那里听到时，虽然心动，但是却没有进一步的行动。就连他十分欣赏的盖茨牧师，他也是经过多番考察才重用的。由此也可以看出，洛克菲勒是一个十分谨慎的人。

不可否认，经过深思熟虑的事情，事情的成功概率会更大，事情的发展也会更加顺利。所以，在你作决定之前，哪怕是一个小决定之前，请给自己一点时间，好好地思考一下，这是对你的工作负责，更是对你的人生负责。

第❺封信

天堂与地狱比邻

原文

December 25,1897

亲爱的约翰：

有一则寓言很有意味，也让我感触良多。那则寓言说：

在古老的欧洲，有一个人在他死的时候，发现自己来到了一个美妙而又能享受一切的地方。他刚踏进那片乐土，就有个看似侍者模样的人走过来问他："先生，您有什么需要吗？在这里您可以拥有一切您想要的：所有美味佳肴，所有可能的娱乐以及各式各样的消遣，其中不乏妙龄美女，都可以让您尽情享用。"

这个人听了以后，感到有些惊奇，但非常高兴，他暗自窃喜：这不正是我在人世间的梦想嘛！一整天他都在品尝所有的佳肴美食，同时尽享美色的滋味。然而，有一天，他却对这一切感到索然无味了，于是他就对侍者说："我对这一切感到很厌烦，我需要做一些事情。你可以给我找一份工作做吗？"

他没想到，他所得到的回答却是摇头："很抱歉，我的先生，这是我们这里唯一

| 57

不能为您做的。这里没有工作可以给您。"

这个人非常沮丧，愤怒地挥动着手说："这真是太糟糕了！那我干脆就留在地狱好了！"

"您以为您在什么地方呢？"那位侍者温和地说。

约翰，这则很富幽默感的寓言，似乎告诉我：失去工作就等于失去快乐。但是令人遗憾的是，有些人却要在失业之后，才能体会到这一点，这真不幸！

我可以很自豪地说，我从未尝过失业的滋味，这并非我运气，而在于我从不把工作视为毫无乐趣的苦役，却能从工作中找到无限的快乐。

我认为，工作是一项特权，它带来比维持生活更多的事物。工作是所有生意的基础，所有繁荣的来源，也是天才的塑造者。工作使年轻人奋发有为，比他的父母做得更多，不管他们多么有钱。工作以最卑微的储蓄表示出来，并奠定幸福的基础。工作是增添生命味道的食盐。但人们必须先爱它，工作才能给予最大的恩惠，获得最大的结果。

我初进商界时，时常听说，一个人想爬到高峰需要很多牺牲。然而，岁月流逝，我开始了解到很多正爬向高峰的人，并不是在"付出代价"。他们努力工作是因为他们真正地喜爱工作。任何行业中往上爬的人都是完全投入正在做的事情，且专心致志。衷心喜爱从事的工作，自然也就成功了。

热爱工作是一种信念。怀着这个信念，我们能把绝望的大山凿成一块希望的磐石。一位伟大的画家说得好，"痛苦终将过去，但是美丽永存"。

但有些人显然不够聪明，他们有野心，却对工作过分挑剔，一直在寻找"完美的"雇主或工作。事实是，雇主需要准时工作、诚实而努力的雇员，他只将加薪与升迁机会留给那些格外努力、格外忠心、格外热心、花更多的时间做事的雇员，因为他在经营生意，而不是在做慈善事业，他需要的是那些更有价值的人。

不管一个人的野心有多么大，他至少要先起步，才能到达高峰。一旦起步，继续前进就不太困难了。工作越是困难或不愉快，越要立刻去做。如果他等的时间越久，就变得越困难、可怕，这有点像打枪一样，你瞄的时间越长，射击的机会就越渺茫。

我永远也忘不了做第一份工作——记账员时的经历，那时我虽然每天天刚蒙蒙亮就得去上班，而办公室里点着的鲸油灯又很昏暗，但那份工作从未让我感到枯燥乏味，反而很令我着迷和喜悦，连办公室里的一切繁文缛节都不能让我对它失去热心，而结果是雇主不断地为我加薪。

收入只是你工作的副产品，做好你该做的事，出色完成你该完成的工作，理想的薪金必然会来。而更为重要的是，我们劳苦的最高报酬，不在于我们所获得的，而在于我们会因此成为什么。那些头脑活跃的人拼命劳作绝不是只为了赚钱，使他们工作热情得以持续下去的东西要比只知敛财的欲望更为高尚——他们是在从事一项迷人的事业。

老实说我是一个野心家，从小我就想成为巨富。对我来说，我受雇的休伊特－塔特尔公司是一个锻炼我的能力、让我一试身手的好地方。它代理各种商品销售，拥有一座铁矿，还经营着两项让它赖以生存的技术，那就是给美国经济带来革命性变化的铁路与电报。它把我带进了妙趣横生、广阔绚烂的商业世界，让我学会了尊重数字与事实，让我看到了运输业的威力，更培养了我作为商人应具备的能力与素养。所有的这些都在我以后的经商中发挥了极大效能。我可以说，没有在休伊特－塔特尔公司的历练，在事业上我或许要走很多弯路。

现在，每当想起休伊特和塔特尔两位先生时，我的内心就不禁涌起感恩之情，那段工作生涯是我一生奋斗的开端，为我打下了奋起的基础，我永远对那三年半的经历感激不尽。

所以，我从未像有些人那样抱怨他的雇主，说："我们只不过是奴隶，我们被雇主压在尘土上，他们却高高在上，在他们美丽的别墅里享乐；他们的保险柜里装满了黄金，他们所拥有的每一块钱，都是压榨我们这些诚实的工人得来的。"我不知道这些抱怨的人是否想过：是谁给了你就业的机会？是谁给了你建设家庭的可能？是谁让你得到了发展自己的可能？如果你已经意识到了别人对你的压榨，那你为什么不结束压榨，一走了之？

工作是一种态度，它决定了我们快乐与否。同样都是石匠，同样在雕塑石像，如果你问他们："你在这做什么？"他们中的一个人可能就会说："你看到了嘛，我正在凿石头，凿完这块我就可以回家了。"这种人永远视工作为惩罚，在他嘴里最常吐出的一个字就是"累"。

另一个人可能会说："你看到了吗，我正在做雕像。这是一份很辛苦的工作，但是酬劳很高。毕竟我有太太和 4 个孩子，他们需要温饱。"这种人永远视工作为负担，在他嘴里经常吐出来的一句话就是"养家糊口"。

第三个人可能会放下锤子，骄傲地指着石雕说："你看到了嘛，我正在做一件艺术品。"这种人永远以工作为荣，以工作为乐，在他嘴里最常吐出的一句话是"这个工作很有意义"。

天堂和地狱都由自己建造。如果你赋予工作意义，不论工作大小，你都会感到快乐，自我设定的成绩不论高低，都会使人对工作产生乐趣。如果你不喜欢做的话，任何简单的事都会变得困难、无趣，当你叫喊着这个工作很累人时，即使你不卖力气，你也会感到精疲力竭，反之就大不相同。事情就是这样。

约翰，如果你视工作为一种乐趣，人生就是天堂；如果你视工作为一种义务，人生就是地狱。审视一下你的工作态度，那会让我们都感到愉快。

爱你的父亲

详解

热爱工作是一种信念

相信在众多现代人眼中，工作，只是一个赚钱养家的工具而已。可是，我们都知道，工作占据了我们人生中的大部分时间，如果没有浓厚的兴趣，没有执着的理念，如何才能很好地完成这个浩大的工程呢？"失去工作就等于失去快乐。但是令人遗憾的是，有些人却要在失业之后才能体会到这一点，这真不幸！我可以很自豪地说，我从未尝过失业的滋味，这并非我运气好，而在于我从不把工作视为毫无乐趣的苦役，却能从工作中找到无限的快乐"，洛克菲勒在写给儿子的信中如是说。

很庆幸，洛克菲勒先生在繁忙的工作生活之余还每天坚持用心地写日记，能让我们了解到一个更加真实准确的巨商形象。

因为窘迫的经济状况，使洛克菲勒不得不将挣钱当作是最紧迫的要务，尽管这种想法会被人理解成是见钱眼开，而洛克菲勒自己也时常会认为这是一种对金钱的贪婪，但这种渴望客观上也成为洛克菲勒努力工作的不竭动力。

在休伊特工作的时候，洛克菲勒在日记本上这样写道："这个商务世界也许让许多像我这样的小职员感到乏味，但是对我却丝毫没有影响，相反，我从小便被称赞而自己也引以为豪的学习能力在这个时候起到了至关重要的作用。"

正是因为这份热情，洛克菲勒认真地做着记账员的工作。

他必须每天早早地爬起来去上班，整日埋头于那些散发着霉味的账本之间，办公桌上的鲸油灯还会使眼睛干涩。除了这些工作本身带来的劳苦，洛克菲勒还要经常忍受同事投来的嘲笑。因为过于精细和负责，洛克菲勒会把账目的来龙去脉理清楚，数字倒腾明白，这样一来，一些从中渔利的行为就被他发现了，在给出一定的警示和揭露后，同事对洛克菲勒这种过分的仔细给予了差评，认为他是小题大做，对工作上一些细节的把握太婆婆妈妈了。

对于这些，洛克菲勒总是跟大家开开玩笑便过去了，同事们继续每天浑浑噩噩地混日子，洛克菲勒则出于对工作的尊重和热爱，在整理账目的同时还留心公司的经营状况。比如公司如何在谷物价格较低的时候大量购入，又如何有效率地将谷物尽数售出，这些都是让洛克菲勒长见识的经营手段和智慧。而老板的疏漏也成为洛克菲勒关注的重点，比如对账目细节的忽视，这使洛克菲勒认为老板在不尊重自己工作的同时，其马虎大意的行为也可能导致公司发展中的失误。对此，洛克菲勒深刻铭记，心想，若自己创业开办公司，一定不容有马虎大意的行为和思想。

认真工作的结果是：洛克菲勒得到了满意的薪水，还得到了老板的高度赞扬和大家的认可。而且，老板当众宣布给洛克菲勒这个记账员涨工资，每年300美元。此时，钱不再是购买力的象征了，这个数字是对洛克菲勒工作成果的肯定。

在洛克菲勒的信中，他也引用了一个经典的故事，希望通过这个简单却深刻的故事使儿子约翰明白其中的道理。

工作是一种态度，它决定了我们快乐与否。同样都是石匠，同样在雕塑石像，如果你问他们："你在这做什么？"他们中的一个人可能就会说："你看到了嘛，我正在凿石头，凿完这块我就可以回家了。"这种人永远视工作为惩罚，在他嘴里最常吐出的一个字就是"累"。

另一个人可能会说："你看到了嘛，我正在做雕像。这是一份很辛苦的工作，但是酬劳很高。毕竟我有太太和4个孩子，他们需要温饱。"这种人永远视工作为负担，在他嘴里经常吐出来的一句话就是"养家糊口"。

第三个人可能会放下锤子，骄傲地指着石雕说："你看到了嘛，我正在做一件艺术品。"这种人永远以工作为荣，以工作为乐，在他嘴里最常吐出的一句话是"这个工作很有意义"。

如何将工作变成自己钟爱一生的事业，确实是一门学问。

首先，以自己的爱好或专业为中心圈定范围，从性格和情商出发找工作。此时，可能有人说自己没有爱好，或者所学专业并非自己的爱好，那寻找并培养爱好的过程就不再赘述。而以爱好为中心就能最大程度地避免盲目性，而不同的性格使我们即使在所希望的部门，却无法胜任工作。比如，一个学习中文的学生在出版社实习，但不是以编辑设计为业，而是做图书市场调研和销售，但其内向腼腆的性格使她完全无法适应这份工作，最终离职。

其次，面对抉择，做好周到的打算。即使在选择适合自己的工作之后，也可能因为同事关系、家庭事务、工资需求等各方面原因，不得不选择离开。显然，这种情况我们无法给每一个人做出具体的指导。在这里只能给出这样的忠告：即使选择，也请离我们的内心近一点。

最后，进行适当的排解和放松，主动营造多样性充实的工作生活。有人说，再感兴趣的东西，只要把它变成工作，那么这种兴趣立马就变味了。的确，每天繁忙枯燥的工作，肯定会冲淡人们的热情，这个时候就需要我们做出适当的调节，比如短暂的休假、旅行，工作流程的适当变化，只有这样我们才能对工作时刻充满热情。

其实，很多人朝九晚五地工作，却不能感受工作带来的幸福感，也许真应了那句话，这世界本不缺少美，只是缺少发现美的眼睛。如果心态做出改变，所收获到的也就不一样了。调整一下你的工作态度，那会让大家都感到愉快。

劳苦的最高报酬不是获得多少，而是成为什么

金钱，只是我们脚下的石头，帮助我们登上梦想天台的工具。所以，劳苦的最高报酬不是你获得了什么，而是你成为了什么。

洛克菲勒也这样说："收入只是你工作的副产品，做好你该做的事，出色地完成你该完成的工作，理想的薪金必然会来。而更为重要的是，我们劳苦的最高报酬，不在于我们所获得的，而在于我们会因此成为什么。那些头脑活跃的人拼命劳作绝不只是为了赚钱，使他们工作热情得以持续下去的东西要比只知敛财的欲望更为高尚——他们是在从事一项迷人的事业。"

从开始第一份工作，洛克菲勒就给人严谨慎重、忙碌的印象。

从洛克菲勒的日记中我们知道，他在休伊特公司上班的时候，因为花费大量时间在工作上面，而忽视了自己的私人生活。对此，洛克菲勒在日记中提醒自己，每天不能晚于十点下班。

而这种过分重视工作的习惯也使他在开创自己第一个公司时，与合伙人经常发生冲突。从休伊特公司离职之后，洛克菲勒与克拉克合伙成立了一家公司，主营农资产品的转运、采购、销售等业务，克拉克利用他在客户资源方面的优势，忙于和各个广告商、媒体联系，洛克菲勒则重点打理账目和公司内部物资管理。经过两人的默契合作，公司虽然遇到了一些挫折，但总算是熬过去，并且发展越来越好。

可是在看到繁荣景象后不久，克拉克纨绔子弟的性情就开始显露了：他开始早早地下班，去酒吧等风流场所游玩，这让洛克菲勒很是不满。终于在和克拉克的一次争吵中，克拉克对洛克菲勒吼道："我可不想像你一样，整天把自己关在办公室里。"

后来，因为公司业务扩大，急需资金，在四处融资无果的情况下，加德纳顺利成为公司新成员。这位新成员为公司带来大笔资金的同时，也开始挥霍公司的资产，他的奢侈行为使洛克菲勒无法忍受。加德纳和几个朋友合资买了一艘游艇，甚至在上班时间偷着跑出去开船到避风港玩。于是，洛克菲勒毫不客气地指出了加德纳在工作上的不负责，加德纳也做出了回应："约翰，我认为，在有些事情上我俩很可能永远都说不到一起。依我看，这世界上你最喜欢的就是钱，而我却不。我想的是，这辈子一边干事一边找点乐子。"

这种世俗的判定让洛克菲勒不能认同，在他心中，用一定数量的工资来衡量其能力是一方面，但最让他幸福的是后来与他接触的经营商不再喊他"约翰"或者"那个年轻人"，而是"洛克菲勒先生"。对他来说，这种高尚的称呼无疑是最大的鼓励。除此以外，洛克菲勒成功地给人留下了诚信、睿智、严谨、年轻有为的印象，而由这些特质组成的商务人士形象，正是洛克菲勒梦想成为的。

当下有一种说法很盛行，那就是男孩穷养，女孩富养。很多人无法理解其中深层次的含义，一些腰缠万贯的家长曲解为给宝贝女儿用各种奢侈品就是贯彻这一教育理念了。错，大错特错！女孩富养，富养的是精神，而非物质。

而上班族、学生抑或是管理者们，每个人的辛苦劳作也不能以收获多少为最高报酬，而是要以成为什么为终极目标。上班族的努力是想通过收获更多经验来使自己成为在生意场上、专业技术领域独当一面的行家，成为勇于承担家庭重任的男子汉或贤内助；学生努力学习是以知识为器，使自己成为梦想中的科学家或歌唱家；管理者的努力经营除了使自己的企业屹立不倒外，更是希望自己成为商海中运筹帷幄、高瞻远瞩的英勇弄潮儿。

所以，想获得更高的成功，那就淡忘收入吧，淡忘那些大众化的标尺，真正能让你实现腾飞的是你内心不灭的希望之火，你最终所达到的高度和水平才是劳苦给你最好的报酬。

赋予工作意义，那么无论工作大小你都会得到快乐

生活从来都不是大风大浪般的轰轰烈烈，而是由一点一滴的水滴组成的大河，每一滴的快乐构成了生活的宏伟篇章。洛克菲勒很重视生活和工作中每一个细节的快乐，并把这种乐观的精神传递给儿子约翰：天堂和地狱都由自己建造。如果你赋予工作意义，不论工作大小，你都会感到快乐，自我设定的成绩不论高低，都会使人对工作产生乐趣。如果你不喜欢做的话，任何简单的事都会变得困难、无趣，当你叫喊着这个工作很累人时，即使你不卖力气，你也会感到精疲力竭，反之就大不相同。事情就是这样。如果你视工作为一种乐趣，人生就是天堂；如果你视工作为一种义务，人生就是地狱。

一般人们都喜欢着手做大事，掌控大局，或是主导关键领域的事物，但从洛克菲勒创业的经历中，他体会到做什么事都需要赋予其意义，工作不管大小都含有快乐的因素。

克拉克—洛克菲勒公司是洛克菲勒和克拉克共同建立的一家公司。两个年轻人多方融资、投入了2000元，创建了这家以农资物品经营为主的合伙公司。

在开业第一天，洛克菲勒就有了与以前完全不同的感受。受雇于雇主时，只需要做好自己的本职工作就可以了，但是现在，自己作为公司管理人员，特别是创建初始，没有足够的人员，公司里的大事小事都需要洛克菲勒亲自来处理，开业第一天，洛克菲勒就忙着购买各种各样的办公用品、清扫办公室、擦拭桌椅，划分出自己和克拉克的办公领域，制定规章制度和上下班时间等，这些烦琐的小事都需要洛克菲勒亲力亲为。而克拉克则主要负责公司的外围业务。

不过，在洛克菲勒看来，自己为自己的公司效力，工作也就有了别样的意义。后来，哪怕公司走上正轨后，洛克菲勒还经常会询问公司的办公用品还够不够、纸张还

足不足等。要说刚开始是因为没有人手，可是到后来，洛克菲勒显然把这些小事情当作是自己工作的一部分，赋予了它更高层次的意义。他喜欢这么做，也乐于这么做。

工作是上帝安排的任务，是上天赋予的使命。工作没有大小之分，职位没有高低之别，工作带给人们的应该是一种幸福快乐和充实健康。我们都应该尊重工作，从工作中寻找快乐。

为什么有人工作做得很开心，很顺手；有的就不顺心，也让自己成了令人讨厌的同事？为什么会产生这样的差别？环境不同？机会不同？当然，我们不能否认客观存在的影响因素，但其中最大的因素就是你能否赋予工作以意义。

苏东坡坐禅与佛印大师的对话流传很广，佛印大师说苏东坡像一尊佛，苏东坡却说佛印大师像一坨牛粪，说完还洋洋自得。最后还是被聪明过人的苏小妹道破玄机。佛学有性相之说，佛说相由心生，佛印大师心中有佛，所以看苏东坡像佛，而苏东坡说大师像牛粪，那不是说苏东坡心中想的就是牛粪吗？

对待工作也是这样的道理，你觉得工作是谋生饭碗，那它就是谋生工具；你觉得是锻炼机会，那它就是历练方式；你觉得是营销，那它就是卖货的；你觉得是艺术，它就有美感。工作的意义决定了工作的质量，这就是真理。

从实际意义上说，工作并不仅仅是关乎做的事情或者报酬的问题，而是关于意义的问题。

尼尔·卡尼曼获得了诺贝尔经济学奖。他的业余爱好就是足球，是一个铁杆粉丝。只要有足球比赛，他从来都不会错过。不过一场几十分钟的比赛，中间再加上换场、休息、停补等，耗费的时间也就多了一些。

每当这个时候，卡尼曼的心里总会升起一种罪恶感。因为在他看来，花费这么长的时间去看足球比赛，完全是在浪费生命。可是，他又不能不看。为了填补心里的这种不平衡，卡尼曼决定给自己找点事儿干。

于是，他从自家的院子里摘了两桶核桃。他一边看电视，一边用小锤子砸核桃。这样，他的心里也算是平衡点了。

卡尼曼一边敲着核桃，一边还在思考：为什么自己光是坐在电视机前就有罪恶感，为什么一敲打核桃，心里的罪恶感就会减轻呢？这主要是因为，卡尼曼将看电视当成了娱乐，而认为没有一点意义，可是他却把敲核桃当成了工作，这样一来，他也算是赋予了看电视以工作上的意义，由此，他心里的罪恶感才会减轻了许多。

由此可见，社会对工作本身赋予了意义，这间接地促进了社会的发展。如果有一天，人们离开了工作，也就意味着失去了人们自身的意义。所以说，工作是我们灵魂的一部分，只有赋予了它意义，它才能够让我们感到快乐。

另外，工作不论大小都有快乐，只是我们没有发现。参加工作初期，大学生自然而然地加入了工作的行列，好像没什么快乐可言。不过，随着时间的推移、知识的积累、技能的掌握、阅历的增加，工作就变成施展才华的舞台，我们就能慢慢地享受到工作所带来的乐趣，可以从中感受到自己成长、进步的喜悦，从而增强自己的进取心和自信心，促进心理健康。

往上爬的都是完全投入正在做的事情的人

站在高峰上的人，得到的多，失去的也多。不过，随着时间的流逝，我们就会懂得，那些正在爬向高峰的人，他们并不是在付出什么代价，他们之所以努力，之所以艰苦，就是因为他们喜欢这份工作。

洛克菲勒在给儿子的信中曾经说过：很多正爬向高峰的人，并不是在"付出代价"。他们努力工作是因为他们真正地喜爱工作。任何行业中往上爬的人都完全投入于正在做的事情中，且专心致志。衷心喜爱从事的工作，自然也就成功了。

在我们日常生活中，我们应该也要秉承着这样的工作态度，爱我们所做的每一份工作，爱我们每一步的投入，只有这样，我们才能够一步步地向高峰行进。

克罗尔是洛克菲勒公司的一名保洁员，他每天需要给管理人员打理办公室、公司过道和厕所等，工作沉重而又简单。虽然这是一份很不起眼的工作，但是克罗尔却也投入了很大的热情。他喜欢这份工作，也钟爱这份工作。

有一次，搬运工不小心打碎了几箱子汽水，瓶子的碎片撒了一地。部门经理非常生气，他要求这些搬运工们立刻将地板打扫干净。

搬运工们挨了经理的训斥，心里自然不乐意。对于经理的吩咐，更是置之不理。就在这个时候，克罗尔过来了，他什么话都没说，便将地上的碎玻璃全部收拾干净了。恰巧，这一举动被路过的洛克菲勒看到了。第二天，洛克菲勒便把克罗尔提升为保洁部的经理。

后来，有人问洛克菲勒提拔克罗尔的原因："克罗尔到底有什么优点，值得你如此看重呢？"洛克菲勒回答道："我看重的是他对工作的热情和投入。如果一个人能够将全部的精力都投入到他正在做的事情中，那么别人就肯定会认可他。要知道，有一些员工，有时因为老板给的工资少，便能少干活就少干活，像这样的人，永远都不会有出头之日。"

按理说，这是经理和搬运工之间的事情，克罗尔可以不用多此一举的。他完全可以利用这些时间，去找个地方好好休息休息，但他并没有这么做，他将所有的精力都用在了自己的工作上，由此也得到了洛克菲勒的赏识。

在洛克菲勒看来，那些只顾着自己本职工作的人都是一些普通人，而只有那些心怀大志、对自己要求严格的人，才会更多地去关注自己的工作，将更多的精力投入到自己的工作中去。

有一天，铁路上的工人们正在工作。这个时候，一列火车缓缓地驶来。火车在他们面前停下，有一个人从火车窗里探出头来，说道："大卫，你还好吗？"大卫·安德森是这队人的主管，他回答道："吉姆，我很好，很高兴我们又见面了。"

吉姆·墨菲是这条铁路的总裁，他和大卫说了一会儿话后，便道别了。

墨菲走后，那些员工立刻将大卫包围了。因为在他们看来，一个铁路主管和铁路总裁是朋友，这是一件很不可思议的事情。大卫说道："在二十多年前，我就和墨菲一起为这条铁路工作。"

有一个员工不解地问："那为什么他能够成为铁路总裁，而您却还在这里工作呢？"

大卫表情严肃地说："二十多年前，我是为了那每小时 1.75 美元的工资工作，而吉姆却是为了这整条铁路工作。"

二十多年后，大卫还是在为每小时 1.75 美元的工资工作，而吉姆却成了这条铁路的总裁。

大卫为了工作而工作，所以他最后只能成为一个小小的主管；而吉姆却是为了铁路而工作，他几乎将自己全部的精力都投入到了这个工作上。他把这份工作看作是一份很重要的事业，所以最后他成了铁路总裁。

所以说，我们要想在工作中加薪升职，要想得到老板的重视，除了我们本职工作外，我们还应该对所有的事务都保持着巨大的热忱，然后再通过我们自身的努力，获得成功的垂青。

第❻封信

幸运之神眷顾勇者

原文

October 7,1898

亲爱的约翰:

　　几天前你的姐姐塞迪兴高采烈地告诉我, 她一头栽进了幸运里, 说她手里的股票就像百依百顺听她使唤的奴隶, 正在帮她将大把大把的钱拿回家。我想现在的塞迪可能已经快乐疯了, 但我不希望她被那些钱弄得得意忘形以致乱了分寸, 我给她以警示: 过度相信运气会把你扔到失败的田野上。几乎每一位事业有成的人都在警告世人: 你不能靠运气活着, 尤其不能靠运气来建立事业生涯。有趣的是, 大部分的人对运气深信不疑, 我想他们是错把机会当运气了, 没有机会就没有运气。

　　约翰, 想一想你认识的那些幸运儿, 你几乎可以确定, 他们都不是温良恭俭的人, 你也几乎可以确定, 他们总是表现出自信的光辉和天下无难事的态度, 甚至会显得非常大胆。这其中潜藏着一个鸡生蛋、蛋生鸡的问题, 幸运儿是因为幸运才表现得自信和大胆, 还是他们的"运气"是自信和大胆的结果呢? 我的答案是后者。

我从未见过有谁不欣赏自信果敢的人，每个人都会用极大的热情去支持自信果敢的人，期望这样的人担任领袖。我们之所以如此迷信这样的人，就在于他们有着强大的吸引力。所以，勇敢的人常常会比较成功，会较容易担任领袖、总裁和司令官，那些迅速升职的人都属于这样的人。

经验告诉我，自信果敢的人，能完成最好的交易，能吸引他人的支持，结成最有力的盟约。而那些胆小、犹豫的人却难以制造这样的效果。不仅如此，大胆的方法对自己也大有裨益，有自信的人期望成功，他们会配合自己的期望，设计所有的计划以追求成功。当然，这样做不能保证会绝对成功，却能自然而然地推出对成功的展望。换句话说，如果你觉得自己是赢家，你的行为就会像个赢家；如果你的行为像个赢家，你就很可能去做更多赢家要做的事，从而改变你的"运气"。

真正的勇者并非是不可一世的狂妄之徒，更不是没有脑子的莽撞汉。勇者知道运用预测和判断力，计划每一步和做好每一个决定，这种做法就像军事策略家所说的那样，会让你力量大增，也就是拥有一种武器，能立刻形成明显的优势，帮你战胜对手。这让我想起了十几年前，大胆决定买下莱玛油区的事情。

在此之前，原油将会枯竭的恐怖阴云始终笼罩在石油界，甚至连我的助手都开始担心在石油行业已经无利可图，因此他悄悄地卖着公司的股票；而有的人甚至建议，公司应该及早退出石油业，转行做其他更为稳妥的生意，否则我们这艘大船就将永远不能返航。作为领袖，面对悲观送出的应该永远是希望而不是哀叹。再次看到希望是人们在俄亥俄州莱玛镇发现了石油的时候。只是莱玛的石油散发着一股特殊的臭味，用常规方法无法祛除，这让许多本想从中大捞一把的人感到失望。但我对莱玛油田充满信心，我可以预见到一旦我们独占莱玛，我们就将具有统治石油市场的强大力量。机会来了，如果让它悄然溜走，洛克菲勒的名字就会与猪联系在一起。我郑重地告诉公司的董事们：这是千载难逢的一个大好时机，是该把钱投到莱玛的时候了！

非常遗憾的是，我的意见遭到了胆小怕事者的反对。

强加于人不符合我的性格，我寄希望于通过和颜悦色的讨论，让大家最终能统一到我的意见上来。

那是一次漫长而没有结果的等待。我心急如焚，我们建起了全球最具规模的巨型炼油厂，它就像一个饥饿的婴儿对母亲的奶汁贪得无厌一样，需要吃掉源源不断的原油，但宾州的油田正在凋敝，其他几个小油田业已开始减产，长此下去我们只得依赖俄罗斯的原油，几乎可以肯定，俄国人一定会利用他们对油田的控制，削弱我们的力量，甚至彻底击败我们，把我们赶出欧洲市场。但是，一旦我们拥有了莱玛的石油资源，我们就会继续做赢家。不能再等了，是我该行动的时候了！

正像我所预想的那样，在董事会上保守派的意见依然是"不"。但我以令反对派大吃一惊的方式，降伏了他们，我说："先生们，如果不想让我们这艘巨轮沉下去，我们必须保证我们的原油供应。现在，蕴藏在莱玛地下的石油正向我们招手，它将带来令我们目眩的巨额财富。看在上帝的分儿上，请不要说那带有臭味的液体没有市场，我相信这些东西都有其价值，我相信科学会扫除我们的疑虑。所以，我决定用我自己的钱进行这项投资，并情愿承担两年的风险。如果两年以后成功了，公司可以把钱还给我；如果失败了，就由我自己承担一切损失。"

我的决心与诚意打动了我最大的反对者普拉特先生，他眼中闪动着泪光，激动地对我说："约翰，我的心被你俘虏了，既然你认为应该这样做，我们就一起干吧！你能冒这个险，我也能！""一荣俱荣、一损俱损"的合作精神，是我们不断强大的精神支柱。我们成功了。我们倾尽全力将巨资投到了莱玛，其回报更是巨大，我们将全美最大的原油生产基地牢牢地控制在了自己的手中。而在莱玛的成功又增强了我们的活力，驱使我们开始发动在石油业前所未有的大收购战。结果正像我们预想的那样，我们成为石油领域最令人畏惧的超级舰队，取得了不可动摇的统治地位。约翰，态度有助于创造运气，而机遇就在你的选择之中。如果你有 51% 的时间做对了，那么你就会变成英雄。

这是我关于幸运的最深体会。

爱你的父亲

详解

运气是需要被主动发现的

成功靠什么？众说纷纭，有些谦虚的成功人士将自己的成绩归功于运气，但事实并不是这样，一分耕耘，一分收获，事业成功主要还是依靠勤劳的经营，不过我们也不否认有运气的存在，可为什么有些人能一眼看到运气，有些人却视而不见呢？

运气其实也就是机会，发现机会的慧眼很重要，但只希望依靠运气致富的想法就要不得了。洛克菲勒也不忘提醒大家，你不能靠运气活着，尤其不能靠运气来建立事业。所以，要以客观的态度去培养发现机会的能力，以便让自己"撞大运"的概率高一些。

年少的时候，洛克菲勒偶尔会和几个朋友到家附近的一个地下酒吧去畅谈。这一天，他和几个朋友聊天的时候，隔着很远看到几个日本人在吧台和服务生说话，好奇的洛克菲勒走了过去。

在一旁的洛克菲勒了解到，原来这几个日本人是商贸大船上的船员，他们从日本运来了一吨多的丝绸，本想带到本地出售的。可不幸的是，船只在途中遇到了风暴，结果这些丝绸都被浸染了，变成了一文不值的废品。看来对外出售是无人问津了，将其在港口丢掉，又怕被环保局逮到，受到处罚，无奈的日本人只能打算在回国的时候将这些丝绸抛到大海中。

听到这，一旁的洛克菲勒心里乐开了花，他知道这是一个很好的机遇，因为他心里已经有了处理这些丝绸的打算。

于是，他热情地来到几个日本人面前，说道："先生们，我想，我也许能够帮你们把那些没用的丝绸布料处理掉。"几个日本人先是一怔，马上变得兴奋起来，满口答应了洛克菲勒的要求。

第二天一大早，洛克菲勒就把马车赶到码头上，和船员们一起将成吨的丝绸布料往马车上搬，就这样洛克菲勒完全没用付出一点代价就获得了大量丝绸。接着，洛克菲勒将这些丝绸做成了迷你领带、迷你帽子，做一些衣服的配饰。就这样，这批本来一文不值的丝绸为他带来了十万美元的收入，这笔资金也为他成为一名有资本的商人奠定了基础。

在遇到日本人这种情况的时候，更多的人可能是惋惜和叹息，而洛克菲勒却从这件令人懊恼到极点的事情中看到了机遇。由此，也为他的百万富翁之路埋下了希望。

有这样一则小故事，上帝有一天经过人间的时候，看到很多人过得非常困苦，于是好心的上帝挥一挥衣袖撒了一些金银在地上，希望人们能够捡起来。不过令上帝失望的是，穷苦的百姓只顾赶着牛车，完全没有注意路上的金银，即便是赶车的农夫也无视老牛脚边的金银。

正当上帝为这些凡夫俗子惋惜的时候，一个骑着骏马的少年出现在上帝的视野中，少年眉清目秀，一眼就看到了地上散落的金银。于是，他下马将散落的金银一一捡起。

可见，那些终日抱怨自己不得志的生意人们，不是你不够努力，只是你缺少发现财富和机会的慧眼，就跟故事中的穷苦百姓一样，明明有天上掉馅饼的运气，却不能辨认出来，只能和机会擦肩而过。要想与运气撞个满怀首先要发现运气在哪儿，机会是从来不会等人，也不会主动赤裸裸地站在你面前的。

在我们普通人看来，一块烂西瓜和诺贝尔奖是完全无法相提并论的。可是就有这么一个人，通过烂西瓜的提示而得到了诺贝尔奖。

1928年，英国细菌学家亚历山大·弗莱明发现用青霉菌可以杀死细菌，并且他把这种青霉菌命名为青霉素。只是，青霉素没有提纯用于临床实验。

十多年后，德国化学家看到了弗莱明的研究，并且开始进行提纯实验。最后虽然提炼出来一点青霉素，但是和临床试验却还有很大的差距。

1941年，澳大利亚病理学家瓦尔特·弗洛里继续青霉素的提纯实验。

有一天，弗洛里想要买一些西瓜来犒劳和自己一起研究的人们。他走进一家西瓜店，挑选了几个比较好的西瓜。正要离开的时候，弗洛里看到了柜台上放置的一个烂了的西瓜，上面还长了一层绿色的霉斑。

弗洛里盯着这只西瓜看了很长时间，对老板说："老板，这些西瓜我不要了，我要买这一个。"

老板好心提醒道："先生，这个西瓜坏掉了，我们正要把它扔掉呢，吃了可是会坏肚子的。"

弗洛里坚定地说："没关系，老板，我就要这一个。"说着，将怀中的那几个西瓜一放，抱起柜台上的西瓜就要离开。

老板见状，说道："先生，这个西瓜就当送给你了，你把这几个抱走吧。"

弗洛里说："我没有多余的手再去抱其他的西瓜了。"说着，已经走远了。

弗洛里带着那只烂西瓜匆匆回到了实验室，并且将那些霉斑从西瓜上取下来，开始进行培植。不久之后，结果出来，这个烂西瓜里面所含的青霉素，竟然达到了每立方厘米200单位，足以开厂生产了。

1943年10月，弗洛里第一次进行青霉素的生产，并且在第二次世界大战末期被运用于治疗，扭转了同盟国的战局。之后，青霉素还被应用到医学领域，挽救了千万生命。

在大多数人看来，一个烂西瓜，只能是扔掉，根本不会注意到里面暗含的运气。而弗洛里正是发现了烂西瓜上面的霉斑，才慢慢地提纯出了青霉素，并且投入大量生产。

所以说，运气都是自己发现的，并不是自己找上门的。我们只有挖掘出来一件事物内在的运气，才能够紧紧地将其抓住，才能够让运气为我们服务。

"运气"是自信和大胆的结果

守株待兔、异想天开的人一直存在。在他们心中，劳动是一件愚蠢和低效的事情，掌握一定的聪明才智再加上上帝的安排，成功就来得顺风顺水。他们不仅这样预测自己的成功，还把其他人的成功也归纳到运气促成的一类中。

在写给儿子约翰的信中，洛克菲勒提出了这样一个问题：幸运儿是因为幸运才表现得自信和大胆，还是他们的"运气"是自信和大胆的结果呢？而洛克菲勒对此也做了回答，他认为运气是自信和大胆和结果。"我从未见过有谁不欣赏自信果敢的人，每个人都会用极大的热情去支持自信果敢的人，期望这样的人担任领袖。我们之所以如此迷信这样的人，就在于他们有着强大的吸引力。所以，勇敢的人常常会比较成功，会较容易担任领袖、总裁和司令官，那些迅速升职的人都属于这样的人。"

有时候，洛克菲勒的成功时常会被人认为是凭运气得来的，就比如这一次。

有一天，洛克菲勒在郊外散步的时候看到了一块地皮，他环顾四周，看了半天，然后便决定要买下这块地皮。于是，他找到了地皮的主人，并表明了自己想要购买该地皮的意思。

地皮的主人显得很吃惊，要知道这个位置不是什么黄金地段，甚至可以说比较偏僻，而且洛克菲勒还给出了 10 万美元的高价，所以，当洛克菲勒说出这一要求时，他甚至不敢相信自己的耳朵：世界上竟然还有这么傻的人，花这么高的价格购买这样一块偏僻的地皮。

洛克菲勒这一大胆的决定也受到了朋友的质疑，大家都劝他考虑清楚，慎重行事。不过洛克菲勒显然是成竹在胸的，他很自信地说道："你们都放心吧，我有信心，购买这块地皮肯定不是亏本的生意。"

时间很快，一年过去了。令那个地皮主人和洛克菲勒的朋友们想不到的是，政府宣布要在郊外建设环城公路，而洛克菲勒的地皮正好位于其中，这样一来，这块地皮硬是升值 150 倍。

建设环城路的消息还使一些想在道路周围建造别墅群的商人着急购买土地。有一位城里的富豪找到洛克菲勒，说自己愿意花 2000 万美元买下这块地皮。不过，洛克菲勒却笑着拒绝了，他说："抱歉，先生。我认为这块土地的升值空间还会更大，所以我现在还没有意愿要将这块地出售出去呢。"洛克菲勒没有见好就收，这种放长线钓大鱼的投资方式也让部分朋友为他担心，不过洛克菲勒似乎有着十足的把握。果不其然，三年后，洛克菲勒将这块地皮售出去了，而售价则高达 2500 万美元，比购买时多挣了 2490 万美元！

大家无一不对洛克菲勒的这笔生意感到惊讶和不解，有人甚至怀疑洛克菲勒在政府有认识的人员为他提供内幕消息，可事实上，洛克菲勒是一个极不关心政治的人。

在别人看来，运气在洛克菲勒的这次交易中起了极大的作用，可按照洛克菲勒自己的说法，那就是大胆和自信共同作用的结果。通过观察判断，相信得出的结果，并大胆为之行动，这就是成功的秘诀了。

看来，运气不可能成为通往成功道路上的宝典，相反，我们需要加强对自信和大胆方面的锻炼。自信来自于足够的经验和知识储备，大胆的决策和行动也同样来源于对现实的把握。

不过，有些时候，大胆也并非会迎来好运，谨慎也并非能够等到坏运。

越战期间，尼克松总统会见指挥官威斯特摩兰，想要了解一下目前战争的形势。

尼克松问道："将军，我们这一次越战的目的是什么呢？"

威斯特摩兰自信地回答道："征服敌人。"

尼克松接着问道："那我们想要征服敌人，又该怎么做呢？"

威斯特摩兰回答道："总统先生，我需要 40 万的兵力。"

尼克松听后，心里很不高兴，说："去年的时候，你说你只需要 20 万兵力。那个时候我给了你 20 万，可是你又做了些什么呢？"

威斯特摩兰解释说："那是我们的失误，总统先生。我们增加了 20 万的兵力，对方也增加了一倍的兵力，所以我们才没有取得决定性的胜利。"

尼克松说道："是啊，我们增加了 20 万的兵力，对方便增加了双倍的抵抗力，如果我们增加 40 万的兵力，对方岂不是要增加四倍的抵抗力。所以，将军，我们这么做是不明智的。有些时候，光靠大胆和自信是打不了胜仗的。"

尼克松谨慎决策，他将美国从越战的泥潭中拖了出来。

毫无疑问，威斯特摩兰将军是自信而又胆大的，可是在此同时，他却没有考虑到敌方的情况，致使第一次战役失利。而尼克松却是一个谨慎理智的人，通过上一次的战役，他已经吸取到了经验，最后凭借着谨慎，将美国带出了泥潭。

所以说，我们在做某件事情的时候，不光要有大胆和自信，还要仔细、谨慎地斟酌我们周围的环境，视情况而定是最好的选择。

想要培养自信，我们在此给出一些建议：修正消极态度，用积极的自我观念引导自己；设定有价值的目标，通过目标任务分解，勇敢面对困难，增强专业知识水平。一旦有了足够的自信和勇气，我们便有了果断执行的胆量。

勇者不是莽汉，学会做好每一个计划和决定

勇敢，不是喝过酒壮着胆子乱行事，没有理智的行为是鲁莽，不是勇敢。没有计划和智谋的"勇敢"不仅不能出色地完成任务，甚至还可能连累众人。洛克菲勒也同样给出了其对勇敢者的认识：真正的勇者并非是不可一世的狂妄之徒，更不是没有脑子的莽撞汉。勇者知道运用预测和判断力，计划每一步，做好每一个决定，这种做法就像军事策略家所说的那样，会让你力量大增，也就是拥有一种武器，能立刻形成明显的优势，帮你战胜对手。

在生活中，我们也会遇到大大小小的困难，这个时候我们就需要通过思考来冷静分析，并予以解决，这样，我们才能避免陷入鲁莽者的行为怪圈。

1888年3月中旬，公司的主要成员都赶到百老汇大街开了紧急会议，而这种紧张的气氛已经很长时间没有出现过了。原来在石油市场上突然出现了一个很有力的竞争对手——俄国人。

标准石油公司在国内站稳脚跟之后，开始扩大海外市场，并取得了很大的成功。而自从俄国发现巨大的巴库油田之后，美国在世界石油上的地位就受到了威胁。面对这种情况，如果压缩国内过剩的生产能力，而供应国外的需求，这样不假思索的硬拼显然是不理智的做法。

为何说这是一个强劲的对手呢？洛克菲勒以前也对巴库油田的情况做过了解，也对它的储存量感到吃惊。据说，20世纪70年代，当巴库那里的石油工人打开了

油田之后，伴随着震耳欲聋的轰鸣声，黑色的烟直冲云霄，有人说随其喷涌而出的石油喷了好几个月才被控制住，有一口井在最初的 24 小时内竟然喷出来 2400 吨原油。

依靠着巨大的石油储存量，在巴库油田竞争中胜出的是一对名叫诺贝尔的兄弟，这是两个出身瑞典贵族的商人，涉足炼油业不久，他们便显示出与一般人不一样的经商水平。依靠巨大的石油产量、优质的石油质量、良好的公司管理和足够长的石油管道，诺贝尔兄弟的石油已经控制了英国 30% 的市场，甚至还向其他地区扩张。

了解到对手这些信息之后，洛克菲勒和同伴们开始制订防止他们入侵的计划。他们没有鲁莽地采取硬拼的方式，而是多管齐下，以优取胜。

可这边还没有彻底应付诺贝尔兄弟的入侵，那边又崛起了以阿尔方斯·德·罗斯柴尔德男爵为首的炼油集团。同样强劲的竞争对手出现在洛克菲勒面前，一个也是对付，两个也是对付，洛克菲勒继续执行既定的计划。

第一，继续加强标准石油的质量，通过质量取胜，稳住忠实的顾客。而且依照当时他们的工艺水准，要打败俄国诺贝尔兄弟和罗斯柴尔德家族有着足够的把握。

第二，凭借莱玛雄厚的石油储备，可以帮助洛克菲勒在这场竞争中处于优势地位，即使原油跌价，他们也不怕。洛克菲勒还将石油散装在耐火的大油槽中运到欧洲，在当地装桶后再以该地区的价格对外销售。这样一来，洛克菲勒就主动降低了石油价格。

第三，构建完善的分销系统。通过削价战术赢得这场战争的胜利。而分销系统在这场战争中，同时也会为公司创新型的营销局面奠定坚实的基础。于是，标准石油公司的第一个海外分支机构——英美石油公司宣告成立，并很快在英国占据了有利市场。接着，他又在鹿特丹建立了一个石油输送站，签订了一个向法国供应所需全部石油的合同，买下了意大利、荷兰与斯堪的纳维亚石油公司的部分股份，还在亚洲印度的市场上策划了一场激烈的价格战。

经过一番竞争后，洛克菲勒终于将以便宜闻名的俄国石油阻挡在美国大门之外，使国内市场免遭俄国石油的侵袭。而诺贝尔兄弟和罗斯柴尔德家族的石油质量也无法与标准石油相媲美，另外，这两个竞争对手在公司管理方面也只能屈居人下了。

保证公司以有序高效的模式运行，是洛克菲勒这次能够取胜的关键因素，那么标准石油公司为什么能做到按照计划运行？这也许跟洛克菲勒本人的性格有关系，他在每天的工作中就是"按部就班"，显得不慌不忙。

能够在紧急情况面前做到临危不惧、有条不紊，就需要我们从小就注意培养起制订计划、执行计划的好习惯，在遇到危急情况时，可以稳定住我们的情绪和行为，帮助我们很好地处理一些紧急情况。

机遇在你的选择之中

洛克菲勒曾经给小约翰写信说："态度有助于创造运气，而机遇就在你的选择之中。如果你有 51% 的时间做对了，那么你就会变成英雄。"

机遇存在于世界上的每个角落，甚至就在我们的肩膀上。有些时候，我们错过机遇，主要是因为我们左右犹豫、选择不定，而错过了抓住机遇的机会。所以，在面对选择的时候，万不可犹豫，要果断地作决定，捷足先登，你才能够有胜算。

亨利是一个货物运输的船长。在一次出海的过程中，船只不幸在棕榈岛附近搁浅，船上的大批货物都被海水打湿，完全报废了。无奈之下，亨利只能先在岛上寻个地方休息。而在休息的过程中，亨利惊喜地发现，棕榈岛上面的空气含氧量比美国其他地方的空气含氧量高出很多。

亨利的脑海中产生一个大胆的想法：如果把岛上的空气卖给一个富翁，这是不是就意味着自己可以东山再起了。于是，他用很少量的资金买下了这个棕榈岛。随后，他便找到了石油大王洛克菲勒，说是要把岛上的空气出售给他。

起初，洛克菲勒以为自己听到了一个笑话：空气也能够当商品出售？

后来，亨利告诉洛克菲勒，岛上的含氧量要远超于其他地方，再加上美国一些大城市的空气污染特别严重，以后在这个岛上开发房地产，一些对空气质量要求高的富裕人家肯定会来买的，这样一来，岛上的空气不就值钱了吗？

在其他人看来，亨利的一些说词显得有些牵强，可是在洛克菲勒眼中，却成了一次难得的商机。于是，趁着亨利还没有和其他买主商讨，洛克菲勒以每平方米500 美元的价格买下了这个岛屿，亨利也从中大赚了一笔。

其后，洛克菲勒又转手将这块岛屿卖给了房地产开发商，他从中获得的利益更是比买价高出了好几倍。

棕榈岛原本是一个很荒芜的岛，可是亨利和洛克菲勒却从中看到了商机。这不仅体现了洛克菲勒独到的眼光，更为重要的是显示了洛克菲勒的果断。在机遇面前，他并没有左右摇摆，而是选择立刻将其抓住，最后在其中大赚了一笔。

洛克菲勒的机遇选择权是从天而降的，也有一些机遇是靠自己主动去选择和摸索的。

玛西·卡塞尔是美国电视史上最成功的节目制作人之一。她初到纽约时找到一份工作，在ABC国家广播公司做参观讲解员。这栋大楼是一个野心家的温床，许多人不择手段地想要得到往上爬的机会。玛西·卡塞尔几个月后就升任《今夜》节目制作助理，大多是做一些办公室的杂务、回影迷的来信之类的工作，她并不太喜欢这份工作。

后来，她认识了正要开设制作公司的罗吉，他有堆积如山的剧本，需要有人帮忙审核。她决定争取这份工作，答应先免费帮他看那些剧本，直到他愿意聘请她为止。玛西·卡塞尔成功了。几年后，玛西·卡塞尔又听说ABC美国国家广播公司想要找一些有才气、有创意的人一起组成庞大的制作群，共同经营频道，她立即前往应聘，最后她成功了。

只是，她虽然有一点小聪明，但是却没有能力处理办公室里的人事斗争，在这里，每个人不是迅速升职，就是被迅速开除。她没有被开除，但在工作7年之后，她主动辞职了。辞职后，她自己创办了一家电视制作公司。

公司创办三年后，她才推出一个成功的喜剧系列节目——《考斯比一家》，一播就播了8年。在1988年~1999年期间，创下了令其他制作公司望尘莫及的成绩：同时拥有3个成功的电视节目——《考斯比一家》《罗斯安妮》和《不同的世界》。

玛西·卡塞尔的成功之路比较漫长，其特点就是不断换工作，包括放弃一些令人羡慕的职务，再到最后自己创业。这是一条风险很大的路，但是她却也在一次次地选择中抓住了机遇，给自己赢得了成功的人生。

而在现实生活中，很多人还在漫无目的地寻找着机会，但是和机会之间却永远都差那么一小步。这并不是因为他们的能力不够，而是他们在机会到来的时候，并没有紧紧地抓住。所以，我们一定要记住这个警示：不管什么时候，机会只要来到了你面前，你就应该伸出双手，将它紧紧地抓住，只有这样，我们才能够得以成功。

第❼封信

为前途抵押

April 18, 1899

亲爱的约翰：

　　你用向我借来的钱去股市闯荡的同时感到有些不安，这我能够理解。因为你想赢，却又怕在那个冒险的世界里输，而输掉的钱不是你的，是借来的，需要支付利息。

　　这种输不起的感受，在我创业之初，乃至较有成就之后，似乎一直都在支配着我，以致每次借款之前，我都会在谨慎与冒险之间徘徊，苦苦挣扎，甚至夜不能寐，躺在床上就开始算计如何偿还欠款。

　　常有人说，冒险的人容易招致失败。但白痴又何尝不是如此？在我恐惧失败过后，我总能打起精神，决定去再次借钱。事实上，为了取得进步我没有其他道路可走，我不得不去银行贷款。

　　儿子，呈现在我们眼前的，经常是巧妙化解棘手问题的大好良机。借钱不是件坏事，它不会让你破产，只要你不把它看成像救生圈一样，只在出现危机的时候使用，而应该把它看成是一种有力的工具，你就可以用它来开创机会。否则，你就会陷入恐惧失败的泥潭，让恐惧束缚住你本可大展宏图的双臂，以致终无所成。

我所熟知或认识的富翁中间，只靠自己一点一滴、日积月累挣钱发达的人少之又少，更多的人是因借钱而发财，这其中的道理并不深奥，一块钱的买卖远远比不上一百块钱的买卖赚得多。

不论是要赢得财富，还是要赢得人生，优秀的人在竞技中想的不是输了我会怎样，而是要成为胜利者我应该做什么。

借钱是为了创造好运。如果抵押一块土地就能借得足够的现金让我独占一块更大的地方，那么我会毫不迟疑地抓住这个机会。在克利夫兰时，我为扩张实力、夺得克利夫兰炼油界头把交椅地位，我曾多次欠下巨债，甚至不惜把我的企业抵押给银行，结果是我成功了，我创造了令人震惊的成就。

儿子，人生就是不断抵押的过程，为前途我们抵押青春，为幸福我们抵押生命。因为如果你不敢逼近底线，你就输了。为了成功，我们抵押冒险不值得吗？

谈到抵押，我想告诉你，在我从银行家手里接过巨款时，我抵押出去的不光是我的企业，还有我的诚实。我视合同、契约为神圣的东西，我严格遵守合同，从不拖欠债务。我对投资人、银行家、客户，包括竞争对手，从不忘记以诚相待，在同他们讨论问题时我都坚持讲真话，从不捏造或含糊其辞，我坚信谎言在阳光下就会显形。

付出诚实的回报是巨大的，在我没有走出克利夫兰前，那些了解我品行的银行家们，曾一次次把我从难以摆脱的危机中拯救出来。

我清楚地记得，有一天，我的一个炼油厂突然失火，损失惨重。由于保险公司迟迟不能赔付保险金，而我又急需一笔钱重建企业，因此我不得不向银行追加贷款。现在一想起那天银行贷款的情景就让我激动不已。本来在那些缺乏远见的银行家眼里，炼油业早已是高风险行业，向这个行业提供资金不亚于是在赌博，再加上我的炼油厂刚刚被毁于一炬，所以有些银行董事对我追加贷款犹豫不决，不肯立即放贷。

就在这时，他们中的一个善良的人，斯蒂尔曼先生，让一名职员提来他自己的保险箱，向着其他几位董事大手一挥说："听我说，先生们，洛克菲勒先生和他的合伙人都是非常优秀的年轻人。如果他们想借更多的钱，我恳请诸位要毫不犹豫地借给他们。如果你希望更保险一些，这里就有，想拿多少就拿多少。"我用诚实征服了银行家。

儿子，诚实是一种方法，一种策略。因为我支付诚实，所以我赢得了银行家乃至更多人的信任，也因此渡过了一道道难关，踏上了快速的成功之路。

今天，我无需再求助于任何一家银行，我就是我自己的银行，但我永远都在感激那些曾经鼎力帮助过我的银行家们。

你的未来可能是管理企业，你需要知道，经营企业的目的是赚钱。扩大企业能够赚钱，但是把企业拿出去抵押也是管理和运用金钱的重要手段。如果你只注重一种功能，而忽视另一种功能，就会招致失败；在最糟糕的情形下，可能会造成财务崩溃，即使在较好的情形下，可能也会因此错失很多机会。

管理和运用金钱跟决心赚钱不同，需要有不同的信念。要管理和运用金钱，你必须乐于亲自动手、亲自管理数字，不能只是在管理和策略上纸上谈兵。机会往往隐藏在细节之中。如果你忽视这些细节，或是超脱细节，把这种"杂事"授权给别人去做，就等于你至少忽视了事业经营的一半重要责任。细节永远不应该妨碍热情，成功的做法要求你牢记两点：一个是战术，另一个是战略。

儿子，你正朝着成功人生的方向前进，这是你一直以来的目标，你需要勇敢，再勇敢。

爱你的父亲

详解

尝试着逼近自己的底线

在安逸中生活的人们很多已经变得不再健壮，我们不会像猴子一样灵活，不能像豹子一样快速，身体上的舒坦还致使我们思考和行动上的滞后。当然，能够保持顽强行动力的人总是和其他人群产生很大的差别，比如富人和穷人。有人说，富人是勇于开拓进取、积极创新、敢做"第一个吃螃蟹的人"；而穷人则贪图安逸、随波逐流、听天由命。其实，这些区别的根本就是富人有勇有谋，穷人投鼠忌器。这些表达也可以这样总结：富人敢于尝试逼近自己的底线。在写给约翰的信中，洛克菲勒明确肯定，如果你不敢逼近底线，你就输了。

自从德雷克在宾夕法尼亚州发现石油后，25 年里在美国境内就再也没有发现其他任何大型油田，于是，有人开始怀疑洛克菲勒建立的石油帝国是否坚实。而洛克菲勒也有和这些人相似的困扰：一、石油枯竭，使已投入的石油管道和炼油设备功亏一篑；二、公司被大量廉价石油淹没。

石油探测量少的事实还使公司内部的人产生担忧，在 19 世纪 80 年代初的一次高级经理会上，人心惶惶的人们甚至建议标准石油公司退出石油业，转入到一种更加稳定的行业中。不能怪这些悲观的发言人，石油储量堪忧甚至也使得洛克菲勒在听完发言后站起身来仰天祷告："上帝会赐予我们一切的。"

这些祷告不无道理，尽管标准石油公司在石油提炼、运输和销售上无所不能，可是直到 19 世纪 80 年代初，公司只有寥寥四处石油生产基地。鉴于宾夕法尼亚的油田业已枯竭，洛克菲勒除了担心国内石油产量外，也不得不考虑使用俄罗斯原油，尽管这将削弱甚至彻底打垮标准石油公司。正在洛克菲勒开始催促部署建立原油储备机构的时候，突然出现了重要的转机。

1885 年 5 月，一支勘探队在俄亥俄州西北部的莱玛镇寻找天然气时，竟然意外地钻探出一片油田。而且储量非常大，到那年年底，莱玛油田附近一下子冒出 250 多个石油井架，数量繁多的井架一直延伸到印第安纳州。

尽管该油田石油储量很大，但美中不足的是，该地原油存在着一些棘手的问题，那就是石油在燃烧时会使灯上形成一层薄膜，这就影响了照明度，更要命的是，它的硫化物含量过高，会使机器受到腐蚀，同时还散发着一种难闻的气味。

本以为能依靠这片巨大的油田赢来事业上的转机，可如今看来还是任重而道远啊，不过洛克菲勒仍对俄亥俄—印第安纳的油田充满信心。

1886 年 7 月，洛克菲勒请来了著名的化学家赫尔曼·弗拉希，洛克菲勒希望弗拉希能解决莱玛石油存在的质量问题，让他去掉原油中的异味，使之成为可以上市销售的产品。

此时，标准石油公司正面临着两难的选择：要么相信弗拉希定会成功，同时将俄亥俄—印第安纳交界处大片土地全都买下来；要么是冒着失去大笔财富的危险，等弗拉希做完实验再作决定。

尽管洛克菲勒向来行事谨慎，但这时他的胆量和远见却显示出来了。他决心要在莱玛油田上豪赌一把，于是做了一个大胆的决定：将俄亥俄—印第安纳交界处大片土地全都买下来，这个决定马上遭到了董事会中大批人的反对。为和缓对峙，洛克菲勒提出："我私人愿意用 300 万美元的资金来投资这个项目，并承担两年的风险。如果两年后弗拉希成功了，公司可以把钱再返还给我；如果失败了，那就由我承担一切损失。"最后，洛克菲勒依靠这个方式赢得了大家的支持。

接下来，洛克菲勒和标准石油公司花了数百万美元买下了莱玛油田，然后铺设了输油管道。因为当时这种"臭鼬石油"每桶只卖15美分，根本没有市场，以至于公司不得不先把石油库存起来，到1888年，库存的石油存量竟达到了4000万桶以上。

守株待兔，单纯依靠弗拉希的研究是不够保险的，洛克菲勒还同时积极地到处寻找这种难闻石油的新用途。他派出一批批推销人员和技术人员去动员铁路公司用石油代替煤炭做机车燃料，劝说旅馆、工厂和仓库用石油做燃料替换煤炉，但这些生意并未做大。

功夫不负有心人。终于，在1887年10月的时候，弗拉希依靠"氧化铜去硫法"成功地解决了莱玛原油存在的问题，生产出了可供上市的煤油。洛克菲勒马上买断弗拉希的专利，公司也很快全力投入了石油生产中。

这一剂强心针使洛克菲勒恢复了活力，他开始进行石油行业前所未有的大并购。1890年，洛克菲勒吞并了联合石油公司和其他三家大型石油生产公司，控制了宾夕法尼亚和西弗吉尼亚州30万英亩的土地，从此一跃成了石油行业的头号霸主。

人非圣贤，很难做到一辈子的清心寡欲，在现实生活中，抵御诱惑的侵扰，需要我们守住底线，而对梦想的追求，又需要我们极力突破自己的底线，去创造新的高度。这样才能成为一个无坚不摧的强者：处于低谷时能受委屈，遇到劲敌时敢于竞争。所以，我们完全可以尝试逼近自己的底线，因为你永远不知道自己的能力有多强。

付出诚实的回报是巨大的

诚实是为人做事的基础，人无信不立，经商不讲诚实的原则也不会做得长久。在培养约翰的经商能力时，洛克菲勒在信中意味深长地写道："儿子，诚实是一种方法，一种策略。因为我支付诚实，所以我赢得了银行家乃至更多人的信任，也因此渡过了一道道难关，踏上了快速的成功之路。今天，我无需再求助于任何一家银行，我就是我自己的银行，但我永远都在感激那些曾经鼎力帮助过我的银行家们。"

做出不诚实的行为很简单，因为不诚信而丧失一个人的信誉也同样简单；做出诚实的行为显得很艰难，但坚守诚信所获得的回报却是巨大的。

圣诞节前期，小约翰为了一个客户而东奔西走着，他想着要在圣诞节之前和这位客户签订好合同。

洛克菲勒得知后，便想到了自己经商时的场景，想到了诚实在生意场上的重要性。于是，洛克菲勒便找来小约翰，开口说道："我们要坚守诚实做人做事的原则，尤其是在企业经营中，如果不能坚守这份节操，就相当于自己的公司存在盗窃行为，而作为公司的一把手，自己主动做降低身份的事情，岂不是鼓励其他员工一起做坏事，利用各种卑劣的行为，获取不光彩的胜利？"

就在不久前，洛克菲勒的一位老朋友还问洛克菲勒，在商界生存最重要的一点是什么。当时洛克菲勒毫不犹豫地回答道："诚信。"因为有着诚实性格的人就是有道德且品质高尚的人，他们在日常生活中的正直和坦率足以使人放心，所以，在商界具备这样的品质是一个企业长期成功的保障。

当然，现实中不可能全部都是这样品德高尚的人，其中沽名钓誉者常常混杂于其中，这些人为人不正，通常将财富看得比名誉还重要。洛克菲勒坚定地认为，这些人是不会在商界长期混迹的，因为上帝也不会宽容他们的行为。

长期以来，洛克菲勒也经受着世人对他财富的拷问，巨大的财富使大家怀疑这些金钱是否干净，多次法庭审讯便是洛克菲勒无法逃避的阴影。诚实和慈善是母亲教导洛克菲勒的该有的品德，而洛克菲勒始终坚持着这些品德做生意，用他自己的话说，与其说洛克菲勒身上有不道德的经商行为，倒不如说他反映了那个时代人们奋斗成功的特征。

经过一番说教之后，约翰很愉快地接受了洛克菲勒的教育和建议，他也彻底明白了无论一个人怎么做，无论如何相信基督对他的照顾，但是不择手段获得的不义之财也不能使他心安，更不知道哪天会有警察前来敲响房门。

由此可见，想要做长寿公司的经营者更不能被眼前利益蒙蔽双眼，断送了公司的大好前程。相反，要想在竞争中取胜，获得良好的信誉，就要付出长期的努力，不是靠欺骗对方，而是光明磊落地战胜对手，也只有诚实地迎接企业的挑战，才能加强公司的信誉，要知道，信誉是奸诈花天价也买不来的，这样，在别人评价该公司的时候，会说这是一家让人信得过的公司。

就好比故事中的约翰和洛克菲勒，他们都相信，诚信是无法被时间带走的。

很明显，诚实守信是每个人应该具备的基本素质。作为家长，我们应该从小就对孩子进行这方面的教育、以身作则，依靠榜样的力量为孩子素质的提高提供动力；作为个人，不管是在家庭生活还是工作学习中，与人为善、诚实守信也是不能缺少的润滑剂，有不足之处要及时改正并努力向正确一方靠近。作为企业管理者，也要从一开始就对属下员工培养其诚信的工作信条，营造诚信待人的工作氛围。

管理和运用金钱需要与决心赚钱不同的信念

对于那些极度渴望金钱的人来说，赚钱是他们获得金钱的唯一正规途径，而挣来的钱可能被用来挥霍，也可能以正当的方式被消费，不过这种心理、信念和管理、运用金钱时的还不一样。在管理和运用金钱的人看来，钱生钱已经不是他们最关注的问题，如何通过钱生钱来检验他们的管理能力才是更为关键的一面。一个以获得大量金钱为结果，一个以收获丰富经验为结果，这是两种不同的信念和追求。

当然在洛克菲勒看来，这两种信念都持有的人才能获得成功，忽略其中一个都是纸上谈兵，因此，洛克菲勒告诉约翰："你的未来可能是管理企业，你需要知道，经营企业的目的是赚钱。扩大企业能够赚钱，但是把企业拿出去抵押也是管理和运用金钱的重要手段。如果你只注重一种功能，而忽视另一种功能，就会招致失败。"他还告诫约翰，管理和运用金钱跟决心赚钱不同，需要有不同的信念。要管理和运用金钱，就必须要乐于亲自动手、亲自管理数字，不能只是在管理和策略上纸上谈兵。

洛克菲勒的父亲大比尔虽然是一个极其不负责任的父亲，但是对于洛克菲勒来说，他赚钱的能力和方法还是源于他父亲在金钱方面对他的影响。大比尔在资助别人的时候，有他所规定的还钱时间和利息成本，就算对于他的儿子洛克菲勒也不例外。因此，洛克菲勒倒也是学了那么一两点，知道了利息，知道了如何运用自己手中的金钱。

有一天早上，父亲大比尔出门的时候发现自己身上没有多少现金了，大比尔不像别人，他身上从来都要带一些钱的，而且他从来不害怕被偷被抢，因为他总有自己的方式来保护这些现金。

因为天气的缘故，银行可能要很晚才能开门营业，可大比尔又很着急出门办事，而且向来喜爱金钱的大比尔是不能忍受没有金钱的窘迫处境的。

这个时候洛克菲勒对父亲说道："爸爸，我这里正好有50块钱，我可以先给您用，不过要付一分利的哦，也就是5美元的利息，而且这钱不是随便什么时候还给我都行的，您必须在两个星期内将本息全额还清。"

听到洛克菲勒这样的要求，大比尔没有生气，反而对洛克菲勒的聪明头脑感到惊讶。不过尽管是父子，大比尔也没有顾及这些感情，他发挥他压价的优势，和洛克菲勒在利息和还款期限上面做了谈判，最终两人达成了交易，结果是大比尔将在15天内还这笔钱，而利息则被压缩到4美元。

其实，洛克菲勒明白，靠这50美元也不可能从父亲身上挣回多少钱的，但让他感到高兴的是，这一次他能轻轻松松地赚回4美元，相较以前辛苦地劳作，这让洛克菲勒有了很大的成就感。

去年，有一段空闲时间的洛克菲勒主动请求帮一个忙碌的农场干活，双方谈好的价钱是洛克菲勒每天得到30美分的报酬，不过不是日结，而是农活结束后才被支付，同样是两周的时间，同样的4美元，挣取的途径不一样，所付出的精力也不一样。

这4美元只是一个简单的开始，但洛克菲勒已经从其中明白了这样一个道理，谁也不能成为金钱的奴隶，依靠钱来挣钱的方式更加容易，也比出卖劳动显得更有智慧。同时，管理和运用金钱的阶段则更需要智慧和胆略。

晚上，当父亲回来的时候，洛克菲勒将这些看法告诉了他。大比尔用很惊讶的表情看了洛克菲勒很久，然后给了洛克菲勒一个大大的拥抱，并且还很高兴地夸奖了洛克菲勒一番。显然，大比尔再一次被洛克菲勒聪明的经营头脑震撼。

挣钱不光是为了致富，也是为了生存，可是在这个关乎生存的大事上，很少有人能真正去思考如何能依靠头脑和手艺去合理挣钱，如何去管理这些钱。在这个逻辑中，后者的意义显然更大些。用管理和运用资金的智慧去踏踏实实地挣钱，将这两者结合起来，才是最好的方法。要实现这些，就需要多多观察身边的事物，细心处理工作，尤其要对重要环节亲力亲为。

银行把你从危机中拯救出来

只要银行家愿意，他们就可以将你从水深火热中直接拉到天堂。这看似是一句很夸张的话，其实也是有几分道理的。在这个世界上，几乎没有一个富人不是靠着银行的资助发家致富的，就连石油大王洛克菲勒也不例外。

洛克菲勒曾经说过："我刚开始创业的时候，就是一个个的银行家将我从难以逃脱的危机中拯救出来的。所以，在这个世界上，你最需要搞好关系的就是银行，因为它们在你必要的时候可以把你从困境中拯救出来，让你重见光明。"

小约翰长大后，洛克菲勒便将手中的工作一步步地移交到他的手中，而洛克菲勒则担当起幕后者的角色。在小约翰工作出现纰漏的时候，他会给予及时的指正。

在他的带领下，小约翰在商界也慢慢崭露头角。

有一段时间，小约翰和一位叫巴特的银行行长的关系闹得非常不愉快，让一向谨慎的小约翰也放话说："我们公司不再需要银行的帮助，更不需要华尔街的支持。"

小约翰的这番言论传到了在家赋闲的洛克菲勒的耳朵里，他立刻给小约翰写了一封信，并且说："约翰，你的那番言论可以说是大错特错了。虽然我们公司现在的资金比较充足，可能不太需要银行的帮助，可是你知道吗，公司的发展万万离不开资金的，这可是我们赖以生存的血液，而这些血液在不流通的时候，就贮存在银行里。"

洛克菲勒还说："我刚开始创业的时候，资金极度匮乏，而我唯一的办法就是只能向银行求助。在那些时间里，我几乎就在银行和银行家之间徘徊。最后，我拿到了我人生中的第一笔贷款。直到现在，我都记得那个借给我钱的银行家的名字，我想我会记一生的。"

通过这些，也让洛克菲勒意识到，企业和银行之间的重要关系。只有把和银行之间的关系维护好，才有可能在你需要资金的时候得到帮助。

也正是这样，洛克菲勒在听到小约翰的言论后，才会迫不及待地写信告诉约翰，并且纠正他的错误。

在现实生活中，企业要想发展，就需要大量的资金，而仅靠一个人的力量是完全不可能的事情，这就需要依靠银行，借助银行的帮助来达到自己的目的。由此也可以看出，在出现危机的时候，银行是有能力将你从中拯救出来的。所以，我们一定要和银行搞好关系，保持一种长久的合作关系。有了银行做后盾，那么你在商海中的战斗将会又多了几分胜算。

不过，要想得到银行的支持，就需要让银行看到你的自信，让他们知道：你是一个值得帮助的人，让他们看到你身上的信念和自信。

很多个深夜，洛克菲勒都无法入眠。他为那庞大的贷款发愁，也为需要的资金发愁。但是天一亮，他又信心满满地出发去银行，征求银行更多的资金增援。每当这个时候，洛克菲勒会毫不吝啬地展示自己的偿还能力，他甚至以自己的企业作抵押，来表示他的胸有成竹和志在必得。

洛克菲勒生存的那个年代，要想从银行成功贷款，就必须要懂得去安抚银行董事们过度敏感的神经，也就是要自信满满，不可迫不及待和垂头丧气。

洛克菲勒一边在马路上走着，一边思索着如何在较短时间内借到急需的 1.5 万美元。就在这时，一辆马车停在洛克菲勒的面前。马车上坐着当地一位很有名的银行家。银行家问道："洛克菲勒先生，你要不要借 5 万美金呢？"洛克菲勒听了，心中自然是惊喜不已。不过，他还是按捺住心情，装作漫不经心打量对方的样子，然后又慢吞吞地说："哦，这件事情，我需要一天的时间考虑一下。"

洛克菲勒这种毫不在乎的态度给那位银行家传递了一个信号，那就是他现在似乎并不缺钱，似乎对现在的一切都很有信心的模样。也正是这样，才促使那位银行家以最快的速度和最有利于洛克菲勒的条件达成了贷款协议。

洛克菲勒说："取得别人信任的最好办法就是你要自信，这是我性格上的优势。"试想一下，如果当时银行家在询问洛克菲勒的时候，他表现出来一副迫不及待、唯唯诺诺的模样，即便最后能够贷下款来，但是其所要付出的利息绝对比现在的要高。这也是洛克菲勒在商场这么多年惯用的心理战术——表面上的自信，也足以迷惑对手。

洛克菲勒还说："我一定尽最大可能地让我的手里拥有足够多的资金，这样我才有取胜的可能。"那些成功者之所以可以成功，除了他们自身的能力外，很大一部分还因为他们能够很好地利用银行的关系。

所以，如果想要干出一番大事业，就要善于利用别人的资源，善于抓住银行这棵救命稻草。而那些故步自封的人，也只能局限在自己的一个小圈子内，永远没有进步的可能。

借钱并不是坏事

在很多人看来，借钱总归不是一件好事。不管你是借钱生存也好，借钱创业也罢，都感觉是一件难以启齿的事情。可你是否知道，在这个世界上，大部分的富翁都是靠着借钱发家致富的。如果没有借贷这一项，那么也就不会有那么多大富豪了。

在成功的道路上，借钱是不可避免的事情。如果你害怕借钱，害怕会在这个冒险的世界中输掉，害怕你所要面临的巨额债务，那么你也就不可能有成功的那一天。就连富可敌国的洛克菲勒，在他创业乃至成功之后的生活中，借来的资金也占据了很大的比例。

在洛克菲勒看来，借钱不是件坏事，它不会让你破产，只要你不把它看成像救生圈一样，只在出现危机的时候使用，而应该把它看成是一种有力的工具，你就可以用它来开创机会。否则，你就会陷入恐惧失败的泥潭，让恐惧束缚住你本可大展宏图的双臂，以致终无所成。

有一段时间小约翰就曾经因为自己借贷太多而痛苦不已。他日夜恐惧着，他担心自己会偿还不起这一大笔的债务。所以，他一直在犹豫，自己是否还应该继续向银行贷款。

洛克菲勒得知后，便将小约翰叫到自己的面前。

洛克菲勒说："儿子，我知道你现在正在为你的借贷而担忧。我年轻的时候，为了扩张实力，我也曾经向银行借贷。为了借出更大的数额，我还将自己的企业抵押给银行。最后我就是用这笔钱在石油行业站稳了脚跟。你看，你的父亲便是依靠着银行的贷款成功的，就算是后来，我的企业发展到一定程度的时候，我也曾向银行贷款过。儿子，贷款是一件很常见的事情。"

小约翰听后，认真地说："嗯，父亲，这些我都知道，您这么一说，我的心倒也放下来了。"

洛克菲勒又鼓励道："所以儿子，在贷款方面，你不能恐惧，因为贷款是你走向成功路的必经过程，如果少了这一个程序，你是很难成功的。你就大胆地去做吧，就算失败了，也可以进行下一次的贷款啊。儿子，你要记住，人生就是一个不断借贷的过程，为了我们的前途去借贷我们的青春，为了我们的事业去借贷我们的生命。如果你恐惧借贷的话，那么你还没有开始，就意味着你已经输了。为了以后的成功，我们冒险去借贷还是非常值得的。"

在洛克菲勒眼中，不借钱的人是很难走向成功的。借钱是为了给自己创造好运，借钱也是为了给自己铺平成功的道路。所以，不要害怕借贷，也不要将借贷看作让人惊恐的负担。相反，我们应该利用好借贷，将借贷的力量发挥到实处，只有这样，你才能够真正利用借贷为你的成功服务。

此外，借贷成功的关键，就是你的信誉。

信誉，是人立足之本。有了信誉，你才有机会，你才有可能成功。洛克菲勒说："成功的希望就掌握在你的手中，而这种希望就包括你手里的信誉。"中国首富李嘉诚也说过，在生意场上，自己就是最好的担保人。证明自己值得信赖，就是促使合作成功的最好良药。

洛克菲勒得到的第一笔外人的贷款，就是他的信誉为他赢得的。

创业初期，洛克菲勒为了自己的公司，在银行之间奔波，最后，他终于得到了他人生中的第一笔贷款，来自于一位老银行家，名为楚曼·哈迪，而洛克菲勒则拿仓库的收条当作抵押。

收到这2000美元的贷款资金，洛克菲勒别提有多高兴了。他说："想想看，我一个毛头小子，银行居然还愿意借给我2000美金，我觉得我在这一地区的地位已经提上去了。"

后来洛克菲勒才知道，曼迪不仅仅是一家银行的总经理，他还是一个主日学校的校长。他之所以贷款给他，是因为他从别人那里了解到洛克菲勒的品行和信誉。

由此，洛克菲勒便认为，一个人的信誉完全取决于他的可靠程度。这也让洛克菲勒意识到了信誉在商业贸易中的重要性。

还有一次，洛克菲勒公司并没有足够的车辆来装运面粉、猪肉和谷物之类的食物。洛克菲勒便经常去找一位铁路官员，希望他能够帮助解决困难。最后，这位铁路官员忍无可忍地对洛克菲勒说："我说小伙子，你一定得知道，我并不是替你跑腿的人。"

也就在这个时候，洛克菲勒公司最大的客户逼迫洛克菲勒违反行规，想要在货物提单之前就将钱交付给他。虽然洛克菲勒很不想失去这个客户，但是他又没办法违反行规，最后也只能忍痛将这个大客户舍弃了。

后来洛克菲勒才知道，这个大客户之所以这么做，是受一家银行所托，主要目的就是为了考验洛克菲勒的品行和信誉，看看洛克菲勒是否会贯行行规。也正是洛克菲勒的这般做法，才让他在克利夫兰地区树立了良好的信誉形象。

在洛克菲勒看来，这个形象比任何官员的担保都来得有价值，这也是一个生意人最大的资本。

洛克菲勒到了创业中期，有很多生意都是自主找上门的，这离不开洛克菲勒在前期所树立的良好的信誉形象。这也让洛克菲勒意识到，商场上的交往是以诚信为前提的。在商场你不讲诚信的话，你将会错失很多事业发展的机会。只有建立了信誉，你的成功、利润才会随之而来。

所以，对于一个创业者来说，信誉很重要，而对于一个已经成功的商人来说，信誉则更加重要。守信能够促进你的成功，失信则会加速你的灭亡。由此可见，不管做什么事情，我们都应该将诚信放在第一位，这样才能够为下面事情的顺利进行铺平道路。

第**8**封信

别让精神破产

原文

November 19 ,1899

亲爱的约翰：

你近来的情绪过于低落，这种表现让我感到非常难过。我能真切地感受到，你还在为那笔让你赔进一百万美元的投资而感到耻辱和羞愧，因此终日闷闷不乐、忧心忡忡。其实，这大可不必，一次失败并不能说明什么，失败更不会在你的脑门上贴上无能者的标签。

乐观起来，我的儿子。你需要知道，在这个世界上，任何人的一生都不可能自始至终地保持顺利；相反，却要时刻与失败比邻而居。也许正因为这个世界上有太多太多无奈的失败，追求卓越才变得魅力十足。人们对成功竞相追逐，甚至不惜以生命为代价。但即便如此，失败还是不可避免的。

我们的命运也是如此，只是与有些人不同，我把失败当作一杯烈酒，咽下去的是苦涩，吐出来的却是精神。

在我雄心勃勃进入商界，跪下来诚心祈求上帝保佑我们的新公司一路顺风之时，一场灾难性的风暴袭击了我们。当时我们签订了一笔合同，要购进一大批豆子，本来可以从中大赚一把，但没有想到一场突然"来访"的霜冻击碎了我们的美梦，到手的豆子毁了一半，而且有失德行的供货商还在里面掺加了沙土和细小的豆叶、豆秸。这注定是一笔要做砸了的生意。但我知道，我不能沮丧，更不能沉浸在失败的痛苦当中，否则，我就会离我的目标越来越远。

天下没有白吃的午餐，更不可能一直维持现状，如果静止不动，就是退步，但要前进，必须乐于作决定和冒险。那笔生意失败之后，我再次向我的父亲借债，尽管我很不情愿这么做。而且，为使自己在经营上胜人一筹，我告诉我的合伙人克拉克先生，我们必须宣传自己，通过报纸广告让我们的潜在客户知道，我们能够提供大笔的预付款，并能提前供应大量的农产品。

结果让人非常满意，胆识加勤奋拯救了我们，那一年我们非但没有受"豆子事件"的影响，反而赚到了一笔可观的纯利。

人人都厌恶失败，然而，一旦避免失败变成你做事的动机，你就走上了怠惰无力之路。这非常可怕，甚至是种灾难。因为这预示着你可能会丧失原本可能有的机会。

儿子，机会是稀少的东西，人们因机会而发迹、富有，看看那些穷人你就知道，他们不是无能的蠢材，他们也不是不努力，他们是苦于没有机会。你需要知道，我们生活在弱肉强食的丛林之中，在这里你不是吃人就是被别人吃掉，逃避风险几乎就是放弃成功；而如果你利用了机会，那别人的机会就相应减少了，这样能更好地保全自己。

害怕失败就不敢冒险，不敢冒险就会错失眼前的机会。所以，我的儿子，为了避免丧失机会、保住竞争的资格，我们为失败与挫折买单是值得的！

失败是迈向更高地位的开始。我可以说，我今天的地位，是踩着失败的螺旋阶梯升上来的，是在失败中崛起的。我是一个聪明的"失败者"，我知道向失败学习，从失败的经验中汲取成功的因素，用自己不曾想到的手段，去开创新事业。所以我想说，只要不变成习惯，失败是件好事。

我的座右铭是：人始终要保持活力，保持坚强，不论遭遇怎样的失败与挫折，这是我唯一能做的事情。我非常明白，做什么事情才会让自己感到快乐，什么东西值得自己为之效命。根本的期望，就像清洁工用手中的扫把，扫尽成功路上所有的垃圾。儿子，你自己根本的期望在哪里？只要你不丢掉它，成功必将到来。

乐观的人在苦难中会看到机会，悲观的人在机会中只会看到苦难。儿子，记住我深信不疑的成功公式：梦想＋失败＋挑战＝成功。

当然，失败有它的杀伤力，它会打击人的意志力，使人变得萎靡。但最重要的是你对待失败的态度。天才发明家托马斯·爱迪生先生，在用电灯照亮摩根先生的办公室前，共做了一万多次实验，在他那里，失败是成功的试验田。

10年前，《纽约太阳报》一位年轻记者对爱迪生进行了一次采访，那位少不更事的年轻记者问道："爱迪生先生，您目前的发明曾经失败过一万次，您对这些有什么看法？"爱迪生对失败一词很不受用，他以长者的口吻对那位记者说："年轻人，你的人生旅程才刚刚开始，所以我告诉你一个对你未来很有帮助的启示，我没有失败过一万次，我只是发明了一万种行不通的方法。"精神的力量永远如此巨大。

儿子，如果你宣布精神破产，你就会输掉一切。你需要知道，人的事业就如同浪潮，如果你踩到浪头，功名随之而来；而一旦错失，则终其一生都将受困于浅滩与悲哀。失败是一种学习经历，你可让它变成墓碑，也可以让它变成垫脚石。

没有挑战就没有成功，不要因为一次失败就停下脚步，战胜自己，你就是最大的胜者！

我对你很有信心。

爱你的父亲

详解

静止不动就是退步，所以要勇往直前

我们知道，如果自己原地不动，哪怕对手以龟爬的速度进步，也会有三日不见当刮目相看的效果，不进则退的危险值得我们警惕，保持稳定前进则能很好地解决这个问题。洛克菲勒告诫约翰，天下没有白吃的午餐，更不可能一直维持现状，如果静止不动，就是退步，但要前进，必须乐于作决定和冒险。而且希望约翰要一直保持活力和坚强，这是应对困难的决胜法宝。

　　洛克菲勒的生活似乎永远都是那么充实，他每天按部就班地收拾上班，阅读两大卷资料。即便在这样高强度的工作下，洛克菲勒还会利用任何一点空余的时间去思考工作上的事宜：他在坐车去公司的途中，还会写下需要记忆的事情。有人说洛克菲勒的地位已经是无人可撼动，大可不必这样。可是在洛克菲勒看来，任何时刻的静止都可能给对手超越自己的机会。

　　后来，洛克菲勒年纪大了，身体也一天不如一天，他只能离开他喜爱的工作，在家赋闲静养。他养花种草，打球骑马，过着闲云野鹤的生活。此后，有了自己的孙子、孙女后，教育孩子又成了他主要的工作之一。

　　在和孩子们交往的过程中洛克菲勒发现，这些孩子根本就没有对外界事物的抵抗能力，他们更是缺乏认识大自然的机会，对于一些野外的竞争事物更是知之甚少。于是，洛克菲勒便时常带着自己的孙儿到他在郊外建造的一所别墅中去，希望在那里可以让孙儿的眼界开阔一点。

　　在别墅那里，洛克菲勒可以带着孩子们到不远的森林去狩猎。那天他们收获颇多：7只山鸡、4只兔子，洛克菲勒还和约翰合力宰了一头羚羊，美味的晚餐让大家的心情都非常好。可是，这种好心情被一只猛兽破坏了。

　　饭后，大家正坐着嘻嘻哈哈哈哈聊天的时候，忽然听到屋外的伊丽莎白尖叫了一声。所有人都冲出去看，在伊丽莎白手指的地方竟然站着一头狼。此时的伊丽莎白一脸惊恐，神情紧张，说不出一句话。看来，这头狼，也是被他们的美味吸引了呢。

　　洛克菲勒让人搀扶着惊吓过度的伊丽莎白回屋，并且叮嘱他们把屋门锁上。这时，小约翰早就已经拿出了准备好的猎枪，一边嘱咐父亲小心，一边把枪放置在窗户的缝隙中，枪口对准那头狼。当洛克菲勒吸引了狼的全部注意力后，小约翰开枪了。两枪之后，狼并没有像他们想象的那样应声而倒，而是颤颤巍巍地朝着洛克菲勒的方向跑来，停在了离屋子七八米的地方。

　　这可把洛克菲勒和孩子们吓得够呛。就在这时，洛克菲勒忽然想到，狼是怕火的动物。于是，洛克菲勒又重新将火点燃，引燃了放置在屋外用来烧烤的篝火。狼看到了火光，果然吓得后退了几步。过了一会儿，这头狼自知再等下去也没有什么希望，便一瘸一拐地离开了。

　　通过这件事，洛克菲勒有了一个深刻的认识，那就是你以为你已经无所不能了，所以你就淡忘了求生的本领，沉浸在当前的环境，殊不知何处还隐藏着能置人于死地的劲敌，到那个时候，如果不够侥幸，就只能被淘汰了。

就像洛克菲勒平时用来鼓励下属的那句诗一样，"我们没有老去，也未沉睡，我们必须起来行动，勇敢地迎接任何命运，进取不息，追求不止，学会努力和等待"。

龟兔赛跑的故事可谓是耳熟能详，在这场比赛中，慢悠悠的乌龟看起来像是在原地踏步，所以几乎所有人都将目光集中在速度飞快的兔子身上。不过等到兔子发现自己已经远远超过乌龟的时候，它真的停止不动了，它在柔软的草丛上，晒着太阳睡起了觉。这一睡，竟使兔子忘记了比赛，等它醒来的时候，人们正在为比赛获胜的乌龟举办庆祝典礼。

看来，人也不能停止自己前进的脚步，累了的时候你可以暂时地休息，但"三日不见，当刮目相看"的事情经常发生，所以我们永远要保持着危机感，随时调整状态，保证自己不断前进才能不被他人超越。

踩着失败的螺旋阶梯升上来

一马平川的人生是不存在的，峰峦叠嶂才是该有的形态，人就是在成功的高峰和失败的低谷中转换前进的。迈克尔·D.波顿曾说，洛克菲勒在创业初期就经常碰壁，因为他不是一个有着雄厚背景的人，他在工作中也有出现焦虑不安和失去判断力的时候，而这些都可能为他带来错误的决策。

对待失败，洛克菲勒有着清晰的认识，在这个世界上，任何人的一生都不可能自始至终地保持顺利；相反，却要时刻与失败比邻而居。也许正因为这个世界上有太多太多无奈的失败，追求卓越才变得魅力十足。人们对成功竞相追逐，甚至不惜以生命为代价。但即便如此，失败还是不可避免的。我们的命运也是如此，只是与别人不同，有的人把失败当作一杯烈酒，咽下去的是苦涩，吐出来的却是精神。

因为考试失利，小约翰已经好几天闷闷不乐了，他把自己关在房间里，任由失落的情绪慢慢堆积。

洛克菲勒下班后敲开了小约翰的门："还没到世界末日呢，你不该让自己扮演失败者的角色。"

洛克菲勒接着劝导小约翰："考不上理想的大学的确是一种打击，但这种打击带来的影响不是那么大，你要知道，在人生这一条漫长的道路上，遇到的困难和挫折是相当多的，而现在你这充满意义的人生只不过是刚刚开始。"

小约翰似乎还是没有完全从失望中解脱出来："可是，我还是没有考上哈佛大学啊！"

　　洛克菲勒摸摸小约翰的头，安慰道："你不是还做了准备吗？幸好你报考了其他同等水平的学校，这就是很好的预防措施啊。另外，既然事情已经发生了，一味地失落也不能解决问题，而且这种情绪具有很强的破坏力，会对你后期的生活产生严重的负面影响。"

　　自责和失落还是不能从小约翰身上离开，不过小约翰开始抬起头认真地听父亲的劝导。"儿子，这一次的结果不能证明你是一个成功的人还是失败的人。在我看来，你一直是一个优秀的人，你以优异的成绩高中毕业，在校内外都显示了勇气和忍耐力。依靠你具备的这些优秀品质，你完全可以在以后的挑战中有很出色的发挥，为什么总是纠结于这次的失败呢？

　　"期待常常不会如期实现，落空才是它经常的面目。面对失败时，我们不能被消极的情绪淹没。现在你该做的是接受事实，抛弃失落的心情，从中吸取经验，并为你的崭新的大学生活制订计划。"

　　"可是，考不上哈佛大学仍然让我感到遗憾。"小约翰又灰心地低下了头。

　　"小约翰，你想进入哈佛大学主要是为了在那里增长你的见识和知识对不对？"洛克菲勒问道。

　　"嗯，没错。"

　　"那就对了，在美国还有其他很多优秀的大学供你报考，其中也有你想学的专业。你想学经营管理，那么其他大学也用一样的教科书，只是教学阵容不一样罢了。可是，小约翰，我要告诉你，尽管一个优秀的导师会对你产生很大的影响，但是能为人生掌舵的人永远是我们自己。只要你不丧失人生主动权，你就不会成为失败者，成功者也不都是一生顺利，相反，他们都在勇敢地踩着失败的螺旋阶梯上升，直到到达成功。

　　"我不希望你被这一次失败打倒，从此变成了胆小怕事的人，放弃自己的梦想。在和其他年轻人一样面对阻碍的时候，畏首畏尾不敢向前，而你这样的人生才是彻底地失败了。死心很容易，可是想要成为参天大树就不能有这样的念头，小约翰，勇敢地站起来吧，失败的经历会给你一个比别人更高的台阶，使你的高度远远高于别人。"

　　这一次，小约翰终于能够如释重负了，他点点头，和洛克菲勒走出房门，来到充满阳光的花园里了。

　　我们也会遇到这样那样的各种障碍，失望和消极是面对失败时必然的情绪反应，但是这种情绪不应该长期对我们造成影响，更不能是深刻的负面影响。在这个时候

善自己，期间要注意经验总结和方法调整。通过这样的一个流程，相信我们能够战胜自己的缺点，弥补不足，取得骄傲成绩。

战胜自己就是最大的胜者

真正的成功不是战胜别人，而是战胜自己。面对高耸入云的山峰，能成功登顶的人不代表着他战胜了大自然的一个杰作，而是他战胜了辛苦劳累的心理。

洛克菲勒是一个敢于并主动接受调整的人，在教育儿子约翰的时候他这样说道："没有挑战就没有成功，不要因为一次失败就停下脚步，战胜自己，你就是最大的胜者。"

对于洛克菲勒来说，成为一个成功的商人不仅是他的目标，还是对他能力的一种挑战。要想承担起这项责任，实现自己的理想，洛克菲勒明白，只有使自己各方面的能力达标，才能获得最大的成绩。

要让自己的综合能力有所提高，洛克菲勒已经做好了战胜自己弱点的准备，他有计划地在这几个方面做了加强工作。

拥有看透事物本质的眼光是最基本的能力，不管是与人交往还是寻找商机，能够准确把握其特点，洞察其发展趋势，对于投资经商极有好处。

父亲大比尔已经在生活中给洛克菲勒带来了潜移默化的启蒙影响，对金钱的渴望和重视、对经济事务的认识、经商时候的小手段，这些都被洛克菲勒看在眼里、记在心里，还进行了简单的初体验。在休伊特公司上班时，洛克菲勒得以接触正式的商业项目，并深入了解到某些行业的发展动态。

自己亲自去考察体验也是帮助形成敏锐眼光的好方法。当石油开采和提炼业以异军突起的姿态进入人们视野的时候，洛克菲勒急忙抽出时间去油田进行实地考察，他查看油质、开采商数量、周围交通状况，通过详细的勘察，他终于得出了正确的投资结论。

关注细节不仅能够帮助我们发现商机，还能使我们减少损失。对细节比较关注的人，其性格中往往也有抵御枯燥的一面。不得不说洛克菲勒天生就有着细致的心思，能坚持每日认真审查账簿，发现其中细枝末节的错误，这使洛克菲勒表现出比同事极强的细心。

保持稳定的情绪，使做出的判断不受感情左右也是成就一番事业所必需的素质。挣钱了就开心得合不拢嘴，亏钱了就沮丧得灰头土脸，这一点是很忌讳的。年少时期的洛克菲勒也时常会为自己取得的一些小成绩而感到兴奋，有时候他会高兴地想要跳着走路，只是害怕摔倒或者被熟人认出，他才会控制着自己的行为。为了使自己能够不像毛头小子一样看着不靠谱，洛克菲勒通过定期反省和写日记来时刻提醒自己。

培养坚强的意志也是洛克菲勒改造自己的重要内容。要知道，没有一件事情是不费吹灰之力就能很好完成的。精神的力量是万能的，这种意志力尤其能在遇到困难的时候帮助我们渡过痛苦的时期，使我们充满不灭的激情。

洛克菲勒对于创业一直是保持着高度的热情和动力的，也正是极度渴望财富和成功，他的忍耐力亦是非比寻常，在多次面对对手竞争的时候，他丝毫不泄气，哪怕是输也要光荣一战。

规避自身缺点就是发挥个人优势，与其说是效仿他人取得的成功，倒不如说是自己与自身缺点斗争后取得的胜利。也许这些因素还远远不能使一个人成为风云人物，但是成功不是一个明确的概念，每个人都有对它的解释，其实超越昨天的自己就是一种成功。

当你将崇拜的成功者当作效仿对象时，当你将同行的对手列入竞争者行列后，你就开始在战胜自己的道路上奔跑了，只不过你不知道这一点。

受到成功偶像精神感染的你会奋发图强，变得更努力，变得更自信；当你被竞争者的气势所威胁时，你就变得更坚强，变得更谨慎。经过这么一番经历之后，可能结果并不像想象中完美，你没有取得很大的成功，也没能完胜竞争对手，不过细细观察，你会发现自己身上出现了很多变化，比如坚强、独立、勇敢、自信都成为你新的人格标签。要知道，世界上还有什么样的胜利能够比得上收获这么多优秀品格重要呢？

要铭记，战胜自己就是最大的胜利。

失败不会给你贴上无能者的标签

失败并不能代表什么，它既影响不了你的过去，也代表不了你的将来。失败指的就是你现在的一点，或许是现在的一个小时、一分钟、一秒钟。只要今天过去了，那么失败也就随之过去了。如果我们一直耿耿于怀、无法忘记的话，那么我们就很难迈出走向明天的脚步。我们会一直纠结于今天的一切，会一直羞愧于今天的一切，最后只会给人留下终生的遗憾。

洛克菲勒在安慰失意的小约翰时，也说："你近来的情绪过于低落，这种表现让我感到非常难过。我能真切地感受到，你还在为那笔让你赔进100万美元的投资而感到耻辱和羞愧，因此终日闷闷不乐、忧心忡忡。其实，这大可不必，一次失败并不能说明什么，失败更不会在你的脑门上贴上无能者的标签。"

所以，我们在面对失败的时候，一定要乐观起来。因为我们知道，在这个世界上，没有一帆风顺的人生，也没有顺风顺水的事业。我们只有做好时刻迎接失败的准备，勇敢面对失败，我们就属于一个强者。

小约翰刚刚步入职场的时候，曾经因为一点点的失败而变得异常不自信。虽然他对自己一向严格，可还是会难免犯错，这让小约翰非常的自责和懊恼。于是，他便找到了自己的父亲，想要辞去现在的职务。

洛克菲勒安慰道："儿子，如果你辞职了，以后我们家族的产业该交给谁打理呢？"

小约翰羞愧地说道："可是父亲，你也看到了，我所做的事情已经失败了，或许我真的不适合这个职业吧。"

洛克菲勒看着一脸羞愧的小约翰，继续说道："亲爱的儿子，在我心里，林肯是这个世界上最伟大的人。可是就算是他这样的人，一生中也遇到了很多的失败。他在竞选总统的过程中遭受了很大的艰难和坎坷。一次次地失败，一次次站起，反反复复、百折不挠，最后成了我们美国伟大的总统，造福于人民。相比之下，你现在所遇到的这一点挫折又算得了什么呢？它既不能给你刻上屈辱，也不会给你贴上无能者的标签，你还在恐惧什么呢？"

小约翰听后，再次不自信地说："可是父亲，我真的担心我做不好，担心您会对我失望，担心失去您对我的信任。"

洛克菲勒听后，叹了口气，继续说道："亲爱的儿子，这并不能成为你辞职的理由。你只需要记住你肩上的责任和你担当的使命，然后朝着这个方向不断地努力。就算中途失败了，又能怎么样呢？只要你的意志坚定，就能够战胜它们。"

从这之后，小约翰再也没有提过辞职的事情。

在人的一生中，我们都不可避免地会遇到各种各样的失败。不管是我们的事业，还是我们的生活。有些人在失败面前一蹶不振，有些人则是愈挫愈勇。只有那些懂得在激流中勇进的人，才能够获得最后的成功。

不过，要想迎来成功，还必须懂得什么是失败。

韦尔奇在回忆录中曾说："那是一个糟糕的赛季的最后一场冰球比赛。当时我在塞勒姆高中读最后一年。我们分别击败丹佛人队、里维尔队和硬头队，赢了头三场比赛，但在随后的比赛中，我们输掉了所有的六场比赛，其中五场都是一球之差。所以在最后一场比赛，即在林恩体育馆同贝弗利高中的对垒中，我们都极度地渴求胜利。作为塞勒姆女巫队的副队长，我独进两球，我们顿时觉得运气相当不错。

"那确实是场十分精彩的比赛，双方打成 2 比 2 后进入了加时赛。

"但是很快，对方进了一球，这一次我们又输了。这已是连续第 7 场失利。我沮丧至极，愤怒地将球棍摔向场地对面，随后自己滑过去，头也不回地冲进了休息室。整个球队已经在那儿了，大家正在换冰鞋和球衣。就是在这时候，门突然开了，我的母亲大步走进来。

"整个休息室顿时安静下来。每一双眼睛都注视着这位身着花色衣服的中年妇女，看着她穿过屋子，屋子里正好有几个队员正在换衣服。母亲径直向我走过来，一把揪住我的衣领。'你这个窝囊废！'她冲着我大声吼道，'如果你不知道失败是什么，你就永远都不会知道怎样才能获得成功。如果你真的不知道，你就最好不要来参加比赛！'

"我遭到了羞辱——在我的朋友们面前——但上面的这番话我从此就再也无法忘记，因为我知道，是母亲的热情、活力、失望和她的爱使得她闯进休息室。她，格蕾丝·韦尔奇，是我一生中对我影响最大的人。她不但教会了我竞争的价值，还教会了我胜利的喜悦和在前进中接受失败的必要。"

失败在任何人的成长中都占有重要的位置。面对失败，我们万不可怯懦不安，也不要退缩萎靡。不管多大的失败，都不会给我们烙下无能者的印记。因为当我们成功的时候，那些失败也就会随着时间烟消云散了。人们只会记得你舞台上的绚烂，而非舞台下的泪水。

第❾封信

你只能相信自己

November 29,1899

亲爱的约翰:

最近心情好一点了吗? 如果还没有,我想,你需要了解点什么。

你需要知道,在这个世界上,绝大多数的人都难免受到一种特殊力量的驱使,这种力量可以轻而易举地剥落紧裹着我们人性的外衣,将我们完全暴露在阳光下,并公正地将我们圈定在纯洁或肮脏的图版上,以致让我们所有的辩护都变得苍白无力,无论我们多么伶牙俐齿。它就是检验我们人性的试金石——利益。

换句话说,利益是一面映照人性的镜子,在它面前,一切与道德、伦理有关的人性本质都将现形,而且一览无遗。也许你认为我的话太过绝对,但我的经历告诉我事实确实如此。

我不是人类史学家,对于人所表现出的高尚与丑恶,我不知道他们将做出何种解释,但我的人生经历让我坚信:利益似乎无坚不摧,本来彼此相安无事的人、种

| 103

族、国家，因为利益的关系纠缠杂糅在一起，彼此尔虞我诈，乃至刀枪相向。在那些骗局、陷阱乃至诽谤、污蔑和诋毁，以及残酷无情的血腥斗争和强盗式的掠夺中，你都会发现追逐利益的影子。在这个意义上，与其说我们是自己心灵的主人，倒不如说我们是利益的奴隶来得更为准确。

我可以断言，在这个世界上，除了神，没有谁不去追逐利益。商业世界里的所有活动都只有人与人的往来，自从你进入商业世界的那一刻起，一场旷日持久的谋利游戏就开始了。在这场游戏中，人人都是你的敌人，包括你自己，你需要与自己的弱点对抗，而且那些把快乐建立在你痛苦之上的人更是你必须面对的敌人。所以，当我看破这一切之后，我一直坚守着一个原则：我可以欺骗敌人，但决不欺骗自己。给那些正在伤害我的人以回击，这永远不会让我的良心不安。

儿子，请不要误会我，我无意要将我们这个世界涂上一层令人压抑、窒息的灰色；事实上，我渴望友谊、真诚、善良和一切能滋润我心灵的美好情感，我也相信它们一定存在。然而，很遗憾，在追名逐利的商场中，我难以得到这种满足，却要经常遭遇出卖和欺骗的打击。直到今天，数次被骗的经历还历历在目。

最令我痛心的一次发生在克利夫兰。当时炼油业因生产过剩几乎无利可图，很多炼油商已经跌落到破产的边缘。更值得一提的是，克利夫兰远离油田，这就意味着与那些处在油田的炼油厂相比，我们必须要付出高昂的长途运输费用，因此这让我们处于非常被动的局面。我决心改变这种局面，开始计划大规模收购在死亡线上挣扎的炼油厂，形成合力、统一行动，让每个人的钱包都鼓起来。

我告诉那些濒临倒闭的炼油厂主，我们在克利夫兰局势被动，为共同保护自己，我们必须要做些什么。我认为我的计划很好，请认真想一想。如果你感兴趣，我们会很高兴与你共同磋商。也由于善良的愿望和战略上的考虑，我买下了许多毫无价值的工厂，它们就像陈旧的垃圾毫无利用价值，只配扔到废铁堆里。

但有些人竟然如此邪恶、自私和忘恩负义，他们拿到我的钱后便与我为敌，肆无忌惮地撕毁与我达成的协议。他们卷土重来，用一堆废铁换来的金子购置设备，重操旧业，并公开敲诈我，要我买下他们的工厂。这些人都曾要求我以诚相待，让我出个好价钱收购他们瘫痪的工厂，我做到了，然而，结果却令人痛心。在那一刻我的心情糟透了，我甚至自责我不该太诚实，不该太善良，否则我也不会落到处处掣肘的境地。

最令我不可接受的是，在谋利游戏中，今天的朋友会变成明天的敌人。这种情形常有发生，我认识的两个人就曾无节制地多次蒙骗我。看在认识一场的分儿上，我不想历数他们的罪恶。但我可以告诉你，当我知道我一直被他们欺骗的时候，我震惊了，我不明白他们竟何以卑鄙到如此地步！

历经种种欺骗与谎言，我无奈地告诉自己：你只能相信自己，只有如此，你才不会被人蒙骗。我知道这种略带敌意的心态不好，但这个世界有太多太多的欺骗，提防是我们不可或缺的生存技能。

跟混蛋打交道，会让你变得聪明。那些邪恶的"老师"教会了我许多东西，如果现在谁要想欺骗我，我估计会比翻越科罗拉大峡谷还要艰难，因为那些魔鬼帮我建立了一套与人打交道的法则，我想这套法则对你会有所帮助：

我只有在对自己有利无害的情况下，才表现自己的感情；我可以让对手教导我，但我永远不教导对手，无论我对那件事了解有多深；凡事三思而行，不管别人如何催促，不考虑周全决不行动；我有自己的真理，只对自己负责；小心那些要求我以诚相待的人，他们是想在我这里捞到好处。

我知道，欺骗只是谋利游戏中的策略，并不能解决问题。但我更知道，谋利游戏无时无刻地都在进行，所以，我必须从早到晚保持警惕并且明白：在这场游戏中，每个人都首先顾及自己的利益，不管是否对他人有利。重要的是如何保护自己，并随时随地做好战斗准备。

儿子，命运给予我们的不是失望之酒，而是机会之杯，振作起来！发生在华尔街的那件事，并没有什么了不得，那只是你太相信别人而已。不过，你需要知道，好马不会在同一个地方跌倒两次。

爱你的父亲

详解

靠人不如靠己，你只能相信自己

善良和私心似乎是人们内心同时生长的两棵树，一边是慈善地帮助那些遭遇困难的人们，一边是煞费苦心、不择手段地为夺取个人利益而行动。你永远不知道对方到底在用什么样的态度对待你，靠山山倒、靠人人跑，这些话粗理不粗的老话倒是很贴切地告诉了人们独立的重要性。

常年与人打交道的洛克菲勒更免不了会遇到自私的人，"历经种种欺骗与谎言，我无奈地告诉自己：你只能相信自己，只有如此，你才不会被人蒙骗。我知道这种略带敌意的心态不好，但这个世界有太多太多的欺骗，提防是我们不可或缺的生存技能。"这是洛克菲勒告诫约翰的话，也是他经受过多次打击之后得到的宝贵经验。

一天，洛克菲勒带着儿子小约翰在储藏室整理东西，很奇怪的是，洛克菲勒突然要求年纪尚小的约翰爬上梯子，去一个高货箱上。

有些胆怯的小约翰有些犹豫，洛克菲勒的一番鼓励让他决定爬上去，可正要上去的时候，小约翰发现父亲洛克菲勒的神情有些诡异，于是他对父亲洛克菲勒说："爸爸，您不会等我爬上去之后把梯子撤走吧？那样我可就下不来了！"

洛克菲勒笑着说："怎么会呢？你还信不过爸爸吗？你尽管上去吧，相信爸爸。"

听到这些，小约翰就放心大胆地爬上去了，可他刚爬上去之后，洛克菲勒竟然不守信用，猛地将梯子撤走了，这让小约翰极度害怕和气愤。

小约翰站在货箱上，气急败坏地对洛克菲勒大喊："您为什么骗我？"

洛克菲勒仰着头，不紧不慢笑着说："约翰，你应该记住，没有人值得你完全相信，何况是口头上的承诺，一切只能相信自己，依靠自己。来吧，勇敢地跳下来吧，相信凭借自己的力量你能完成！"

犹豫再三的小约翰禁不住父亲的一再鼓励，终于擦干眼泪，闭着眼睛，往下纵身一跳。就在起跳的时候，小约翰满心都是委屈和愤慨，但是没像他想象的那样摔个粉碎，而是稳稳地落在了父亲洛克菲勒的怀里。

这一刹那，他的委屈荡然无存，吃惊地看着洛克菲勒，说道："爸爸？您？"

洛克菲勒把小约翰轻轻放在地上，温柔地摸着他的头，意味深长地对他说："孩子，我希望你能明白，这世界上如果连自己的父亲都不能信任，那还有谁值得信任呢？"

懵懵懂懂的小约翰一头扎进洛克菲勒的怀里，哭了起来。不过我们知道，这是多么生动的一堂课啊！

当然，只相信自己不是意味着人与人之间连基本的信任都不存在了，而是因为人生观、价值观、考虑问题时的立场等因素都不尽相同，再加上可能存在的勾心斗角，就导致他人给出的建议不能完全符合你的需求。

理查德·瓦格纳个子矮小，是一个极其自负的人。

在瓦格纳看来，这个世界上最伟大的人就是他自己，他不相信任何人，也听不进去任何人的意见。在他眼中，他就是世界上最伟大的戏剧家、思想家。听他谈话的时候，你只能做一个倾听者，他不会给任何人发言的机会。总而言之，他要求他说什么别人就要做什么。

在瓦格纳看来，自己的所有决定和言论都是正确的。在一些问题上，如果有人提出异议的话，就会惹得他大发脾气，甚至会因此而说上好几个小时，为的就是证明自己是正确的。最后使得听者发蒙，不知所以然。最后，为了使自己的耳朵清静一些，他们也只好同意瓦格纳的想法了。

也正是因为瓦格纳这种超级自信的态度，使得很多人唯恐避之不及，不愿与他合作。

瓦格纳就是过度自信的人，极度相信自己，极度地不相信他人。由此，才使得自己落入了"孤家寡人"的境地。

所以，只能相信自己也不是任何时候都该持有的心态，每一个人都不可能只靠自己单打独斗，与人合作并相处才能使自己得到更好的发展。所以，我们应该学会把握这个处事原则的使用技巧，做到既能让我们避免对手的攻击，也能和亲朋好友和谐相处。

你可以善良，但这并不阻碍理智地提防和判断

人之初，性本善。善良是人类本能的特性，也是最为人们所倡导的。当大家都讲究善良品行、和善相处的时候，自然就会出现其乐融融的景象；可是，一旦善良被有心人利用，那么那些单纯善良的人们，就会成为牺牲品，到那个时候，善良不仅没有给你的人生带来好处，反而给你带来了灾难。所以说，你可以善良，但是却不能丢失提防他人的心。

不只是普通人抱怨世界很复杂，连世界巨商洛克菲勒也有同样的心境，为了能让自己的孩子及时地明白这个道理，他在信中为孩子解释道："你需要知道，在这个世界上，绝大多数的人都难免受到一种特殊力量的驱使，这种力量可以轻而易举地剥落紧裹着我们人性的外衣，将我们完全暴露在阳光下，并公正地将我们圈定在纯

洁或肮脏的图版上，以致让我们所有的辩护都变得苍白无力，无论我们多么伶牙俐齿。它就是检验我们人性的试金石——利益。"

利益——这个试金石使人们善良的品德开始行不通，开始受伤害。但是保持善良却又是人性所必需的，所以我们需要做到的是：你可以善良，但这不能阻碍理智地提防和判断。

1859年，宾夕法尼亚州开挖出世界第一口油井。当无数人涌向西北，开始挖井钻油的时候，洛克菲勒坚定地认为原油价格必将大跌，真正能赚到钱的是炼油，而非钻油。于是，洛克菲勒绕开钻油的这个怪圈子，开始全身心地投入到石油的提炼中去。只是，虽然结果如洛克菲勒预料的那般，但是大规模的生产、提炼，却也造成了产品过剩的现象，这对公司的发展是不利的。

最令洛克菲勒痛心的一件事情发生在克利夫兰。炼油业因生产过剩几乎无利可图，很多炼油商已经跌落到破产的边缘。而克利夫兰的状况似乎更加不容乐观，因为远离油田，这就意味着与那些处在油田的炼油厂相比，洛克菲勒的克利夫兰炼油厂必须付出更加高昂的长途运输费用，这一系列的状况让洛克菲勒处于非常被动的局面。

为了改变这一局面，洛克菲勒计划大规模收购在死亡线上挣扎的炼油厂，合力炼油，并统一行动。这样一来，不仅洛克菲勒的情况会有所好转，对于那些个体厂商来说，也是一个很好的机会，能够免于破产。

洛克菲勒兴奋地将这个计划与大家分享，并且友善地提出，如果有人对这个计划感兴趣，洛克菲勒将积极与其磋商，还可出资购买其炼油厂。这一提议得到很多人的支持，也是由于善良的愿望和战略上的考虑，洛克菲勒买下了许多毫无价值的工厂，尽管它们就像陈旧的垃圾毫无利用价值。

可受益的其他人并没有设身处地地为计划实施效果去考虑，有些人甚至过于邪恶、自私和忘恩负义，他们拿到钱后便与洛克菲勒为敌，肆无忌惮地撕毁与其达成的协议。他们卷土重来，用一堆废铁换来的金子购置设备，重操旧业，并公开敲诈洛克菲勒，强制要求洛克菲勒买下他们的工厂。要知道，这些人都曾要求以诚相待，让洛克菲勒在收购他们瘫痪工厂时出了好价钱，洛克菲勒做到了，然而，其余的很多人却出尔反尔，刚从洛克菲勒这里得到了拯救，便转手又给洛克菲勒带来了致命的打击。

也就是从这一刻起，心情极度糟糕的洛克菲勒开始明白自己不该太诚实，不该太善良，这样过分无知的善良使自己丧失了基本的判断和提防，最终落到处处掣肘的境地。

俗话说，信乃立身之本，不讲信用便没有群朋之交，更何况是经商盈利。但是，做事情讲究过犹不及的原则，太过善良只会成为愚钝的代名词。

文无第一，武无第二。商场是一个特殊的战场，一招一式比试之间虽不是你生我死的惊险斗争，却也有倾家荡产的危险。在谋利游戏中，今天的朋友会变成明天的敌人，这种情形常有发生。因为在利益面前，没有永远的朋友，只有永远的利益伙伴。

理智，往往是是非分明的利益调整器，在它的作用下，人情不会对利益分配产生任何影响，但善良却算得上是它的反义词，尤其是丧失原则的过分善良还会自欺欺人、颠倒黑白，使受益各方都有怨言。要使自己过得"安全"些，那么，在保持善良的同时，多一份警惕和谨慎是不为过的，否则利益争夺的结果或许就可能会致你一败涂地。

保护好自己，并随时做好战斗的准备

只有保护好自己才能更好地战斗！如果想更有把握地赢取斗争，就要先保护好自己并让自己强大起来，提高自己的实力就相当于拉低了对手的实力。在洛克菲勒看来，欺骗只是谋利游戏中的策略，并不能解决问题。而谋利游戏无时无刻不在进行，所以，我们必须时刻保持警惕，并且还要明白：在这场游戏中，大部分的人都会将个人的利益放在首位，其次才会是别人的利益。所以说，在这场商场角逐中，我们一定要懂得如何保护自己，并且做好随时战斗的准备。

1892 年，盛极一时的标准石油公司被解散了，其后，洛克菲勒移花接木地将总部迁到了新泽西州，但这没有阻止后来接踵而来的司法纠纷。

1906 年，对洛克菲勒来说是很难忘的一年，而早在 1905 年，联邦政府在密苏里州就依照《谢尔曼反托拉斯法》起诉了标准石油公司。洛克菲勒、威廉、亨利、弗拉格勒等人都成为众人攻击的对象，法庭给这些人的罪名包括收取铁路回扣、滥用输油管道垄断权、制定掠夺性价格等。

现任政府的政策倾向使法庭给了洛克菲勒以及标准石油公司摆脱不尽的法院传票。尽管掌握着大量股份，但洛克菲勒早已没有对标准石油公司的绝对控制权，而阿奇博尔德却始终没有同意洛克菲勒卸任标准石油公司名义总裁的辞呈,所以,洛克菲勒不得不接受外界更多的责难。

已经68岁的洛克菲勒显然对这些传唤忍受不了了,为了避免和法官打交道,他甚至躲在女婿帕马利家中,而且严格要求家人不能对外人透露他的行踪,在与家人进行书信联系时他也用帕马利的名字。

在"失踪"的那些天里,不仅新闻界在猜测洛克菲勒的去向,连很多朋友都不知道他的行踪。这种"捉迷藏"游戏,是出于洛克菲勒的一种无奈,也是洛克菲勒自我保护的一种方法。

直到洛克菲勒的律师说,只要在芝加哥一案中出席作证,就可以获得"证人起诉豁免权"。这样的话,在后面更为重要的联邦反托拉斯案件中就可以很好地保护自己,免于被起诉了。听到这些后,洛克菲勒毫不犹豫地主动现身,处理法官手中的传票。

但法官是知道这条法律中的漏洞的,为此负责此事的法官已经和洛克菲勒见过一面了,为了能更好地应付这些人,洛克菲勒集中公司的律师们,开始集思广益。本想依照以前的老办法,通过含糊的回答和不配合的方式来应付这次审理,只不过这个方案被最年轻的律师罗伯特给否定了。在罗伯特看来:"这不是以前的时代了,与其用拒绝交出账簿这种行为,还不如直接出庭。洛克菲勒先生,我认为您和其他公民在法律面前没有任何的不同,如果我是您,我会选择出庭。"

尽管这句话听着很刺耳,不过洛克菲勒还是接受了这个建议,并且为出庭做了很充分的准备。洛克菲勒在法庭上朗读的含糊不清、推诿扯皮的"演说词"就是其事先做好的练习。果然,拖拖拉拉、前言不搭后语的说辞不能使法官得到任何有价值的证据,而洛克菲勒则从极不情愿的法官手中获得了自己想要的免于刑事诉讼权。

洛克菲勒知道,那些输得一败涂地的法官们不可能就此罢休,更不可能放弃对自己无休止的纠缠。果不其然,芝加哥案件一个月后的一场审判中,法庭给洛克菲勒送达了一张2914万的罚单!这在当时可谓是法庭开出的最高罚款额度,就连著名的作家马克·吐温都惊讶地说:"这真是一笔很巨大的罚款啊!"

虽然洛克菲勒平静地接受了这笔罚款,不过洛克菲勒却狠狠地撂下了一句话:"等不到罚款付清,开出罚单的那个混蛋肯定会就此完蛋的。"

事实也正如洛克菲勒预言的那样,因为这份站不住脚的判决,一些正义的人士对法庭的判决很是不满,他们强烈抗议将每车皮石油单独定罪的做法。后来,这一决定传到了西奥多·罗斯福的耳朵里，罗斯福暴跳如雷，立刻下令撤了这位法官的职务。

得益于机智的谋划，洛克菲勒在这场官司案中很好地保护了自己。就这样，在数不尽的司法纠纷中，洛克菲勒又险胜了一次。

虽然要想在商场中生存，我们就需要有破釜沉舟的勇气，但这并不意味着我们每时每刻都要背负着这样的勇气来背水一战。要知道，真正的强者是要使自己保持稳定且上升的实力，这样才能在战斗中得以生存。那么，如何保护自己呢？谨慎严谨的态度是最关键的，但是严谨不代表故步自封，该有的魄力和尝试要有，该做的思考也要有。

不是任何时候都适合直面对手，需要回避的时候我们也不要认为是丢面子，只有能屈能伸，在情况危险的时候懂得保护自己，才能站稳脚继续跟对手竞争！

跟混蛋打交道，会让你变得聪明

在洛克菲勒看来，商业世界里的所有活动都只有人与人的往来，自从你进入商业世界的那一刻起，一场旷日持久的谋利游戏就开始了。在这场游戏中，人人都是你的敌人，包括你自己，你需要与自己的弱点对抗，而且那些把快乐建立在你痛苦之上的人更是你必须面对的敌人。所以，当他看破这一切之后，他一直坚守着一个原则：他可以欺骗敌人，但绝不欺骗自己。给那些正在伤害他的人以回击，这永远不会让他的良心不安。

洛克菲勒在写给儿子的信中说道："跟混蛋打交道，会让你变得聪明。那些邪恶的'老师'教会了我许多东西，如果现在谁要想欺骗我，我估计会比翻越科罗拉大峡谷还要艰难，因为那些魔鬼帮我建立了一套与人打交道的法则。"

有两个都有着亚洲血统的孤儿，后来都被来自欧洲的外交官家庭所收养。两个人都上过世界各地有名的学校。但他们两个人之间存在着不小的差别：其中一位是40岁出头的成功商人，他实际上已经可以退休享受人生了；而另一个是学校教师，收入低，并且一直觉得自己很失败。

有一天，他们在一起吃晚饭。晚餐在烛光映照中开场了，不久话题进入了在国外的生活。因为在座的几个人都有过周游列国的经历，所以他们开始谈论在异国他乡的趣闻轶事。随着话题的一步步展开，那位学校教师开始越来越多地讲述自己的不幸：她是一个如何可怜的亚洲孤儿，又如何被欧洲来的父母领养到遥远的瑞士，她觉得自己是如何的孤独。

开始的时候，大家都表现出同情。随着她的怨气越来越重，那位商人变得越来越不耐烦，终于忍不住在她面前把手一挥，制止了她的叙述："够了！你说完了没有？！你一直在讲自己有多么不幸。你有没有想过如果你的养父母当初在成百上千个孤儿中挑了别人又会怎样？"

学校教师直视着商人说："你不知道，我不开心的根源在于……"然后接着描述她所遭遇的不公正待遇。

最终，商人朋友说："我不敢相信你还在这么想！我记得自己 25 岁的时候无法忍受周围的世界，我恨周围的每一件事，我恨周围的每一个人，好像所有的人都在和我作对似的。我很伤心无奈，也很沮丧。我那时的想法和你现在的想法一样，我们都有足够的理由报怨。"他越说越激动。"我劝你不要再这样对待自己了！想一想你有多幸运，你不必像真正的孤儿那样度过悲惨的一生，实际上你接受了非常好的教育。你负有帮助别人脱离贫困漩涡的责任，而不是找一堆自怨自艾的借口把自己围起来。在我摆脱了顾影自怜，同时意识到自己究竟有多幸运之后，我才获得了现在的成功！"

所以说，不管是商场，还是和人打交道的日常生活，我们总会遇到各种各样的"混蛋"：有些背叛了我们，有些欺骗了我们，有些侮辱了我们，他们都有一个共同的特点，那就是他们都以建立在别人痛苦之上为乐。有些人认为这是一种折磨，而有些人却将其看作一种历练。有人欺骗，是为了防止我们以后不再被人欺骗；有人背叛，也就让我们学会了如何应对背叛；有人侮辱，也让我们学会了如何反侮辱，有这样的人，才有我们现在所学到的一切交际手段。

好马不应该在同一个地方跌倒两次

俗话说，吃一堑长一智，好马就不应该在同一个地方跌倒两次，在对儿子约翰的教育中，洛克菲勒如此说道。

在商界，尽是各种欺骗和陷阱，第一次没有经验不小心被圈进去，很正常；可是如果同样的情况下，你又犯了同样的错误，这样可就有些说不过去了。我们容忍犯错，不容忍重复犯同样的错误。

匹兹堡计划是洛克菲勒始终不愿回想的一段记忆。1873 年中旬，在距离铁路公司解散、改造南方公司仅仅过了一个月的时候，洛克菲勒就来到匹兹堡，和当地最大的三家炼油商就合作一事展开了谈判，并且开始了在这一区域的战略部署。

洛克菲勒提出，欢迎所有炼油商加入到自己的队伍，而且他还一个个地去拜访安抚那些炼油商们，并且告知他们：自己的到来并不是为了要搞垮他们，而是想要创造一个合作共赢的局面。经过洛克菲勒的一番游说，洛克菲勒的计划也算是顺利进行了。而当地的几个大油商也在他的说服下加入了洛克菲勒的队伍。

可惜的是，局部胜利的匹兹堡计划最终还是流产了，成了短暂的记忆。洛克菲勒的人生挫败点主要是被其他油商的欺诈和搭便车行为造成的，因为那些不讲信用的油商们在和洛克菲勒完成协议之后，又重新开设新厂，参与到市场竞争中，这些活动严重扰乱了洛克菲勒统一石油市场的计划。通过这次事件，洛克菲勒下定决心再也不组建所谓的联盟组织了，与其搞这些联盟还不如实实在在地实行兼并呢！

匹兹堡的战略意义依然重要，要知道匹兹堡经阿勒格尼河和油溪相连，是最佳的石油运输枢纽，匹兹堡是洛克菲勒开展第二次大兼并行动中必须争取的目标。为了避免如匹兹堡计划的失败，洛克菲勒这次改变了方法。

洛克菲勒和弗拉格勒约见了匹兹堡和费城的石油同行洛克哈特和沃登，希望通过收购他们的企业来给小油商带来压力，继而再兼并那些小企业。在会谈的6个小时中，洛克菲勒使尽浑身解数试图说服他们，洛克菲勒不断地为他们灌输这样的思想：不及时合并成一家大公司，那就难以避免毁灭性的价格大战。即使这般努力，洛克哈特和沃登还是表现得很犹豫，这个时候，洛克菲勒便向他们亮出了公司最有力的王牌——请他们查阅公司的账本。

标准石油公司低廉的成本和高额的利润收入全部展现在账本中，沃登在看账本时表现出异样的惊讶：标准石油公司竟然能够在如此低廉的成本和售价中依然获得惊人的高额利润。洛克哈特和沃登对洛克菲勒提出的建议表示出了好感，接下来他们用一些休息的时间加深了对标准石油公司的了解，最终决定和洛克菲勒达成合作。

这对洛克菲勒来说是个不小的成就，与这两个强大的油商合作使洛克菲勒掌握了匹兹堡一半以上的炼油能力。在加快匹兹堡和费城战役的同时，洛克菲勒还开始在纽约展开部署。还是依靠这种方式，在和弟弟威廉的努力下，洛克菲勒成功地和普拉特牵手合作，收购了普拉特的长岛炼油公司。在收购普拉特公司的时候，洛克菲勒还获得了一名大将——罗杰斯。

因为有上次失败的经验，这次的兼并战争洛克菲勒没有跌倒，最后，标准石油公司像个英雄一样站在众多炼油商中间，用强大的号召力使他们向洛克菲勒靠拢。

有时候，成功不是一定做成，不在同一个地方重复犯错就是最大的成功。要知道，少犯错就是多进步。一次深刻的教训远比百次鞭挞有效果，世界上没有一个人敢保证自己永不犯错，犯错不可怕，重复犯同样的错误就是失败加失败。

对于聪明人来说，一次错误和失败不值得一直耿耿于怀，但将失败缘由铭记在心，吸取上一次失败的经验和教训，能够为下次的决策提供借鉴。愚笨的人，则会对失败郁郁寡欢，或者得过且过，并没有汲取到这次失败的教训。当同样的问题出现时，他们还会犯同样的错误，然后再继续上一次无聊的轮回。

对于愚笨者的做法，有必要引起我们的重视，希望大家可以在遇到困难犯错的时候，不要轻易地自暴自弃，而是以平常心对待，重在吸取经验，防止再走失败路。

第❿封信

运气靠策划

原文

January 20,1900
亲爱的约翰：

　　有些人凭借着他们非凡的才能，注定会成为令人瞩目的王者或伟人，比如，老麦考密克先生，他拥有能制造运气的头脑，知道如何将收割机变成收割钞票的镰刀。

　　在我看来，老麦考密克永远是位野心勃勃且具有商业才能的实业巨子，他用收割机解放了美国农民，同时也把自己送入全美最富有者的行列。法国人似乎更喜欢他，盛赞他为"对世界最有贡献的人"。哦，这真是一个意外的收获。

　　这位原本只能做个普通农具商的商界奇才，说过一句深奥的名言："运气是设计的残余物质。"

　　这句话听起来的确让人费解，它是指运气是策划和策略的结果，还是指运气是策划之后剩余的东西呢？我的经验告诉我，这两种意义都存在，换句话说，我们创造自己的运气，我们任何行动都不可能把运气完全消除，运气是策划过程中难以摆脱的福音。

麦考密克洞悉了运气的真谛，打开了幸运之门。所以，我对麦考密克收割机能行销全球，成为日不落产品，丝毫不感到奇怪。

然而，在我们这个世界上，很难找到像麦考密克先生那样善于策划运气的人，也很难找到不相信运气的人，和不误解运气的人。

在凡夫俗子的眼里，运气永远是与生俱来的，只要发现有人在职务上得到升迁、在商海中势如破竹，或在某一领域内取得成功，他们就会很随便甚至用轻蔑的口气说："这个人的运气真好，是好运帮了他！"这种人永远不能窥见一个让自己赖以成功的伟大真理：每个人都是他自己命运的设计师和建筑师。

我承认，就像人不能没有金钱一样，人不能没有运气。但是，要想有所作为就不能只是等待运气光顾。我的信条是：我不依赖天赐的运气，但我靠策划运气平步青云。我相信好的计划会左右运气，甚至在任何情况下，都能成功地影响运气。我在石油界实施的变竞争为合作的计划恰恰验证了这一点。

在那项计划开始前，炼油商们各自为战，利欲熏心，结果引发了毁灭性的竞争。这种竞争对消费者来说当然是件好事，但油价下跌对炼油商来说却是个灾难。那时候绝大多数炼油商做的都是亏本生意，一个个跌入破产的泥潭。

我很清楚，要想重新攫取利益并将钱永远地赚下去，就必须驯服这个行业，让大家理智地做生意。我把这视为一种责任，然而这很难做到，这需要一个计划——将所有炼油业务都收置在我的手中。

约翰，要在获取利益的猎场上成为好猎手，你需要勤于思考、谨慎行事，能够看到事物中一切可能存在的危险和机遇，同时又要像一个棋手那样研究所有可能危及你霸主地位的各种战略。我彻底研究了形势并评估了自己的力量，决定将大本营克利夫兰作为我发动石油工业战争的第一战场，等到征服那里的二十几家竞争对手之后，再迅速行动，开辟第二战场，直至将那些对手全部征服，建立石油业的新秩序。

就像战场上的指挥官，选择攻击什么样的目标，要首先知道选择什么样的武器才最奏效，要想成功实现将石油业统一到我麾下的计划，需要一个彻底解决问题的手段，那就是钱，我需要大量的钱去买下那些制造生产过剩的炼油厂。但我手头上的那点资金不足以实现我的计划，所以我决定组建股份公司，把行业外的投资者拉进来。很快我们以百万资产在俄亥俄注册成立了标准石油公司，第二年资本扩张了3.5倍，但何时动手却是个学问。

目光长远的商人总善于从每次灾难中寻找机会，我就是这样做的。在我们开始征服之旅前，石油业一片混乱，境况江河日下，克利夫兰90%的炼油商已经快被日益剧烈的竞争压垮，如果不把厂子卖掉，他们就只能眼睁睁地看着自己走向灭亡。这便是收购对手的最好时机。

在此时采取收购行动，似乎不太道德，但这不能有妇人之仁。商场如同战场，战略目标的意义就是要形成对己方最有利的状态。出于战略上的考虑，我选择的第一个征服目标不是不堪一击的小公司，而是最强劲的对手克拉克－佩恩公司。这家公司在克利夫兰很有名望，而且野心勃勃，和我的想法一样，他们也想要吞并我的明星炼油厂。

但在对手做出行动之前，我决定先下手为强。我主动约见克拉克－佩恩公司最大的股东，我中学时代的老朋友，奥利弗·佩恩先生，我告诉他，石油业混乱、低迷的时代该结束了，为保护无数家庭赖以生存的石油行业，我要建立一个庞大、高绩效的石油公司，并邀请他入伙。我的计划打动了佩恩，最后他们同意以40万美元的价格出售公司。

我知道克拉克－佩恩公司根本不值这个价钱，但我没有拒绝他们，吃掉克拉克－佩恩公司就意味着我将取得世界最大炼油商的地位，将为迅速把克利夫兰的炼油商捏合在一起充当强力先锋。

这一招果然十分奏效。在以后不到两个月的时间里，就有22家竞争对手归于标准石油公司的麾下，并最终让我成为了那场收购战的大赢家。而这又给我势不可当的动力，在此后3年的时间里，我连续征服了费城、匹兹堡、巴尔的摩的炼油商，成为了全美炼油业的唯一主人。

今天想来，我真是幸运，如果当时我只感叹自己时运不济，选择随波逐流，或许我早已被征服，但我策划出了我的运气。

世界上什么事都可以发生，就是不会发生不劳而获的事，那些随波逐流、墨守成规的人，我不屑一顾。他们的大脑被错误的思想所盘踞，以为能全身而退就沾沾自喜。

约翰，要想让我们的好运气持续下去，我们必须要精心策划运气，而策划运气，需要好的计划，好的计划一定是好的设计，好的设计一定能够发挥作用。你需要知道，在构思好的设计时，要首先考虑两个基本条件，第一个条件是知道自己的目标，比如你要做什么，甚至你要成为什么样的人；第二个条件是知道自己拥有什么资源，如地位、金钱、人际关系，乃至能力。

这两个基本条件的顺序并非绝对不可改变，你可能先有一个构想、一个目标，才开始寻找适于这些资源的目标。还可以把它们混合一处，形成第三和第四种方法，例如拥有某种目标和某种资源，为实现目标，你必须选择性地创造一些资源，也可能拥有一些资源和某个目标，你必须根据这些资源，提高或降低目标。

你根据资源调整目标或根据目标调整资源之后，就有了一个基础——可以据此构思设计的结构，剩下的东西就是用手段与时间去填充和等待运气的降临了。

你需要记住，我的儿子，设计运气，就是设计人生。所以在你等待运气的时候，你要知道如何引导运气。试试看吧。

爱你的父亲

详解

每个人都是他自己命运的设计师和建筑师

规划似乎已经成为很普遍的一个词，就业规划、理财规划、职业规划等都开始进入人们的生活，提醒生活在快节奏中的人们，要注意别让自己的方向跑偏了。那么，这些琳琅满目的规划由谁计划并完成呢？答案是，我们自己。而在洛克菲勒看来，凡夫俗子是很难认识到这一点的。

"在凡夫俗子的眼里，运气永远是与生俱来的，只要发现有人在职务上得到升迁、在商海中势如破竹，或在某一领域内取得成功，他们就会很随便甚至用轻蔑的口气说：这个人的运气真好，是好运帮了他！这种人永远不能明白一个让自己赖以成功的伟大真理：每个人都是他自己命运的设计师和建筑师。"

不服从命运的人会成为命运的主人，而将自己的人生交给所谓的命运去经营的人，则是命运的奴隶。在这场博弈赛中，有人凭借着自己成了主人，有人凭借着自己成了奴隶。

　　霍金是世界著名的科学家，于1942年出生。霍金的出生给他的家庭带来了无尽的欢乐。后来，霍金长大后，他如愿以偿地考入牛津大学，是父母眼中的骄傲。全家人都等待着霍金的衣锦还乡，等待着他毕业之后的辉煌。

　　可是，在牛津大学学习的第三年，霍金却突然发现，自己的行动有些笨拙了，而且还经常没来由地摔倒。只是，这件事情被霍金隐瞒了下去，霍金没说，他的父母也不知道。直到他读研究生的时候，霍金突然晕倒，差点丢了性命。

　　就是这一次，霍金的父母以及他本人才知道，他患了"卢伽雷氏症"。他的整个身体会慢慢地衰竭，慢慢地不听使唤。先是肢体，然后是内脏。医生说，他还有两年的时间，研究生学位恐怕是拿不到了。

　　这个消息对霍金的打击非常大，他几乎放弃了一切生的期望，他也曾经面临过自怨自艾的情境。他想着命运的不公，也顺从着命运的不公。

　　后来，霍金只能依靠轮椅行走，只能断断续续地说话，直至最后完全不能发声。

　　家人为了给他打发无聊的时间，在他的轮椅上安装了电脑和语音合成器。这样他就可以打字，可以对着语音合成器与人交流。

　　霍金看着家人焦急的神情和日渐憔悴的父母，他决定，自己不能这么浑浑噩噩地过日子，既然命运对我这么不公，那么我要把这些不公从命运身上讨回来。命运不能使我屈服，因为我，才是命运的主人。

　　从那之后，霍金又开始了学术研究和学习，最后凭借着自己坚强的毅力，成为最优秀的科学家之一。

　　在不公的命运面前，霍金并没有选择顺从，也没有自暴自弃，而是站出来充当自己的设计师。这才使得他从一个命不久矣的残疾人，成了世界上著名的科学家之一。

　　由此可见，命运仅是命运，它可以被改变的。因为命运不是人生的主角，你才是这场命运的主角，你才是命运的设计师和建筑师。如果连你都屈服于命运的话，那么就算是上帝指派给你什么，你也无法抓住的。

　　有一天，上帝的使者来到民间视察。他看到有一位占卜者在给两位孩童占卜。这位占卜人指着一个孩子说道："这个孩子将来会成为状元。"随后又指着另一个孩子说："这个孩子将来会成为乞丐。"

　　二十多年后，上帝的使者再次来到了人间，想着要看看那两个小孩的命运。结果让他惊讶的是，当初的那个状元已经成了乞丐，而当初的那个乞丐却成了一个状元。

于是，使者疑惑地去问上帝，上帝答道："每个人的天赋只能决定命运的一半，而其余的另一半则需要依靠个人的设计和掌握。"

在人生当中，每一个人都是自己命运的设计师和掌控师。你决定是乞丐，那么你最终会变成乞丐，你觉得你是状元，那么你最终也会变成状元。关键是我们该如火如何制定和实行。所以说，要想成就命运，就必须掌握命运，就必须让命运为我们而服务。

不会发生不劳而获的事

付出越多，你收获的才会越多，这是亘古不变的道理。如果你只想着不劳而获，那么到最后，你或许真的会"不劳而获"：不付出劳动，你也只能收获贫穷和饥饿。所以，在这个世界上，那些想要不劳而获的人，永远都成就不了一番事业，也永远无法跻身于富人的行列；而那些生活悠闲的富人，无不是在付出了辛苦的劳作之后得到甘甜和盛果。

洛克菲勒教育小约翰时曾经说道："世界上什么事都可以发生，就是不会发生不劳而获的事。那些随波逐流、墨守成规的人，我不屑一顾。他们的大脑被错误的思想所盘踞，以为能全身而退就沾沾自喜。"洛克菲勒就一直在教导子孙：所有的荣誉和事业都需要依靠你自己的双手去创造，这样获得的成功才会有着无止境的活力。

洛克菲勒注重对儿子的勤奋教育，小约翰也亦然。

有一年，小约翰让自己的儿子们在自家院子里开辟了一块菜园，并带领着他们一起种植黄瓜、西红柿等蔬菜。除了年仅三岁的小儿子以外，其他四个儿子每天都需要给菜园子施肥、浇水和除草。

到了丰收季节，为了鼓励儿子们的劳作，小约翰还特意买下了他们种植的南瓜，而剩余的蔬菜则被他们兄弟几个批发给了市场上的食品杂货店，得到了一笔收入，这让小约翰异常高兴。

不仅如此，为了培养儿子们勤劳的习惯，小约翰还有意识地让儿子们学习烹调技术，并且还将后勤家务平均分配给了他们。做饭的时候，那两个最年幼的儿子也不能白吃白喝，也要帮着打打下手。如果他们合作得很成功，小约翰还会给他们一定的奖励。

在小约翰的教导下，他的那五个儿子也都养成了勤劳的好习惯。

在工作生活中，每一件事情的成功和持续发展都离不开勤奋二字。只有坚持不懈地努力，坚持勤奋劳作的优良习惯，我们才能够跨越诸多困难，才能够走向成功。没有勤奋的努力和奋斗，只想着不劳而获，那么再绚丽的想法和思维也只是徒劳无功，毫无用处。

彼得·弗雷特是一个美国人，也是淘金大军中的一员。那个时候，相传有人在萨文河畔淘到过不少的金子，自此之后，很多人慕名而来，他们都想要在此分得一杯羹，实现一夜暴富的梦想。的确，有人在其中捡到了几块金子，但是大部分的人却还是空手而归，白白浪费了时间和精力。

看着一批又一批的人兴奋而来、失望而归，彼得·弗雷特却不想就此放弃。他在萨文河畔买下了一块地，一个人不停地挖掘着、工作着。几个月过去了，他几乎将这一整块地都翻了一遍，可是一块金子的影子都没有看到。半年之后，彼得带来的积蓄已经消耗殆尽，无奈之下，彼得决定转移阵地，前往别处谋生。

在他离开时的前一个晚上，天上突然下起了瓢泼大雨。这场雨下了足足三天三夜。雨停之后，彼得看着门前平软的土地上，竟然生出了一株绿茸茸的小草。

就是这一株小草给了彼得一些灵感：虽然萨文河畔并没有金子，但是这里的土质却非常肥沃，很适合用来培育花草。等到收获之际，再把这些花草卖给当地的富人家装饰房屋，这样一来，自己也能够从中大赚--笔。

想至此，彼得改变了自己的主意。他去镇上买了一些名贵花的种子，每日精心浇灌和培育。功夫不负有心人，没过多久，种下的花种子已经生根发芽，开出了非常娇艳的花。五年之后，彼得凭借自己的劳动，成了他梦寐以求的富翁。

由此，彼得也得出了一个道理：那些只想着不劳而获的人，是得不到任何的收获和报酬的；而只有你付出了劳动，才能够得到你梦想中的金子。

事实的确如此，天下没有免费的午餐，也没有静等你去捡的金子。而那些你想要的东西，只能依靠你的劳动去换取，除了这条道路外，别无他法。所以说，不劳而获的想法属于妄想，属于那些身心贫穷而又不甘于寂寞的人，他们守株待兔，日夜等候着好运的到来。可惜，到头来竹篮打水一场空，醒来才觉梦一场，什么都没有捞到，什么也都没有得到。

所以，人不要抱有不劳而获的思想，要想着用你的付出和劳动，去获取你想要的东西。只有这样，你的付出才有价值，只有这样，你的劳动才会有价值。

目光长远的商人善于从每次灾难中寻找机会

在灾难面前，有的人自怨自怜，有的人一蹶不振，有的人则是奋起反抗，还有一些人则是原地等待。而在这些人其中，只有一小部分的人知道奋起反抗，而在这一小部分人当中，又有极少一部分人能够将灾难变成致富的点子，并且将点子运用到了实际。从灾难中看到商机，从灾难中寻求机遇。

洛克菲勒说过："目光长远的商人总善于从每次灾难中寻找机会，我就是这样做的。在我们开始征服之旅前，石油业一片混乱，境况江河日下，克利夫兰90％的炼油商已经快被日益剧烈的竞争压垮，如果不把厂子卖掉，他们就只能眼睁睁地看着自己走向灭亡。这便是收购对手的最好时机。"

我国台湾省南投县的山林间伫立着一座非常豪华的大饭店，名为溪头米堤大饭店。这座酒店曾经遭遇过三次重创，经过这些天灾的洗礼，这些建筑物变得支离破碎，一点儿价值都没有了。看着满目疮痍，饭店老板只能忍痛割爱，以极低的价格出售。最后，这座酒店被当时做纺织生意的老板李丽裕买下。面对外界的嘲讽，李丽裕信誓旦旦地说："你们等着吧，不到一年，我肯定能让它升值一个亿。"

只是，说起来容易做起来就难了。要想将这一文不值的废墟变成价值亿万的财产，谈何容易？为了实现自己的梦想，李丽裕放下自己手中的工作，整日站在废墟前面苦苦思索。几天后他突然闪现出了一个想法：灾害除了悲痛和萧条外，还有记忆和故事，这些都可以是致富的法宝啊。

他花重金请来了意大利顶级的设计师，要求他在保留废墟的基础上，根据古欧式建筑风格重新建筑设计，要修建出一座既具有沧桑感而又不失尊贵的饭店。半年之后，山上一座奢华富丽的建筑平地而起。建筑家们都将其称为台湾省最为尊贵的欧式建筑。

各方人士听说了这一故事后纷纷慕名而来，想要一睹这个奇迹的原貌。就这样，饭店建成之后，连广告都没有打，门前就已经人潮涌动了。

李丽裕见状，又花费了一些时间和精力，在受灾的景物上动了心思。之前，这座饭店门口有一对石狮子，经过泥石流的冲刷，两只石狮子堆在了一起，怎么分都分不开。于是，李丽裕便利用这件事情大肆宣扬爱情的美好，还特意邀请了当地的县长为这两个石狮子证婚。这个策划又引来了一大批新人，在此度过了幸福的蜜月。

此后，李丽裕看到了饭店旁边被大火烧成灰末的树林，他拒绝了他人想要栽种新树的好意，而是将这些空地留给了来往的客人。每一个来往的名人或者是客人，都可以在这里种上一棵属于自己的树，树上还会悬挂有自己名字的标签。

他的这一想法又吸引了不少游客，大大提升了酒店的影响力。

后来，有人采访李丽裕的成功秘诀，李丽裕说道："当初，这座饭店被灾难毁之一炬之后，很多人都从灾难的立场上去看待问题，思考问题，所以他们认为这座饭店并没有多大的价值。可是我却是以一个商人的立场去看待的，所以才会从灾难中看到了商机。"

是的，用受灾者的眼光去看待灾难，那么他看到的只能是灾难和满目疮痍、毫无生机的废墟；而以商人的目光看待这场灾难，那么他就从灾难中看到了商机，看到了致富的机会和神奇的力量。所以，他们才能胜利，才会得到他们最想要的结果。

看到事物中一切可能存在的危险和机遇

不顾及长远利益，被当前假象蒙蔽是我们经常犯的错误。物极必反，就是提醒我们要从长远和两面性的角度去看待事情，既要看到事物发展的前景，也要意识到其中存在的风险。洛克菲勒根据自己多年的经商经验给约翰这样的忠告："要在获取利益的猎场上成为好猎手，你需要勤于思考、谨慎行事，能够看到事物中一切可能存在的危险和机遇，同时又要像一个棋手那样研究所有可能危及你霸主地位的各种战略。"

急功近利的毛躁性格，是注定不能成就一番大事业的，这种只顾眼前利益的行为还可能断送掉已有的大好前程。

石油被开发出来，人们认识到它的价值之后，几乎人们是一拥而上，挤着迈进石油行业的门槛，一时间开店铺的老板、打铁的师傅、庄园的园丁，只要是稍微有些资金的人都成了石油老板，开办一家炼油厂的成本也不断下降，1000元竟然就能开个像模像样的炼油厂。

有着敏锐商业嗅觉的洛克菲勒不可能没有注意到这个新兴的致富产业，不过向来谨慎小心的他还是决定先做一番调查。

那个秋天，洛克菲勒一个人骑着马来到泰特斯维尔南部的一个油城，在这里他发现，络绎不绝的马车源源不断地向外运送着石油。抬头向远处望去，尽是竖立着的井架，山上的树木也早已经被砍光，新开辟的土地被用来建屋搭棚了。每个石油开采者厂子前面的生活用具、挖井设备都杂乱不堪地堆放在地上，尽管这里乌烟瘴气，但是看来产油商已经形成一定规模了。

白天结束后，洛克菲勒在笔记本上认真地写下：油井72座，日出油1165桶。晚上住在旅馆的他也是细细地阅读着每天的报纸，他需要知道农产品的价格变动以及石油的行情。就这样，12天的考察结束后，洛克菲勒骑马回到了克拉克—洛克菲勒公司。

克拉克一脸焦急地等待着：他看着周围人们靠着石油都发了财、致了富，心里早就已经按捺不住了。

不过，克拉克却未能如愿，甚至还被洛克菲勒泼了冷水。洛克菲勒告诉克拉克，现在还不是投资石油业的好时机，因为人们对石油的用途知之甚少，市场需求量极小，但是油田的产量很大，这样不平衡的供给关系，必然导致石油价格下跌。

克拉克不解地大声质问洛克菲勒："你不是说石油行业很有潜力吗？"

洛克菲勒解释道："没错，石油业是很有潜力。不过现在不是投资的合适时期，不信我们等等再看看。"

事实也证明洛克菲勒的先见之明，到那年年底，石油的价格已经跌到了1加仑0.22美元。而第二年春天，宾州的石油开采规模还在继续扩大，钻井已经达到了200座。但克拉克完全不顾这种形势，又一次急切地催促洛克菲勒，打算着手进入石油行业，结果还是被洛克菲勒拒绝了。

接下来，石油业就发生了急转直下的变故，下半年的时候，宾州油城的石油开采商只剩下不到20家，开采商数量的锐减使那些想在石油行业分一杯羹的人都灰溜溜地离开了，克拉克这次也不再吵闹了。

洛克菲勒之所以能够准确地预测到石油行业的发展前景，那是因为洛克菲勒对该地油城进行了详细的实地考察。此外，洛克菲勒还有不同于常人的分析能力，他认为，石油产业作为一个新兴行业，还没有经过市场的洗礼，那么此时该行业一定是风险大于财富的。

我们总是说，不管做什么事情，一定要抓住眼前的机会。可是，要知道，不是每一个机会都是好的，如果没有十足的判断和把握，盲目瞎抓，机会也就变成了手雷，不仅没有给你带来好处，反而会把你陷入困境之中。所以，任何时候都不要盲目随大流，把握事物发展的整体脉络，看到它发展的利害两面，就能帮助我们躲过发展中的危险。想要有效地躲避危险，还需要我们有足够的耐心，如果像克拉克一般急躁，就可能跌落到市场的低谷中。只有动静结合，长远看待事物，才能使我们的事业得到顺利发展。

在对手做出行动之前，先下手为强

早起的鸟儿有虫吃，万事早作准备，有益无害，尤其是在竞争对手面前。洛克菲勒这种快人一步的习惯保持了一生，洛克菲勒以自己收购大型炼油公司克拉克—佩恩为例，来解释早于对手做出准备的重要性。在信中，他总结道：在对手做出行动之前，先下手为强。克拉克是克拉克—佩恩公司的合伙人之一，他早些时候和洛克菲勒也一起成立公司，以经营农产品物资为主。这一次的收购过程，也可以说是洛克菲勒和克拉克的一次较量。

早期，洛克菲勒和克拉克合作成立了一家以经营农产品为主的公司。克拉克是一个没有大志、喜好酒场的人，而洛克菲勒则是一个严谨慎行的人。克拉克的这些习惯，也就成了洛克菲勒和克拉克分道扬镳的主要原因之一。

而就在这时，一个很重要的人物闯进了洛克菲勒的圈子。这个人就是安德鲁斯，也是克拉克的朋友和老乡。

安德鲁斯是照明油方面的专家，因为被煤油的特性所吸引，他在研究照明油的同时，也坚定地认为煤油将比其他来源的光更亮，市场也更大。但是，安德鲁斯家境拮据，虽然对煤油市场的前景很有希望，却拿不出足够的资金投入其中，于是他便将自己的这些想法全部告诉了洛克菲勒和克拉克，希望他们能够完成自己的宏愿。

不过，洛克菲勒似乎对煤油投资没什么兴趣，并且总是打断安德鲁斯的陈述，相反，克拉克则对这个市场饶有兴致，听了安德鲁斯的想法后，便立即决定给他4000美元的资助。

在和安德鲁斯合作的这段时间里，洛克菲勒成功地将安德鲁斯争取到自己这边。那个时候，洛克菲勒和克拉克之间的矛盾越来越深，两个人的经营思路也是天差地别。洛克菲勒拉拢安德鲁斯，也正是想要摆脱克拉克，想要解除与克拉克之间的合作关系。

一天，洛克菲勒把几位合伙人聚集在一起，提出融资加快炼油厂发展的计划。

洛克菲勒刚说完，克拉克便站出来提反对意见，并且威胁道：如果洛克菲勒不听自己的劝阻，那么大家就一拍两散。这正是洛克菲勒所期待的结果。所以，令克拉克措手不及的是，这一次的威胁并没有让洛克菲勒妥协，相反洛克菲勒却答应了他"散伙"的要求，并且还让在场的所有人作证。最后，所有人一致认为，将公司进行拍卖，出价最高的买主将是这家公司的新主人。

而这场战争的胜利者就是洛克菲勒。

克拉克之所以敢应下这场战争，主要是因为他觉得洛克菲勒不可能一下子拿出那么多资金。只是，令他没想到的是，在这之前，洛克菲勒就已经和支持他的几家银行疏通好了关系，有了银行的支持，洛克菲勒自然也就胸有成竹，没有什么可怕的了。

所以，洛克菲勒才会有勇气应对克拉克的威胁。拍卖那天，洛克菲勒以7.25万元买下了该公司。至此，洛克菲勒拥有了当时克利夫兰最大的炼油厂。

先下手出招算是博弈论中的一种表现，在情境比较简单的情况下，如果你知道对方的行为会影响到你，你可以对他的行为做出反应，或先一步预测对方之后的行为给自己带来的是有利或者是不利的影响，然后先下手为强，将不利的一部分消灭在摇篮中，以最大可能地维护自己的利益。

同理，在稍微复杂的情况下，那就是对手也知道你可能采取的行动，他也会采取相应的措施来阻止自己受损失，那么这种深层次的博弈就会更加有趣。

当然，不管是哪种形式的博弈，在对手做出反应之前，自己要做到心中有数，在必要的时候采取最优行动措施，通常是可以把握主动权、占据优势的，这种能力的形成就需要我们以缜密的思维在商务交往中发现学习了。

亨利是洛克菲勒最看重的合作伙伴，也是他一生中最重要的朋友。洛克菲勒曾说：他和亨利的相处很愉快，两个人都非常坦诚，也都真诚相待。所以，他对亨利的一切都非常的信任，不管他做了什么，洛克菲勒都不会怀疑。

有一次，洛克菲勒要和另一个人签订一份买卖土地的合同，而这个人又恰巧是亨利的同学，于是，洛克菲勒便将这件事情交给亨利办理。亨利看了一遍合同，二话没说便答应了合同上面的要求。

当时，洛克菲勒也在现场。他在看合同的时候，看到了一处很明显的问题，可是亨利却好像没有发现异样，没有给出任何异议。洛克菲勒的助理便对他说："亨利和他是同学，心眼肯定是偏于对方的。"

　　洛克菲勒听了之后并没有说话，因为他知道，亨利那么做肯定有他自己的理由，绝对不是助理所说的那样。

　　果不其然，双方将各项事宜全部商谈妥当，要正式签署合约的时候，亨利突然笑嘻嘻地对自己的老同学说："这个合同里面还有一个界限未定的问题，为了避免以后会有麻烦，我们现在还是再重新确认一下吧。"

　　对方原本以为自己会钻个空子，没想到还没来得及下手，就被眼尖的亨利给抓出来了。再加上当时两方合作的事宜已经到了最后关头，不容再生任何变故，亨利的老同学也只能更改了那个模糊不清的问题。

　　后来，洛克菲勒又问道："亨利，既然你早就发现了问题，为什么不在一开始就提出来呢？"

　　亨利回答道："我一早就看到了这个危险，不过如果我开始就说出来，那个时候我们没有谈判的筹码，就算修改我们也得不到多大的利益。现在不同了，什么都已经商妥，如果再做更改，对方肯定会损失惨重的，而我们在这个时候提出问题，我们将会获得最大的利益。"

　　在谈判过程中，亨利早就发现了合同中的漏洞，但是他却默不作声，直到合同进入了最后阶段，他才赶在对手没有下手之前将错误指出来，并且为洛克菲勒的公司争得了最大的利益。

　　所以，有些时候，对手可能会故意给我们设下陷阱，而我们可以利用自身的条件，先行迷惑对手，然后在对手还没有缓过神来时先下手为强，为自己乃至公司争取到最大的利益。

第**11**封信

忍耐是一种策略

原文

September 2, 1900

亲爱的约翰：

　　非常感谢你对我的信任，把你退出花旗银行董事会的事情告诉我。我当然理解你这样做的理由，你已经无法继续忍受同事们的某些做法，更不想继续屈从于他们。

　　但是，你的决定是否明智，似乎还有待证实，这要一段时间后才能见分晓。理由很简单，如果你不主动放弃花旗银行董事的职位，而是选择留在那里，或许你会得到更多。

　　我知道，屈从是思想的大敌，也是自由的狱吏。然而，对于一个胸怀大志的人而言，保持必要的屈从与忍耐，恰恰是一种屡试不爽的成功策略。追溯过往，我曾经忍耐过许多，也因忍耐得到过许多。

　　在我创业之初，由于资金缺乏，我的合伙人克拉克先生邀请他昔日同事加德纳先生入伙，对此我举双手赞成，因为有了这位富人的加入，就意味着我们可以做我们想做、有能力做、只要有足够资金就能做成的事情。

然而，出乎意料的是，克拉克带来了一个钱包的同时，却送给了我一份屈辱，他们要把克拉克－洛克菲勒公司更名为克拉克－加德纳公司，而他们将洛克菲勒的姓氏从公司名称中抹去的唯一理由是：加德纳出身名门，他的姓氏能吸引更多的客户。

这极大地伤害了我的尊严！我当时怒火中烧！我同样是合伙人，加德纳带来的只是他那一份资金而已，难道他出身贵族就可以剥夺我应得的名分吗？！但是，我忍下了，我告诉自己：你要控制住你自己，你要保持心态平静，这只是开始，路还长着呢！

我故作镇静，装作若无其事的样子告诉克拉克："这没什么。"事实上，这完全是谎言。想想看，一个遭受不公平对待、自尊心受到严重伤害的人，他怎么能有如此的宽宏大量！但是，我用理性浇灭了我心头燃烧着的熊熊怒火，因为我知道这会给我带来好处。

忍耐不是盲目地容忍，你需要冷静地考量情势，要知道你的决定是否会偏离或者阻碍你的目标。对克拉克大发雷霆不仅有失体面，更重要的是，这会给我们的合作制造裂痕，甚至招致一脚把我踢出去、让我从头再来的恶果。而团结则可以形成合力，让我们的事业越做越大，我的个人力量和利益也必将随之壮大。

我知道自己的目标在哪里。在这之后我继续一如既往、不知疲倦地热情工作。到了第三个年头，我就成功地把那位穷奢极欲的加德纳先生请出了公司，让克拉克－洛克菲勒公司的牌子重新竖立起来！那时人们开始尊称我为洛克菲勒先生，我已成为富人。

我崇尚平等，厌恶居高临下发号施令。然而，克拉克先生在我面前却总要摆出趾高气扬的架势，这令我非常反感。他似乎从不把我放在眼里，把我视为目光短浅的小职员，甚至当面贬低我除了记账和管钱之外一无是处，要不是有他这个合伙人，我更会变得一文不值。这是公然的挑衅，我却装作充耳不闻，我知道自己尊重自己比什么都重要，但是，我在心里已经同他开战，我一遍一遍地叮嘱自己：超过他，你的强大是对他最好的羞辱，是打在他脸上最响亮的耳光。

结果正像你所知道的那样，克拉克－洛克菲勒公司永远成为了历史，取代它的是洛克菲勒－安德鲁斯公司，我就此搭上了成为亿万富翁的特快列车。能忍人所不能忍之处，才能为人所不能为之事。

如果忍耐能化解不该发生的冲突，这样的忍耐永远是值得的，但是，如果一意孤行，非但不能化解危机，还会带来更大的灾难。安德鲁斯先生似乎并不明白这个道理。

安德鲁斯先生是一个没有商业头脑却自以为是的人，他缺乏成为伟大商人的雄心却有着邪恶的偏见。这种人与我发生冲突毫不奇怪。导致我们最终分道扬镳的那场冲突，源于公司发放股东的红利。那一年我们干得不错，赚了很多钱，可是我不想把公司赚到的钱全都让股东们拿回家，我希望能将其中的一半收益再投入到公司的经营中去。但安德鲁斯坚决反对，这个自私自利的家伙想把赚来的钱全分了，甚至怒气冲冲地威胁我说，他不想在公司继续干下去了。我不能忍受任何阻止公司强大的想法，我只能向他摊牌，请他给他所持有的股票开价。他的报价是100万，我说没问题，第二天我就用100万买下了。

钱一到手，安德鲁斯兴奋极了，他以为自己交了好运，认为他手里持有的股票根本不值100万。但他没有想到的是，我很快一转手就赚了30万。这事传到他那里，他竟然指责我手段卑鄙。我不想因为区区30万就落得个卑鄙的名声，就派人告诉他可以按原价收回，但懊恼中的安德鲁斯拒绝了我的好意。事实上他拒绝的是一次成为全美巨富的机会，如果他能把他价值100万的股票保留到今天，就会成为当时的千万富翁。但为赌一时之气，他丧失了终生再也抓不住的机会。

约翰，在这个世界上，存在着许多需要我们去忍耐的人和事，而引诱我们感情用事的人和事也太多太多。所以，你要修炼自己管理情绪和控制感情的能力，要注意在进行决策制定时不能受情绪左右，而是完全根据需要来作决定，要永远知道自己想要什么。

爱你的父亲

详解

保持必要的屈从和忍耐是一种成功策略

"忍一时风平浪静，退一步海阔天空"，看似中庸的一句话却是成功处世的至理名言。"百忍成金"更是一种韬光养晦的智慧和艺术，这种大智若愚的让步是化解矛盾、维护稳定的良方，是每一个渴望成功的人士所需要具备的基本素质。

与忍耐相对应的就是冲动，而对于冲动的危害，洛克菲勒有着清晰的认识，他还用犀利的语言告诫儿子小约翰，要保持必要的忍耐。"在任何时候冲动都是我们最大的敌人。如果忍耐能化解不该发生的冲突，这样的忍耐永远是值得的。但是，如果一意孤行，非但不能化解危机，还会带来更大的灾难。"

洛克菲勒似乎已经有意无意地养成了忍耐的性格，因为贫困、年轻，洛克菲勒总是受到大家的嫌弃和质疑，洛克菲勒在用极强的忍耐性粉碎他人攻击的同时，也是"守得云开见月明"，为自己赢得了大展身手的广阔天地。

洛克菲勒参加工作初期，因为出身贫寒而处处受到挟制，受到各种不公平的待遇，但即便是这样，洛克菲勒都一一忍受下来了。后来，洛克菲勒被休伊特—塔特尔公司录用，这才让他的情况有所好转。因此，洛克菲勒对休伊特—塔特尔公司充满了十足的感激之情，因为老板的大胆聘用，洛克菲勒才摆脱了以往的生活困境，让生活有了依靠。不过，后来，休伊特—塔特尔公司的薪资已经无法满足洛克菲勒的要求，最后洛克菲勒也只好离开了。

原来，在休伊特—塔特尔公司其中一名合伙人塔特尔离开公司之后，洛克菲勒便被提拔到塔特尔原来的职位上，主管整个公司账目的同时，洛克菲勒还负责更加重要的公司事务。此时的洛克菲勒对自己的能力充满自信，毕竟他的工作和经商老手塔特尔的业务是一样的，所以洛克菲勒认为自己的薪水应该得到提高，特别是他知道塔特尔的薪水是每年 2000 美元，而自己依然是记账员时候的每年 500 美元的待遇时，制度上的不公平更加使洛克菲勒感到不满。但他还是坚持在休伊特公司上班，并尽心将自己负责的业务做好。终于，等洛克菲勒有一定实力的时候，他毅然选择离开休伊特公司，和自己的合伙人单独开办公司。

"也许因为我太多年轻，对我的工作能力不认可？"洛克菲勒心里只能这样想。可是这种质疑并没有消除，在后来和克拉克的合作中，洛克菲勒同样受到了能力上的挑衅。克拉克是洛克菲勒的第一位合伙人，因此，洛克菲勒对这位合伙人和这家合伙公司有着不一样的爱惜之情。但向来自认为高人一等的克拉克说话更加直白："没有我，你能干成什么事呢？"这是克拉克对洛克菲勒能力的评价，他不相信洛克菲勒的经商能力，架空洛克菲勒，处处把持决定权。哪怕是这样不懂得尊重他人的相处方式，也没能使洛克菲勒动怒，他依然尽心竭力地处理公司的大小事务，积极关注行业的新动向。

终于，蓄势待发的洛克菲勒遇到了可以合作的商业伙伴。这一次，他进入了决定自己一生的石油行业，在此后的经营过程中，洛克菲勒对合作伙伴总是报以必要的忍让，但是对对手从来都是雷厉风行，不留半点喘息的机会。

洛克菲勒的儿子约翰曾因为无法忍受同仁的一些做法而退出花旗银行，对于儿子这种率性而为、不屈从异志者的做法，洛克菲勒做出了批评和劝诫，他说："能忍人所不能忍之处，才能为人所不能为之事。你要记住，忍耐不是忍气吞声，也不是卑躬屈膝，必要的忍耐是从大局出发的智慧，是一种策略，同时也是一种磨炼。"

面对侮辱和挑衅，不理睬对方就是自己最有力的回击。成功者之所以能屡屡成功，就是他们能够保持绝对的冷静，控制自己的情绪，使自己在作决策时不被感情所左右，能够完全根据事物的客观情况来决定，清楚地知道自己要什么、要规避什么。

有人说，忍耐是懦弱的表现，可是要知道，在风浪汹涌的时候，选择扬帆起航，等待渔民的不只是没有收获，甚至还有生命危险；相反，选择在风平浪静的时候出海，渔民们不仅能够保证生命安全，还能收获很多食物。所以说，忍耐需要我们把握"必要"二字，这就要求我们做事从大局出发，从长远出发。

自己尊重自己比什么都重要

人，要有自尊，只有你自己尊重自己了，别人才会尊重你。有些时候，我们会承受外界莫须有的污蔑，会承受来自外界的征讨和嘲讽，但是只要我们坚守住自己的尊严，自己尊重自己，我们就能够活得很好，就能够活出我们想要的模样。

洛克菲勒在给儿子的信中说道："我知道尊重自己比什么都重要。自尊、自重是每一个人都应该守护的原则，是每一个人与人交往的前提。因为你要想别人尊重你，你就必须要尊重自己。"所以说，在日常生活中我们一定要明白：自己尊重自己比什么都重要。

有一年冬天，一群逃难的人来到了南加州沃尔逊的一个小镇上。他们面黄肌瘦，走路都有些跟跟跄跄了。镇上的人都非常善良朴实，每家每户都做好了饭菜，邀请这一批逃难的人就餐。

这些人仿似许久都没有吃东西了，他们看到食物，二话不说便开始狼吞虎咽起来。而在这一群人中，有一个人显得非常另类。这个年轻人只是静静地看着同伙们抢夺食物，而他却没有动手的意思。

杰克逊镇长不解，便想要上前问个究竟。杰克逊镇长刚走到他的面前，这个年轻人便抬头问道："先生，我们要吃下这么多的食物，请问您有什么需要我做的吗？"杰克逊镇长原本也只出于善心、好意，自然也没有什么事情可让这个年轻人去做。

年轻人见状，便摇摇头，拒绝了杰克逊镇长递过来的食物，并且说道："那么，不好意思先生，我不能接受你的食物，我不能吃不劳而获的东西。"

杰克逊镇长被这个年轻人的一番话惊住了，他想了想，说道："哦，是的，先生，我想起来确实有一些事情需要你去做。等你吃完饭，我就告诉你。"

谁知，那年轻人又摆摆手道："不，先生，我要做完活才能够吃饭。"

杰克逊镇长看着这个年轻人，想了一会儿后说道："年轻人，如果你不介意的话，可以帮我捶捶背。"说着，杰克逊镇长便蹲在年轻人的面前。

年轻人也蹲了下来，他轻轻地给杰克逊镇长捶着背。几分钟后，杰克逊镇长站起来，说道："年轻人，你的手艺很不错，刚才我的背还有些酸痛呢，你给我捶了这一会儿，我感觉舒服多了。"说完，就把桌子上的食物递给了年轻人，而年轻人这才吃了起来。

杰克逊镇长微笑着看着这个年轻人，等他吃完之后，镇长说道："年轻人，我的庄园需要有人打理，如果你愿意，可以留下来帮忙。"

就这样，年轻人留了下来，成了杰克逊镇长的得力助手。两年后，年轻人迎娶了镇长的女儿。杰克逊镇长对女儿说："虽然他现在一无所有，但是他以后肯定会成为大富翁的，因为他有的是尊严。"

二十多年后，这位年轻人成了美国最富有的人之一，而他就是石油大王哈默。

中国有句老话：不食嗟来之食，说的就是一个人有骨气，不肯吃别人施舍的食物。而哈默也是这样的人，在饥饿时面对食物的诱惑，他把尊严放在了第一位。他尊重自己，更尊重自己的劳动成果和劳动能力，由此才能受到杰克逊镇长的欣赏，最终成了全美国最为富有的人之一。

所以说，不管在什么时候，我们都应该维护自己的尊严，都应该要自尊、自重。只有我们做到了这些，才会赢得别人的尊重。当然，我们在帮助他人的时候，也一定要顾及别人的尊严，万不可因为自己一时的疏忽，而将好意变成了施舍。

1984 年春天，里根携带自己的夫人南希前来中国访问。在西安的一个小摊上，南希从小姑娘那里买了几件纪念品，花费了五元。南希给了小女孩一张十元的人民币，可是小姑娘却没有多余的零钱找，只好尴尬地四处张望。

里根见状，便说道："算了吧，你就把钱留下吧。"说完，便带着夫人离去了。

让他们没有想到的是，没过多久，那个小女孩竟然又追了上来，将那五元钱找给了里根。后来，里根在自己的自传中写道："这个时候，我倒成了那个尴尬的人了。我才发觉，我的本意是为了缓解小姑娘的尴尬，可是在小姑娘那里却变成了施舍，看来是我失礼了。"

美国总统里根的这个传记，让很多人看了都唏嘘不已。一个国家元首，对一个小摊点的小姑娘升起来敬意和愧疚。而这位伟大的政治家之所以认为自己失礼，主要还是小姑娘的自尊打动了他。只有尊重自己的人，才能够受到别人的尊重。

人们说，活着就要争一口气。这一口气指的就是尊严，指的就是一个人的自尊。有了尊严，你才能够争得下这口气，你才能够争得下别人的尊重。

忍耐能化解不该发生的冲突

不管在什么环境中，让人不顺心、不满意的事情时有发生。当面对这些事情的时候，如果我们用冲动的方式解决，最后可能不仅解决不了问题，反而会使问题变得更糟糕。事实上，很多不顺心的事情最好的解决办法就是忍耐。

忍耐力是我们成就事业的关键，是我们必须具备的品质。对于那些莽撞、冲动的人来说，缺乏忍耐力是他们最大的敌人。洛克菲勒曾经说过，如果忍耐能化解不该发生的冲突，这样的忍耐永远是值得的，但是，如果一意孤行，非但不能化解危机，还会带来更大的灾难。所以，请把忍耐带在身上，让它给你快乐和成功。

有一次，陆军部长斯坦顿怒气冲冲地来到林肯那里，并且告诉林肯，有一个少将趾高气扬地指责他偏袒一些人，言辞恶劣，侮辱了他的人格。林肯听后，便提议斯坦顿写一封信回敬那个不知礼貌的家伙。

林肯说道："你可以在信里面狠狠地将他大骂一顿。"

斯坦顿听了林肯的建议，当即便写了一封言辞激烈的信。写完之后，他还把信递给林肯观看。

林肯看了之后，连声高叫道："没错，这写得真是太好了。要的就是这个意思，好好教训教训他。这封信写得真是好极了，斯坦顿。"

斯坦顿接过信，开始往信封里装。

就在这时，林肯又问道："斯坦顿，你这是要做什么呢？"

斯坦顿回答道："自然是要把信寄到那个目中无人的家伙手中，让他知道我的厉害。"

谁知，林肯却大声地说道："千万不要胡闹，这一封信可不能发，赶快将它扔到炉子里面烧掉。斯坦顿，你一定要记住，只要是生气时候所写的信，都万不可寄出去。你的信写得很好，在写这封信的时候，你心中的怒火已经散去了。你现在的感觉应该好多了吧，那么就将它烧掉，继续写第二封吧。但是对于那个少将，你还是需要忍耐一下啊，这样不必要的冲突才不会发生啊。"

林肯教给斯坦顿的是发泄心中情绪的方式，但是却不能将这种情绪再带到第二个人身上。因为在有些时候，你忍下去了一些事情，也就会避免了一些事情。要知道，假如斯坦顿真的把那封信寄给了那个少将，那么肯定又会引起一番风波，所以最好的办法就是将它忍下来。

可是，就算我们能够忍下去，但是有一些挑衅却还是令人尴尬和窘迫。那么，面对这些尴尬和窘迫，我们又该如何做呢？我们看看世界银行行长是如何处理这样的事情的。

2001 年 3 月 29 日，世界银行行长沃尔芬森在芬兰召开了记者会。会上，突然有一个人拿着一个蛋糕朝台上的沃尔芬森扔去。顿时，沃尔芬森的脸上、身上全部都是奶油，就像一堆烂葡萄一般，从脸上划过，然后再落到了地上。

面对这突如其来的侮辱，沃尔芬森并没有大发脾气，也没有尴尬不安，而是很幽默地解嘲道："不得不说，蛋糕的味道好极了。只是很可惜，这东西已经完全打乱了我的节食计划。"

就这样，沃尔芬森用幽默的语言化解了这场尴尬，也用嘲讽的方式将这种羞辱给压了下去。由此可见，当我们面对侮辱的时候，除了忍耐，我们还可以学会用自嘲、幽默的方式进行反击，将那种莫须有的侮辱化解掉。

所以，当我们遇到不顺心、不如意的事情时，万不可随着心中的怒火乱发脾气。我们应该将这种侮辱忍耐下去。要知道，小不忍则乱大谋，也就是说，我们要想成就大事，就必须要忍得下一切。

忍耐就是冷静地考量情势

石油大王洛克菲勒在写给儿子的信中说道："忍耐不是盲目地容忍，你需要冷静地考量情势，要知道你的决定是否会偏离或者阻碍你的目标。对克拉克大发雷霆不仅有失体面，更重要的是，这会给我们的合作制造裂痕，甚至招致一脚把我踢出去、让我从头再来的恶果。而团结则可以形成合力，让我们的事业越做越大，我的个人力量和利益也必将随之壮大。"

忍耐是一种策略，是为人处世的大智慧。有些时候，忍耐是素养所造，而有些时候，忍耐也是情势所需。所以，在有些时候，忍耐是带有某种目的的，是为了当下形势的需要。而且，适时地忍耐也可以更好地达成我们的目的。

晋文公是春秋五霸之一，原名为重耳。在他还没有登基之前，重耳陷入了宫廷纷乱中。为了皇位，他的弟弟夷吾派人四处追杀重耳，为了躲避灾祸，重耳只能带着几个贴心的大臣四处流浪。

有一次，重耳一行人来到了一片田地前，因为自带的粮食已经吃完，他们想向田地的主人讨些粮食吃。可是谁也没想到，听了重耳一行人的来历后，这位农夫却径直捧了一把土送给他们。重耳见状，心中怒火直烧。他气冲冲地走上前，想要教训农夫一顿。

他的随从狐偃见状，赶忙将重耳拉住，并且说道："主君，这可是个好兆头啊。泥土代表着这大地。这也意味着主君你才是真正的王啊！"重耳听了之后，怒气消了下来，便接过了农夫手里的泥土。

走到路上，重耳还在不停地数落着狐偃，狐偃解释道："主君，我们这个时候一定要忍耐啊。您想想，如果刚才您打了那个农夫，虽然心中的怒火出了，但是我们的行踪也暴露了。我们一定要学会审时度势才行啊，别因为一时的冲动而坏了我们的大事。"

听了狐偃的解释，重耳的怒火才算是完全消失了。

重耳想要教训那个不识相的农夫，最后被大臣狐偃拉住。如果重耳真的教训了农夫，那么他的弟弟夷吾便会很快得到他们的行踪。最后，不仅破坏了他们的大业，甚至连性命都会丢掉。由此也可以看出，忍耐有时候也是情势的需要，是形势所逼。一旦忍耐不了他人的挑衅，压制不住心中的怒火，结果很可能会打乱你的计划，可能会让你前功尽弃。

三国时期，诸葛亮在六出祁山的时候，驻扎在五丈原地带。他的对手司马懿深知自己的谋略并不如诸葛亮，于是便选择拖延战术，迟迟不肯出战。

为了让司马懿出战，也好速战速决，诸葛亮便让人给司马懿送去了一套女装，并且还传话说：如果司马懿不敢出战的话，就请跪下来接受这套衣服；如果他还有一点男儿气概的话，就请带兵迎战。诸葛亮的这一招，可谓带着极大的羞辱意味。要知道，堂堂统帅，竟然被敌手送来女装侮辱，可谓是恼人至极啊。

司马懿的左右将领看罢也是怒气冲冲，纷纷请求出战，可是都被司马懿给阻止了。司马懿长时间不出战，而诸葛亮的身体状况又日渐下滑，最后竟然积郁成疾、忧心而死。司马懿得知此消息后，一鼓作气，不费一兵一卒，便拿下了这场战役。

后来，人们便评论说：司马懿正是忍受了别人所不能忍受的侮辱，才取得了如今别人难以企及的功名。

的确，如果当时司马懿被激出战的话，那么最后的结果可能会被诸葛亮打败。司马懿也深知这一点，所以他便一忍再忍，不管诸葛亮如何挑衅，他都按兵不动，静候佳机。最后，诸葛亮因病而亡，而司马懿也不战而胜。

要想成就一番事业，就必须懂得观察时机，懂得审时度势，等待机会的来临。要知道，这个世界上，很多成就大事的人，都是在忍受了多少次的失败和嘲讽之后才有了这番成就。所以说，我们与其整日幻想纷纷，倒不如在艰难困苦中磨炼自己的耐力和毅力，等到机会成熟的时候，也就意味着水到渠成了。

决策不该受情绪左右，该根据现实来决定

理性做出判断是我们都明白的道理，但真正要剔除现实中存在的影响因素，做出客观的决策，可真不是一件容易的事情。

洛克菲勒这位商界大佬也承认，在这个世界上，存在着许多需要我们去忍耐的人和事，而引诱我们感情用事的人和事也太多太多。他告诫约翰，你要修炼自己管理情绪和控制感情的能力，要注意在进行决策制定时不能受情绪左右，而是完全根据需要来作决定，要永远知道自己想要什么。

洛克菲勒的这些说辞，不是凭空而来，都是其亲身经验所得，也许从洛克菲

勒经历的那些事情中，我们能够感受到在情绪阻碍面前，根据现实做出决策是多么不易。

大兼并使洛克菲勒乘上了成为亿万富翁的快速车，而兼并小厂商的过程并不简单，除了要和他们斗智斗勇，除采取合适的成交方式外，还要面临和亲弟弟之间的较量。

富兰克林是拒绝和洛克菲勒合作的强硬派成员之一。富兰克林是一个非常倔强的人，他曾参加过南北战争，退伍后，便进入到商界打拼。不过，他没有像威廉那样进入到哥哥洛克菲勒的公司，而是自己单打独斗，并且也跻身到了石油行列。

随着哥哥洛克菲勒的生意愈加红火，富兰克林对哥哥的意见也越来越大。因为洛克菲勒实行的兼并政策导致富兰克林失去了对自己公司的控制权，这一点是很让富兰克林愤怒的。他怒斥洛克菲勒是吸血鬼，是个残酷无情的人，将他和无数商人逼上无路可走的窘境。

富兰克林公然对抗自己的行为，让身为哥哥的洛克菲勒很是恼火。不过，因为富兰克林和自己的关系，洛克菲勒并没有立刻实施打压，而是很耐心地劝说富兰克林，希望他认清市场发展的趋势，不要和自己做无谓的对抗。可惜，处于愤怒极点的富兰克林，根本就听不进去哥哥的劝解，还是一意孤行，试图阻拦洛克菲勒的兼并计划。

为了不影响自己的兼并计划，洛克菲勒甚至以威胁的口气告诫富兰克林：自己已经和铁路公司联手打算买下克利夫兰所有的炼油厂，如果不把公司并入到标准石油公司，那么它将会一文不值。然而，这招也没有对富兰克林造成影响，富兰克林依然憎恨洛克菲勒，两兄弟间的感情一点点地破裂了，最终成为不共戴天的仇人。

性格倔强的富兰克林终究没有向洛克菲勒低头，他加入到生产石油者同盟中，成为和洛克菲勒斗争到底的一分子。在富兰克林看来，哥哥洛克菲勒就是一个贪得无厌、不择手段的小人，和这样的人同行简直是对自己的一种侮辱。富兰克林这般抵抗，让他的公司快速走向了破产的道路。最后，富兰克林成了一个一无所有的穷光蛋，可是即便是这样，他也不愿意投靠到洛克菲勒的门下，更没有后悔与洛克菲勒及威廉作对。

竞争的结局总是以一方接受悲剧结尾，而洛克菲勒这次的竞争对手竟然是自己的亲弟弟，可就算是在血浓于水的亲情面前，洛克菲勒也没有动摇过，没有被复杂的情绪过多干扰，他毅然执行兼并小炼油厂的计划，使自己紧跟时代发展的步伐。

人都是有感情的动物，做事的时候或多或少都会受到情绪的影响，但这种影响有时会给我们带来负面影响，会影响我们接下来的计划。那么，如何才能有效地控制我们的感情，远离情绪的干扰呢？在这里，给大家几点建议：

首先，要养成善于思考的习惯。思考得多了，就能将事情的长远发展进行鞭辟入里的分析，才能在冲动的时候迅速安静下来。其次，要培养坦然的心境，这样我们在面对恶意的诽谤和无谓的争辩时，才能够从容对待。最后，也是最关键的一点，那就是要有正确的主见和原则，有原则的人是不会轻易被某些事物所影响的，外界人情世故也是考验我们原则性的考题，只要坚持正确的原则，那么这些干扰情绪就不能对我们产生太大影响，我们就能相对客观地根据现实做出决定。

侮辱有时可以催人奋进

原文

February 21,1901

亲爱的约翰：

　　你与摩根先生谈判时的表现，令我和你的母亲感到惊喜，我们没有想到你竟然有勇气同那个盛气凌人的华尔街最大的钱袋子对抗。你当时的表现相当出色，应对沉稳，言词得体而不失教养，最令人感到惊喜的是你彻底控制住了对手。感谢上帝，能让我们拥有你这样出色的孩子。

　　在来信中你告诉我说，摩根先生待你粗鲁无礼，是在有意侮辱你，我想你是对的。事实上，他是想报复我，把恶意攻击施加在你身上，是想让你代我受辱。正如你知道的，此次摩根提出与我结盟的动机，是担心我会对他构成威胁。我相信他并不情愿与我合作，因为他知道我和他是跑在两条路上的马车，彼此谁都不喜欢谁。我一见到他那副趾高气扬、傲慢无理的样子就感到恶心。我想他一见到我肯定也是同样的感受。但必须承认一点，摩根是位商界奇才，他知道我不把华尔街放在眼里，更不惧怕他对我的威胁，所以他要实现他的野心——统治美国钢铁行业，就必须与我合作，否则，等待他的就将是一场你死我活的竞争。

善于思考和善于行动的人，都知道必须除去人性中的傲慢与偏见，都知道永远不能让自己的个人偏见妨碍自己的成功，摩根先生就是这样的人。所以，尽管摩根先生不想同我打交道，但他还是向我提出建议，是否可以在标准石油公司总裁办公室与他会面。

在谈判中能坚持到最后一刻的人一定会捞到好处，所以我告诉摩根："我已经退休了，如果你愿意，我很乐意在我家中恭候你。"他果真来了，这对他而言显然是有些屈尊。但他做梦都不会想到，当他提出具体问题时我会说："很抱歉，摩根先生，我退休了，我想我的儿子约翰会很高兴同你谈那笔交易。"即便是傻瓜也看得出来，这对摩根是一种轻蔑，但他很克制。他告诉我，希望你能去他在华尔街的办公室进行会谈。我答应了。

对他人的报复，就是对自己的攻击。摩根先生似乎不懂得这个道理，为了一解心头之恨，对你实施报复，结果反倒让你给控制住了。但不管怎么说，尽管摩根先生对我公然地侮辱他耿耿于怀，但始终将眼睛盯在要达成的目标上，对此我颇为欣赏。

我的儿子，我们生长在追求尊严的社会，我知道对于一个热爱尊严的人来说，蒙受侮辱意味着什么。但在很多时候，不管你是谁，即使是美利坚合众国的总统都无力阻止来自他人的侮辱。

那么，我们该怎么办呢？是在盛怒中反击，捍卫尊严呢？还是宽容相待，一笑而过呢？还是用其他什么方式来回应呢？

你或许还记得，我一直珍藏着一张中学同学的多人合照。那里面没有我，有的只是出身富裕家庭的孩子。几十年过去了，我依然珍藏着它，更珍藏了拍摄那张照片的情景。

那是一天下午，天气不错，老师告诉我们说，有一位摄影师跑来要求拍学生上课时的情景照。我是照过相的，但很少，对一个穷苦家的孩子来说，照相是种奢侈。摄影师刚一出现，我便想象着要被摄入镜头的情景，多点微笑、多点自然，让效果看上去帅一点，甚至开始想象如同报告喜讯一样回家告诉母亲："妈妈，我照相了！是摄影师拍的，棒极了！"

我用一双兴奋的眼睛注视着那位弯腰取景的摄影师，希望他早点把我拉进相机里。但我失望了，那个摄影师好像是个唯美主义者，他直起身，用手指着我，对我的老师说："你能让那位学生离开他的座位吗？他的穿戴实在是太寒酸了。"我是个弱小并且听命于老师的学生，我无力抗争，我只能默默地站起身，为那些穿戴整齐的富家子弟制造美景。

在那一瞬间我感觉我的脸在发热，但我没有动怒，也没有自哀自怜，更没有抱怨我的父母为什么不让我穿得体面些，事实上他们已经竭尽全力地让我有机会接受良好的教育。看着在那位摄影师调动下的拍摄场面，我在心底攥紧了双拳，我向自己郑重发誓：总有一天，你会成为世界上最富有的人！让摄影师给你照相算得了什么！让世界上最著名的画家给你画像才是你的骄傲！

我的儿子，我那时的誓言已经变成了现实！在我眼里，侮辱一词的词义已经转换，它不再是剥掉我尊严的利刃，而是一股强大的动力，势如排山倒海，催我奋进，驱使我去追求一切美好的东西。如果说那个摄影师把一个穷孩子激励成了世界上最富有的人，似乎并不过分。每个人都有享受掌声与喝彩的时候，那或者是在肯定我们的成就，或者是在肯定我们的品质、人格与道德；也有遭受攻击的侮辱的时候，除去恶意，我想我们之所以会遭受侮辱，是因为我们的能力欠佳，这种能力可能与做人有关，也可能与做事有关，总之不构成他人的尊重。所以，我想说，蒙受侮辱不是件坏事，如果你是一个知道冷静反思的人，或许就会认为对待侮辱的不同态度或采取的行动，也可以体现人的能力高低。

我知道任何轻微的侮辱都可能伤及尊严。但是，尊严不是天赐的，也不是别人给的，是你自己缔造的。尊严是你自己享用的精神产品，每个人的尊严都只属于他自己，你自己认为自己有尊严，你就有尊严。所以，如果有人伤害你的感情、你的尊严，你要不为所动。如果你死守你的尊严，就没有人能伤害你。

我的儿子，你与你自己的关系是所有关系的开始，当你相信自己，并与自己和谐一致，你就是自己最忠实的伴侣。也只有如此，你才能做到宠辱不惊。

爱你的父亲

详解

莫让别人的羞辱阻碍你目的的达成

在受到侮辱的时候，很多人都无法控制心中的怒气而大发脾气，最后使得事情越来越糟，身心均得不到安宁。除了身体不适以外，情绪和思绪上的不稳定使人犹如蒙上一层阴影，失去了平日的光彩，愤愤不平地想要讨回公道，否则积愤于胸，久久不能释怀。若果真逞强，讨回公道，虽然消除了内心的一口恶气，但随后便有恐怖的阴影笼罩身心，挥之不去。结怨扯不平，便是打在心底的死结，一样会令人终生不安不乐。

因为贫穷，洛克菲勒似乎受到了比常人更多恶意的嘲讽和侮辱，他善意地看待这些令人愤怒的遭遇，并积极地教育他的儿子：我们生长在追求尊严的社会，我知道对于一个强调尊严的人来说，蒙受侮辱意味着什么。但在很多时候，不管你是谁，即使是美利坚合众国的总统都无力阻止来自他人的侮辱。那么，我们该怎么办呢？是在盛怒中反击、捍卫尊严呢，还是宽容相待、一笑而过呢？

有这样一个让人心酸的事情，洛克菲勒去世之后，人们在他的枕头下面发现了一张泛黄的小学毕业照，这是洛克菲勒最珍爱的一张照片。但是，这张毕业照里并没有他的身影。

众所周知，洛克菲勒自幼家境贫寒，因此照相的机会很少，在小洛克菲勒的眼中，照相是一件非常神圣的事情，所以在临照毕业照的前一天晚上，他对着镜子反复练习着各种各样的笑，希望镜头能够留住自己最美的笑容。第二天早上，洛克菲勒很早便来到学校，等待着那一时刻的到来。可是令他无比尴尬的是，因为他穿着过于寒酸，摄影师竟然拒绝为他照相。

在那一瞬间洛克菲勒感觉脸在发热，但他没有动怒，也没有自哀自怜，更没有抱怨父母不能让他穿得体面些。但这种刻意的冷漠与孤立给年少的洛克菲勒带来了深深的心灵创伤和阴影，因为时间无法倒流，洛克菲勒始终无法弥补童年的遗憾，再照一张小学毕业照。

　　遗憾总是不能避免，但是这种故意的伤害甚至是侮辱使洛克菲勒更加坚定决心，摆脱穷苦的困扰，获得正常人该有的尊严。当时，看着调动拍摄场面的摄影师，洛克菲勒就攥紧了双拳，向自己郑重发誓：总有一天，你会成为世界上最富有的人！让摄影师给你照相算得了什么！让世界上最著名的画家给你画像才是你的骄傲！所以，毕业照发下来的时候，他也索要了一张，因为他想要让自己记住这一次的尴尬。

　　面对他人的侮辱，我们应该怎么办？洛克菲勒用亲身经历为我们做了指导，那就是要保持"宠辱不惊，闲看庭前花开花落；去留无意，漫随天外云卷云舒"的心境。这种超然物外、豁达平和的境界一般人很难达到，但对于那些能够坚定自己人生目标的人来说，这个就很简单了，这些庸人自扰的侮辱不但不会阻碍他们，相反，还会激发他们的斗志，增强他们对无情现实的认知。

　　马斯洛的需求层次理论有一个层次就是尊重的需要，马斯洛强调，被别人尊重和人的其他生理需要一样，都很重要。虽然我们很重视尊严，但也常常忽视给予他人尊重，同时，我们也总是会遇到忘记给人尊重的那些人。

　　拜伦上小学的时候，因为跛足而很少参加体育运动。拜伦十分羡慕那些能够在操场上自由飞驰的同学，每一次运动会，他都会站在操场边，想象着有一天自己也可以像他们一样，无拘无束地奔跑、跳跃。

　　有一天，拜伦站在操场边，看班上的几个同学踢足球。看着拜伦一脸羡慕的样子，这几个同学起了捉弄之心。一个顽皮的同学强行拉着他去踢足球，拜伦不肯，他便找来了一个篮子，让他把一只脚放在了篮子里。

　　在这几个同学的强迫下，拜伦脚上带着一个篮子，在操场上跑了一圈，一瘸一拐的，样子非常滑稽。当时，拜伦真的很想一拳将这些同学打倒在地，可是他知道自己身体的缺陷，只能忍了下来。

　　这一次侮辱，并没有让拜伦放弃他想要奔跑的欲望。他一点点地练习着各项运动，忍受着躯体的折磨。一年之后，拜伦的身体明显强壮了许多，手臂上也有了一些肌肉；他能够像其他孩子一般奔跑了。

　　这一次，他参加了学校的运动会，报了拳击比赛。比赛中，他和曾经侮辱他的那个男生相遇，他一拳击中了那个男生的下巴，将他打倒在地。看台上的所有人都站起来了，为拜伦鼓掌欢呼，给这个坚强的人加油打气。

拜伦在受到侮辱的时候，并没有放弃自己想要奔跑的念头，反而是激起了他的一股干劲，朝着自己的目标更加努力地前进。最后，拜伦克服了身体的缺陷，战胜了那个曾经侮辱自己的男生。

所以，当我们遭受侮辱的时候，万不可因为一时的自卑和气愤，而放弃了自己坚持已久的目标。相反，我们更要向着目标坚强地走下去，更要用实力向那些侮辱我们的人宣告：看，在你这般阻挠下，我还是成功到达了我的目的地。

让自己变得更强大，是对侮辱的反击

有人的地方就有争议，有争议的地方就会有不堪的话语。有些时候，这些话语会伤害我们的自尊心，会侮辱我们的人格。面对这些事情的时候，有些人会就地反击，也有些人会沉默寡言，不敢争辩半句。那么，到底什么样的方式，才是我们对侮辱的最好反击呢？

在洛克菲勒眼中，侮辱这个词语已经有了另一层的含义，它不再代表着剥夺、打击人尊严的利刃，而是转换成了一股强大的动力，那气势能够推动山海，能够赐予人无穷的力量，能够让人奋发向上，催促我们继续前行，去寻找那世间最美好的愿望。所以说，当我们在面对侮辱的时候，不要气愤，也不要恼怒，而是要在这种侮辱中一步步地强大起来，这才是对侮辱最好的反击。

侮辱好像总是存在，哪怕洛克菲勒已经有了一定的经济基础，而随便侮辱他人的人们也总是缺乏该有的良好素质。

克拉克是洛克菲勒的合伙人，也是一个骄傲自大、目中无人的家伙。克拉克比洛克菲勒年长将近10岁，可是他却没有前辈该有的涵养和大度。克拉克热衷于玩乐，而洛克菲勒则是一个一心沉浸于工作的人，不喜欢享乐，对克拉克的放荡行为也比较反感。这让两个人之间的矛盾越拉越大。

洛克菲勒和克拉克合作一段时间后，克拉克的行为越发惹洛克菲勒恼怒。而在克拉克看来，洛克菲勒只不过是一个会管账本的小伙计，根本没有什么过人的能力。有些时候，克拉克还会对洛克菲勒挖苦几句："这个公司，如果缺少了我，你根本做不成任何事情。"

对于克拉克的这些侮辱，洛克菲勒看在眼里、忍在心里。他知道，发火是对侮辱最愚蠢的反击，要想彻底清除克拉克，清除这个自负的家伙，最好的办法就是尽快让自己强大起来。只有你自身强大了，你才能够将对手甩得更远，才能够将他们侮辱谩骂的语言远远地甩在身后。

其实，侮辱并没有我们想象的那么可怕，也没有我们想象的那般难以忍受，只要我们换个角度，换个思考方向，就会发现，被人侮辱倒也算不得一件坏事，因为侮辱是上天送给人类的一条鞭子，它可以鞭笞着人们继续向前，可以鞭笞着那些本该成功的人走向成功的道路。

每一个人都有享受喝彩和遭受侮辱的时候，喝彩是肯定我们的成就和品质；侮辱，除了那些恶意的诽谤外，还代表着我们自身的能力还不够，品质还不够好。这种能力，和我们日常的为人处世有关。因为我们某个环节的疏忽，才引来了他人的侮辱，造成对自己的不尊重。如果你是一个冷静、理智的人，那么当你在遭受侮辱的时候，请你静下来想一想，想想自己的能力，想想自己的缺点，然后再奔着你的目标，继续完善自己，而不是停下来和无关的人狡辩，进而耽误了自己的时间。

所以，我们应该正确地看待侮辱，将侮辱看作是激发我们前进的动力，并且为之而努力，努力向上，就能够走上自己的成功之路。

不过，侮辱也分"忍"与"不忍"，"忍"的是那些无关紧要的事，而一旦涉及我们的人格，我们就不应该再忍下去。因为这样，不只是尊严的问题，还牵涉到了一个人的人格，一个人生存的基本。所以，这个时候，我们一定要就地反驳，还自己一个清白。

文天祥，南宋爱国将领。一生为保卫祖国厮杀，最后战败被俘，英勇就义。

文天祥很小的时候，家境并不富裕，有时候温饱都成问题。后来，在好心人的帮助下，文天祥才算是走进了自己梦寐以求的课堂。

有一次，有一个同学污蔑文天祥偷了他的钱包，是一个小偷。这对于自尊心极强的文天祥来说，可谓是人生最大的侮辱。他奋起反驳，千方百计地证明自己的清白。后来，在文天祥的努力坚持下，最后找到了被那个同学遗忘在角落里的钱包，还了文天祥的清白。

文天祥的故事，有些人或许会遇到过，当年的你又是怎么处理的呢？有些人或许会认为，清者自清，在遇到这种情况的时候，我们不需要辩驳，时间久了，别人自然就会看清真相。可是你想过没有，如果别人看不清呢？就这么任由你的人格被他人践踏吗？

所以说，当我们面对侮辱的时候，除了让自己变得更加强大外，也要学会适时地反击。要知道，别人可以践踏你的尊严，但是绝不可以侮辱你的人格。

对他人的报复，就是对自己的攻击

有人的地方就有是是非非；有人攻击，就有人赞美；有人嘲讽，就有人反击。这是我们在生活中都会碰到的问题。只是，在大多数情况下，报复他人，只会激起别人心中的斗志，只会激起他们的上进心，最后，没报复成，反而给自己树立了一个强大的敌人，让报复成了对自己的攻击。

洛克菲勒在信中对儿子说："对他人的报复，就是对自己的攻击。摩根先生似乎不懂得这个道理，为了一解心头之恨，对你实施报复，结果反倒让你给控制住了。但不管怎么说，尽管摩根先生对我公然地侮辱他耿耿于怀，但始终将眼睛盯在要达成的目标上，对此我颇为欣赏。"

对于约翰来说，作为标准石油公司的一名员工，他的身份显得十分不同。显然，作为将来的领导阶层，他在标准石油公司需要得到领导能力的提高，而不是业务量上的增加。约翰也一直希望能借助更多的机会去成长，临近退休的洛克菲勒也经常找机会让约翰一个人去处理事务，以便使他能早些独当一面。

和钢铁大王摩根的谈判就是一次不可多得的好机会。

洛克菲勒发现并收购梅萨比矿石的消息越来越成为摩根的一个心病，作为钢铁制品的垄断者，摩根十分担心洛克菲勒在经营石油产业的闲暇时候将追求利润的双手伸向钢铁行业。为了防止重复建设和无序竞争带来的双方损伤，摩根向洛克菲勒发出邀请，希望就梅萨比矿石一事做出探讨。

很明显，洛克菲勒不喜欢摩根，当然也不惧怕这个集奢侈、自满和傲慢等不良品质于一身的大富豪。不过，摩根也并不喜欢无谓的竞争，这才促进了这一次的两方谈判。不过这次，事情不是那么简单，洛克菲勒调皮地和摩根打起了哈哈。洛克菲勒先是说自己已经退休，公司业务方面的事情需要和约翰商谈，以此为借口将摩根打发走之后，约翰和摩根见面会谈的时间也是一拖再拖，过分成竹在胸的自信甚至差点使摩根失去耐心。不过，摩根终于见到了约翰。

约翰来到摩根的办公室后，遭到了摩根的冷待。摩根仿似没有看到约翰似的，只一味和斯蒂尔谈事情。过了好大一会儿后，摩根才抬头看了看约翰，并抱怨资产评估耽误的时间太长了，随后便厉声问约翰想卖多少钱。可惜，约翰不是他想象中唱诗班的小男孩了，约翰用一种连自己都没想到的勇气，用大声且平静的声音回复摩根："摩根先生，我认为这中间出现了什么差错吧，我不是来卖东西的，但是我知道一定有人想买。"

约翰把持梅萨比矿石的事实也为他的谈判增强了信心，摩根立马有些气恼了，随后就是他无礼粗鲁的回答。两人为了价格的事情一度僵持不下，最后，约翰和摩根同意让亨利做中间调解人，确定了一个双方都能接受的价格。

事后，洛克菲勒和妻子都对约翰的表现感到满意，赛迪甚至在信中热烈地赞美约翰。而洛克菲勒为之高兴的是，自己能够准确地发现约翰在成长过程中需要的东西，并尽量创造机会提供给他，约翰的成长也是标准石油公司的成长。从约翰事后与父亲分享这件事时的大好心情我们也可以知道，他是多么珍惜这次成长机会。

摩根因为洛克菲勒的事情，而将怒火转到了洛克菲勒的儿子小约翰身上，只可惜小约翰是一个沉稳睿智的年轻人，摩根在小约翰那里不仅没有找到报复的快感，反而是自讨没趣。

由此可见，当我们面对外界的侮辱时，万不可只存报复之心，而是要容忍下屈辱，寻求强大的时机。自己强大了，你当时所受到的侮辱也就随之消散了。到那个时候，见到的只会是你的成功、你的事业。

死守自己的尊严，就无人能伤害你

有一位禅师，在旅途的过程中碰到了一个不喜欢他的人，那个人对他百般辱骂。连续几天的时间，这个人用尽了各种办法，就想着要把他赶出这片土地。最后这个禅师无奈地问那个人："如果有人送了你一份礼物，可是你却不愿意接受，那么你觉得谁是这个礼物的主人呢？"那个人不屑地说："当然是那个送礼的人。"禅师说道："这就对了呀，如果我不接受你的谩骂和侮辱，那么最后你侮辱和谩骂的也只能是你自己，这又能伤我多少呢？"

洛克菲勒在教育儿子时，也曾经说道："我知道任何轻微的侮辱都可能伤及尊严。但是，尊严不是天赐的，也不是别人给的，是你自己缔造的。尊严是你自己享用的精神产品，每个人的尊严都只属于他自己，你自己认为自己有尊严，你就有尊严。所以，如果有人伤害你的感情、你的尊严，你要不为所动。如果你死守你的尊严，就没有人能伤害你。"

洛克菲勒和克拉克合伙期间，克拉克又把他的弟弟詹姆斯拉入了公司。詹姆斯原本是个职业拳击手，和他那个抽烟喝酒说脏话的哥哥克拉克很像，总是凭借强有力的身体恃强凌弱。詹姆斯还企图恐吓洛克菲勒，有一次，他突然闯进洛克菲勒的办公室，破口大骂。要知道洛克菲勒根本不害怕这个头脑简单的大块头，他不但没有被詹姆斯激怒，还故意将双腿翘在桌子上，笑呵呵地看着詹姆斯骂，等他骂完以后，洛克菲勒用平静但有力的语气跟詹姆斯说："听着，詹姆斯，我明白你能把我的脑袋揍扁，但我想你也同样明白的是，我不怕你！"这个方法的确很奏效，四肢发达的詹姆斯果然没有再在洛克菲勒面前大声叫喊了。

面对詹姆斯的谩骂，洛克菲勒并没有勃然大怒，而是像一个局外人一般，看着詹姆斯这个跳梁小丑。最后，在洛克菲勒淡然的态度下，詹姆斯嚣张的气焰也被慢慢地压下去了。最后，不仅没有伤害到洛克菲勒，还让詹姆斯自讨没趣。

我们生活在一个人人追求尊严的社会中，对于那些视尊严如命的人来说，被人侮辱是一件很严重的事情，但是这又怎么样呢？我们只要像洛克菲勒那样，还有谁能够伤害我们呢？要知道，在大部分时候，不管你是谁，是什么身份，都免不了来自他人的侮辱，就连美国总统布什也不例外。值得庆幸的是，他很聪明地用幽默化解了这场尴尬。

美国总统布什在卸任之前，最后一次去伊拉克访问。在记者招待会上，伊拉克的一位记者两次向布什总统扔鞋子。幸好，每一次布什都手疾眼快地躲过去了。

正当所有人都等着看布什的笑话时，布什总统却面带笑容，从容镇定地说："那个扔鞋子的人，是不是想像那些在政治上叫嚣的人一样要引起我的注意啊？不过，对我可没有什么影响啊。就算你砸中我又能怎么样呢？事情的真相是，那就是一只10码的鞋子，这个我非常确定。也谢谢你的关心。"

布什的这一番话，引得台下记者哄然大笑，就此也化解了刚才的尴尬。

一般情况下，大多数人如果遇到布什总统这样的情况，肯定会勃然大怒，更有甚者还会将鞋子扔还回去。可是布什总统却没有这么做，而是机智地用幽默化解了这番纷扰，既挽回了自己的尊严，也等于回击了扔鞋者。

所以，当我们无法抛弃尊严的时候，我们也可以选择一种别样的方式，来替自己化解掉这场尴尬。这样一来，既不用死守着我们的尊严，又很聪明地给对手一个还击。

不能让自己的个人偏见妨碍自己的成功

说到洛克菲勒，除了他那令人咂舌的产业和财富外，还有两个不得不提的人，一个是钢铁大王卡内基，一个就是摩根。在当时，美国的经济大权似乎就掌控在这三个人手中。他们之间的明争暗斗也成了某些经济学家们的谈资。

在洛克菲勒眼中，摩根是一个粗暴无礼、傲慢自负的人，他并不喜欢和这样的人打交道。他们两个人，就好比在两条路上奔跑的马车，谁都不喜欢谁，谁也都不待见谁。可是，由于生意场上的关系，他们二人却又不得不时常碰面，由此也更加深了二人之间的矛盾。

不过，洛克菲勒在信中说："那些善于思考和行动的人，心里都明白，要想成功，就必须把心里的傲慢和偏见除去，不能让偏见耽误了自己的成功。"很显然，摩根就是这样的一个人，他明明不喜欢洛克菲勒，但是为了生意场上的关系，他还要和他进行合作、洽谈。

洛克菲勒退休之后，摩根因业务上的问题想要和洛克菲勒商讨。由此他还向洛克菲勒提出了一点建议，询问二人是否可以在标准石油公司的办公室碰面。

洛克菲勒一向讨厌摩根，甚至曾经说过"见到摩根就恶心"的话语。但是为了业务，他也只好答应了摩根的会面要求。不过，条件是摩根亲自去洛克菲勒的家里商谈。让洛克菲勒没有想到的是，摩根竟然放下对自己的偏见，真的来到了自己的家里。这对摩根来说，肯定是屈尊降贵的。

只是，让摩根出乎意料的是，当他向洛克菲勒提出业务上的问题时，洛克菲勒却说："不好意思，摩根先生，我现在已经不在标准石油公司了，我已经退休了。我想，你的这笔生意应该和我的儿子小约翰商谈。"

到了这里，即便是傻瓜也猜得到，洛克菲勒这是在故意为难摩根，故意践踏摩根的自尊。可是，摩根是个分得清轻重的人，他并没有因此而发火。他还对洛克菲勒说：这一次希望约翰能够到自己的办公室里商谈。最后，洛克菲勒答应了。

摩根从一开始就知道洛克菲勒根本不把他的华尔街放在眼里，但是还是答应了洛克菲勒的要求，亲自前往洛克菲勒的家里商谈。虽然他对洛克菲勒也有着不可化解的偏见，但是为了自己的业务，他还是来了。他并没有让自己对洛克菲勒的偏见来阻碍自己走向成功的脚步，这一点让洛克菲勒打心里赞赏。

　　人与人之间会存在着摩擦和不快，生意场上亦然。如果单凭自己心中对某个人或者是某个集体的偏见，而放弃了即将到手的利益或者是好处，那么这无疑是最愚蠢的行为。我们要想成功，就免不了和人合作，不管是自己的敌人，还是自己的好友，我们都有合作的可能。所以，我们只有扔掉心中的偏见，才有走向成功的可能。

明白交易中的价值与价格

原文

March 7,1901

亲爱的约翰：

今晚我会晤了调解人亨利·弗里克先生，我告诉他："正如我的儿子告诉摩根先生的那样，我并不急于卖掉联合矿业公司。但又像你所猜测的那样，任何有价值的企业我都乐于接受并为之付出。但是，我坚决反对买主居高临下，定下企图将我们排斥在外的价格，我宁可血战到底也不会做这样的生意。"我请弗里克先生转告摩根先生，他想错了。

约翰，看来你还得同摩根先生继续打交道，尽管你讨厌那个家伙。在这里，我想给你一些建议，让那个不可一世的家伙知道，他那我行我素的态度即将招致的后果。

儿子，很多人都犯有同样一个错误，他们不知道自己到底是干什么的。其实，不论你从事哪一个行业，譬如经营石油、地产，做钢铁生意，还是做总裁、做雇员，都是在从事一个行业，那就是跟人打交道的行业。谈判更是如此，与你展开斗争的不是某桩生意，而是人！

所以，真实了解自己、了解对手，是保证你在决胜中取得大胜的前提。你需要知道，准备是游戏心理的一部分，你必须知己知彼。如果你要拥有实质性的优势，你必须知道：

第一，整体环境：市场状况如何，景气状况如何。

第二，你的资源：你有哪些优势（优点）和弱势（弱点），你有哪些资本。

第三，对手的资源：对手的资产状况如何，他的优势、劣势在哪里。在任何竞争中，谋划大策略的重要因素之一，就是了解对手的优势。

第四，你的目标和态度：太阳神阿波罗的座右铭只有短短的一句话——"人贵自知"。你要知道自己在干什么、有什么目标，实现目标的决心有多坚决，认为自己像个赢家还是在怀疑自己，在精神与态度上有什么优点和缺点。约翰，你要记住我的一句话：越是认为自己行，你就会变得越高明，积极的心态会创造成功。

第五，对手的目标和态度：要尽量判断对手的目标，同样重要的是，要设法深入对手的内心，了解他的想法和感觉。

毫无疑问，最后这一条——预测和了解对手——是最难实现和利用的，但你要去力争实现。那些伟大的军事将领大多有一个习惯，他们总是尽力了解对手的性格和习惯，以此来判断对手可能做出的选择和行动方向。在所有的竞争活动中，能够了解对手和竞争者也总是很有功效的，因为这样你就可以预测对手的动向。主动、预期性的措施总比被动反应有效，而且更有力量，俗话说，预防胜于治疗就是这个道理。

在有些时候，你的竞争对手可能是你熟知的人，那你就要对这个优势多加利用。如果你了解他是一个很谨慎的人，或许你自己最好也应该小心一点；如果你觉得他总是很冲动，或许这是在暗示你，要大刀阔斧，否则你就可能被他逼上绝路。但是，不是只与对手熟识才能了解对手，只要你能明察秋毫，在谈判桌上你同样可以发现很多有价值的东西。善于谈判的人应该能够观察一切。你甚至不必等到开始走出第一步，才开始了解对手。

我们说的话可能会透露或掩饰自己的动机，但我们的选择几乎总是会泄露自己内心的秘密——想法，这是每个人所做的第一个选择，也是泄露真相的第一个动作。在谈判中你必须了解自己在说什么，如果你真的能掌控一切，就应该能够掌控自己所说的话，这会给自己带来极大好处。

同样的，你必须随时保持警惕，以便收到对手发出的信息，如果是这样，你就可以持续掌控明确的优势，做不到这一点，你就可能丧失另一个机会。你需要知道，在一场竞争激烈的谈判中失败，意味着下次赢得谈判的机会将会降低。

做交易的秘诀在于，你要知道不能交易什么和可以交易什么。摩根先生视我们为墙角里的残渣，要清扫出去，但我们必须留在地板上。这是不能谈判的。同时，他还必须给出一个好价钱。但你也要知道，在做生意时，你绝对不能想把钱赚得一干二净，要留一点给别人。

约翰，你知道，我们愿意做这笔交易，是因为我们认为这笔交易对我们有利，这是显而易见的。然而，你不要受制于这种明显而狭隘的观点。

有太多的"聪明人"认为自己的目的不是要交易，而是要捡便宜，希望用最低的价格买到东西。这次摩根一方给出的价格比实际价值低过百万。如果他只想做这种交易，那么他会因此而丧失这次登上美国钢铁行业霸主地位的机会。交易的真谛是交换价值，用别人想要的东西来换取你想要的东西。

要完成一笔好交易，最好的方法是强调其价值。而很多人会犯强调价格、而非价值的错误，常说什么："这的确很便宜，再也找不到这么低的价格了。"不错，没有谁愿意出高价，但在最低价之外，人们更希望得到最高的价值。

约翰，在你与摩根先生谈判中，当涉及金钱的时候，你绝对不要先提金额，要提供他宝贵的价值，强调他从你这里能够买到什么。

我相信，人经过努力可以改变世界，达到新的、更美好的境界。祝你好运！

爱你的父亲

详解

所有行业都是跟人打交道的行业

生活在社会大家庭的我们，在这种群居生活中早已经适应了大自然天生的发展规律：物竞天择，优胜劣汰。而不管是竞争还是合作，我们都是以人为对象展开的。正如洛克菲勒对约翰说的那样，"不论你从事哪一个行业，譬如经营石油、地产，做钢铁生意，还是做总裁、做雇员，都是在从事一个行业，那就是跟人打交道的行业。谈判更是如此，与你展开斗争的不是某桩生意，而是人！"所以，只要能把与人打交道的那一套知识学会了，不管再从事什么行业，担当什么职位，都能得心应手地完成。

已经84岁高龄的洛克菲勒因为身体原因，一直住在圣玛丽医院，在那里接受康复疗养。除了医生和护士，陪伴洛克菲勒最多的就是他喂养的一只小狗了，他给这只小狗取名为"甜甜"。

这天，天气依然晴朗明媚，洛克菲勒和甜甜在草坪上肆意地玩耍着，伊丽莎白来了。懂事孝敬的伊丽莎白总是隔段时间就来看望洛克菲勒，这一次她依然带着甜美的笑容和温柔的声音向父亲问好，不过，这次似乎没有以往的时候快乐。

到底还是了解女儿的，洛克菲勒已经从伊丽莎白的神情中观察出什么，即使伊丽莎白一直在掩饰自己的坏心情。洛克菲勒直接问道："你看起来心情不是很好，能和爸爸说说吗？"

伊丽莎白耸耸肩，同时又无奈地笑了笑，似乎是对父亲敏锐眼光和直觉的佩服。"爸爸，是这样的，就在前几天，我一个非常重要的部下迈克向我提交了辞职信，更要命的是，前两个月科尔曼才刚刚辞职。要知道，这两个可是我最重要、最倚重的部下啊！"

伊丽莎白皱了皱眉，接着说道："虽然公司人员的流动很正常，但几乎同一时间我的两员大将都提出了辞职，这让我感到很烦恼，这件事情太不正常了。要知道，他们都是我们公司最优秀的管理人员，少了他们，我就好像少了一股助力一般。"

洛克菲勒望着眼前焦躁不安的女儿，语重心长地说道："伊丽莎白，首先你要懂得职场中的人员流动是很正常的。有的人是为了改变生活环境而工作；有的人则是因为性格不稳定，他们不可能在一个地方长期待下去；还有些人追求的是梦一般的工作环境，这样的人也会成为典型的'候鸟'员工，任何一个地方都不会长待。但如果，公司流失的是优秀职员的话，那么对公司的损失就大了。"

伊丽莎白打断洛克菲勒，说道："爸爸，没错，我现在面临的就是这样的情况，科尔曼和迈克都是非常优秀的员工，而且在我看来，他们之所以离开，我也是脱不了干系的。"

"为什么这么说？"洛克菲勒问道。

"刚开始，我们三人的关系亦师亦友，相处得也非常融洽。可是随着我的工作量增多、出差时间加长之后，我和他们两个人之间的沟通也越来越少了。渐渐地，他们两个似乎离我越来越远了。但是那个时候，我只一心忙于工作，并没有注意到这细微的变化。直到他们相继提出辞职，我才意识到了这个问题。可是这个时候，说什么都晚了呀。"

听了伊丽莎白的话，洛克菲勒发表了自己的观点："在职场上，女性在人际关系处理方面表现得更为迟钝一些。但是，你作为一个高层的管理人员，与人相处之道又是你不得不做的功课。而作为一个公司的首脑，你必须要明白员工离职或者跳槽的原因，通过掌握他们的心理活动，去尽全力排除公司内可能存在的不利于员工稳定工作的因素，这样首先你就能为员工提供一个真实可靠的工作环境。另外，你要真诚用心对待你的员工，给予员工支持，帮助他们成长，为他们着想，改善他们的工作环境，从感情和感性的角度为你积累必要的人气和支持。如此一来，哪怕还有员工想着要辞职，他也会考虑到感情这一方面，最后可能还会因感情再次留下。"

认真听父亲解释的伊丽莎白似乎对这些内容感到有些吃力，善解人意的洛克菲勒鼓励她说："其实要做到这些也不难，记住一点，你在和人打交道，只要你能明白跟你接触的人们都在想什么，想要做什么，那么你就能很好地把握一切了。"

"那怎么做才能知道他们想什么、想做什么呢？"伊丽莎白追问道。

这时，洛克菲勒变了一种口气，像一个先知一般，说道："多去观察他们的一举一动，无论多么高深莫测的人，多么神秘的人，只要你能抽时间观察他们，你就一定能从中看到一些'蛛丝马迹'。比如，你可以观察员工每天上班的状态是不是和以前不同；观察他们的神情，微笑、皱眉、无所谓……当然我们也不能完全根据这些细节来做出什么推理，这毕竟不是严谨的科学推理题。我要你明白的一个道理是，如果多去观察人，并为之多多思考，时间长了你就能猜出个大概。所以，作为一个管理阶层，最重要的是要学会看人、懂人。"

在我们日常生活中，我们遇到的人恐怕比伊丽莎白遇到的还要千奇百怪，而我们自身也是这千奇百怪中的一员。我们在其中也是扮演着各种不同的角色：子女、父母、朋友、同事、敌人……不管是和谁打交道，我们首先要做到的一点就是了解对方，而这点要求尤其适合于商业竞争及合作。明白你的交往主体是谁，明白他们的特性，这将是和"人"打交道时非常有用的法宝。

了解自己，了解对手，是确保成功的前提

"知己知彼，百战不殆"是众所周知的作战要领。在商业战场上，了解自己、了解对手也是确保成功的前提。洛克菲勒为将竞争对手打垮，亦是深入研究每个对手公司的内外因素，其使用过很多精妙招数，也取得一个接一个的胜利。洛克菲勒还将这些人生经验毫无保留地讲述给儿子，"真实了解自己、了解对手，是保证你在决胜中取得大胜的前提。你需要知道，准备是游戏心理的一部分，你必须知己知彼"。

昔日，劲敌本森先生与洛克菲勒之间有着一段激烈的商业竞争。

本森先生是一位很有雄心的商人，也是洛克菲勒最为尊敬的一位竞争对手和合作伙伴。大兼并时期，本森想要铺设一条管道，来帮助那些不想投靠洛克菲勒而又害怕洛克菲勒打击的独立石油生产商们。再者，自己也能够在这场无硝烟的战争中分得一利。

那个时候，洛克菲勒公司刚刚打了一场大胜仗：击败了美国最大的铁路公司——宾州铁路公司，并且也取得了美国第四家也是随后一家大型铁路公司——巴尔的摩-俄亥俄铁路公司的掌控权。这样一来，洛克菲勒公司已经成功收购了美国最大的四家铁路公司。而本森在这个时候提出铺设石油管道，并不是最有利的时机。

此外，在铺设石油管道方面，洛克菲勒的公司也有大量的涉及，一点一点延伸到油田的管道更是让洛克菲勒掌握了连接油田和铁路干线所有主要输油线的绝对控制权。显然，洛克菲勒的势力已经涉及采油、炼油、运油、售油等各个环节。可以说，洛克菲勒集团掌握着整个石油产业链，掌控着对石油开采商和炼油商的生杀大权。在这个时候出击的本森，无疑就成了洛克菲勒的头号目标，成了洛克菲勒最大的竞争者。

在和本森较量的过程中，洛克菲勒先是依靠资金优势，高价买下宾州州界附近的土地，试图以此来阻止本森的进攻步伐。不幸的是，这个策略被本森以线路绕行的方式所化解。接下来，洛克菲勒又联合盟友的力量，以铁路公司不允许任何输油管道跨越他们的铁路的方法继续对本森进行围追堵截，可因为本森以同样的方法还击导致该方案破产失效。最后，无奈的洛克菲勒希望借助政府的力量来阻挠本森，可计划依旧失败。

重重进攻策略的失败，使洛克菲勒意识到自己遇到了一个强劲的竞争对手，而本森那条长达 1704 千米的输油管道又使洛克菲勒坐立不安：如果再任其发展下去，那么洛克菲勒好不容易才建立起来的石油帝国可能会被摧毁，而洛克菲勒石油大王的位置或许也会被本森占领。想至此，洛克菲勒再一次发起了进攻，不过这一次洛克菲勒改变了初衷，这回，洛克菲勒不再抱着将本森"一网打尽"的想法，因为这么做的代价太高。相对来说，收购他的经营成果会更划算，这样本森就不能破坏掉已经建立的行业秩序。

首先，洛克菲勒给储油罐生产商送去大批量的订单，使他们忙于生产，无暇顾及其他客户，要知道，没有储油罐，新开采出来的石油只能倾倒到地上。接着，洛克菲勒还大幅降低输油管道的运输费用，这样便将大批原属于本森那边的客户吸引到自己这里。为了防止本森重新培养客户，洛克菲勒还提前迅速收购了纽约的几家炼油厂。这一次，洛克菲勒成功打到了本森的软肋上。果然不出一年，本森就主动向洛克菲勒讲和。显然，他已经明白再这样竞争下去，等待他的将会是什么样的结局。

这一仗，洛克菲勒之所以能赢得很漂亮，关键是他摸透了本森的心理，将本森可能想到的道路都提前堵死，增加他的劣势，拖累他的优势，再巧妙地利用自己的优势，将对手本森彻底拿下。

借助父亲洛克菲勒的种种经历，其儿子也许能比别人更早地知道竞争不是一场轻松的游戏。要想赢得游戏的胜利，我们就只能加深对自己优势和劣势的了解，同时，明白竞争对手的优劣所在，然后大胆理性地发挥自己的优势，攻击对手的短处，如此，便能成功攻占对方的城堡。

积极的心态会创造成功

一个人有什么样的心态，就会成就一番什么样的事业，就会拥有一个什么样的人生。做事情也是一样，你相信会得到什么样的结果，就能够得到什么样的结果。那些拥有积极心态的人，不管在什么样的环境中，他都能够从容应对，都能够力挽狂澜。

悲观心态的人总喜欢抓着那十之八九的不如意事不放，而积极心态的人则看到了十之一二的如意事。这就是悲观和乐观心态的区别。有着积极心态的人都是一些自信而又睿智的人，不管是面对他人的挑衅，还是事业的坎坷，他们都能够从容应对，都能够平步青云。因为，只要你坚守积极的心态，你就能够在这种心态的带领下创造成功。

洛克菲勒在给儿子的信中写道："约翰，你要记住我的一句话：越是认为自己行，你就会变得越高明，积极的心态会创造成功。"

派蒂·威尔森在年幼时就被诊断出患有癫痫。她的父亲吉姆·威尔森习惯每天晨跑，有一天派蒂兴致勃勃地对父亲说："爸爸，我想每天跟你一起慢跑，但我担心中途会病情发作。"她父亲回答说："万一你发作，我也知道如何处理。我们明天就开始跑吧。"

于是，十几岁的派蒂就这样与跑步结下了不解之缘。和父亲一起晨跑是她一天之中最快乐的时光，跑步期间，派蒂的病一次也没发作。

几个礼拜之后，她向父亲表示了自己的心愿："爸爸，我想打破女子长距离跑步的世界纪录。"她父亲替她查吉尼斯世界纪录，发现女子长距离跑步的最高纪录是80英里。

当时，读高一的派蒂为自己订立了一个长远的目标："今年我要从橘县跑到旧金山（400英里）；高二时，要到达俄勒冈州的波特兰（1500多英里）；高三时的目标在圣路易市（约2000英里）；高四则要向白宫前进（约3000英里）。"

虽然派蒂的身体状况不是很好，但她仍然满怀热情与理想。对她而言，癫痫只是偶尔给她带来不便的小毛病。她从不因此消极畏缩，相反，她更珍惜自己已经拥有的。

高一时，派蒂穿着上面写着"我爱癫痫"的衬衫，一路跑到了旧金山。她父亲陪她跑完了全程，做护士的母亲则开着旅行拖车尾随其后，照料父女两人。

高二时，她身后的支持者换成了班上的同学。他们拿着巨幅的海报为她加油打气，海报上写着："派蒂，跑啊！"但在这段前往波特兰的路上，她扭伤了脚踝。医生劝告她立刻中止跑步："你的脚踝必须上石膏，否则会造成永久的伤害。"

她回答道："医生，你不了解，跑步不是我一时的兴趣，而是我一辈子的至爱。我跑步不单是为了自己，同时也是要向所有人证明，身有残缺的人照样能跑马拉松。有什么方法能让我跑完这段路？"

医生表示可用黏合剂先将受损处接合，而不用上石膏。但他警告说，这样会起水泡，到时会疼痛难耐。派蒂二话没说便点头答应。

派蒂终于来到波特兰，俄勒冈州州长还陪她跑完最后一英里。一面写着红字的横幅早在终点等着她："超级长跑女将，派蒂·威尔森在17岁生日这天创造了辉煌的纪录。"高中的最后一年，派蒂花了4个月的时间，由西岸长征到东岸，最后抵达华盛顿，并接受总统召见。她告诉总统："我想让其他人知道，癫痫患者与一般人无异，也能过正常的生活。"

派蒂正是凭借积极的心态和坚决的信心，挑战了自己的极限，创造了世界纪录，由此也创造了自己事业的巅峰。要知道，在这个世界上，没有谁会帮你一辈子，将自己像菟丝花一样缠绕在别人的身上，终将一事无成，甚至面临绝境。只有自己才是自己的救世主，只要自己不放弃自己，抱着积极的心态，就没有什么可以阻止理想的实现，困难不可以，病痛同样不可以。

积极的心态能够创造成功，而消极的心态也会将人引入地狱的深渊。

马丁·加德纳原来是位医生。他曾做过一个实验：让一个死囚躺在床上，告知其将被执行死刑，然后用木片在他的手腕上划一下，接着把预先准备好的一个龙头打开，让它向床下的一个容器滴水，伴随着由快到慢的滴水节奏，那个死囚昏死过去。1988年，他把实验结果公布出来时，遭到了司法当局的起诉，但他用事实告诉世人：积极的心态才是维持生命的食粮，一旦你被消极的心态控制，那么你的精神也就会随之被击垮，生命也就由此变了形。

在这个世界上，两种不同的人造就了两种不同的心态。一个乐观的人，注定了他积极的心态，而悲观的人，则不可避免地陷入了消极心态中。面对生活，悲观的人看到的总是失望，失望遭遇多了，他们便开始绝望；相反，乐观的人却总是能从失望中得到积极的提示，从绝望中找到最后一线希望。

所以，我们要知道，在这个世界上，并没有真正的绝境，有的只是我们面对绝境时的态度。你的心态积极，再深的沟壑也不会对你干扰半分；如果你的心态消极，那么再平坦的大路也会成为障碍。

做交易的秘诀是，知道不能交易什么和可以交易什么

洛克菲勒先生曾经说过："做交易的秘诀在于，你要知道不能交易什么和可以交易什么。摩根先生视我们为墙角里的残渣，要清扫出去，但我们必须留在地板上。这是不能谈判的。同时，他还必须给出一个好价钱。但你也要知道，在做生意时，

你绝对不能想把钱赚得一干二净，要留一点儿给别人。"

和商人交易的前提，就是要有利可图。如果一场交易，商人在此中捞不到一点油水，反而还会搭进去一些的话，这样的交易是肯定不能做的。因为商人有商人的原则，谁也无法将其驱逐出去，谁也没有能力去撼动商人在商场上的信念。而交易与否的原则，自然就要看摆在面前的这场交易是否能够让商人获利了。

1988年，在一次去马萨诸塞州议会拜访中间，韦尔奇遇到了州长迈克尔·杜卡基斯。"你在本州真是太好了，"杜卡基斯说道，"我们真诚地希望你能给这里增加更多的工作岗位。"在他们见面的前一天，通用电气位于马萨诸塞州林恩的飞机引擎和工业涡轮工厂又一次大出风头。他们拒签通用电气新定的全国劳动合同。在所有通用电气的工厂中，他们是唯一一家这么做的。"州长，"韦尔奇说道，"我不得不告诉你，如果我要在这个地球上增设工作岗位，林恩是我最后考虑的一个地方。"

杜卡基斯被震住了，房间里出现了长时间的沉默。大家本希望韦尔奇能谈谈通用电气对促进就业的承诺以及在马萨诸塞州可能的业务扩展。

"你是一名政治家，你知道如何计量你的选票。你不会在不能给你投票的选区修建新公路。"

"你这是什么意思？"林卡基斯问道。

"在通用电气公司的所有地方企业中，唯有林恩一家不肯签订我们的全国劳动合同。多年来他们把这件事看成了家常便饭，并引以为荣。我为什么要把钱投到一个麻烦不断的地方？其他地方的人更想得到这些工作岗位，而且他们也值得我去投资。"

杜卡基斯州长笑了。他立刻明白了是怎么回事，并派他的劳工部门负责人去林恩协商解决此事。事情的进展虽然很慢，但林恩在2000年的确把全国合同签了。

当杜卡基斯提出让韦尔奇在当地投资办厂的时候，不料却被韦尔奇明确地拒绝了。因为在韦尔奇眼中，在林恩这边创办企业是很不明智的选择。因为林恩这边的人都不肯签署韦尔奇制定的合约，并且还给韦尔奇带来了不少的麻烦。试想一下，谁愿意把钱投入到一个麻烦不断的地区呢？这就是韦尔奇不愿交易的原因；而后，杜卡基斯答应协商这件事情后，韦尔奇才算又把林恩地区从不可交易变成了可交易的地区。

交易是两方获益的事情，如果只利于一方的话，那么这桩交易肯定就会化为泡影。所以说，交易，一定要有利于双方，而非只一方得利。也只有这样，那些精明的商人才会选择和你交易，才会愿意和你交易。

预期性的措施总比被动反应有效

人的一生中，不免会遇到小人，他们会在你不设防的时候给你放上一块石头，或者是趁你熟睡的时候，踩在你的肩膀上。诚然，大部分的人是不愿意和小人打交道的，一般也不会去轻易招惹他们。但是俗话说小人难缠，你不理他们，他们也会找到你的身上。

那么面对生活、工作中的小人，我们最好的应对办法是什么呢？洛克菲勒就曾经说过："那些伟大的军事将领大多有一个习惯，他们总是尽力了解对手的性格和习惯，以此来判断对手可能做出的选择和行动方向。在所有的竞争活动中，能够了解对手和竞争者也总是很有功效的，因为这样你就可以预测对手的动向。主动、预期性的措施总比被动反应有效，而且更有力量，俗话说，预防胜于治疗就是这个道理。必要的时候，也可以给对手一些经济上的利益，以此来防止他给你带来的更巨大的损失。"

在这一方面，洛克菲勒的故事倒是有值得我们借鉴的地方。

洛克菲勒在第一家公司工作的时候，他有一个同事名为爱德华。爱德华这个人奸诈、狡猾，喜欢在背后给人穿小鞋、使绊子。公司里面的人几乎都遭到过他的诋毁。不过，因为爱德华在工作方面倒还是有一些能力，所以公司也就睁一只眼闭一只眼，并没有将他开除。

在这些人中，有一个人倒还算幸运，貌似深得爱德华的喜欢。这个人，就是洛克菲勒。这并不是因为洛克菲勒和爱德华同流合污，而是洛克菲勒有一套对付小人的办法。

有一回，公司派遣洛克菲勒出差，前去洽谈一个对公司来说很重要的项目，这个项目一旦落实，洛克菲勒可谓是第一号大功臣。

洛克菲勒在出发前，公司又对他说："你可以在公司里面挑选一个人，和你一起前往。"

听到此后，洛克菲勒想都没想，便张嘴说道："其他的倒也没什么，我只希望能够和爱德华一起去。"

对于洛克菲勒的决定，公司领导很是不解。洛克菲勒解释道："这一次的合作对于我们公司来说非常重要，而我则需要公司后部的支持和信息。如果将这件事情做好了，那么这个项目基本上也就没什么问题的。爱德华原本就参与了项目的一些前期工作，如果让他中途退出，他难保不会暗中作梗。与其这样，倒不如把他带在我身边，让他有点儿工作，给他一点儿利益，或许就能够避免这些问题的出现。再说，爱德华虽然人品不好，但是工作能力还是很强的，完全能够胜任这项工作。"

领导听了洛克菲勒的解释，心里也明了了很多。他知道，洛克菲勒这是提前给爱德华一点儿甜头，以避免以后的麻烦。

很多人在生活中也会遇到洛克菲勒所遭遇的这些问题，而这个时候，我们与其闹得不可开交，倒不如学一下洛克菲勒的处理办法。提前作准备，用一点儿利益来换取以后的太平。

除此之外，在生意场上，预期性的措施很可能会给你带来很大的商业利益，而有时候，这一预期恰恰来自于人们半信半疑的预感。

旅馆经理康拉德·希尔顿应当把他的巨大成功部分地归功于一种灵活地调谐自己的敏锐预感的技能。有一次，他打算买一所芝加哥的老旅店。拍卖人决定卖给出价最高的投标人，而投标的数额将在指定的一天公之于众。就在到达这一期限的前几天，希尔顿提出了一份价值 16.5 万美元的标书。那天晚上，他睡觉时模糊地感到一种内心的烦乱，醒来时强烈地预感到他的投标将不会获胜。"这仅仅是感觉不妙。"他后来说。由于服从了这一奇怪的直觉，他又提交了另一份投标数额——18万美元。这是最高的投标，比他少一点的第二号投标额是 17.98 万美元。

由此也可以看出，预感在某种程度下对预期性措施也有着极为重要的影响。这也告诉我们，在有了某种预感时，要充分重视起来，或许就是在这个预感中找到了你事业发展的新道路，开辟了事业的高峰。

第⓮封信

合作是一种获利战术

原文

May 16,1901

亲爱的约翰：

你与摩根先生的手终于握到了一起，这是美国经济史上最伟大的一次握手，我相信后人一定会慷慨记住这一伟大时刻。正如《华尔街日报》所说，它标志着"一艘由华尔街大亨和石油大亨共同打造的超级战舰已经出航，它将势不可当，永不沉没"。

约翰，你知道这叫什么吗？这就是合作的力量。

合作，在那些妄自尊大的人眼里，或许是件软弱或可耻的事情，但在我看来，合作永远是聪明的选择，前提是必须对我有利。现在，我很想让你知道这样的事实：

对于我今天所成就的伟业，我很愿意将其归功于三大力量的支持：第一支力量来自于按规则行事，它能让企业得以持续性经营；第二支力量来自于残酷无情的竞争，它会让每次的竞争更趋于完美；第三支力量则来自于合作，它可以让我在合作中取得利益、捞得好处。

我之所以能够跑在竞争者的前面，就在于我擅长走捷径——与人合作。在我创造财富之旅的每一站，你都能看到合作的站牌。因为从我踏上社会那一天起我就知道，在任何时候、任何地方，只要存在竞争，谁都不可能孤军奋战，除非他想自寻死路，聪明的人会与他人包括竞争对手形成合作关系，借助他人的力量使自己存活下去或强大起来。

当然，我可以做出一个假设，如果我们不与摩根先生联手，这个假设很有可能成为现实，我们双方就很可能会拼个两败俱伤，而我们的对手卡内基先生则会从中坐收渔利，让他在钢铁行业始终以一枝独秀的姿态继续下去。但现在，卡内基先生一定要捶胸顿足了，想想看，谁会在对手蚕食自己领地的时候还能泰然自若呢？除非他是躺在坟墓里的死人。

合作可以压制对手或让对手出局，让自己向目标阔步迈进的目的得以实现，换句话说，合作并不见得是追求胜利。遗憾的是，只有为数不多的人才了解其中的奥妙。

但是，合作并不等同于友谊、爱情和婚姻，合作的目的不是去经营情感，而是要捞到利益和好处。我们应该知道，成功有赖于他人的支持与合作，我们的理想与我们自己之间有一道鸿沟，要想跨越这道鸿沟，必须依靠别人的支持与合作。

当然，我永远不会拒绝与生意伙伴建立友谊，我相信建立在生意上的友谊远胜过建立在友谊上的生意。例如我与亨利·弗拉格勒先生的合作。亨利是我永远的知己，最好的助手；我与他结盟，他让我得到的不只是投资，更多的是智慧和心灵上的支持。亨利同我一样，从不自满而且雄心勃勃，成为石油行业的主人是他的梦想。直到现在，我还记得我们开始合作时的情景，那时候除去吃饭和睡觉，我们几乎形影不离，我们一起上班、下班，一同思考，一同制订计划，相互激励、彼此坚定决心。那段时间，就如同欢度蜜月一样，是让我永远感到愉快的记忆。

如今，几十年过去了，我们依然亲如兄弟，这份情感给多少钱我都不卖。这也是我一直让你叫他亨利叔叔而不要叫他亨利先生的原因。

我从不尝试去买卖友谊，因为友谊不是能用金钱买来的。友谊的背后需要真情的支持。我与亨利之所以有不悔的合作和永远的友谊，不仅仅在于我们是追逐利益的共谋者，更重要的是，我们都是严于律己的人，我们都知道要想让别人怎么待你、你就怎么待别人而且从现在做起的价值。

"己所不欲，勿施于人"，既是我的行为准则，又是我对合作所保有的明智态度。所以，我从不仗势欺凌处于弱势的对手，我情愿与他们促膝谈心，也不愿意摆出盛气凌人的姿态去压服他们，否则，我会毁了我们之间的合作，让目标停止在中途。

当然，遇到傲慢无礼的人，我也有总忘不了要羞辱他一番的时候，例如我就曾教训过纽约中央铁路公司的老板范德·比尔特先生。

范德·比尔特出身贵族，在南北战争中立过战功，享有将军头衔，但他把战场上得到的荣誉当作了他生活中不可一世的资本，并自以为把持着运输大权，就可以把我们当成打短工的。

有一次，亨利找到他要谈运输的事情，可谁知道这个傲慢的家伙竟然说："年轻人，你要与我谈？你的军阶似乎低了些！"亨利从未受到过这样的侮辱，但在那一刻良好的教养帮了他，他没有失态，但回到办公室，他那个漂亮的笔筒却遭了殃，被他摔了个粉身碎骨。

我赶快安慰他："亨利，忘掉那混蛋说了什么，我一定会为你讨回尊严。"后来范德·比尔特急着要与我们做生意，请我们到他那里去谈判，我派人告诉他："可以，但你要到我们办公室来谈。"结果，这位习惯了被人巴结、讨好的将军，只能屈尊来见比他小40多岁的年轻人，同时还要屈从两个年轻人提出的条件。我想，在那一刻，范德·比尔特将军一定明白了这样一个道理：往上爬的时候要对别人好一点，因为你走下坡的时候会碰到他们。

我厌恶以粗暴的态度对待别人，更知道耐心、温和对待下属和同事的价值——有利于实现目标。我知道用钱可以买到人才，却不会买到人心，但如果在付钱的时候又送上一份尊重，我就会让他们为我忠心地服务。这就是我能建立起高效管理队伍的成功所在。

但我不希望因此产生错误的判断，认为合作就是做好人。不！合作不是做好人的问题，而是好处和利益的问题。没有任何结盟是永远持久的，合作只是一种获利战术。当环境发生变化的时候，战术将随之改变，否则，你就输了。现实很严厉，你必须更严厉，但是，显然也要当个好人。

约翰，生命的本质就是斗争和竞争，它们激动人心。但是，当它们发展为冲突时，就往往具有毁灭性和破坏性，而适时的合作则可予以化解。

爱你的父亲

借助他人的力量使自己存活下去或强大起来

他山之玉，可以攻石。自己无法改正的缺点，无法做到的事情，周围的人也许就能给予我们莫大的帮助。分工和合作似乎是两种天然制度，左右脑有分工，左右手有分工，但是在分工的同时，他们还相互帮助，共同协作。随着社会的不断进步，合作精神也更加深刻地深入到生活的各个角落，而其在经济领域发挥的作用尤显重要。

从小势单力薄的洛克菲勒就对合作有清醒的认识，在写给约翰的信中，他这样总结自己成功的经验："对于我今天所成就的伟业，我很愿意将其归功于三大力量的支持：第一支力量来自于按规则行事，它能让企业得以持续性经营；第二支力量来自于残酷无情的竞争，它会让每次的竞争更趋于完美；第三支力量则来自于合作，它可以让我在合作中取得利益、捞得好处。我之所以能够跑在竞争者的前面，就在于我擅长走捷径——与人合作。"

很多人认为合作、握手是无能懦夫的表现，真正的强者不需要伙伴的过多干涉，而这种想法在洛克菲勒看来，就是典型的自高自大的思维。

洛克菲勒在休伊特—塔特尔公司上了几个月的班后，也学到了很多为人处世的方法。虽然当时的洛克菲勒并不明白，这些所谓的方法会对自己的人生产生什么样的影响，但是那个时候的洛克菲勒已经开始思考人生事业了。

他想要创业，但是现实情况是，他没有钱，资产几乎为零，这样的条件让他创业的希望很是渺茫。不过，洛克菲勒并不是认命的人，在这样的前提下，他开始了各种尝试：从不需要太多资金的小生意做起。但是市场上的小企业多如牛毛，而且动不动就会被大企业吞并。如果向银行贷款，可是贷款需要担保人，唯一可以帮助洛克菲勒的关键人物——父亲，还是一个很难说话的怪老头；如果仅仅是凭借个人的信誉，洛克菲勒认为自己的工作和职位可以获得银行的信任，但是拿自己当自己的担保人就说不过去了。

这时，老板休伊特和塔特尔给洛克菲勒带来了灵感，也许我可以试试与人合伙的方式。因为他知道自己的老板塔特尔就是利用休伊特的资金经营的，而休伊特则借助了塔特尔在交通界和政府的人脉资源。这给洛克菲勒带来了很多启示。他相信，也许自己做得不是最好的，但是我却懂得怎么抓住机会赚大钱。

此后，洛克菲勒与伙伴合伙做生意的方式成了基本形式。第一家个人公司克拉克—洛克菲勒便是与克拉克合伙经营的公司，后来因为资金紧张，新加入的伙伴加德纳取代了洛克菲勒的位置，公司名称变更为克拉克—加德纳，但这并没有对洛克菲勒产生什么不好的干扰情绪。因为在洛克菲勒的心里，公司冠上谁的名字不重要，重要的是公司的发展前景。再到后来，因为与克拉克和加德纳的经营理念不一致，洛克菲勒只能选择离开，这一次他选择与安德鲁斯开展了合作。1865年2月15日，《克利夫兰先导报》上面刊登了这样的内容："合伙启事——本启事签署人以买下安德鲁斯—克拉克公司在伊克塞尔西亚炼油厂的全部股份及该场所有的油桶、原油和其他存货，并以洛克菲勒—安德鲁斯公司的名义继续经营。"

这只是洛克菲勒早期两次合作事例，从这两则事例中我们发现，借助他人的力量可以使自己存活下去并且变得更加强大。

和克拉克的合作使洛克菲勒从休伊特手下的记账员变成了雇主，自己开始做老板。后来，随着加德纳的加入，使洛克菲勒与克拉克合作的公司得到规模上的扩大，业务也发生了变动。脱离克拉克他们之后，与安德鲁斯的合作则使洛克菲勒成为公司的灵魂主导人物，在业务操作上有了更大的自由和话语权，洛克菲勒的自信和力量也开始愈加强大。

《荀子·劝学》中说道："君子生非异也，善假于物也。"意思是说，君子的资质与一般人没有什么区别，君子之所以高于一般人，是因为他能善于利用外物。善假于物就是要善于借助他人的力量，这种借助不是庸俗的功利性的欺骗和利用，而是有选择的、互利共赢的合作。

故事中，洛克菲勒便是借助克拉克和加德纳的力量，成立了自己梦寐以求的公司，并且以此为起点，走上了石油大亨的道路。

借助他人力量的本质还是借，而借助这一行为能否成功，那就要看合作是不是可以使双方都得到好处。借，不能是盲目效仿，而是取其精华，去其糟粕，关键是取人之长，补己之短。只有明白了借助什么内容，如何借助，我们才能真正增强自己的实力。

合作不一定为了胜利，但一定要迈向目标

合作总是向着胜利的方向前进的，可事实上不一定每一次合作都能成功。所以，对于合作我们要抱着这样的心态，不一定为了胜利，但一定要通过合作使自己的事业向目标有所迈进。只有每次都有进步，才能越来越靠近最终的胜利。

对于这个道理，洛克菲勒明确地告诉儿子约翰："合作可以压制对手或让对手出局，让自己向目标阔步迈进的目的得以实现。换句话说，合作并不见得是追求胜利。遗憾的是，只有为数不多的人才了解其中的奥妙。"

我们的人生中会有很多次的合作，没有哪一次合作是一下就能马到成功的。不管是经商做生意抑或是其他的什么事情，都好似下棋一般，有一个终极目标，中间我们走出的每一步，落下的每一个棋子都是为终极目标服务的，只有不总妄想着马上成功，而是走好每一步的合作步子，我们就能用积累起来的小目标迎接最后的大胜利。

洛克菲勒参加的南方改造公司不算是一个成功和光彩的经历，不过这次阶段性的小挫败却让洛克菲勒对自己的目标有了更加清晰的认识，并因此展开了不一样的应对策略。

南方改造公司就是洛克菲勒向着自己垄断石油行业的梦想前进时留下的一个足迹。而它的出现背景就是当时石油行业一片混乱，大家只顾盲目生产，却不顾市场反应，因此就造成了供大于求的情况，而且众多小厂商生产出来的石油质量参差不齐，因为势力单薄，小厂商们总是用较高的成本生产质量一般的石油。在洛克菲勒看来，搞这些不良的竞争只会无端浪费资源，市场秩序依然不能有序运行。在经营形成规模之后，洛克菲勒始终认为只有实现垄断经营才能大幅度提高石油行业的生产效率，节省资本，增加产出，稳定市场。

在提高石油附加值方面，除了收购那些产出能力和质量较低的小厂商以外，降低运输费用也是重要的一个环节。石油运输主要依靠铁路，如果和铁路运输商谈判降低价格事宜，这无疑会给铁路巨头们带来巨大的压力。因为在1870年的时候，美国经济就已经出现了萧条和衰退的现象，利益已经受损的铁路巨头们肯定不会再次降低自己的利润增长点。

于是在1872年，洛克菲勒联合宾夕法尼亚铁路巨头汤姆·斯科特主导并成立了一个非法秘密组织——南方改造公司。这个公司主要是授权给一些内部公司以超级优惠的运输价格。当然，标准石油公司也名列其中，享受着高级的会员待遇。

根据协议条款的规定，铁路公司将对所有的炼油商提高运价，而且是大幅度地提高，但加入到南方改造公司的成员不仅不会面临这个危机，他们还会享受到可观的运费折扣。此外，协议中还有一个令人震惊的条款，那就是南方改造公司的成员都可以从竞争对手的货运单上获得"补偿"。也就是说，只要其他炼油商运输一桶石油，南方改造公司的成员就能相应地获得40美分的折扣。不得不说，这些不具法律效力的内部规定为整顿石油行业提供了"良好的"平台。

但不合理的事情总是不能长久维持，很快南方改造公司事件就东窗事发了。随后，洛克菲勒接连不断地受到记者询问、公众指责和同行抵制。在承受巨大的外部压力的同时，洛克菲勒也看清楚了同行及同伙的嘴脸，这也让洛克菲勒更加深刻地明白了必须要尽快实现炼油行业的大一统工作。另外，这种所谓的联盟形式是根本行不通的，实实在在地谈判和对抗才是实现兼并的好方法。

南方改造公司也许就是洛克菲勒通往胜利路上的一个分叉口，他和汤姆·斯科特以及铁路、石油同行的合作并没有让他取得想象中的胜利，反而使他在歧途中迷失了很久。好在洛克菲勒能够及时改变方向，这一次转身让洛克菲勒离自己的梦想更近了一步。

怎么才算是成功？大满贯自然是让人心驰神往的，不过阶段性的胜利依然是需要我们重视的，任何大成功都是小成功积累起来的。合作也不一定都是以胜利结局的，更不会是一步到位，直接摘得胜利的果实，我们一定要意识到合作会给我们带来阶段性的胜利，使我们在迈向成功的道路上能够更加接近自己的目标。这是很正常的一个现象和规律，自然也需要我们拥有足够的认识和良好的心态。

合作有时并非出于感情喜恶，而是为了好结果

对于竞争中的利益站位，我们应该有足够的认识，只要不违反基本的法律和道德规定，我们完全可以在有利于自己的情况下选择与他人合作。而合作的本质就是在保证双方利益的基础上，通过资源配置实现双赢的好结果。所以，聪明人是从来

不会让一些主观的干扰因素打乱自己的合作脚步的，在利益面前，个人的喜恶感情需要做出让步。

洛克菲勒曾经在信中对儿子约翰这样讲道："合作并不等同于友谊、爱情和婚姻，合作的目的不是去经营情感，而是要捞到利益和好处。"

洛克菲勒的话说得有些直白，不过，事实就是这样，过分凭借自己对事物的喜恶来决定合作与否的行为，是一件愚蠢而危险的事情。

汤姆·斯科特是掌管宾夕法尼亚铁路公司的统帅，而洛克菲勒的石油事业必须要和众多交通运输部门打交道，尤其是铁路运输部门，因为铁路运输的运费相对便宜，运量也大，还比较安全。这样一来，洛克菲勒和斯科特也就有了商业上的往来。

现实中，这位称得上是钢铁大王卡内基贵人的斯科特是一个非常自大的人，他经常戴着一顶大大的毡帽，脸部周围几乎布满了又长又卷的络腮胡。但是，不可否认的是，斯科特也是一个胆识过人、精明能干的人才。

南北战争时期，斯科特将华盛顿和北方铁路干线顺利连接，因此也被当局任命为作战部长助理。而后来的斯科特凭借有力的政治资源和自身才能成为美国铁路部门中最有实力、最具统治欲、最爱搞独裁的人物。这一系列的成就，把斯科特推上了巅峰，让他每天都摆出一副大权在握的神气样子。

洛克菲勒承认斯科特的领导才能和经商能力，不过对于那种趾高气扬的说话态度却不敢恭维。在此次合作之前，洛克菲勒和斯科特有过一段时间的接触和竞争，给洛克菲勒留下了很不好的印象。原来，当初斯科特十分不看好洛克菲勒的生意，他还威胁说要把克利夫兰炼油中心的位置像擦桌子一样抹掉。就是因为斯科特的这种态度，洛克菲勒选择和伊利铁路公司及纽约铁路公司合作，构成了巩固的联盟。

尽管对斯科特心存不满，但是在生意场上，合作都是出于利益导向，而不是从喜恶出发的。感情归感情，生意归生意，大家选择安静地坐下来谈判合作，都是希望能有一个对自己、对公司比较好的结果。

风水轮流转，这次斯科特因为有业务上的需要主动向洛克菲勒提出合作要求的时候，洛克菲勒不但没有因为以前的矛盾纠纷而拒绝斯科特，反而以热情的姿态欢迎斯科特的到来。考虑到公司利益的洛克菲勒早就做好了和斯科特打交道的准备，虽然和斯科特秘密达成的这次协议多少具有一些讽刺性的意味，不过能给标准石油公司带来好处，那为什么不去合作呢？

情绪总是人们如影随形的"朋友"，我们的热情会感染周围的同事，让大家产生强烈的团结感；我们严肃地表达一件事情时，会让对方用更加负责的态度去对待这件事情；我们无法掩饰失败的悲伤时，周围的人也会随着产生沮丧的神情；用冷漠对付不喜欢的人，对方也会以漠视"回报"我们。

情绪是会传染的，不仅对自己产生影响，还会对周围人起作用。如果不懂得控制我们的感情情绪，不管什么场合都"真情流露"，依靠感情去作判断，那么最后只能让你和很多大好的机会擦身而过。要知道，事物性质的好坏不是以我们的感情为标准去评判的。所以，如果想有一个好结果，那就要用冷静的大脑去思考，而不是感情用事。

以合作为目的的竞争可使对手与你握手言和

对手，貌似是很多人不想面对的一个主体，对手通常意味着竞争，竞争通常意味着受损，所以，其实很多人都会想方设法地规避竞争的，并不想和竞争对手来个鱼死网破的肉搏。当然，该面对的时候我们还是要勇敢面对，不过竞争不只有硬碰硬这一种较量方法，合作也是化解竞争的良策。

"己所不欲，勿施于人"，既是洛克菲勒的行为准则，又是他对合作所保有的明智态度，面对比自己势力弱的人，洛克菲勒从不仗势欺凌他们。但不得不说，并不是每个人都能像洛克菲勒一样大度、识大体，就连洛克菲勒本人也遇到过被压迫的事情。

面对竞争对手，除了选择逃避、合作的方式外，直面竞争不都是你生我死的惨烈结局，也会有对手与自己握手言和的好局面，先竞争再合作，还能产生不一样的效果。

有一天，伊丽莎白向弟弟诉苦，因为她的上司是一个两面三刀难对付的家伙。巧合的是，小约翰也刚好遇上了这种情况。而没有经验不知所措的两个人决定向父亲洛克菲勒请教，也许父亲丰富的经历能为他们解答这个问题。

"孩子，我想你们可以先听一下我的故事。当年，佩特森先生离开了西弗公司，到波雷克斯公司就任主管市场营销的副总裁。在公司工作 12 年的德雷克是国内销售部经理，但刚到场的佩特森却轻而易举地得到了德雷克梦寐以求的职位，这让德雷克心中很是不满。就这样，佩特森刚一上任，便给自己树立了一个无形的敌人，那些和德雷克关系比较好的销售经理在德雷克的主持下，加入了反对佩特森的大营。

"那天，佩特森劝我离开西弗公司，到波雷克斯去。佩特森还把他和德雷克之间的芥蒂、矛盾与不和通通告诉了我。为了制衡德雷克的势力，我被佩特森任命为第三个地区的经理。对此，我心里明白，佩特森将我当成了制衡德雷克的工具，而我一定要做好我的工作，不容得半分懈怠。

"果不其然，德雷克对我的上任很是不满。他们很理所当然地将我看成是佩特森阵营的人，而将我打倒成了他们接下来的目标。在他们看来，只要打倒了我，也就扰乱了佩特森的计划，保护了自己的关系网。这样，他就能把我揪到总裁办公室，趾高气扬地说我不适合这份工作。所以，德雷克和他的同伙们对待我的态度也是可想而知了。"

"那后来您是怎么办的？"小约翰问道。

"很简单，努力工作！我和我的团队很快就开始发动了总攻。那段时间里，大家不再是常规的 5 天工作制，而是 6 天。同时，每天上班的时间也被延长了，不再是朝九晚五。推销员们从早晨 8 点钟就投入到工作中了，晚上 9 点才停止工作。我还不断要求大家保持高度的警觉，那段时间，每个人一个星期的平均工作时间要高达 63 个小时左右。

"效果似乎很显著，哈哈。第二周一早我碰到了德雷克，还没来得及同他打招呼，他就主动找我说话，他的嗓门很大：'你们上交的报告是真的吗？你确定你们一周的销售额是 90 万美元？'我很理解他的质疑，因为这 90 万美元可是我们一年销售额的 20% 呢。不过，我还是谦虚地给了他建议：'我希望您最好能为纷至沓来的订单做些准备。'

"不过第二天德雷克就不再对我们的成绩感到奇怪，因为如潮水般涌来的订单，使我和我的团队迎来了掌声和微笑。斯托克斯、佩特森、德雷克和我还专门开了一个会。斯托克斯还询问我是怎么做到的，这个时候我将早已经写好的全部计划交给总裁。3 个月之后，我被提升为市场部主任。此后，德雷克也不再无故生出什么事端，大家的心思也就放在了工作上面。"

"爸爸，您真是太棒了！"伊丽莎白禁不住为父亲高声喝彩。

洛克菲勒转过头来安慰小约翰说："我清楚你们的处境，面对这种情况的时候，你有这样几种抉择，离开这个是非之地；以其人之道还治其人之身，用同样卑劣的手段给他们还击；用优秀的工作成绩将对手远远甩在后面，使他们不再与你处于同一层次。当然，我希望你们会选择第三条道路。"

有时候也不都是将对手赶尽杀绝，有一些有着共同目标的对手还是需要我们用实力来征服的，本着合作的态度去争取胜利的人，不仅能获得事业上的进步，还能结交更多的好友，因为将对手变成好友就能减少自己的敌人。握手言和也许才是竞争的最优结果。

建立在友谊和做好人上的生意不可靠

洛克菲勒曾经说过：建立在生意上的友谊要远远胜于建立在友谊上的生意。建立在生意上的友谊之所以长久和可靠，是因为他们有着共同的利益，利益至上是人们心照不宣的法则。可是如果是建立在友谊上的生意，刚开始或许会因为友谊的关系而碍于情面，不愿说出口，可是时日久了，矛盾也便会突出来，一旦爆发，友谊破裂，生意也会随之终结。

生意不仅不能建立在友谊上，更不能基于做好人的基础上。洛克菲勒这样认为，合作不是做好人的问题，而是好处和利益的问题。没有任何结盟是永远持久的，合作只是一种获利战术。当环境发生变化的时候，战术将随之改变，否则，你就输了。现实很严厉，你必须更严厉，但是，显然也要当个好人。

所以我们说，宁愿在生意场上建立友谊，也不要在友谊圈中建立生意；宁愿在生意场上拼破头，也不可做无谓的好人。

小约翰的两个朋友想要邀请他一起合伙投资一项新产业。在小约翰看来，这是一个赚钱的大好机会，于是他便将这则消息兴致勃勃地告诉了自己的父亲——洛克菲勒。

小约翰说："亲爱的父亲，我有一则好消息要告诉您。您还记得怀特和查理吗？"

洛克菲勒答道："当然记得，他们不是你的大学同学吗？"

小约翰高兴地说："没错，就是他们，昨天我们在一起吃饭的时候，他们给我介绍了一桩赚大钱的买卖。我们想一起合伙投资一项建材设备，这利润可是相当惊人的。"

洛克菲勒沉思了一会儿，说道："约翰，难道你不认为建材行业离我们太远了吗？到现在为止，我们可都没有涉足过这一行业，你贸然投资会很危险的。"

小约翰说道："没关系的父亲，不是有怀特他们吗？我们可是朋友，他们肯定会帮助我的。"

洛克菲勒说道:"你们的友谊虽好,可不适合一起做生意。如果我没有猜错的话,怀特他们之所以找你,是因为你是我的儿子。他们只是想让你做后援,有你这个后援,他们可谓是坚实多了。"

小约翰疑惑地问:"父亲,你是认为合伙经营不好吗?"

洛克菲勒答道:"并不是这个意思,我只是很不赞同在友谊基础上建立起来的生意。"

小约翰再次说道:"为什么?"

洛克菲勒语重心长地说道:"约翰,你真的了解自己的朋友吗?你在这场合作中扮演的是股权人,要为他们无限地提供资金。可是你想过没有,在这场生意中,你也就相当于一个旁观者。刚开始,他们还可能会意识到使用的是你的资金,会全心全意地工作。可是随着时间的流逝,他们可能就会想:'凭什么约翰可以吃着200多美元的午餐,而我们却在这像牛一样工作''约翰什么活儿都没干,却要从我们这里拿走25%的资金'。约翰,你要知道,人是很健忘的动物,虽然你们是朋友,但越是朋友,越不会想到太长远的问题,更不会想到根本的问题,或许他们根本就忘了你是股权人这一回事。他们只会想,朋友合伙做生意,你今天又做了些什么?"

小约翰听后,沉思了一会儿说道:"父亲,您说得有理极了,看来我还是需要多考虑一下才行。"

生意场上讲究的还是纯粹的生意氛围,在友谊上建立起来的生意就掺杂了杂质,一些普通的小问题,在友谊的掺和下,可能就变得复杂无比。所以说,友谊就是友谊,生意就是生意,万不可在友谊的基础上做生意。

洛克菲勒在竞争对手眼中是一个心狠手辣的怪物,可是年轻时的洛克菲勒却也是一个热血青年,只是一段凄惨的经历,让洛克菲勒将他做好人的心理永远埋藏。不能简单做好人则是指不能完全牺牲自己,成全他人,这显然不符合正常逻辑思路,也不会是一个成功商人该有的行为。在他们眼中,任何一场合作都必须以收获利益为前提。

在洛克菲勒进入石油业初期,他身边满是各自为战的小石油生产商,大家占地为营,进行着毁灭性的竞争,无序竞争的结果是石油价格猛跌,绝大多数炼油商做着亏本买卖,还有很多商人正往破产的深渊慢慢滑去。

为了遏制这种无序竞争,同时让其他商家摆脱经营困境,使他们的腰包鼓起来，洛克菲勒决心通过兼并小厂商来实现这些想法。起初，计划进行得还算顺利，洛克菲勒主要是通过交换股份的方式来将这些小厂商收归旗下。当然，有些人并不喜欢持有标准石油公司的股票，他们更喜欢实实在在的现金。没问题，洛克菲勒也为他们提供了合理的收购价格和充足的现金，可是很快这些拿现金的人就开始后悔了，他们发现标准石油公司的股票潜力更大。于是，这些不守诚信的人们不顾条约规定，又一次投资设厂，并希望洛克菲勒能再次收购他们，这一次他们会选择标准石油公司的股票。

事情可没有这么简单，洛克菲勒尝到背叛的滋味后，没有再发善心去帮助他们。这一次的事情也让洛克菲勒明白了：在商界，根本就没有好人的存在，你也不可以去做好人。因为最后，你的好心只能成为他人利用的对象而已，要想真正实现自己的计划，还需要换个方式。

这一次，洛克菲勒以大企业为目标，主动向他们发出信号，并约见了当时除标准石油公司外实力最强的克拉克—佩恩公司，这也是洛克菲勒当时最强劲的敌手。克拉克曾经和洛克菲勒合伙开过公司，佩恩则是洛克菲勒中学时期的同学。

面对佩恩时，洛克菲勒讲道，石油业混乱、低迷的竞争时代该结束了。同时，为了保护这个无数靠它生存的家庭，我们应该建立一个大型的、高效的石油公司，我真心希望你能加入。审时度势的分析和真心诚意的邀请打动了佩恩，佩恩同意以40万美元的价格出售公司。

佩恩的加入起了很好的示范作用，而且加上佩恩公司，标准石油公司的市场份额明显加大，洛克菲勒对那些小公司也就不过分重视了。经过这么一番计划，那些想要再掀起风浪的小公司也只能乖乖地顺从了。最终，洛克菲勒成了这场收购战的大赢家。

从这件事我们或许能得到这样一个道理，只有均衡的利益才能有稳定的合作，合作的任何一方如果受到了利益上的损失，不管是主动自我牺牲还是被动示弱，这场合作都不可能长久，也不可能稳定。而合作的本质就是结合双方的力量来创造更好的发展平台，就还是利益的创造。

合作是成功人士必须依靠的拐杖，合作能够帮企业在困难时期渡过险滩，在顺境中更上一层楼。但是不管是友谊也好，还是出自好心也罢，这样的合作奉献就免了吧。经商不是过家家，兼爱的精神在商界会使你变成东郭先生，遭遇反目的狼。

第❶❺封信

做目的主义者

March 15,1902

亲爱的约翰：

　　成为标准石油的核心，不仅是你的荣耀，也是我的荣耀。然而，你需要知道，当你在享受这个荣耀的同时，你需要肩负起与之相伴的责任，这毫无疑问。如果你不能做到，你就将有愧于这个荣耀，更会辜负众人对你的希望和信任。别忘了，你是标准石油公司的核心，我们事业的最终成败与你有着莫大的关联，你应当以更高的标准来要求自己做出努力和牺牲。

　　坦白说，你要想在那个位置上干得出色，得到大家的认同与尊重，你需要学习的东西还有很多。现在，一个迫切需要思考的问题摆在你面前：你自己是否能成功掌控这个角色。

　　每一位领导者都是一位希望大使，是一个向导。面对眼前无法避免的荆棘坎坷，他要肩负起带领部属安全渡过的重任。完全不辜负重任，这很难做到。作为领导者，无论是谁，都会面临诸多难题，譬如，堆积如山的工作，排山倒海般滚滚而来的资讯，突发的变故，最高管理层、投资人和客户无止境的要求，难以调教的雇员，始终在变动的挑战，这些会让你分身不暇、疲于奔命。挫折、恐惧和焦虑感会让你茫然失措，以至于你的个人成就和梦想轰然坍塌。

但是，有时成为一个充满信心与活力的卓越领导者，比成为一个毫无生气、在无助中挣扎度日的领导者更容易，前提是他需要知道如何让部属甘心卖命。注意，是甘心，而不是被迫。

作为标准石油公司的领袖，我既享有权威又享有愉悦，因为我知道，找到可以保证完成任务的人，就等于给自己创造了时间，换句话说，这不仅会让我精力充沛，更重要的是，它会让我有更多的时间去思考怎么能为公司赚更多的钱。

这里面有一个态度问题，行动受态度支配，我们选择什么样的态度，也就决定了我们要采取什么样的行为，至于结果，很快就能见分晓。要改变自己的人生，首先要改变自己的态度。改变态度不是一件无法办到的事，你只要始终相信能够做到，你就成功了一半。

明智的人总会选择对自己最有利的态度。懂得驾驭部属的人，总会自问：怎样的态度才能帮助自己实现真正想要的结果？是鼓舞激励的态度？还是抱持同情的态度？他们永远不会选择冷淡或者敌对的态度。

如果你把自己视为高高在上、"顺者昌，逆者亡"的专制君主，你很可能会成为下一个法国国王路易十六。就我而言，为了避免冲突我从不专横跋扈，或者给自己施加过大的压力。为了达到我所期望的商业成就，相反我养成了给予部属充分信任和鼓舞士气的习惯，这个习惯能很好地帮助我驾驭部属，达到我想要的目的。要做到这一点，关键的方法在于，你是否真正懂得如何去设定目标。

我是一个目的主义者，尽管我从不像有些人那样夸大目标的作用，但目标的功能确实在我这里得到了异常重视。在我看来，目标是激发我们潜能的关键，它拥有主导一切的力量。它可以左右我们的行为，激发我们完成任务所必须具备的创造力。明确而坚定的目标，更能让我们专注于所选择的方向，并奋力前进。

我的经验告诉我，一个人的最终表现，很大程度上取决于他所制定的目标的本质和大小，而这个过程中他所做的所有事情几乎与之无关。试着想想看，一场高尔夫球比赛，不可能一杆完成。你需要一洞一洞打过去，你每打出一杆的目的就是使球尽量靠近球洞，越近越好，直到把球送进去。

我领导部属的基本依据就是我的目标，目标就是一切。我习惯在做任何事情之前，都先确立目标，而且我每天都会设定无数的目标，譬如设定与合伙人谈话的预期效果，制定召开会议的成效标准，制订计划实施后达到的预期效果，等等。当然，在做事之前，我会首先考虑自己设定的目标的合理性。这些事前准备，通常都会在我到达公司之时，就已经妥善处理好了。所以，在我心里从未出现过诸如"我没有办法""我不管了""没有希望了"等具有吞噬性的声音。每一天确立的目标，完全消弭了这些招致失败的因素。

如果你不去主动明确制定自己的目标，那么你就会被动或不自觉地选择其他目标，这样做的结果很可能会导致你丧失掌控全局的能力，同时，你也将受制于使你分心或搅乱你的人或事。

没有明确制定目标的情况就好比停泊在码头的一艘游艇，解开了绳索却忘记了启动引擎。如此，你只能随波逐流，海风、巨浪或其他船只随时都会让你葬身海底。也许对岸有美好的事情在等着你，但是你无法顺利到达对岸去获取它，除非有奇迹出现，但是只等待奇迹出现的人无疑是愚蠢的。如果你确立了目标，那么游艇的引擎同时开启，如此它才能载着你向你选择的方向前进。目标能为人的努力指明方向并增加动力。

想要成为目的主义者，确立目标仅仅是走了一段路程，你还需要走另外的路程，将你的目标透明化。你需要毫无保留地向你的部属说明你的目标——你想要取得的成就、其动机以及战略谋划。我正是这样做的，如果我认为谁有必要了解我制定的目标，我便会毫无顾忌地对他加以说明。在每次会谈、会议、报告的过程中或者开始阶段，我都会先表达出我的动机、想法以及期望。

这样做，取得的效果会让你大喜过望。它不仅能使部属清楚你的意图，了解正确的前进方向，更重要的是，当你勇于将目标开诚布公之后，你将收获情感上的忠诚。要知道忠诚是甘心效命的开始。

出色的领导者都善于使用两种无形的力量：信任和尊重。当你诚实地说出你的目标时，你的部属就收到了你传递出的信息："因为我对你有足够的信任，所以我愿意向你表白。"它有着神奇的效果，它将开启信任的大门，而在大门外，你拥抱的不仅是部属的能力，还有来自他们无价的忠诚——凝聚所有力量来帮助你的忠诚。信赖别人并使别人也信赖我，是我一生取得成就的重要原因。

公开你的目标，更能避免有害无利的猜测。如果你不把你的目标明确地告诉给你的部属，他们便会花时间去臆测你的目标。这无疑会影响办事效率，更为重要的是，他们根据所能搜集到的蛛丝马迹进行推测，而这些信息都很容易受到扭曲，以致与事实相悖。如果部属不花时间去解读你的动机，他们的士气和能力才有机会获得提升。所以，从这个角度上讲，把部属当成"傻瓜"似乎更有利。

公开目标，其力量是无可取代的，它所传达出的不仅是一项声明，同时也是领导者对于个人行为发出的勇敢而坚决的誓言。出自坚决意志与绝对坚韧的目标，往往能够激励部属，使他们带着更杰出的表现投入到工作中去。

领导者的工作就是发现企业经营中的问题，而解决问题的力量主要来自于部属。如何把部属调动起来，让他们配合完成职责、解决问题是领导者必须首要思考的问题。我认为，将你的目标透明化，热情地对待每个部属，实现自己所期望的目标就不是什么难事了。

目标就好比钻石：如果要体现它的价值，那它就必须是真实的。公开不诚恳的目标只会让事情适得其反。如果一个人滥用这种手段而不加制止的话，那么等待他的苦果就是丧失部属的信赖。这就是公开目标的风险，但是如果你做到了真诚，也就避开了这种风险。

约翰，通往地狱的道路，是由善意铺成的。除非你已经将准备工作做得万无一失，否则这句话很可能成为现实。

爱你的父亲

详解

目标是激发我们潜能的关键

给自己确立一个目标，也就意味着创造了一个全新的自己。而我们要想发挥出自身的潜能，我们就必须全神贯注地将自己所有的优势和精力都用在自己制定的目标上来。要知道，一个远大的目标，可以帮你集中自己的注意力，能够引导你将精力放在自己的优势上。这样一来，在目标的引导下，你的优势也会越来越明显，这样一来，你离你的目标也越来越近。

洛克菲勒在给儿子的信中说道："我是一个目的主义者，尽管我从不像有些人那样夸大目标的作用，但目标的功能确实在我这里得到了异常重视。在我看来，目标是激发我们潜能的关键，它拥有主导一切的力量。它可以左右我们的行为，激发我们完成任务所必须具备的创造力。明确而坚定的目标，更能让我们专注于所选择的方向，并奋力前进。"

布罗迪是一位英国教师，他在整理箱子里的旧物时发现了一大摞的练习册。这些练习册还是几十年前他教授的小学里的小朋友留下的，里面有每个孩子写下的一篇作文，名为《未来的我是……》。

布罗迪看着眼前这些布满灰尘的练习册，满心感慨。他随手翻看了几本，便被孩子们童真的想法给迷住了：有个叫彼得的小家伙，希望自己未来是个海军，因为他曾经喝过三升的海水都没有被淹死；还有一个小孩子，认定未来的自己是法国总统，因为他能够一口气说出来27个法国城市，而其余的小朋友都没有他记得多。其中，最让布罗迪感兴趣的是那个叫戴维的小盲童，他认为自己将来肯定是英国第一位盲人内阁大臣。

布罗迪看着这些作文，心里突然升起了一种想法：他想要将这些作文再重新发放到这些孩子的手中，让他们看看，五十年前的梦想，如今实现了没有？

于是，布罗迪找到了一家报社，希望报社能够帮他刊登这则消息。消息刊登出去没几天，布罗迪便收到了来自各地的信件，有商人、有学者，也有一些政府官员。不过，其中最多的还是那些没有身份的平民百姓。

这些人都希望能够从老师手中重新拿回这篇作文，看看当时年幼的自己到底写下了什么样的梦想。根据学生们寄来的地址，布罗迪都一一给了回复。

一年之后，布罗迪身边仅剩下了一封信件，就是那个小盲孩戴维的。布罗迪将这封信件收起来，想着这个叫戴维的小男孩可能已经不在了，毕竟五十年的时间，什么事情都有可能发生的。

可是没过几天，布罗迪竟然收到了英国内阁教育大臣布伦科特的一封信。布伦科特在信中说道："亲爱的老师，那个叫戴维的小男孩就是我，我非常感谢您还能够替我们保存着小时候的梦想。不过，我想我现在已经不需要那个本子了。因为就在我制定梦想的那一刻，目标就被印在了我的脑子里，时刻激励着我朝着自己的梦想前进。为了这个目标，我没有一天放弃过。如今，五十年已经过去了，我也通过自己的努力，成为英国第一位盲人内阁大臣。而今，我想要告诉其他的人，只要你坚持着自己幼时制定的目标，并且坚定不移地走下去，你终有一天会成功的。"

布伦科特的这封信被刊登在《太阳报》上，而他作为英国历史上第一位盲人大臣，用自己的亲身经历向人们阐述了一个道理：如果我们能够将几岁时候制定的目标坚持下去，那么我们就能够成功，因为目标是激发人们潜能的关键。

在布伦科特之前，人们或许都不敢想象，若干年后，英国会出现一个盲人内阁大臣，可是布伦科特做到了。这也就说明，目标不仅能够激发人们的潜能，它还能够将不可能变为可能。

1988 年，为了争夺美国国家品质奖，有 66 家公司参加了角逐赛。大部分的参赛单位都是大公司，比如惠普、柯达等旗下的一个部门等。不过，令人感到惊讶的是，最后夺冠的竟然是摩托罗拉整个公司，而非哪一个部门。

摩托罗拉公司从 1981 年开始就一直在竞争品质奖，他们不断地派遣小组成员前往世界各地考察那些表现良好的机构。看看别人的公司如何做，看看他们是怎样精益求精的。这让摩托罗拉公司的员工都面临着前所未有的挑战。

考察一番之后，摩托罗拉公司设立了一个以时计酬的新岗位。这个岗位的人负责指出生产错误。就这样，在这一政策的实施下，摩托罗拉公司的错误率下降了90%。可是，这一点仍然让摩托罗拉公司不满意。

在管理层看来，他们公司的产品合格率完全可以达到 99.9997% 之上。基于此，摩托罗拉又转变了新的目标，那就是每 100 个零件里面，只允许有三四个错误。

为了警示员工，摩托罗拉公司还特意给每个人发了一张皮夹大小的卡片，上面都清楚地写着公司要完成的目标。这个看似不可能的目标，在摩托罗拉公司全体成员的努力下，竟然完成了。

就这样，到了美国国家品质奖评奖期间，摩托罗拉公司的产品质量已经达到了无法企及的地步。在这场竞争赛中，毫无疑问，摩托罗拉以绝对的优势力压群雄，成为这一届的品质之王。

事后，有人采访了摩托罗拉公司的一名主管，他得意地说道："我们所得到的国家品质奖可是用金钱都买不到的。要是问我们如何做到的，我只能说，这就是我们制定目标的魔力。我们的目标有多高，我们的公司就能够取得多大的发展和成就。"

摩托罗拉公司在目标的激励下，让不可能变成了可能。由此也说明，人类的潜能是无限的，只要我们好好把握和利用，就能够利用潜能的激发来达到我们的目的。

先见之明始于有目的的思考

经商就如同下棋，每一步都是步步为营，相互牵连，要想使对手跟着自己的步调走，那就要有目的、有意识地多想一步甚至几步的招数，做到有先见之明。

洛克菲勒用打高尔夫时的场景为约翰做了说明：试着想想看，一场高尔夫球比赛，不可能一杆完成。你需要一洞一洞打过去，你每打出一杆的目的就是使球尽量靠近球洞，越近越好，直到把球送进去。的确如此，只有我们有目的地计划好挥杆的方向和力度，球才能随着我们的设想一点点向目标靠近。

以中、美、英、苏为首的第二次世界大战战胜国决议建立一个普遍性的、全球性的国际组织——联合国。但联合国从酝酿到正式诞生却经历了一段艰辛而漫长的过程。

1945 年 10 月联合国正式在美国圣弗朗西斯科（旧金山）成立。1946 年联合国各大常任理事国在伦敦召开联合国首届大会，决定将联合国总部设在纽约。会议上大家讨论得热烈非凡，可是当大家将一切都准备就绪时才发现，这个最具权威性的国际组织的落脚之地竟然还没有着落。

要想买一块地皮则需要巨额的资金，而联合国不过是个刚刚成立的机构，哪里有资金购买地皮呢？大家又商议让各国筹资，但是，刚刚挂起牌子就伸手向世界各国要钱，未免有些影响不好。更何况刚刚经历了世界大战洗礼的各国政府也都是国库亏空，许多国家的财政赤字居高不下。因此想在寸土寸金的纽约买下一块地皮做落脚地就成了摆在联合国面前最大的障碍。

正在大家一筹莫展的时候，洛克菲勒家族雪中送炭，花 870 万美元在纽约购置了一块地皮无偿奉献给联合国做总部基地。但不为人知的是，洛克菲勒家族也同时将毗连这块地皮的大面积土地都买了下来。

当时，诸多美国大财团听说洛克菲勒家族的出乎意料之举都感到惊讶不已。要知道，对于"二战"后经济持续萎靡的美国甚至是世界来说，870 万美元绝非一笔小数目啊。但洛克菲勒家族却将其无偿奉献给联合国，在他们看来这件事就是愚蠢之举，一些美国财团甚至嘲笑道："洛克菲勒家族的这一举动真是愚蠢至极，"并扬言道，"这下，用不了十年，大名鼎鼎的洛克菲勒财团一定会沦为臭名昭著的洛克菲勒贫民集团。"

然而，不知是上帝对洛克菲勒家族的偏爱，还是洛克菲勒家族有太过超前的投资意识，总之，出乎那些嘲笑者意料的是，联合国大楼刚刚竣工，其周围的地皮价格立即飙升，洛克菲勒家族这一次的投资，竟相当于找到了财富的根源，等同于洛克菲勒家族捐赠资金数十倍甚至是更多的巨额财富正如同无尽的石油一般源源不断地涌进洛克菲勒财团。这种意料之外的结果，使得那些曾经讥讽和嘲笑过洛克菲勒家族捐钱举动的商家们看得目瞪口呆。

有一句歇后语：诸葛亮隆中对策——有先见之明。诸葛孔明在中国历史上可谓是智慧的化身，而他的《隆中对》更是将其无人能及的政治分析、军事领导能力展现出来，天下大局走势似乎就被他掌握。之所以能在很多事件和战役中做到未卜先知、先声夺人，除了有丰富的战略经验和专业技能外，顺应大势并主动牵引对手朝自己设定的方向走便是诸葛亮屡次成功的原因了。正如上文中洛克菲勒家族向联合国奉献土地的事例一样，认清了世界组织发展的潮流，并饶有心思地奉献土地，使出一箭双雕的招数，既得到了美名，又获得了实际的收益。所以，能够笑到最后的人鲜有误打误撞者，他们一定是心中有数、早有计划的人。

以谋求最高职位为目标

人生苦短，要想在短暂的人生中创造出足够多的精彩，我们就必须要做好每一步计划，并且充分利用每一分钟、每一次进步的机会，做一个彻底的目的主义者。越是目标崇高的理想越能给我们长远、深刻、持续的影响，所以，唯有以最高目标为指引，才能引领我们进入人生新高度。

对于远大目标的向往，洛克菲勒告诉约翰，一个人的最终表现，很大程度上取决于他所制定的目标的本质和大小，而这个过程中他所做的所有事情几乎与之无关。对宏伟目标的痴迷，使洛克菲勒积极制定高要求的目标，找工作去一流公司，谋求最高职位，拥有最强的公司……

洛克菲勒的这一想法也影响到了自己的下一代。对于孩子来说，洛克菲勒的这一思想在助推着他们前进的同时，也给自己带来了无比巨大的压力。

这一天，伊丽莎白和丈夫马克来到父亲洛克菲勒的面前，带着一如既往的笑容，告诉洛克菲勒他们将会去海边进行一场惬意的旅行。

显然，洛克菲勒对他们的这个决定很不满意，甚至有些生气，他叫住伊丽莎白，严肃地问道："你最近是不是应该在竞选新一轮公司总经理上面做些准备？"

很明显，洛克菲勒的这句话直戳伊丽莎白的内心，她的态度立马不一样了："爸爸，我想先放松一下，最近的工作让我忙得有些精神错乱了。"

"你这样就是逃兵的行为。你也知道，我最不喜欢逃兵了。"洛克菲勒情绪有些激动。

伊丽莎白辩解道："我不是做逃兵，我只是想进行短时间内的调整，是为了以后有更好的工作状态。"

洛克菲勒摇摇头："现在明显不是旅游的最佳时间，你们公司的总经理还有6个月的任职时间，我知道你一直用很高的标准要求自己，能走到今天这一步亦是你付出很大努力得来的。可如今实现目标的机会来了，我认为，你应该想方设法地把这个机会抓住。"

"爸爸，您不了解我的苦衷，也许我不够资格胜任这份工作，而且我也不想再多操心了，马克已经受不了我的失眠了。"伊丽莎白再次解释道。

听到这里，洛克菲勒的语气缓和了很多："抱歉，伊尼，我不知道你的这些情况。不过我还是忠诚地给你建议，对于已经习惯挑战的你来说，竞争新任总经理，不算什么难事。要知道，总经理和你现在的工作内容很相似，只不过是规模稍微大了些，但是我相信凭借你的能力，你完全可以在人事、组织上面发挥你的才能。不要忘了梭罗的那句话'最可怕的就是恐怖心理'。"

"我感觉力不从心，真的，爸爸。"伊丽莎白继续做着无力的回答。

洛克菲勒为伊丽莎白的情况做着分析："工作繁忙可能跟某段时间内的业务量有关系，跟你对工作操作的熟练程度有关系，还可能跟你任务布置有关系。所以，你这段时间力不从心的表现可能跟最近工作业务量太大、你对新流程掌握不够彻底有关，还可能是因为你将所有工作都揽到自己身上，没有很好地交给下属去做，要记住，越是耗费时间的事情越要交给下属去做。"

伊丽莎白若有所思地点点头。

"你之所以这么劳累，以至于要放弃长期以来的远大目标，主要是因为你没有做独立的反省，也没有着力培养得力的下属。特别优秀的人都是在一周的工作时间内拿出一天时间做反省思考，同时根据结果制订后期的工作计划。而培养得力助手则能有效地帮助自己处理一些烦琐的事情，为自己腾出必要的时间。而职位越高，思考就愈发重要，所以，在高职位的你要想远离身心疲惫，你就需要一个聪明的大脑，需要找到你的着力点，为自己减轻负担。"

"爸爸，我明白您的意思了，不过我还是稍微有些担心，怕不能很好地胜任这份工作。"

洛克菲勒没有直接回答女儿，而是径直走向书架并取下一本书，翻开来指着一句话读给伊丽莎白听："与其生活在既不胜利也不失败的黯淡阴郁的心情里，成为既不知欢乐也不知悲伤的懦夫的同类者，倒不如不惜失败，大胆地向目的挑战，夺取辉煌胜利，这要可喜可贺得多。"

常常有人怀疑自己的能力，不知道自己瘦弱的肩膀能否扛起沉重的未来。在残酷的现实面前，他们无奈认输，将自己生活的范围缩小、缩小、再缩小，追求的目标也越来越现实，越来越小，直到不敢看见灿烂的阳光。

可也有些人，他们无惧风雨，心中始终以最伟大的目标为导向，他们破烂的小船是那么经不起风浪，可是在船主的掌舵下，他们成了海上一道亮丽的风景，受到暴雨袭击，船主停下来，对小船修修补补，然后又继续朝着目标前进，每天迎接他们的都是金色的朝霞。

不敢追求更高目标的人永远和那井底之蛙一般，对着巴掌大的天空感叹；而心中怀有大志向的人才能如有力的雄鹰一样，自由翱翔。

主动明确目标，才能掌控全局

没有目标的人生就好像是没头乱飞的苍蝇，东飞飞，西飞飞，四处碰壁；就好像不能扎根生长的树木，东摇摇，西晃晃，不堪风雨。洛克菲勒亦是深知缺乏目标的危害性，于是直截了当地指出：如果你不去主动明确制定自己的目标，那么你就会被动或不自觉地选择其他目标，这样做的结果很可能会导致你丧失掌控全局的能力，同时，你也将受制于使你分心或搅乱你的人或事。

洛克菲勒是一个善于明确目标、把握全局的人。这种习惯使他在顺境中如鱼得水，在逆境中减少损失。

后期，在休伊特公司苟延残喘时，克利夫兰的经济也进入了不景气时代。这样一来，已经疲软的休伊特公司根本撑不了多久了。这一切，都被洛克菲勒看在了眼里。

低迷的经济也使得洛克菲勒必须另辟蹊径，要知道，一直躲在这闷热的办公室里面，根本就无法实现他伟大的报复。但是，这个时候离职也不是最好的打算，因为在经济萎靡的时代，洛克菲勒要想在短时间内就找到工作，这几乎是不可能的事情。

于是，从全局来考虑，洛克菲勒决定继续留下来，即便休伊特公司几乎已经到了无法支付员工薪水的地步。之所以这样做，很明显，洛克菲勒心中有自己的算盘和目标，那就是他要利用自己手中已有的资源，来为自己开辟一番新天地。

这一天也应该作为一个庆祝的日子，因为洛克菲勒做成了第一笔以个人名义谈判的生意。当然，这个消息对休伊特来说不是什么好消息，尽管这笔生意是那么微不足道。

与洛克菲勒合作的是一位面粉商，而且还是休伊特公司派遣洛克菲勒拜见的客户。起初，休伊特以为洛克菲勒在为公司联系客户，而面粉商也以为洛克菲勒为公司跑业务，但是到后来，洛克菲勒非常明白地告诉面粉商，这次交易完全以其个人身份进行的时候，面粉商在休伊特公司和洛克菲勒个人之间做出了选择。也许是洛克菲勒做记账员的名声比较好，这位面粉商没有对洛克菲勒的信用问题做出过多怀疑。最终，洛克菲勒也在忙碌的工作中顺利地运作了这笔生意。

按照这个方法，洛克菲勒在休伊特公司完成账目管理任务后，还成功完成了几笔简单的生意，而他的名声也开始在附近传开。无疑，这些都为他将来成为一流的商人打下了坚实的基础。

目标可以是分阶段的，也可以是整体的，但你必须要有，哪怕是模糊的目标；目标可以是靠谱的，也可以是不接地气的，但你必须要敢于为自己设定目标。只要有目标，你就会充满行动力和决策力，至于对不对那就留给"大局"去验证了。局势的发展情况会为你指出目标的缺陷和不足。对此，我们要积极改正和重新来过。

时间久了，这种设定—实践—修正的模式会使我们练就一双把握全局和未来的慧眼，使我们对奋斗目标和全局形式有很好的掌控能力，借助这双慧眼，我们能够在实现人生梦想的道路上走得平稳一些。所以，请铭记：只有主动明确目标，才能掌控全局。

领导者应该给予下属充分的信任

作为一名领导者，要想提高公司的工作效率，就要学着将一些日常的工作交给下属去做。如果一个领导者因为怀疑下属的能力，而迟迟不将工作交给下属做的话，下属就永远没有证明自己的机会，而公司的工作效率也永远无法提升上来。

在现实生活中，一些领导者担心下属做不好工作，担心下属的能力，最后凡事都想着亲力亲为，整日忙得不可开交，也不见一点成效。相反，如果一个领导者能够给下属充分信任，给下属一个自由发展的空间，那么自己就能够摆脱日常的烦琐事务，公司效率也能够快速提升上来。

洛克菲勒就曾经说过，领导者的目的就是要看到每个下属身上有价值的部分，然后将这些价值充分利用。领导者要给予下属充分的信任，让他们的这些价值和优点能够更好地为公司服务。

有一段时间，小洛克菲勒为了一个项目整日忙得不可开交。因为他要找出这个项目需要改善和策划的地方，还要亲自参与报告调查，要亲自找到解决的办法。所以，小洛克菲勒的妻子便整日向老洛克菲勒抱怨，抱怨小洛克菲勒的晚归和忙碌。

看着每天忙进忙出、日益憔悴的儿子，老洛克菲勒心里很是担心。有一天晚上，小洛克菲勒和往常一样，很晚才回到家，而老洛克菲勒则坐在客厅里的沙发上，看到小洛克菲勒回来，便说道："约翰，很多人都问过我一个问题，他们很好奇，我是如何同时在掌管几家大公司的时候，还能够腾出两个月的休假时间，去感受大自然的乐趣呢？"

小约翰答道："那您的答案是什么呢？父亲。"

老洛克菲勒说道："我的答案只有一个，那就是我会将日常的一些事务交给那些能够胜任的下属去做。"

小约翰回答道："可是父亲，这些工作我不放心，我必须跟进才行啊。"

老洛克菲勒看了看眼前的儿子，继续说道："约翰，你是一个领导者，你的任务就是将工作交给你的员工，并且指点他们怎么做，而不是你亲力亲为。你应该给予员工充分的信任，信任他们的能力，也信任他们的价值。"

这是一段很简短的对话，在这段对话里，老洛克菲勒教给小约翰管理公司的唯一秘诀就是充分地信任下属，将工作交予下属去做。只有这样，你才能够赢得自己的闲暇时间，才不会忙得焦头烂额，最后却没有丝毫成果。

可是，这么简单的一个道理，在现实生活中却很少有领导者能够领会。要知道，在洛克菲勒的公司，如果一个领导者无法运用下属的才能，这就是失职的表现。一个领导者最好的管理办法，就是将手中的部分职权下放给员工，让他们为公司的发展而服务。只有这样，才能够把下属工作的积极性调动起来，才能够得到下属的真心拥护。

第16封信

拒绝与消极人士来往

原文

May 11,1902

亲爱的约翰：

　　我想你已经有所觉察，因为受你那些朋友的影响，你的某些思想和观念正在发生转变。我当然不反对你扩大自己的社交圈，这可以增加你的生活情趣，扩展你的生活领域，甚至可以帮你找到知己或者帮你实现人生理想的人。但有些人显然不值得你与之交往，比如，那些拘泥于卑微、琐碎的人。

　　在我年轻的时候，我就有明确的想法，有两种人是我坚决拒绝与之交往的。

　　第一种人是那些完全对现实投降以及安于现状的人。他们深信自己完全没有足够的条件去创造伟大的成就，认为那只是幸运儿的专利，而自己不具备这个福气。这种人愿意守着一个有一定保障但是却平凡无奇的职位，他们得过且过，年复一年，最终只能碌碌无为。他们也知道自己需要一份更有挑战性的工作，这样才能得到更好的发展与成长，但是碍于许多的阻力与挫折，他们在打击中悲观地认为自己不适合做大事，最终选择敷衍一生。

第二种人是不能坚持挑战到底的人。这些人曾经有着成就大事的决心和希望，也曾为此做过多方面的准备和筹划。但是过去几十年或十几年后，随着工作阻力的慢慢增加，为更上一层楼需要艰苦努力的时候，他们就会觉得这样下去实在不值得，因而放弃努力，变得自暴自弃。

这两种人身上有着共同的思想毒素，极易感染他人的思想毒素，那就是消极。

我一直以为，一个人的个性与野心，目前的身份与地位，同与什么人交往有关。经常跟消极的人来往，他自己也会变得消极；跟小人物交往过密，就会产生许多卑微的习惯。反过来说，经常受到大人物的熏陶，自会提高自己的思想水准；经常接触那些雄心万丈的成功人士，也会使他养成迈向成功所需要的野心。

我喜欢同那些永远也不屈服的人做朋友。有个聪明人说得好：我要挑战令人厌恶的逆境，因为智者告诉我，那是通往成功最明智的方向。只是这种人少之又少。这种人绝不让悲观来左右一切，绝不屈从各种阻力，更不相信自己只能浑浑噩噩虚度一生。他们活着的目的就是获得成就，这种人都很乐观，因为他们一定要完成自己的心愿。这种人很容易成为各个领域的佼佼者。他们懂得享受真正的人生，也真正了解生命的可贵与价值。他们都盼望每一个新的日子，以及跟别人之间的新接触，因为他们把这些看成是丰富人生的历练，因此热情地接受。

我相信人人都希望跻身其中，因为只有这些人才能成功，也只有这些人才真正做出实际行动，并且能得到他们期盼的结果。

在我们的周围，人人平等，但并不是每个人都相同。有些消极保守，有些则积极进取。在曾与我共事的人当中，有的只是满足于解决温饱之忧，而有的则胸怀大志，想让自己的地位变得举足轻重，他们当然知道，在成为大人物前，必须先做好追随者的角色。 在你成功的路上，布满着各式各样的陷阱，要想达到成功的终点就必须避免它们。在任何一个地方，总有自不量力的人出来螳臂当车，明知不行却偏要出现在路上阻挡你前进的步伐。他们嫉妒你的表现和成就，会想尽办法来捉弄你使你难堪，有许多满怀雄心壮志的人竟因为奋发图强而被人嘲笑甚至被恐吓。

我们不能阻止他人成为那些无聊的消极分子，但我们要保证自己不被那些消极人士影响，导致我们的思想水准有所降低。你要让他们自然溜过，就像水鸭背后的水一样自然滑过。时时跟随思想积极前进的人，跟着他们一起成长、一起进步。

我并没有消极者就是坏人的想法，甚至其中有些人心地善良，可有的却用心险恶。他们自己不知上进，还想把别人也拖下水，他们自己没有什么作为，所以想使别人也一事无成。记住，约翰，说你办不到的人，都是无法成功的人，也就是说他个人的成就，顶多普普通通而已。因此这种人的意见，对你有害无益。

你要多加防范那些说你办不到的人，你只能把他们的看法当成一种挑战，证明他们的看法是愚蠢可笑的。你还要特别防范那些破坏你实施成功计划的消极人士，这种人随处可见，他们似乎只为破坏别人的进步与努力而努力，并以此为乐。千万要小心，要多多提防那些消极的人，千万不要让他们破坏你的成功计划。不要让那些思想消极、度量狭窄的人妨碍你的进步。那些幸灾乐祸的人都想看到你失败的惨景，不要给他们机会。

当你遇到任何无法应付的困难而要寻求帮助时，明智的做法是找第一流的人物。如果向一个失败者请教，就跟请求庸医治疗绝症一样可笑。你的前途很重要，千万不要在喜好搬弄是非的人那里征求意见，因为这种人一辈子都没有出息。难道这种人会给出什么明智的意见吗？

你要重视你的环境，就像食物供应身体一样，精神活动也会滋润你的心理。要使你的环境为你的工作服务，而不是拖累你。不要让那些专门扯你后腿的消极人士成为你前进的阻力，让环境在你成功的过程中起到正面作用的办法是：多接近那些积极的成功人士，拒绝同消极人士来往。

每一件事情都要做到尽善尽美。因小失大所导致的种种额外负担，你无暇承担也承担不起。

爱你的父亲

详解

跟思想积极进步的人一起成长

俗话说，近朱者赤，近墨者黑。和不同类型的人打交道就会受到不一样的影响。孟母为了给孩子找到合适的交往圈，不惜搬了三次家。洛克菲勒曾在日记中写道，东方大思想家孔子也说过，不要结交比自己还差的朋友。

开明的洛克菲勒时刻提醒约翰要给自己建立一个纯洁积极的朋友圈，"我当然不反对你扩大自己的社交圈，这可以增加你的生活情趣，扩展你的生活领域，甚至可以帮你找到知己或者帮你实现人生理想的人。但有些人显然不值得你与之交往，比如，那些拘泥于卑微、琐碎的人"。

为了防止受到消极、不良的影响，我们要时刻谨记：要与思想积极的人为伍。因为一个积极乐观的朋友会在你前进的道路上给予你很多指导和鼓励，在你失败的时候给你很多勇气和希望，跟这样的人一起成长才能有所收获。

从年轻的时候，洛克菲勒就对朋友品质的甄辨有了很好的判断力，并且一直使自己与那些思想积极的人来往，主动回避那些消极、蛮横、鼠目寸光的人。

在写给儿子约翰的信中，洛克菲勒就很有条理地将自己在交友方面的原则教给约翰，并希望约翰能从中领悟到其深刻的含义。

被洛克菲勒拒绝成为好友的人主要有两种，第一种就是安于现状的人。这类人不对未来充满希望，因为他们自认为自己能力不足，不可能有很好的运气和实力，更不可能会做成一番大事。相反，他们喜欢稳定、有保障但待遇稍微低一些的工作，哪怕这些工作简单重复，日子也是浑浑噩噩。当然，其中也有一些人可能想过做一份有挑战的工作，不过终究没有足够的信心和勇气，使他迈步跳出那个得过且过的怪圈，他们又做回了害怕困难和阻力的老样子。

在洛克菲勒看来，这些不懂得欣赏自己的人到头来依旧过着哀叹命运的生活，让消极占据自己的内心。

第二种是指不能有始有终地完成挑战的人。这类人比第一种人有一定的进步，但是结果却差不多。他们也憧憬美好的未来，并能为这些工作做出一定的计划，进行到这里，问题就出现了——不能长期坚持自己的梦想，不能持续完成计划。随着时间流走，有时候越来越大的压力使他们萌生了放弃的念头，梦想久久没有出现的征兆也使他们对自己当初的选择和努力产生怀疑，继而也就变得懈怠、自暴自弃。

这样的人会有很重的恐惧感，这种恐惧感可能是因为某次失败的经历直接造成的。事实上，这一类人其实对现状并不满意，但是正因为他们心里的那份恐惧，才使得他们不敢再过多地涉险，也就徒留失败后的自怨自艾了。

此外，在这一类人中，也不乏一些真正有才能的人，但是就因为那一份恐惧和不安，束缚了他们前进的脚步，让他们不敢再轻易冒险，使他们只能以平淡的生活结束一生。

在洛克菲勒描述的这两种人身上体现着这样一个共同点——消极情绪过于浓厚。如果和这样的人交往，你就会受到消极情绪的影响，会变得卑微、消极，思想和行动都会受到局限，束缚住手脚，还如何向成功迈进？

行走在漫漫人生道路上的人们，总会走进不同的人生大门。在这些门背后是一颗什么样的心，我们无从而知。而一个不小心，择友不慎，我们将会进入一扇再也不能打开的门，让自己跌落在失败和失望的泥潭里。所以，请合理利用选择好友的权利，不是任何一次错误都有改过的机会。

由此可见，我们一定要和思想积极、进步的人在一起，和他们一起成长，一起进步。

奥斯特洛夫斯基是苏联伟大的作家，布尔什维克战士。1904 年，奥斯特洛夫斯基出生在乌克兰的一个贫困的家庭中，是家里的第五个孩子。

小学毕业后，因家庭原因，奥斯特洛夫斯基不得不辍学回家。1919 年，他加入了第一骑兵军，成为一名出色的马刀手。参加国内战争期间，奥斯特洛夫斯基不幸负伤，最后只能退居二线，指导共青团的工作。

因这场战斗，给他的身体健康造成了很严重的伤害。到了 1927 年，奥斯特洛夫斯基的身体状况急剧下降，而他在和病魔做斗争的同时，还着手写了一篇《暴风雨所诞生的》，主要讲述了历史英雄的故事。

同年年底，奥斯特洛夫斯基将自己两个月所创造的小说寄给了远在骑兵旅的战友，不幸的是，这个唯一的手稿竟然在邮寄的过程中丢失了。这又给了奥斯特洛夫斯基沉重的打击。不过，他很快从这一次打击中恢复过来，继续自己的工作。

不幸接踵而来，两年之后，奥斯特洛夫斯基全身瘫痪，双目失明。1930 年，已经进入盲人状态的奥斯特洛夫斯基凭借其积极进步的心态和顽强的意志写下了最为著名的长篇小说《钢铁是怎样炼成的》。

六年后，奥斯特洛夫斯基因伤病复发而不幸离世。

在困难和伤病面前，奥斯特洛夫斯基还保持着积极进步的思想，和病魔做斗争的同时，写下了鸿篇巨作。他的一生虽然短暂，但是却给人类留下了很宝贵的精神财富。

而在我们日常生活中，应该也保持这种心态，和思想积极进步的人在一起成长。这不仅会丰富我们的头脑，充实我们的心灵，还会给我们带来很大的精神支撑，让我们不畏艰难地走下去。

同那些永远也不屈服的人做朋友

人们说：近朱者赤，近墨者黑，我们和消极的人交往，那么我们也会成为消极的人；我们和积极的人交往，我们的思想也会变得更加积极。在我们的生活中，和什么样的人交往，有什么样的朋友，都对我们有着极其深远的影响。而只有同那些永远也不屈服的人做朋友，我们的人生才会向上走。

洛克菲勒在给儿子的信中写道："我喜欢同那些永远也不屈服的人做朋友。"有个聪明人说得好：我要挑战令人厌恶的逆境，因为智者告诉我，那是通往成功最明智的方向。只是这种人少之又少。这种人绝不让悲观来左右一切，绝不屈从各种阻力，更不相信自己只能浑浑噩噩虚度一生。他们活着的目的就是获得成就，这种人都很乐观，因为他们一定要完成自己的心愿。这种人很容易成为各个领域的佼佼者。他们懂得享受真正的人生，也真正了解生命的可贵与价值。

2003 年 5 月，在北京科学会堂上，一场别开生面的学术报告会开始了。这场报告会的主角就是世界著名的科学家霍金。

报告会中，有一个很年轻的女记者问道："霍金先生，很冒失地问一句，您被运动神经元症困在了轮椅上，您曾经为自己失去了很多东西而难过吗？"

霍金听后，脸上还是挂着淡淡的微笑，没有任何异样。他慢慢地抬起自己的手指，僵硬而又艰难地敲打着面前的键盘。慢慢地，在会堂宽大的屏幕上，出现了几行字……

我的手指还可以活动，

我的大脑还可以思考，

我的理想还在不懈地追求，

我还有我爱的和爱我的亲人朋友在身边，

而最为重要的是，

我还怀有一颗感恩的心……

最后一个字刚打完，整个会堂都响起了热烈的掌声，人们都纷纷走上台，和这个残疾而又坚强的伟人握手、致敬。

霍金从大三开始，因为疾病的原因，只能靠轮椅走路。可是这样的打击并没有让霍金屈服，相反，他选择了一种较为积极的态度来面对自己所遭受的一切。他坦然接下所有的苦难，并且在苦难中顽强拼搏，最终成就了一番遥不可及的事业。

如果我们同霍金这般的伟人交往，那么我们虽不能企及他的成就，却可以从他的精髓中学得一二。同样，如果我们同消极人士交往，那么我们的心态也会随之黯然、无力，甚至一个不注意，还会拉你下马，误你前程。

从前有一个秀才，连考了三次都没有考上功名，他第四次进京赶考，考试前两天他连着做了三个梦。第一个梦，他梦到自己在墙上种了棵白菜；第二个梦，他梦见自己在下雨天戴着斗笠、拿着伞赶路；第三个梦，他梦见自己躺在床上，背对着一顶乌纱帽。

这三个梦似乎有些寓意，秀才第二天将这个梦说给算命先生听。算命的一听，连拍大腿说："你还是回家吧。你想想，高墙上种菜不是白费劲吗？戴斗笠打雨伞不是多此一举？背对着乌纱帽，这不是没戏吗？"秀才一听，心灰意冷，回到入住的客栈收拾包袱准备回家。店老板非常奇怪："不是明天才考试吗？今天怎么就回乡了？"秀才就把自己的梦境和算命先生的话都说了一遍。

店老板哈哈大笑道："我也会解梦，但我倒觉得你这次一定要留下来。你想想，墙上种菜，不是高中吗？戴斗笠打伞，不是说明你这次有备无患吗？背对着乌纱帽，不是说明你翻身的时候就要到了吗？"

秀才一听，觉得不无道理，于是精神振奋地参加了考试——结果，他竟然中了个探花。

算命先生就属于消极悲观的一个人，凡事都喜欢往最坏的地方想，而店家却又是另一个模样，他喜欢将所有的事情都往好处想。试想一下，如果这位秀才听了算命先生的话，那么他的这个探花也不知道何年才能够拿到手了。

由此可见，选择什么样的人做朋友，在我们的人生中极为关键。所以，我们一定要拒绝和消极人士来往，而是要和积极人士多交往。只有这样，我们的人生才会不断地进步，而非停滞不前，甚至是倒退。

遇到难题时，先找第一流的人帮忙

对于独立和合作，我们常常不能很好地把握两者之间的转化关系。不管什么时候，独立思考都是成功路上必备的条件。但是有些时候，我们也会遇到一些过于棘手的事情，这时我们就需要求助于人了。而我们所要求助的对象，必须是那些在行业里面一流的人，只有这样，我们才能够得到最中肯、准确的建议。

为什么一定要选择一流的人来帮忙？洛克菲勒这样跟儿子约翰讲道："当你遇到任何无法应付的困难而要寻求帮助时，明智的做法是找一流的人物。如果向一个失败者请教，就跟请求庸医治疗绝症一样可笑。你的前途很重要，千万不要在喜好搬弄是非的人那里征求意见，因为这种人一辈子都没有出息。像是这样的人，哪能给出什么好的建议呢？"

洛克菲勒是如何请第一流的人来帮助他解决问题的呢？从和阿奇博尔德的交往中我们能得到一些启示。

对于洛克菲勒来说，除了弗拉格勒外，阿奇博尔德也是他人生中非常重要的一个人物。洛克菲勒在公司吃午饭的时候，总是和阿奇博尔德、弗拉格勒坐在一起。

阿奇博尔德比洛克菲勒小 9 岁，身材不高的他是一位牧师的儿子，他和洛克菲勒一样，有一个比较辛苦的童年。阿奇博尔德 10 岁的时候他的父亲抛弃了家庭，不过在母亲的倾心教导下，阿奇博尔德倒也养成了乐观开朗的性格。阿奇博尔德十几岁的时候，便来到了泰特斯维尔，进入到炼油厂工作。

而洛克菲勒之所以能和阿奇博尔德成为好友，也是因为阿奇博尔德所在的泰特斯维尔炼油厂被洛克菲勒用高价收购，二人以此结识。

阿奇博尔德为人真诚，他总是兴高采烈的样子，满肚子装的都是笑话和故事。有阿奇博尔德的地方，就有欢声笑语。阿奇博尔德这种平易近人的性格加上善于处理公共关系的能力，受到了洛克菲勒的重视。这一次，阿奇博尔德被派往油溪，去游说那里的炼油商们入伙。

以前，油溪的人们总是用敌对的态度看待洛克菲勒他们，同时油溪的人们又有些害怕洛克菲勒，所以，洛克菲勒的几次谈判都没有取得实质性的进展。阿奇博尔德就不同了，他的微笑能让人放下心里的负担，缓和紧张的敌对情绪，事实也像洛克菲勒预料的一样，阿奇博尔德在油溪方面的工作开展得很顺利。

接下来，洛克菲勒组建了阿克米石油公司，并任命阿奇博尔德作为主要管理者率领这个公司去兼并当地的炼油商。阿奇博尔德没有辜负大家对他的厚望，短短几个月，阿奇博尔德就通过购买或者租赁的形式，使 27 家炼油商归顺了标准石油公司。阿奇博尔德的速度之快，另洛克菲勒刮目相看。如实履行洛克菲勒要求的阿奇博尔德用公道的价格收购那些剩余的炼油厂，使分散的炼油商们都如数进入到标准石油公司的管理中。

阿奇博尔德之所以能够成为洛克菲勒的左膀右臂，正是因为洛克菲勒在遇到困难时，能及时发现合适的人才，阿奇博尔德才有机会到标准石油公司最艰苦的战场去战斗，并用自己的才能为标准石油公司赢得了一场场的胜利。而洛克菲勒善于用人，善于在遇到困难时寻求最优秀的人来帮忙，也是他成功的重要秘诀，这一点值得我们认真学习和借鉴。

寻求他人的帮助并不丢人，相反，如果能够在合适的时机请一流的人来帮忙，能为我们的工作注入新的活力，使我们能够更加有效、准确地向目标迈进。但我们需要注意，这种帮助不能让我们忘却独立思考的重要性，不能使我们产生依赖的坏习惯，要永远记住，在人生这条道路上，赶车的是你自己，他人只不过是帮你修修车轮而已。

另外，如何寻找一流的人才也是我们需要注意的问题，不是任何一个热心人都能为我们贡献力量，好心办坏事的教训需要我们谨记。在遇到问题时，在相关专业有经验的人是我们首先需要考虑的求助对象。在平时的生活和工作中，我们还需要多留心那些有着相关知识的人们，这样才能在遇到困难时从我们的人脉库中找到合适的人选。

不要拿环境当借口

有那么一部分人，在遭遇失败和困难的时候，总会将所有的过错都归结在环境身上：环境不好、环境不适应等，却很少从自己身上找原因。

在洛克菲勒看来，这样的人都得了一种病，一种名为思想上的病。得病的人都有一个共同的特征，他们都是失败者，都是怨恨环境的懦夫。相反，那些成功的人却不会把失败推到环境上，他们懂得从自身找原因，从自身找缺点。

休斯顿是洛克菲勒公司的销售经理，在他任职期间，曾遭受过一次比较尴尬的境况。他刚上任没多久，公司的销售量便急剧下降。为了挽回这个形势，休斯顿召开了一次销售大会，要求所有的销售人员全部参加。

首先，他让几个比较优秀的销售员讲述一下销售下跌的原因，几乎每一个销售员都在抱怨现在的商场环境，抱怨资金缺少，抱怨时局不好。

休斯顿听了之后皱了皱眉头，便说道："停，大家先休息十分钟，我得先擦一下皮鞋。"

然后他便让人将负责擦鞋的一个黑人小男孩叫了进来。在场的销售员被休斯顿的这一举动惊住了，他们不知道休斯顿这么做的原因是什么？小男孩将皮鞋擦好后，休斯顿给了他一毛钱的工费，并开始自己的演说。

他指着这个小男孩说："大家应该都认识这个小男孩，他承包了我们公司所有人的擦鞋权，而在他之前，是一个比他大很多的白人。虽然那个时候公司每星期都会给那个白人五美元的补贴，再加上公司几千个员工，这些费用都不够他的日常开销。后来，这个小男孩代替了那个白人。他不仅不要公司补贴薪水，而且每周还会积攒下一部分钱。他和那个白人的工作环境是一模一样的，也都在同一家公司工作，服务的对象也都是一样的。那么，为何这个小男孩可以赚到足够的钱，而那个白人却不行呢？这是环境的错吗？还是谁的错？"

推销员们都不约而同地说："当然是那个白人的错。"

休斯顿听后，说道："正是这样，而你们也是一样。你们现在所销售的东西和上年一模一样，你们工作的环境也和上年一模一样。在同样环境、同样条件下，你们的业绩却远不如上一年，这又是谁的错呢？环境吗？"

销售员听后，又说道："当然，这是我们的错。"

在这个故事中，销售部的这些员工们将销售业绩的下滑全部都归结到自己所在的商业环境、当下时局上，却没有从自身上寻找问题。虽然说每一个公司的老板都喜欢那些可以完成工作任务的优秀员工，但是他们也喜欢那些没有完成任务但能够勇于承担责任的员工。

所以，不要把过错推给环境，也不要用借口来掩盖事实，我们要勇于承认错误，看清眼前的事实，找到自己的不足，以寻求更好的发展。只有这样的员工才是老板所想要的，也是事业生涯中所必不可少的。

第**17**封信

要有竞争的决心

原文

February 19,1903

亲爱的约翰：

　　我有一个不好的消息要告诉你，就在昨天晚上，本森先生去世了。这让我感到难过。

　　本森先生是我昔日的劲敌，是一个让我尊重的竞争对手。他卓尔不群的才干、顽强的意志和优雅的风度都给我留下深刻的印象。

　　直到现在，我还记得在我们结盟之后，他跟我开的那个玩笑，他说："洛克菲勒先生，您是一个毫不手软而又完美的掠夺者。如果我输给那些坏蛋，会让我非常难过，因为那就像遭遇了抢劫。但与您这种循规蹈矩的人交手，不管输赢，都会让人感到快乐。"

　　当时，我分不清本森是在恭维我还是在赞美我，我告诉他："本森先生，如果你能把掠夺者换成征服者，我想我会乐意接受的。"他笑了。

　　我非常敬佩那些在大敌当前依然英勇奋战的勇士，本森先生就是这样的人。本森在与我结成联盟之前，我刚刚击败了全美最大的铁路公司——宾州铁路公司，并成功制服了全美第四家也是最后一家大型铁路公司——巴尔的摩－俄亥俄铁路公司。就这样，连同我最忠实的盟友——伊利铁路公司和纽约中央铁路公司，全美四大铁路公司全都成为我手中掌控的工具。

　　与此同时，标准石油公司的输油管道正一步步延伸到油田，更让我感到高兴的是获得了连接油井和铁路干线所有主要输油线的绝对控制权。

　　坦率地说，那时我的势力已经触及采油、炼油、运输、市场等石油行业的各个角落，如果我说我手中握有采油商、炼油商的生杀大权，绝非大话，我可以让他们腰缠万贯，也可以让他们一钱不值。但的确有人无视我的权威，例如本森先生。

　　本森先生是个雄心勃勃的商人，他要铺设一条从布拉德福德油田到威廉斯波特的输油管道，去拯救那些唯恐被我击垮，而急欲摆脱我束缚的独立石油生产商们，当然，想从中大捞一把的念头更驱使着他勇闯我的领地。

　　这条连接宾州东北部与西部的输油管线，从一开始就以惊人的速度在向前铺进。这引起我极大关注。约翰，任何竞争都不是一场轻松的游戏，而是活力十足、需要密切注意、不断做出决定的游戏，否则，稍不留神你就输了。

　　本森先生在制造麻烦，我必须让他住手。起初我用了一套显然并不高明的手法与本森开始较量：我用高价买下一块沿宾州州界由北向南的狭长土地，企图阻止本森前进的步伐，但本森采取绕行的办法，化解了我打出的重拳，结果我成了无所作为的地主，却让那里的农民一夜暴富。接着我动用了盟友的力量，要求铁路公司绝不能让任何输油管道跨越他们的铁路，本森如法炮制，再次成功突围。最后我想借助政府的力量来阻止本森，但没有成功，只能眼睁睁地看着本森成为英雄。

　　我知道，我遇到了难以征服的劲敌，但他无法动摇我竞争的决心，因为那条长达110英里的管道是我最大的威胁，如果任由原油在那里毫无阻碍地流淌，流到纽约，那么本森他们就将取代我成为纽约炼油业的新主人，同样也将使我失去对布拉德福德油田的控制。这是我不能允许的。

　　当然，我并不想赶尽杀绝。我真正的目标是希望不用太高的价格，就能得到我想要的东西——不能让本森他们胡来，破坏我费尽心机才建立起来的市场秩序，毁了我对石油业的控制权，这可是我的生命。所以，当那条巨蛇即将开始涌动的时候，我向本森提议，我想买他们的股票。但很不幸，我遭到了拒绝。

这激怒了我们很多人。主管公司管道运输业务的奥戴先生提出用武力破坏他们的管道，以惩罚那些不知好歹的家伙。我厌恶这种简单粗暴的想法，只有无能的人才会做出这类令人不齿的勾当，我告诉奥戴：杀了你那个愚蠢的想法！我从来没有想到会输，即使输了，唯一该做的就是光明磊落地输。

如果谁能在背后搞鬼而没有被人抓到，他可能占据绝对的竞争优势。但是，邪恶和不道德的行为非常危险，它会让他丧失尊严，甚至带来牢狱之灾。而任何欺骗和不道德的行为都无法持久，都不能成为可靠的企业策略，这只会破坏大局，使未来变得愈发困难，甚至失去一切发展的机会。我们一定要讲究规矩，因为规矩可以创造关系，关系会带来长久的业务，好的交易会创造更多的交易，否则，我们将提前结束我们的好运。

就我本性而言，我不欢迎竞争，我想做的就是彻底摧毁竞争者。但我不需要不光彩的胜利，我要赢得美满、彻底而体面。就在本森洋洋得意，享受成功带来的喜悦之时，我向他发动了一系列令他难以招架的攻势。我派人给储油罐生产商送去大批订单，要求他们保证生产、按时交货，令他们无暇顾及其他客户，包括本森。没有储油罐，采油商只能将开采的原油倾泻到荒野上，那么等待本森先生的就不会是待运输的石油，而是大声的抱怨。与此同时，我大幅降低管道运输价格，将大批靠本森运送原油的炼油商们吸引过来，变成我们的客户。而在此前我已迅速收购了在纽约的几家炼油厂，以阻止它们成为本森一伙的客户。

一个优秀的指挥官，不会攻打与他毫无利害关系的碉堡，而是要全力摧毁那个至关重要、关乎攻城行动的碉堡。我的每一轮攻击都打在本森先生的致命关节，让他无油可运，最终我成为了胜利者。在那条被称为全球最长的输油管道建成未足一年之时，本森先生投降了，他主动提出与我讲和。我知道这不是他的本意，但他很清楚，如果再与我继续对抗下去，等待他的就只有更加悲惨的失败。

约翰，每一场至关重要的竞争都是一场决定命运的大战，"后退就是投降！后退就将沦为奴隶！"战争既然不可避免，那就让它来吧！而在这个世界上，竞争一刻都不会停止，我们也就没有休息的时候。我们所能做的，就是带上钢铁般的决心，接受纷至沓来的各种挑战和竞争，而且要情绪高昂并乐在其中，否则，就不会产生好的结果。

要想在竞争中获胜，较为关键的是你要保持警觉，当你不断地看到对手想削弱你的时候，那就是竞争的开始。这时你需要知道自己拥有什么，也需要知道友善、温情可能会害了你，而后就是动用所有的资源和技巧，去赢得胜利。

当然，要想在竞争中获胜，勇气只是赢得胜利的一方面，还要有实力。拐杖不能取代强健有力的双脚，我们要靠自己的双脚站起来。如果你的双脚不够强壮，无法支持你做出迅速而稳健的行动，这时你要做的不是放弃和认输，而应该是努力去磨炼、强化你的双脚，让它们发挥力量。

我想本森先生在天堂里也会同意我的观点的。

爱你的父亲

竞争是一场饱受指责和抨击的修行

有竞争的地方，肯定就会有抨击，有指责和诋毁。有人奋起反抗，也有人保持沉默。但是值得肯定的是，那些备受诋毁和指责的竞争对手，身上肯定会有让人嫉妒到发疯的品质。面对这些，我们所要做的就是勇敢直视，打破它，超越它。就如同世界石油大王洛克菲勒所说："一个成功的人，就必须懂得逆潮流而上。"

他是这么说的，自然也是这么做的。

1872年2月26日，油溪人惊恐地发现，铁路的运营价格在一夜之间对用户竟然上涨了一倍。而这些用户中，并不包含匹兹堡和费城在内的特权分子。人们发现，这些特殊的群体都属于一个叫"南方发展公司"的实体，而南方发展公司的幕后独裁者便是洛克菲勒。

铁路运营上涨，对于那些炼油商们可谓是一个天大的打击，就相当于堵住了他们赚钱的道路啊。于是，他们联合起来，走上街头，去抗议这种"惨无人道"的手段。后来，洛克菲勒还回忆说："人们四处集会，到处都是抗议声。"

为了报复南方发展公司，他们组成了石油生产同盟会，并且决定只把原油卖给油溪一带的炼油厂。他们还组织一小部分居民，在周围的几个小城镇里抗议巡回。

不得不说，这一段日子，火药味十足。

洛克菲勒的名字被印在《石油城钻架报》的头版，在名字的一边还印制着一句煽动的话语："请看这些蟒蛇的丑恶嘴脸。"也正是在这一次浪潮中人们才知道了洛克菲勒的大名，因为在这些煽动者中不少是洛克菲勒的死敌。为了激起民众的愤怒，这些死敌将洛克菲勒单独拉出来抨击和辱骂。一时间，洛克菲勒的名声急下。

为了确保洛克菲勒的安全，石油公司还特地派了两名雇员，日夜守卫在洛克菲勒的办公室外。希普是洛克菲勒的合作伙伴，他说，那一段时间，局势很是紧张，一些朋友见了他，都不敢和他说话，甚至还有人用暴力威胁自己。

另外，一些闹事的人，还烧掉了洛克菲勒旗下的铁路公司，砸毁了公司的油罐车，甚至还毁掉了一段铁轨。

不过，这些恐吓和抗议并没有让洛克菲勒恐惧。他将油溪看作是人间地狱，急需要一名强者出来统治和管理。而在洛克菲勒看来，自己的这一想法是无可挑剔的。他认为自己是有理的，所以在那么长的时间里，他都没有理会过在门外的记者。

那一段时间，他在住所和办公室周围都布控了警察，在他的床头边还放置了一把左轮手枪。

晚年时期的洛克菲勒再次回忆起这起事件时，曾遗憾地说："当初不应该保持沉默的。沉默对你而言是因为没有必要，而对别人来说可能就认为是你心中有愧，所以才不出来辩驳的。"

在洛克菲勒的一生中，像这种情况还有很多，但是他却始终都以这种沉默平静的态度来对待。这也使得他的朋友说他像一头犀牛，那么的结实和坚强。而洛克菲勒也答道："外界的人可以指责我，竞争对手可以抨击我，但只要不阻止我的道路就可以了。"

在面对外界吵闹和竞争对手的恶意抨击时，洛克菲勒并没有丧失他前进的信心。他还说过："等事情平息一些后，我们可能会做一点简短的回应。最重要的是，应该让我们所在的这个行业明白，我们的想法和坚持都是正确的，是可靠的。我坚持自己的想法，并勇敢地付诸行动。我相信，结果肯定是好的。"

他一直在坚持，他一直存有希望。他知道大部分人所不知道的事情，他清楚自己的想法。他认为，他的想法是正确的，也必须是正确的。他不在乎外界如何抨击和恶意辱骂自己，他只知道，他坚持下去就行了。

不容忽视的潜在竞争者

在现实生活中，企业一般情况下都是关注现实意义的竞争对手，而忽略了潜在对手的威胁。要知道，潜在竞争对手一旦转化为现实竞争对手，那么它给企业所带来的冲击力将是巨大的、无法估计的。

由此，要想在激烈的市场竞争中生存下去，我们就必须具备相应的危险意识，要明确潜在竞争对手的存在，做好随时迎战的准备。

可是，潜在竞争对手是很难识别的。如果漫无目的地寻找，只会浪费财力物力，甚至还会给潜在竞争对手机会。那么，我们到底该如何应对潜在的竞争对手呢？洛克菲勒在这一方面做得非常好，可谓是这一方面的典范。

当时，洛克菲勒统辖下的标准石油公司，是克利夫兰生产成本最低、最有效率的一家石油生产商。按理说，洛克菲勒静静地坐在办公室里，就可以弄垮竞争对手的企业。可是他并没有这么做，而是花高价将竞争对手的公司一家家地收购，关闭了他们的炼油厂。那么他到底为什么这么做呢？

要知道，当产品价格远低于生产成本的时候，产品商家就面临着倒闭的危险。不过，这种市场规律并不适合应用到石油市场上来。那些炼油商们虽然身上有沉重的银行债务和竞争压力，但是就算是亏本经营，也足够偿还他们的债务利息了。所以，不到万不得已，这些炼油商是不肯破产的。而这样一来，石油市场的油价将会被进一步拉低，最后致使每个人都无利可图。

这就好比是一只无形的手，在背后操控着石油市场的价格。每一个炼油商都竭尽可能地追逐自己的利益，最后却危及了整个石油市场的利益。洛克菲勒说："大多数情况下，那些强大聪明的对手并不会给你带来极大的困难，而往往是那些在生死边缘苦苦挣扎的厂商会给你带来巨大的磨难。因为他们已经毫无顾忌了，要么办下去，要么关门大吉了。"

为了消除这种潜在的威胁，洛克菲勒只能大量地收购炼油厂，由此也欠下了一屁股的债务。为了还清债务，他必须要防止价格无止境地波动。

在他看来，经济过于繁荣或者是萧条都不利于获取利益。他主张适度增长，这也是从个人利益出发的。洛克菲勒的想法就是将濒临破产的炼油厂收购后便以低廉的价格出售，这样又能够消除一大批的潜在竞争者，将市场风险和意外降到了最低。

只有这样，他才能保证自己公司的长远发展，才不会像其他油厂一样步入低谷。

洛克菲勒家族之所以能够长久生存下来，和他的潜在危险意识是分不开的。他所注重的不仅仅是明面上的竞争对手，还有那些隐藏在暗处、不容易让人察觉的潜在对手。

明面上的竞争对手很可怕，而潜在的竞争对手则更加可怕。如果企业不注重对现有的竞争力的维护，没有潜在威胁的意识，那么你的核心地位就有可能被后来居上的潜在竞争对手所占领，这将会给企业的发展带来致命的打击。

所以，一个企业要想生存发展下去，就必须要像洛克菲勒那样，有忧患意识，既注意表面上的竞争对手，也要留意潜在的竞争对手。要在潜在对手出现之前将其扼杀在摇篮中，保证其企业和市场的顺利发展。

竞争需要足够的勇气

商场也是有台阶的，进入商场的时间不同，其位置和高度也肯定是不一样的。身在竞争激烈的商场中，如果没有足够的勇气去面对，是无法适合商场生存的。要知道，要想成为一个成功的商人，那么就得有足够的勇气去追求成功，有勇气去接受竞争和挑战。

当然，在追逐的过程中肯定也会遇到这样那样的挫折，但是只要你用十足的勇气坚持，最后肯定能够得到一个满意的结果。

作为一名成功的商人，洛克菲勒就深知这一点。他曾经教导儿子：要重视每一场至关重要的竞争，这有可能会改变你的命运。而在面临竞争的时候万不可后退，你要有足够的勇气去面对它，否则最后你只能沦为别人的奴隶。

汤姆·斯科特是宾夕法尼亚铁路公司的总经理。对于斯科特这个人，洛克菲勒是极为不喜欢的，而且还称他为最专横跋扈的人物。可是，因为局势的需要，在克利夫兰开战时期，洛克菲勒冒着危险和斯科特达成了一项秘密的协议。

斯科特在华盛顿和北方诸州间颇有声望，对了对付宾夕法尼亚铁路公司和费城的炼油商们，他只能选择和这位商场上有名的奸商合作。让人感到意外的是，中间的传话人竟然是洛克菲勒的对手沿湖铁路公司的职员——彼得·H.沃森。

在圣尼古拉斯饭店内，洛克菲勒和其伙伴弗拉格勒会见了沃森。沃森给洛克菲勒转达了斯科特的一项冒险计划。斯科特提议，可以让美国的三大铁路公司和一些炼油商结成同盟，当然其中也包括标准石油公司。

根据合约的规定，铁路公司将会大幅度地提高运送价格，不过针对那些加入南方发展公司的炼油厂商，可以享受到最高五折的优惠。对于南方发展公司职员最有诱惑力的一条就是，他们可以从竞争对手的运营价格上得到补偿。

这也就是说，只要有炼油厂输送油，那么南方发展公司的职员们就会得到一定的利润。比如，标准石油公司将货物从宾夕法尼亚运送到克利夫兰，期间每一桶油都能够有40美分的折扣，而且还能够从对手身上捞到40美分的好处。

在当时，一些局外人将这一现象称之为最极端、最残酷的竞争手段。

此外，标准石油公司战线的同盟公司都能够轻松获得竞争对手的货运资料，这也成了打击竞争对手的最有力的武器。这样一来，洛克菲勒的标准石油公司毫无疑问地成了南方发展公司的主导力量。

斯科特是一个奸诈跋扈的商人，虽然洛克菲勒不喜欢他，但是为了自己石油公司的发展，为了提高自己的竞争力，他也只能冒险与之合作。这是需要一定勇气的，如若中间出了一点差错，那么洛克菲勒所做的这些可能就会功亏一篑了。

竞争成了我们生活中不能缺少的一部分，上学要竞争，工作要竞争，商场上自然也少不了竞争。在竞争中，或许你会面对一个强劲的竞争对手，也或者会有一个奸诈的合作伙伴。但是只要你有足够的勇气来面对所有的竞争，不退缩，就肯定会有自己的一席之地的。

1925年，一家名为大陆贸易公司的皮包公司从其他地区用1美元50分的价格购买了大量的石油，然后又转手以1美元75美分的价格卖给了印第安地区的标准石油公司。随后，这家皮包公司又将自己得到的利润用于"自由债"的投资，其中斯图尔特上校就是其中的一个受债人。

很快，因为这件事情，斯图尔特上校受到了国会的调查，并且发现他把7.5万美元的自由债都存放在芝加哥的一家银行里。那个时候，小约翰是印第安纳标准石油公司的小股东，他对斯图尔特上校的这种做法极为反感。

他要求斯图尔特上校对自己的行为做出解释，可是斯图尔特上校却因为外界的压力，用一个荒唐的理由搪塞后，便慌忙逃到了国外避难。几年之后，斯图尔特上校才对国会进行了解释。但是在这个过程中，斯图尔特还是不愿意承认自己的错误，他认为自己也是受害者，因为他从这件事情中并没有得到一分钱的好处。

小约翰认为，斯图尔特的这一做法无疑是损害了公司的形象，再加上他不仅不承认错误，而且还推卸责任，于是他便向公司委员会申请解除斯图尔特的职务。只是，那个时候的小约翰是一个小股东，说话并没有什么分量。所以，小约翰的提议犹如石沉大海，一点儿音信都没有了。

再加上公司大部分的股东都站在斯图尔特那一边，而小约翰这里只有最普通的民众，优劣形势一目了然。可是小约翰并没有放弃，要知道，一个有头脑的投资者都不应该只从股息的角度来衡量一个人的才能。

于是，小约翰开始一家家地拜访公司的股东，结合当下的舆论向他们阐述对斯图尔特的观点。希望他们不要将目光一直盯在股息上，而是要注重公司的道德和声誉。经过一轮又一轮的游说，经过一年又一年的坚持，到了 1929 年，股东大会再次召开，这一次，小约翰赢得了 55 票的支持，以绝对性的优势战胜了斯图尔特上校，赢得了最后的胜利。

不得不说，斯图尔特是一个很强大的对手，而小约翰处于劣势，在强力打压下却没有放弃，更没有气馁，而是以绝对自信的态度和斯图尔特上校进行了长达几年的较量。最后，小约翰以完胜的姿态结束了这场战争。

由此也可以看出，只要怀着对事情必胜的信念和勇气，再艰苦的事情都能够成功战胜，再艰难的坎儿最终也能够迈过。

保密是竞争中不可或缺的活儿

在商场竞争中，泄密是老板最忌讳的事情。一家大型的公司可能会因为员工一句多嘴的话而毁于一旦；一个小型的公司，也可能会因为无意间得到的一个秘密，而一跃成为商场上的新星。有人说，在商场上，秘密不叫秘密，而是掌控着一个公司生杀大权的武器。所以对于很多企业来说，他们要求员工所做的第一条就是保密。

洛克菲勒生性敏感，保密意识更是非同一般。他对下属要求很严格，只要看到下属和陌生人谈话，他就要过问一番，并再三叮嘱不可将公司的事情告知外人，有些时候甚至连自己的妻儿都不行。

洛克菲勒是一个非常敏感的人。随着公司规模的不断扩大，他的保密意识也越来越强，甚至可以将其称为多疑症。

有一天，洛克菲勒看到自己的下属正在和一个陌生人谈话，于是他就站在一边等候。等陌生人走后，他就上前询问自己的下属，陌生人是什么身份。虽然下属再三表示那个陌生人就是自己的朋友，谈的也是和公司无关的事情，但是洛克菲勒还是叮嘱，说："说话的时候一定要小心，你一定要弄清楚他来我们公司做什么，千万别让他找到对我们不利的任何东西。"下属则回答："老板，他只是我的朋友。"

洛克菲勒又说道："或许是这样吧，但是也不能大意，毕竟谁都不能肯定。所以我们要小心，再小心。"就这样，在下属的再三保证下他才离去。

在收购竞争对手公司的时候，洛克菲勒则更加注重保密。收购之后，他要求原有公司依然使用自己的名称营业，而且还不准对人透露被标准石油公司收购的消息。他甚至还要求，被收购公司还是使用原有的信纸并设立秘密的账户，不要让人知道与标准石油公司的关系。

在和标准石油公司联系的时候，被收购公司也被要求使用密码或者是假名进行。

另外，他还警告那些被收购的炼油厂主们，千万不能对外界透露自己所得到的巨额财产，以免让外人看出端倪。

还有一次，为了和一位克利夫兰的炼油商达成收购协议，他还在晚上将这个炼油商请到自己的家里，并且对炼油商说："对于这一份合同，你一定要保密，就连你的妻子都不能说。以后你挣了更多的钱，也不要让外人知道。出去的时候千万不要讲排场，也不要赛马，否则容易让人看出马脚。"

因为这般秘密的交易，以至于标准石油公司的上层人员担心，假如某些被收购老板突然离世，那么他的儿子很有可能会认为自己对厂子是有继承权的。

但是不管怎样，正是在洛克菲勒如此周密严谨的生意态度下，才促进了他的石油王国的兴起，才奠定了自己石油霸主的地位。

所以，要想成为一个成功的企业者，就应该注重对企业机密的维护，注重培养员工的保密意识，不能让秘密成为威胁公司的潜在武器。只有将企业的机密维护好了，你才可以无后患地去和商场上的竞争对手打交道，才能够放心大胆地实施自己的商业计划，建立自己的商业王国。

竞争需要有点小技巧

毫不夸张地说，商场就是一个另类的社会。在这个社会里，竞争无处不在，甚至让人连喘息的时间都没有。在商场上竞争是无法避免的，不管什么样的竞争，到最后势必都会产生一个失败者。我们所要做的，就是如何在竞争中避开不利的因素，立于不败之地。

技巧是竞争过程中不可或缺的手段之一，适当地运用一些技巧，可能就会扭转不利的局面，反败为胜。这是大多数企业高手亲自验证的手段，也是很多企业界的领头羊最为推崇的竞争方法之一。

对于洛克菲勒这个石油国王来说，除了用他雄厚的财力打压竞争对手外，他也会在竞争中使用一些小技巧，使得谈判更加容易。

1. 适当时候给对手施点压力

洛克菲勒进军石油王国的第二个目标便是匹兹堡，因为那里是阿勒格尼河和油溪的交汇处，是很重要的交通枢纽。他要想建立自己的石油王国，就必须将匹兹堡一带的炼油厂收入自己的旗下。

1874 年冬天，在萨拉托加斯，洛克菲勒和同行查尔斯·洛克哈特和威廉·G.沃登进行秘密的会谈。

萨拉托加斯普林斯有一个很大的赛马场和赌场，这里是有钱人的集聚地。洛克菲勒便将两位老板约到了这里。

用完早餐后，洛克菲勒和这两位老板坐在紧靠湖边的一个小亭子里，进行了长达 6 个小时的谈话。谈话中，洛克菲勒向他们二人传达了自己想要收购匹兹堡和费城两地最大几家炼油厂的意图。

洛克菲勒还劝说大家，只有将这些炼油厂合并为一家公司，大家才不会受到价格波动的影响，才不会危及自己的利益。两位老板听后，都陷入了思考的状态，显得有些犹豫不决。

见此，洛克菲勒又拿出了自己最后的王牌。他邀请沃登前去标准石油公司，查看自己公司的账册。这一看，沃登就惊呆了，洛克菲勒制造煤油的成本实在是太低了，甚至出售的价格比成本的价格还低。就算是这样，标准石油公司竟然还能够盈利，这真是一个可怕的对手啊。

就这样，沃登将账册的事情又告诉给了洛克哈特，二人又花费了好几周的时间对洛克的公司进行了一番调查，最后，他们二人答应了和洛克菲勒合作。而洛克菲勒给他们的好处是：合并之后，两家可以享受到铁路运送费用的最低折扣；贷款时也只需支付极少的利息；优先使用油罐车和最先进的油罐车生产技术。

这一合作下来，匹兹堡一半以上的炼油厂都掌握在了洛克菲勒的手中。盟友们都愿意在自己的地盘上发展业务，也为之后标准石油公司的发展和并购奠定了良好的基础。

洛克菲勒一手安排的并购案在当时引起了很大的轰动，并且还造成了大规模的连锁反应。两年之后，洛克菲勒又接连收购了二十多家炼油厂，成为石油产业的龙头老大。

竞争是非常残酷的事情，在商场上，如果两个竞争者不肯相让的话，最后的结果很可能就是两败俱伤。这样一来，最好的办法就是实现合作共赢，而洛克菲勒便是使用了这样的方法。

在上述的谈判案中，洛克菲勒可谓使用了威逼利诱的方法，迫使两家合作。他在给两家很高待遇的同时，也有意无意地让两家知道了自己公司的实力。权衡之下，他们自然就会选择和洛克菲勒合作了。

同样，如果洛克菲勒只一味地采用强硬手段的话，洛克菲勒公司就算赢得最后的胜利，但其自身肯定也会受到一定的影响。要知道，再大的公司也经不起小虾小鱼的折腾，如果一味地和他们对抗，而不想方设法将他们收服的话，那么他们可能就会为了一时的利益，和你拼得鱼死网破。最后小虾米没逮到，反而损害了自己公司的利益。

2. 以上帝的名义竞争：给竞争找个好由头

洛克菲勒除了是美国石油大王外，他还有一个鲜为人知的身份——一名虔诚的基督教徒。几十年来，他从不会缺席教会的礼拜。不过在他的竞争对手眼中，洛克菲勒却是一个不折不扣的伪君子，他想要利用宗教的名义，做一些伪善的事情。

洛克菲勒却认为，他赚钱的本领是上帝赐予的，就好比艺术一样，每个人有每个人的天分。既然上帝赐予了赚钱的天分，他就要好好利用才行。

他还说，在大多数情况下，宗教和资本主义是不冲突的。如果他的新教观念没有融入到他的事业中，那才是天大的怪事呢。在建立石油王国的时候，他就展现出了很多带有宗教色彩的性质，总想着要给这残酷无情的商战赋予一层高尚的意味，将对物质和金钱的追求变得神圣化。

他把残酷的竞争看成是上帝的意思，他把自己的创业历程看成是基督教的传奇。在他的眼中，是他将那些罪孽深重的炼油商拯救出来的。"竞争，以上帝的名义"是他一贯的策略和原则。

洛克菲勒是一名虔诚的基督徒，而他在阐述他的石油公司时也总是会利用他所知道的宗教进行比喻。他曾经这样说过："标准石油公司就是一位仁慈的天使，他让你们带上自己的家当，乘上他的方舟，而他也愿意和你们共同承担风险。"

如果有人批评洛克菲勒的做法破坏了石油市场，那么他就会非常生气地说："这不是破坏，也不是毁灭，这完全是出于好心的。这是上帝的旨意，是神圣的。我们的目的就是将这个垮掉的行业从地狱的深渊里拉出来。不能因为这样，就把我们认为是罪犯。"

在他那里，标准石油公司就是建立在信仰之上的，并且拯救了整个石油行业，将石油行业从黑暗推向了光明。而标准石油公司背后的洛克菲勒和他的合作伙伴们则都是送来光明的使者，收购炼油厂其实也是对弱小竞争者的一种关心和爱护，并没有什么不光彩的地方。

洛克菲勒将那些批评自己的人看作是一群迷失了方向、愚昧无知的人，他们是被嫉妒心和偏见所主宰的。在竞争的过程中，洛克菲勒不管使用什么极端的方法，他都认为是理所当然的，而非如别人所说的恶棍。

洛克菲勒将其所做的一切都归结于上帝的指示，这也给了洛克菲勒一种无穷的信念，可以让他依靠这种信念，无畏地竞争下去。他相信，这就是上帝的旨意，他需要用这种方式将上帝的礼物带回到人间，撒在众人的身边。

坚定不移的信心足可撼动山峦

原文

June 7,1903

亲爱的约翰：

你说得很对，拥有实现伟大抱负的智慧可以创造奇迹。然而，现实中创造奇迹的人总是寥若晨星，而庸庸碌碌之辈却如过江之鲫，不可胜数。

耐人寻味的是，人人都想大有一番作为。每一个人都想要获得一些最美好的东西。谁都不喜欢曲意逢迎，过着唯他人马首是瞻的平庸日子；也没有人乐意被别人把自己看待为二流人物，或甘愿认为自己是被迫无奈才成为二流人物。

难道我们没有实现伟大抱负的智慧吗？当然不是！最实用的成功智慧早已写在《圣经》之中，那就是"坚定不移的信心足可撼动山峦"。可为什么还有那么多失败者呢？我想那是因为真正相信自己能够撼动山峦的人不多，结果，真正做到的人也自然不多。

绝大多数的人都认为那句圣言是荒谬的想法，认为那是根本不可能的。我认为这些无可救药的人犯了一个常识性的错误，他们错把信心当成了"希望"。不错，我们无法用"希望"撼动一座高山，也无法只凭借"希望"获得成功，也不能只靠"希望"给你带来财富和地位。但是，信心的力量却能帮助我们撼动一座山峦，换句话说，只要我们自信能够成功，就可以创造奇迹。你也许认为我将信心的威力神奇或神秘化了，不！信心产生相信"我确实能够做到"的态度，相信"我确实能够做到"的态度能创造出成功所必备的能力、技巧与精力。每当你相信"我能做到"时，自然就会想出"如何解决"的方法，成功就诞生在成功解决问题之中。这就是信心发挥效用的过程。

每一个人都希望有一天能登上成功的顶峰，享受随之而来的成功果实。但是绝大多数人偏偏都不具备必需的信心与决心，他们也便无法达到顶峰。也因为他们不相信能够到达，以致找不到登上顶峰的途径，他们的作为也就一直停留在一般人的水准。但是，有少部分人真的相信他们总有一天会成功。他们抱着"我就要登上顶峰"的心态来进行各项工作，并且凭着坚强的信心实现目标。我以为我就是他们其中的一员。当我还是一个穷小子的时候，我就自信我一定会成为天下最富有的人，强烈的自信激励我想出各种可行的计划、方法、手段和技巧，一步步攀上了石油王国的顶峰。

我从不相信失败是成功之母，我相信信心是成功之父。胜利是一种习惯，失败也是一种习惯。如果想成功，就得取得持续性的胜利。我不喜欢取得一定量的胜利，我要的是持续性胜利，只有这样我才能成为强者。信心激发了我成功的动力。我曾与许多在生意场上失败过的人进行谈话，听到的是无数失败的理由与借口。这些失败者在说话的时候，时常会在无意中说："老实说，我并不以为它会行得通。""我在开始进行之前就感到不安了。""事实上，我对这件事情的失败并不会太惊奇。"以"我暂且试试看，但我想还是不会有什么结果"的态度行事，毫无疑问最后一定会招致失败。"不信"是消极的力量。当你心中不能确定甚至产生怀疑时，你就会想出各种理由来支持你的"不信"。怀疑、不信、潜意识里的失败倾向，以及不是很想成功，都是失败的主因。心中存有怀疑，就会失败。相信会胜利，就必定成功。

信心的大小决定了成就的大小。庸庸碌碌、得过且过的人，自认为做不成什么大事，所以他们仅能得到很少的报酬。他们相信无法创造伟大的壮举，他们便真的不能。他们认为自己人微言轻，所做的每一件事也显得无足轻重。久而久之，连他们的言行举止也会表现得缺乏自信。如果他们不能将自信抬高，他们就只能在自我评估中萎缩，变得愈来愈渺小。而且他们怎么看待自己，也会使别人怎么看待他们，于是这种人在众人的眼光下又会变得更加渺小。

那些积极向前的人，肯定自己有更大的价值，他就能得到很大的回报。他相信自己能处理艰巨的任务，他就真的能做到。他所做的每一件事情，他的待人接物，他的个性、想法和见解，都显示出他是专家，他是一位不可或缺的重要人物。

每个人迈向成功的第一个步骤，也是不可或缺的基本步骤，就是要相信自己，要相信自己一定能够成功。要让关键性的想法"我会成功"支配我们的各种思考过程。成功的信念会激发我们的心智和勇气去创造出获得成功的计划。失败的意念正好相反，它往往会驱使我们去想一些导致失败的念头。

我定期提醒自己：你比你想象的还要好。成功的人并不是超人。成功不需要超人的智力，不是看运气，也没有什么神秘之处。成功者是一个平凡的人，只不过他相信自己、肯定自己的所作所为。永远不要廉价出售自己。

那些能够在商业、传教、写作、演戏，以及其他领域追求并达到最高峰的人，都是因为他们能够脚踏实地、持之以恒地奉行一个自我发展与成长的计划。这项训练计划会为他们带来一系列的报酬，如家人的尊敬、朋友与同事的赞赏、收入的增加与生活水平的提高，同时他们还能感受到自己的重要性和存在的价值。

成就辉煌就是生命的最终目标，需要我用积极的思考去小心对待。当然，在任何时候我想都不能让信念出问题。

爱你的父亲

详解

让"我能做到"支配我们的思考过程

自信是人们在社会上立足不可缺少的一部分。世间没有太多的平坦，有的只是坎坷和曲折，还有那些难以预料的困难。这个时候自信就显得尤为重要。有人说，自信，就等于成功了一半。

　　洛克菲勒曾经说过：只要我们自信能够成功，就可以创造奇迹。你也许认为我将信心的威力神奇或神秘化了，不！信心产生相信"我确实能够做到"的态度，相信"我确实能够做到"的态度能创造出成功所必备的能力、技巧与精力。每当你相信"我能做到"时，自然就会想出"如何解决"的方法，成功就诞生在成功解决问题之中。这就是信心发挥效用的过程。

　　每个人迈向成功的第一个步骤，也是不可或缺的基本步骤，就是要相信自己，要相信自己一定能够成功。要让关键性的想法"我会成功"支配我们各种思考的过程。成功的信念会激发我们的心智和勇气去创造出获得成功的计划。失败的意念正好相反，它往往会驱使我们去想一些导致失败的念头。

　　洛克菲勒离世后，人们的目光只关注于他留下的巨额财富，却忽略了他成功的秘诀，忽略了他的那份自信和来自童年时代的磨炼。

　　洛克菲勒的父亲是一个不折不扣的风流浪子，一年四季很少回家。这样一来，家里所有的重担都落在了洛克菲勒的母亲伊莱扎的身上。洛克菲勒是家中的长子，也是伊莱扎全部的希望。

　　在洛克菲勒很小的时候，她就注意培养洛克菲勒的独立性。在伊莱扎眼中，洛克菲勒就是一个小大人，他能够承担一些成人的工作和责任。就这样，在伊莱扎的精心培养下，洛克菲勒很快便成熟起来了。

　　洛克菲勒回忆时也说，在父亲离家的那些日子里，他的个性变得更加坚强了。他肩上的担子让他习惯了那沉甸甸的责任。在课余时间，当弟弟妹妹们在玩耍的时候，他却需要忙着砍柴、挤牛奶、买东西等。他说："我10岁左右的时候，我就已经知道要拼命地多干活了。"

　　不过在当地人眼中，他们更喜欢的是约翰的弟弟威廉，因为他看起来比他的哥哥洛克菲勒更加善良单纯，他没有洛克菲勒的计较和忙碌，他有的是时间去玩耍。

　　也正是这样，在代替父亲行使职责的过程中，洛克菲勒也培养出了自己超乎常人的自信。他对自己幼年时期所做的一切都感到自豪和骄傲。因为他代替了自己的父亲，成了家中的顶梁柱，成了全家人的希望。

　　他和家里其他孩子之间与其说是兄弟姐妹，倒不如说是长辈和晚辈的关系。洛克菲勒在给他们谈话的时候，也是以发号施令的语气。

　　长大后的洛克菲勒对于自己取得的成功如此说道："我心里明白，我现在所取得的成功，在很大程度上是因为我从小便竖立起来的自信心。"

当然，除了自信之外，从小就要操持生计的洛克菲勒也比其他孩子少了一份快乐和无忧无虑，而多了几分沉重和责任。

对于自信，奥里森·马登还说过："如果我们仔细想一下那些成功人士的品质就会发现，他们都有一个共同的特点，那就是不管他们做什么事情，在开始之前就已经相信自己能够做到，相信自己有排除艰险的能力，奔向成功。"

很显然，洛克菲勒便是这群成功人士中的一个。

所以我们要相信，同样努力工作的两个人，往往自信的那个人工作起来显得更加轻松，也会更好地完成。因为他们从一开始就相信自己的能力，当他们在工作中遇到困难的时候，他们也不会轻言放弃。

而那些没有自信的人，通常会怀疑自己的能力，担心自己做不到，从而也就丧失了自信心，让原本可能的事情变为了不可能。

有一个年龄只有12岁的小男孩，钢琴弹得非常熟练。

一次，他问伟大的作曲家莫扎特："先生，我这个时候能够自己写曲子了吗？如果可以的话，我该什么时候开始呢？"

莫扎特说道："哦，孩子，你还应该再等一等。"

"可是，你作曲的时候比我现在的年龄还小啊？"小孩不甘心地继续问。

"是啊是啊，"莫扎特回答说，"可我从来不问这类问题。你问了这个问题，就证明你对现在的能力并不自信。你一旦到了那种境界，自然而然就会写出东西来的。"

故事中的小男孩正是因为怀疑自己的能力，所以他才会向莫扎特咨询，想要从莫扎特的口中得到肯定。可是殊不知，在这个世界上，只有你自己是最大的肯定，而非他人。只有你肯定了自己，相信自己可以做到的时候，你才会真正地做到。

自信和不自信，虽然这只是一个小小的心理差异，但是在时间、精力都相差无几的情况下，胜出的肯定是有自信的那一方。因为在那些自信的人看来：失败得越多，也就意味着越接近成功了。

信心，让人拥有无比强大的精神力量

洛克菲勒曾经说过：我最大的资本就是我自己。即便你拿走我所拥有的一切，但是只要给我留下信心，我保证，不出十年的时间，我将会再次拥有它。

信念是人类最为强大的精神支柱，它能够帮助你实现目标、走向成功。就算是你面临着短暂的失败，但是只要你不丢失那份信心，那么它将会帮助你重拾过往的一切。

在洛克菲勒看来，人可以没有财力，可以没有物力，甚至可以没有充足的食物，但是就不能没有信心。一旦失了信心，再小的事情也难如登天；而一旦有了信心，再大的困难也能够迎刃而解。

有一次，洛克菲勒的儿子小约翰投资失败了，他足足投进去了100万美金。这在小约翰看来，就是一种耻辱和愧疚，由此他整日闷闷不乐，不愿意和老约翰做过多的交流。因为在他看来，他的父亲是世界上独一无二的石油大王，是雄厚资本的拥有者，而他，一个小小的百万投资都能够搞砸。毫无疑问，他是无能的，是毫无本事的。

洛克菲勒看到儿子这样，心里也是焦急万分。一天，他将正要回房的小约翰叫住，对他说："约翰，你最近一段时间的垂头丧气我都看在了眼里。要知道，人生不可能是一帆风顺的，总会有逆境存在。可以这么说，我们会时常和失败做邻居，不知道什么时候他就会敲响你的大门。正是因为世界上太多失败的存在，才让那些已经成功或者在追求成功的人显得更加有魅力。失败让人们争相追逐，有的甚至付出了生命的代价。但是即便如此，失败还是会按照它的频率到访，谁也躲不掉，谁也逃不开。不过，失败并不是一件大不了的事情，它并不能在你的脑门上刻上失败者或者是无能者的字样。只要你有信心，失败就算不了什么。"

小约翰听从了父亲的话，沉思了一会儿后，对洛克菲勒说："我明白，父亲，我会振作起来的。这段时间让您担忧了。"

洛克菲勒看着面前低头忏悔的儿子，又说了一句："儿子，你心里一定要明白，信心就是我们的精神支柱，精神支柱一旦垮了，什么事情就都做不成了。"

这是洛克菲勒传递给儿子的信念。一个人充满了信心，他就会拥有无比强大的精神力量。这种精神力量可以摧毁世间任何的失败和挫折，等来胜利和希望。

洛克菲勒是这么一个人，而他也是按照这样的标准来要求自己的子女的。洛克菲勒曾经说过："失败对于我来说就是一杯烈酒，咽下去的时候尝到的是苦涩，可吐出来的却能够闻到醇厚的酒香。"

人生就是这样，由一次次的失败、一次次的反抗、一次次的成功组成的。而在这一过程中，最不可缺少的就是我们的信心了。不仅如此，一个人的信念不仅能够让你重整旗鼓，在有些时候甚至会挽救你的性命。

英国退役军官迈克·莱恩曾是一名探险队员。1976年，他随英国探险队成功登上了世界最高峰珠穆朗玛峰。而在下山的路上却遇上了狂风大雪，每行一步都极其艰难，最让他们害怕的是，风雪根本就没有停下的迹象。

情况越来越糟糕，他们即使饿不死，也会因疲劳而倒下。在整个探险队陷入迷茫的时候，迈克·莱恩率先丢弃所有的随身装备，只留下不多的食品，轻装前行。

他的这一举动几乎遭到所有队员的反对，他们认为现在离下山最快也要十天时间，而且还可能因缺氧而使体温下降，导致身体冻坏。对队友的顾忌，迈克·莱恩很坚定地告诉他们："我们必须而且只能这样做，这样的雪山天气十天半个月都有可能不会好转，再拖延下去，路标也会被全部掩埋。只要我们坚定信心，徒手而行，就可以提高行走速度，也许这样我们还有生的希望！"最终，队员们采纳了他的意见，一路上相互鼓励，忍受疲劳和寒冷，不分昼夜前行，结果只用了8天时间就到达了安全地带。而恶劣的天气，正像他所预料的那样，从未好转过。

若干年后，伦敦英国国家军事博物馆的工作人员找到迈克·莱恩，请求他赠送任何一件与英国探险队当年登上珠穆朗玛峰有关的物品，不料收到的却是莱恩因冻坏而被截下的10个脚趾和5个右手指尖。当年的一次正确的放弃，挽救了所有队员的生命；也是由于这个选择，他们的登山装备无一保存下来，而冻坏的指尖和脚趾，却在医院截掉后留在了身边——这是博物馆收到的最奇特而又最珍贵的赠品。

迈克·莱恩带着队员创造的生命奇迹，用了10个脚趾和5个右手指尖的代价，不过这是值得的。正是因为他们相信自己可以走出困境，所以他们才捡回了一条命。所以，人要有信心，也需要信心，就好比生命需要氧气一样，极为重要。你要相信，只有信心能够推动你前进，也只有信心能够击退失败，迎来成功。

不要让信心出问题

失去了信心，就等于失去了成功，失去了机遇。

自信在每个人的生命中都扮演着很重要的角色，信心出了问题，那么我们的生活乃至事业肯定也会出问题。要知道，生活永远都不可能是一帆风顺的，它是由一个个起伏的丘陵组成的。我们应该有迈过去的信心，否则你将永远都看不到下一个丘陵的景色，或许你永远都不知道，你只要再尝试一次，就能够跨上成功的山头。

不过，虽然每个人都知道信心的重要性，但是要做到时时刻刻都自信，也是极其困难的事情。因为在这个社会中，每个人都有失去信心的时候，也都有怀疑自己能力的时候。世界石油大王洛克菲勒是人们追崇敬仰的人物，但就这样一个传神的财阀，也有失去信心的时候。

在洛克菲勒追随者的眼中，1872年对于洛克菲勒来说绝对是不平凡的一年。在这一年里，他屡建奇功；在这一年里，他也屡遭黑暗；在这一年里，洛克菲勒身上的品质、领导才能和勇气让所有人为之惊叹。

他会毫无情面地掠夺敌人的资源，会给他们以沉重的打击。当所有的对手都咒骂洛克菲勒的时候，他却认为：他们没有错，最大的错误就是挡在了他洛克菲勒的前面。这是多大的口气啊，从这句话中也能够看出洛克菲勒的自信更是超乎寻常的。

可就是这么一个自信十足的人，在1872年也犯了一个让他悔恨终生的错误。

成品石油在1871年的时候形势就急剧恶化，到了1872年更是跌得厉害。这个时候，洛克菲勒的对手们几乎毫无例外地陷入了这个泥潭中。在这样的环境条件下，洛克菲勒所创办的标准石油公司在分配了40％红利后还有剩余，这在当时可谓是一个伟大的奇迹。

尽管这样，洛克菲勒还是出售了少量标准石油公司的股份，这也是洛克菲勒一生中唯一一次丧失自信心的时候。当得知他出售股票的时候，他的弟弟威廉曾经无比痛惜地说道："你为什么要这么急着出售公司的股票呢？你这么做会让人感到非常的不安，包括我在内。"

听了弟弟的话，洛克菲勒心中也有些后悔，不过既然已经出售了也就没有回头的余地了。不过，幸好，这一次危机很快过去了，而洛克菲勒也很快从低落的情绪中走了出来。

洛克菲勒这般的人物，竟然也有信心出问题的时候。但这只是信心出了问题，而非是永久失去了信心，这也是洛克菲勒能够成功的主要原因之一。信心出了问题不要紧，要紧的是设法让信心从问题中走出来。

所以，当我们的信心迷路的时候，我们应该不惜代价地将它带出来。要知道，自信赐予人最大的魅力，就是无畏于生活，无畏于困难，无畏于艰险。

除了这一次外，洛克菲勒的信心就再也没有出过问题。不管是小时的洛克菲勒，还是成功后的洛克菲勒，他都是一副自信心十足的模样，在他的字典里，是没有"不可能"三个字的。

洛克菲勒曾经说过，他最不喜欢自己的属下说自己不可能。一个人如果被不可能左右，那么他就很难再走向成功的道路了。

洛克菲勒出生在美国的贫民窟，性格比较好强。学生时代，洛克菲勒经常逃课，不喜欢听讲，是老师眼中的"怪孩子"。可就是这么一个不喜欢上课的小孩，对财富却有着超乎常人的敏感。

有一天，玩耍回来的洛克菲勒在街上见到了一辆破旧的玩具车。他把车拿到了家里，花费了好几个小时的时间才将这辆玩具车修好。第二天，他便将玩具车拿到了学校，哪一位同学想要玩玩具车，就必须给他 0.5 美分。

就这样，不到一个星期的时间，洛克菲勒便用这些钱重新购买了一辆新的玩具车。

洛克菲勒的老师得知此事后，对洛克菲勒说："按照你的经商头脑，如果你生在一个富裕人家，那么你将来肯定会成为一名出色的商人。但是可惜你生在贫民窟，商人对你来说是一件不可能的事，你以后能够成为街头小贩就已经很不错了。"

洛克菲勒听后，心中很不以为然。在他心里，"不可能"三个字是不存在的，他的心里只有信念和拼搏。在他看来，只要努力，就没有做不成的事。

从那之后，洛克菲勒便想方设法地琢磨赚钱的点子。

中学毕业之后，洛克菲勒便成了一名街头小贩。他出售过电池，卖过柠檬水，也在五金店里打过工。不管哪一项工作，他都是尽职尽责地去做，也做得得心应手，深受老板的赏识。

后来，在他的努力下，又逐步涉及石油行业，最终成为举世闻名的石油大王。

他还对儿子说：你只有相信自己可以做成某一件事，你内心的创造力和坚定信念才会被激发出来。我们也会因此而得到前进的动力。永远不要对自己说不可能，否则，你就会直接否定那些可以成功的事情，而你的梦想也会随之破灭。

所以从现在开始，不要轻易对自己说不可能。要明白自己的梦想，抓准自己的方向，尽自己最大的能力将事情做到最好。这样的话，成功也就指日可待了。

正确估算自己的能力

自信和自负仅有一字之差。在自信的基础上，如果能够正确判断自己的能力，这就是真正的自信；可是如果过高地估算自己的能力，就变成了自负。自信的人得以成功，而自负的人却注定徘徊于失败之中。

对于一个员工来说，正确评估自己的能力很重要，而对于一个企业的老板来说，正确评估一个企业的能力，则显得尤为重要。洛克菲勒是一个超级自信的人，不管做什么事情，他都有十足的信心，几乎不会考虑到做不到的可能。而他的儿子小约翰，却和他的父亲有些不同，他懂得自己的能力有多少，懂得自己公司的能力有多少，这也方便他借助于外力，促使自己成功。

1913年，科罗拉多燃油和铁矿公司的工人举行大罢工。铁矿公司是美国第二大钢铁公司，洛克菲勒家族算是其中的大股东，占有40%的股份。虽然说家族人员一般不会直接参与经营，但是小约翰却在铁矿公司的董事会任职。

这一次的罢工事件，使得公司警卫人员和公司员工发生了激烈的暴力冲突，最后当地的州长不得不派遣国家军队进行维护增援。第二年，在一次激烈冲突后，人们发现，有11名妇女和儿童被烧死在了一个小帐篷里。这一件事引起了工人们极大的愤怒，事态直线升级，甚至依靠联邦军队的镇压才缓解下来。

刚开始的时候，洛克菲勒家族采取的是强硬手段，这是老洛克菲勒最常用的手法之一。因为在洛克菲勒眼中，工会是他最讨厌的组织。洛克菲勒家族的这一做法，使得刚刚有所平复的事态再次点燃。工人们情绪激昂地聚集在洛克菲勒家族门口，给洛克菲勒家族带来了极大的压力。

当然，其中压力最大的要数小约翰了。铁矿公司有他的心血，如果这一次事情不能妥善处理的话，那么他以前所付出的一切都白费了。

和老约翰的陈旧思想和超级自信心不同，小约翰有他自己的判断和主见。

小约翰心里明白，他没有那么大的能力可以处理好这件事情，他需要外援。所以，他找来了麦肯齐·金。麦肯齐·金25岁的时候就当上了加拿大的劳工部副部长，34岁成为部长。不过后来麦肯齐在参加自由党竞选的时候不幸落败，这也让他失去了部长的职务。

就在这个时候，小约翰找到了他。经过一系列的准备工作后，在麦肯齐的帮助下，小约翰处理好了铁矿公司的事情，并且重新建立了洛克菲勒家族和员工之间的关系。这一次事件，也成了洛克菲勒家族以及小约翰的一个转折点。

铁矿公司的这起罢工事件之所以是小约翰的人生转折点，是因为在这起事件中，小约翰并没有效仿他父亲强硬的做法，而是选择了最正确、最适合自己的一种做法，让他对自己的能力判断有了一个正确的评估。

在当时那个严峻的形势下，小约翰所表现出来的果敢、能力和勇气，都足以证明了他能够担负起整个家族事业。

所以说，不管做什么事情，都要正确评估自己的能力。如果小约翰也像自己的父亲那样，以强硬手段、超强自信来处理工人罢工事件的话，那么最终得到的结果可能就不会这么圆满了。只有正确了解自己的能力，你才能获得胜利。

信心有多大，成就就有多大

洛克菲勒说：信心有多大，你取得的成就就有多大。再平庸、普通的人，只要他的内心充满了信心，他也能够取得不平凡的事业；天分再高的人，如果缺乏了信心，他也将一事无成。能力强、信心小，他就不敢涉足他人不敢尝试的事情；能力一般、信心强，他也就敢做别人不敢做的事情。

我们都知道，洛克菲勒是世界有名的石油大王，也是洛克菲勒家族财团的建立者。洛克菲勒小时候并不属于很聪明的小孩，他的成绩都是依靠他超乎常人的勤奋换来了。他几乎什么都没有别人好，唯一出色的便是他不同寻常的自信。而他就是靠着这种自信，一步步地成就了自己，成就了自己的人生。

山姆·安德鲁斯是洛克菲勒的技术师，从洛克菲勒进入炼油行业那天起，安德鲁斯便一直追随在洛克菲勒左右。后来，洛克菲勒任命安德鲁斯为标准石油公司的技术总监。

安德鲁斯是一个目光短浅、喜欢安于现状的人，而洛克菲勒却是一个有着十足信心的野心家。对于洛克菲勒不间断地借贷和投资，安德鲁斯感觉到前所未有的恐惧和不安。

1878 年，标准石油公司给旗下的股东发放了 50％的红利，这件事情也加剧了安德鲁斯和洛克菲勒之间的矛盾。安德鲁斯抱怨道："我们公司赚的那些钱，发放两倍的红利都绰绰有余。"意思是安德鲁斯认为，洛克菲勒对股东太苛刻，红利更是太少。

洛克菲勒是一个不喜欢冲突的人，他也尽可能地避免和员工之间的冲突。可是，他最无法容忍的就是满眼都是红利的人。

有一天，安德鲁斯彻底被洛克菲勒毫无顾忌的投资行为给激怒了，他气冲冲地跑到洛克菲勒的办公室，大喊道："我不要在这种地方工作了。"洛克菲勒神情淡然地看着眼前这位嘶吼的伙伴，然后说道："山姆，你好像一直对我的做法没有信心，对公司的发展没有信心。既然这样，你就给你手中的股份出个价吧！"

安德鲁斯毫不犹豫地回答道："100万美元。"

洛克菲勒慢吞吞地说："我考虑一下，明天我们继续商议这个问题。"第二天，安德鲁斯早早地来到办公室，而洛克菲勒早就已经准备好了100万美金的支票。

实际上，洛克菲勒最担心的就是安德鲁斯会不顾一切地公开出售公司的股票，这样公司股票肯定会下跌，对公司信誉也会造成重大的影响。要知道，这个时候的洛克菲勒正在四处借债。

对于这100万美金，安德鲁斯是极为欣喜的。在他看来他是大赚了一笔，可是洛克菲勒刚拿下安德鲁斯的股票，便转手卖给了威廉·范德比尔特，净赚了30万美金。

安德鲁斯得知后直呼上当。洛克菲勒便让人转告他，他也可以用原价再买回股票。当时在气头上的安德鲁斯一口回绝了洛克菲勒的提议。有人曾经计算，如果当时安德鲁斯听从洛克菲勒的建议再次购进的话，这些股票的价值将会上升到9亿美元。

安德鲁斯性情胆小，不喜欢冒险。在和洛克菲勒合作期间，他对于公司的发展并没有多大的信心，所以他最后的选择只能是离开；而洛克菲勒则恰恰相反，他是一个企业家，也是一个信心十足的野心家，他有足够的信心，相信自己的公司会发展得越来越好。

他曾经这样评价安德鲁斯："他就是一个不折不扣、无知至极的混蛋，还有自以为是的愚蠢。"

而至于安德鲁斯，丧失了信心，不仅让他失去了一个发大财的机会，也让他错失了和这个世界首富并驾齐驱的机会。他在欧几里德大道上买了一所极其奢华的大厦，这座大厦有100间房子，他也招募了100名仆人。然后他会对每一个和他闲聊的人抱怨洛克菲勒的狡猾和奸诈。而克拉克则一语道出了他内心的想法："在股票出售之前，他恨的是洛克菲勒；在股票出售之后，他恨的则是自己。"

安德鲁斯胆小无自信，最后只能住在自己的大房子里，虚度一生；而洛克菲勒信心十足，则成就了一个石油王国，成就了令人仰慕的洛克菲勒家族。

所以说，信心决定了你的成就。信心多大，成就就有多大。当我们遇到困难的时候，万不可丢掉那坚持已久的拼搏的心，要对自己有信心，要对前途更坚定。你要相信，有些事情，忍一忍、坚持一下，就会过去了。

第⑲封信

欲得完美想法，必先具备许多想法

December 4,1903

亲爱的约翰：

　　对于你认为罗杰斯能担当重任、独当一面的观点，我不能赞同。事实上，我曾为此作过努力，但结果颇令我失望。我的用人原则是，被委以重任的人是能找出更好地解决问题的办法的人。但罗杰斯显然不够格，因为他是个懒于思考的人。

　　在我有意启用罗杰斯之前，我对他作过一番考察，当时我向他提出了一个问题："罗杰斯先生，你认为政府怎么做才能在 30 年内废除所有的监狱？"他听了显得很困惑，怀疑自己听错了，一阵沉默过后，他开始反驳我："尊敬的洛克菲勒先生，您的意思是要把那些杀人犯、强盗以及强奸犯全部释放吗？您知道这样做会有什么后果吗？如果真是那样，我们就别想得到安宁了。不管怎样，一定要有监狱。"

　　当时我希望能把罗杰斯那颗铁板似的脑袋砸开一道缝，我提醒他："罗杰斯，你只说了不能废除的理由。现在，你来试着相信可以废除监狱。假设可以废除，我们该如何着手？"

"这太让我为难了，洛克菲勒先生，我无法相信，我也很难找出废除它的方法。"这就是罗杰斯的办法——没有办法。

我想象不出，如果让他承担重任，当机会或危难来临的时候，他是否会动用他所有的才智去积极应对。我不信任罗杰斯，他只会将希望变成失望。

找出更好解决问题的办法，是出色完成任何事情的保证。这不需要超人的智慧，重要的是一种信念——相信自己能把事情做好。当我们相信某一件事不可能做到的时候，我们的大脑就会为我们找出各种做不到的理由。但是，当我们相信——真正地相信，某一件事确实可以做到，我们的大脑就会帮我们找出各种做到的方法。

确信自己能做成某事，会激发出我们潜在的各种创造力，我们也会因此得到创造性的解决办法。相反，对某件事情的成功与否存在怀疑或者直接否定，就等于关闭了自己的心门，不但会阻碍潜在创造力的发挥，同时我们的美好梦想也随之破灭。

我厌恶我的手下人说"不可能"。"不可能"是失败者的用语，一个人一旦被"那是不可能的"想法所支配，他就能生出一连串的想法证明他想得没错。罗杰斯就犯了这种错误，他是个传统的思考者，他的心灵都是麻木的，他的理由是：监狱制度已经实行一百年了，因此一定是个好办法，必须维持原样，又何必冒险去改变呢？而事实往往是，如果你能用心地去想办得到的方法，那么事情也将会做得出色。然而"普通人"总是憎恶进步。

人都相信，任何事情都不可能只有一种最好的解决办法，最好的方法就如创造性的想法那样多。没有任何事是在冰雪中生长的，如果我们让传统的想法冻结我们的心灵，新的创意就无从生长。

传统的想法是禁锢我们创造力的头号敌人。传统的想法会冰冻我们的心灵，阻碍我们发挥成功必需的创造力。罗杰斯就犯了这样的错误，他应该乐于接受各种创意，丢弃那些"不可行""办不到""没有用""那很愚蠢"等思想的渣滓；他还要具备实践精神，勇于尝试新的东西，这样他才能扩展他的能力，为他承担更大的责任做好准备。同时，他还要主动前进，他的想法不能只停留在以前：这是我平常做事的方式，所以在这里我也要用这种方法。他的想法必须有所改变，他应该要有这样的觉悟：比起我们惯用的方法，有什么方法能更好地解决问题呢？

世界上不可能有绝对完美的计划，这意味着一切事物永远都有改良的余地。我非常清楚这一点，所以我经常会再寻找一些更加妥善的办法。我不会问自己：我能不能做得更好？对于这个问题，我的答案非常肯定，我相信自己一定能做到。所以我通常这样问自己：我要怎样才能做得更好？

要找出完美想法的最佳途径，就是拥有许多想法。我会不断地为自己和别人设定较高的标准，不断地寻求提高效率的各种方法，以较低的成本获得较多的报酬，以较少的精力做成更多的事情。因为我知道，有"我能把事情做得更好"这种态度的人才能取得伟大的成就。

树立"我能做得更好"的态度，需要培养，要每天思考：我今天要怎样把工作做得更好？今天我该如何激励员工？我还能为公司提供哪些特殊的服务？我该如何使工作更有效率？这项练习很简单，但很管用。你可以试试看，我相信你会找到无数创造性的方法来赢得更大的成功。

我们的态度决定我们的能力。我不止一次地说过，只要我们自己相信能做多少，我们就能做到多少，因为在你充分相信的背后是巨大潜能的挖掘，我们就会因此创造性地思考出各种解决问题的方法。

拒绝新的挑战是非常愚蠢的行为。我们要集中思想去考虑如何才能做得更好、更多。在此过程中，许多富有创造性的方法都会不期而至。例如，改善目前工作的计划，或者处理例行工作的捷径，或者删除无关紧要的琐事。换句话说，那些使我们做得更多的方法多半都在你积极思考的时候出现。

约翰，你可以跟罗杰斯谈谈，我希望他能有所改变，到那时候他也许就有好日子过了。

爱你的父亲

详解

不断追求和改良高效率、高标准的方法

世间没有完美的存在，每一项事物都有其改进的余地。人无完人，物无完物，这是亘古不变的道理。

从爱迪生发明灯泡的那一刻开始，灯泡经历了很多次的更新换代，才由最初的钨丝灯慢慢地发展为现在的荧光灯、金属卤素灯、LED 灯等。随着科学技术的发展，以后还会出现新的灯种，要比现在的更发达、更环保。这也由此说明了，每一项事物并不是固定不变的，都是有改良余地的。

这个观念，洛克菲勒在小时候就已经意识到了，而且他还依照着自己的想法，改进了车间工具，为他以后的发展争取了更多的空间。

有一年夏天，洛克菲勒决定找一份工作赚点外快。经朋友介绍，他去一家机械制造公司应聘。

第二天，洛克菲勒便早早地到达约定的面试地点。十点钟刚过，排队面试的人群开始缓缓向前移动了。没过多长时间，便轮到洛克菲勒面试了。

面试官问道："你想要一份什么样的工作？"

洛克菲勒说："我现在急需要一份工作，只要你们公司待遇最低的那种就行。"

面试官听后便说道："那好吧，你可以留下来。"

洛克菲勒高兴极了。因为那个时候正是洛克菲勒的低峰期，他需要找寻一个新起点，就算是最底层、工资最低的工作都可以。如今，他终于得到了一个难能可贵的机会。

第二天，洛克菲勒被安排到组装线上工作。那个时候，公司正在制造一批机车手提灯，主要供应给陆军。而洛克菲勒的工组，就是将一些带着铆钉的带子缠绕在铁环上。

虽然洛克菲勒的工资比较低，但是在洛克菲勒看来，他现在的工作是很有趣的，他非常满意。要知道，人生都要经历这样或那样的困难，很明显，这对自小劳动的洛克菲勒来说并不是一件坏事。

可是，开工的第一天，洛克菲勒在工作的时候手就不小心被锤子给砸了。那个时候，洛克菲勒担心的并不是自己的伤势，而是担心这样一来会不会影响工作。

于是，他向老板申请，下班之后可以多留下来一会儿，希望能够找到一个用受伤手指工作的方法。

就这样，每天别人下班回家后，他一个人还在车间里研究。终于，在他的悉心观察、研究下，他用一些工具和材料制成了一个木头节子。然后用节子将铆钉固定住，这样就能够轻松地工作了。

第二天，洛克菲勒便使用自己制造的工具工作。结果证明，他的这项发明成功了。木节子能够固定住铆钉，这样就能够省出来一只手工作，这样一来，要比原来的工作效率提升很多。

自从使用了这个小节子，洛克菲勒也就有了很多的剩余时间，他可以向老板请求更多的工作。当时在他看来，这份工作是相当不错的，既能够给他提供日常的需要，又提升了他的工作效率，为他以后的发展打下了坚实的基础。

当别人问起洛克菲勒的成功秘诀时，他有时就会给人们讲一讲这个故事。在他看来，人与人之间的差距，并不是体现在身份和地位上，而是体现在一个人的想法上。要知道，世间万物都不是亘古不变的，它是随时变化着的。只有你细心观察、学习和思考，才能够跟上事物变化的脚步，才能够取得别人得不到的成就。

简单地说，成功的法则并不一定会让你一目了然，它需要你的观察力和觉悟能力，想别人想不到的事情，做别人不敢做的尝试，这是成功人士的共同特点。所以，我们应该学会独立思考，善于思考，随机应变，这样才能将事情做到最好。

更好的方法多半是在积极思考的时候出现

企业招纳什么样的员工，就会有什么样的事业。由此也可以看出，用人在企业发展过程中的重要性。有些老板喜欢任用老实人，按部就班，不会偷懒耍滑；有些老板则喜欢招纳有创造力、有想法的人，这样他就能很好地面对公司所出现的问题，并且将其妥善地解决。

在石油大王洛克菲勒看来，拒绝新的挑战是非常愚蠢的行为。我们要集中思想去考虑如何才能做得更好、更多。在此过程中，许多富有创造性的方法都会不期而至。例如，改善目前工作的计划，或者处理例行工作的捷径，或者删除无关紧要的琐事。换句话说，那些使我们做得更多的方法多半都在你积极思考的时候出现。这也是他一直向儿子约翰所传递的观念。

洛克菲勒的儿子约翰，想要重用员工罗杰斯，这遭到了洛克菲勒的反对。实际上，洛克菲勒曾经多次就此事和儿子约翰争论，但是结果并不如他所想。在洛克菲勒看来，罗杰斯显然不符合他的用人标准，他是一个不喜欢思考、按部就班的人。

之前，洛克菲勒也想过要重用罗杰斯，不过在此之前，他对罗杰斯做了一番考察。他将罗杰斯叫到自己的办公室，并且对他说："罗杰斯先生，在30年的期限内，政府该如何将所有的监狱都废除掉呢？"

罗杰斯听了这个问题，露出很不解的样子，他沉思了一段时间后，反驳道："尊敬的洛克菲勒先生，如果政府真要废除监狱，那么监狱里的杀人犯、抢劫犯就要全部释放吗？这样一来的话，我们哪还有什么安宁日子过呢？所以，无论如何，监狱是一定要存在的。"

洛克菲勒深吸一口气，他尝试着看能不能把罗杰斯像铁板一样的脑袋打开，他又继续引导道："罗杰斯，刚才你说的是不能废除监狱的理由。现在，你就试着去想一想，假如我们要废除监狱的话，我们该怎么做呢？"

罗杰斯回答道："这真是个让人为难的问题，洛克菲勒先生，我实在无法相信这个计划，更想不出将它废除的方法。"

看，这就是罗杰斯的办法，也就是没有办法。

洛克菲勒定定地看着罗杰斯，他想：假如真的重用他的话，如果机会或者危难来临的时候，他能不能尽快想出解决的办法呢？又能不能带领着员工积极应对呢？洛克菲勒是不抱希望的，因为通过这次谈话，他认为罗杰斯是一个将希望变成失望的人，不足以委以重任。

在现实生活中，大多数人都过惯了循规蹈矩的生活。就好比爬山的时候，别人走大道，你也跟着走大道，而对于旁边将近缩减一半路程的小道却视而不见。因为在你心里，多数人所做的、所想的就是正确的，而自己的本身想法却完全被淹没了。他们不懂得变通，固守着传统，这样一来，想要进步也就成了比较困难的事情了。

而故事中的罗杰斯便是这样的人，他可谓是一个实实在在的传统思想的捍卫者。当洛克菲勒问他如何废除监狱的时候，他的反应是震惊、不可思议。因为在他看来，监狱制度已经实施了这么多年，是控制罪犯的最好方法，为什么要冒着社会混乱的危险去废除监狱呢。

可实际上却是，如果你能够用心地去想一想，或许就能够找出比现在更好的办法。

1921 年，印度科学家拉曼在英国皇家学会上做了声学与光学的研究报告，取道地中海乘船回国。在甲板上漫步的人群中，一对印度母子的对话引起了拉曼的注意。

"妈妈，这个大海叫什么名字？"

"地中海！"

"为什么叫地中海？"

"因为它夹在欧亚大陆和非洲大陆之间。"

"那它为什么是蓝色的？"

年轻的母亲一时语塞，求助的目光正好遇上了在一旁饶有兴味倾听他们谈话的拉曼。拉曼告诉男孩："海水之所以呈蓝色，是因为它反射了天空的颜色。"

在此之前，几乎所有的人都认可这一解释。它出自英国物理学家瑞利勋爵，这位以发现惰性气体而闻名于世的大科学家，曾用太阳光被大气分子散射的理论解释过天空的颜色。并由此推断，海水的蓝色是反射了天空的颜色所致。

但不知为什么，在告别了那一对母子之后，拉曼总对自己的解释心存疑惑，那个充满好奇心的稚童，那双求知的大眼睛，那些源源不断涌现出来的"为什么"，使拉曼深感愧疚。作为一名训练有素的科学家，他发现自己在不知不觉中丧失了男孩那种到所有的"已知"中去追求"未知"的好奇心，心中不禁为之一震！

拉曼回到加尔各答后，立即着手研究海水为什么是蓝的，发现瑞利的解释实验证据不足，令人难以信服，决心重新进行研究。

他从光线散射与水分子相互作用入手，运用爱因斯坦等人的涨落理论，获得了光线穿过净水、冰块及其他材料时散射现象的充分数据，证明出水分子对光线的散射使海水显出蓝色的机理，与大气分子散射太阳光而使天空呈现蓝色的机理完全相同。进而又在固体、液体和气体中，分别发现了一种普遍存在的光散射效应，被人们统称为"拉曼效应"，为 20 世纪初科学界最终接受光的粒子性学说提供了有力的证据。

1930 年，地中海轮船上那个男孩的问号，把拉曼领上了诺贝尔物理学奖的奖台，成为印度也是亚洲历史上第一个获得此项殊荣的科学家。

人类科学之所以能够进步，就是因为我们相信还有更好的答案、更细致的答案在等着我们去发现。

由此可见，为了我们生活的发展和进步，我们必须打破固有的思考模式，打破逐渐僵化的思维习惯，去寻求一种更好的思维方法。懂得变通，适时改变，最后肯定就能够得到一个圆满的想法，得到一个满意的结果。而这种结果要比你固守思想好得多。

态度决定着你的能力

不管做什么事情，态度都决定着一切。态度不同，你的人生也不相同。

良好的态度是一个人最为宝贵的财富。世上的每一个人都希望自己是成功的那一个，可是能够安安分分、尽职尽责做下来的却微乎其微。

有些时候，我们的能力或许一时间得不到认可，但是只要你保持良好的态度，做好事情的点点滴滴，那么你肯定会得到一次最美的绽放。

在洛克菲勒的一生中，似乎永远都没有"偷懒懈怠"四个字。他是一个小小的记录员也好，是一个企业的大老板也罢，他的工作态度是众所周知的。有人说，他就好比上了弦一样，只要工作上有一点风吹草动，他的大脑就会像陀螺似的快速转动。

是的，这就是洛克菲勒的工作态度，一个一丝不苟的商人。

休伊特和塔特尔二人合伙开了一家公司，名为休伊特—塔特尔公司。这个公司主要以中间商生意为主，有时也做一些货运的业务。中间商，就是做一些低买高卖的营生，有点投机取巧的意味。

洛克菲勒当时应聘到这家公司工作。刚开始，他的工作内容非常简单，簿记员做好记录和计算后，再交给洛克菲勒仔细地核对一遍。这一项工作对于洛克菲勒来说可谓是轻而易举、轻松至极。

要知道，很多的会计师面对眼前一大堆的符号数据都会感到有些力不从心。可是洛克菲勒却不这么认为，因为他最喜欢的就是和数字打交道。所以，做这项工作也算是迎合了他的喜好。

没过多长时间，洛克菲勒便适应了这项工作，并且在工作的过程中还自创了一套核对账簿的方法。这一项方法被公开后，引起了公司内部极大的注意。

同事们说：这个洛克菲勒的脑袋是不是被门给挤过？还真是第一次看到对一分钱也斤斤计较的人呢。

原来，洛克菲勒所发明的核对账簿的方法，就是不放过每一分每一厘。他在这上面的工作非常认真，甚至是投入了比别人多上好多倍的精力。因为他自小喜爱数字，所以在对账的过程中，他反反复复要计算好多遍。这样一来，再小的微差也会被他找出来。

有一天，洛克菲勒在查账的时候，查出一个船长经常会上报货物受损的账目，经再三查验所有的账单、收据等，最后查出这个船长是利用公务来谋取私利。这件事情在公司闹得沸沸扬扬，最后船长被开除，而洛克菲勒也为公司除去了一大害虫。

后来，休伊特看中了洛克菲勒的工作态度和其优秀的工作表现，将其提升为一名正式的簿记员。

可以这么说，如果洛克菲勒在工作中得过且过的话，那么他就不可能那么快地被升任为簿记员，也不会有好的发展，更不会成为世界石油大王。同样，也正是因为他严谨的工作态度，才使得他迎来了晋升的机会，才有了继续往前走的机会。

同样，工作态度不好，不仅不会给你带来加薪的机会，还有可能让你因此而丢了工作。

韦尔奇读高中时，给肯伍德乡村俱乐部最吝啬的一个会员当球童。那时候，他在那儿已经当了差不多8年的球童——就他的个人利益来说，时间也许太长了一点。那天，有位会员当时打到了第6洞，从球座打出的球只需飞出100码，就可以越过池塘。而今天，这个会员居然径直将他的球打到了池塘里，离岸边至少有10英尺。这时，会员要韦尔奇脱掉鞋和袜子，跳到泥塘中去找他的球。

韦尔奇拒绝了。而当该会员坚持的时候，韦尔奇说了句见你的鬼去吧，同时还把该会员的球杆也扔到了池塘里，告诉他："你自己去找球和球杆吧。"然后头也不回地走了。

韦尔奇后来回忆说：这是他所做过的一件蠢事，甚至比他将冰球球杆摔到场上还要糟糕。因为他的工作态度问题，不仅让韦尔奇失去了俱乐部的奖金，更失去了这份工作。

好的态度决定好的工作，好的态度也决定你的生活。曾经有人说过，当我们失去所有的时候，我们至少还能够认认真真地做事情。可是很显然，故事中的韦尔奇并没有做到这一点。

众所周知，态度是成功的前提，也是成功的底线。要知道，态度是能力的承载者，也是能力的引导者。

态度决定能力，又胜于能力。人，不管处于什么样的处境，只要保持良好的态度，就能够寻找自己的位置，能够得到自己想要的成功。

以小代价换取大利益

要问资本家最擅长的是什么，毫无疑问，那就是精打细算。他们最喜欢的就是以最小的代价和投资来换取最大的利益。

一直以来，资本家都给人唯利是图、利欲熏心的印象，他们会想方设法地压榨劳动力，会想方设法地为自己谋取最大的利益。不管在什么地方、不管做什么事情，他们的大脑在飞速旋转间就能够找出最适合自己利益的办法，这或许就是资本家的一种超能力吧。

不过，不可否认的是，资本家的这种做法，在有些时候确实为自己省下了很多不必要的花费，也确实是最好的解决办法。就好比世界石油大王洛克菲勒一样，也会从自身利益出发，找寻一条花费极少却能够得到很多的方法。

有一天，一家银行迎来了一位穿着体面的先生。他径直走入贵宾室，坐下来，若无其事地环顾四周。这时，银行的工作人员走过来，问道："你好先生，请问您需要什么帮助？"这一天，恰好接待他的是这家银行的经理。

这个经理上上下下打量了他好多遍：面前的这位先生全身上下都是名牌，手上的手表和领带的夹子更是名贵无比。这个经理知道，面前的这位先生肯定是一个富贵人。

只听这位先生说："我想贷款。"

经理连忙答道："可以，可以，不知道您想贷多少呢？"

这位先生不紧不慢地说："一美元。"

经理听后，呆呆地看了他一会儿，疑惑地问道："一美元？"

只见这位先生说道："我现在只需要一美元，难道不可以吗？"

经理想：眼前的这个人穿着如此高贵，为什么张口只贷款一美元呢？难道他在试探我们银行的服务态度？

想到这里，这名经理就表现出一副很乐意效劳的样子，他说："那是自然，不过贷款需要担保，只要有担保，您借多少都可以的。"

听完这话，这位先生从随身的皮包里拿出了一大堆的债券、股票等，放到眼前的桌子上，随口问道："用这些做担保，应该没问题吧？"

经理仔细数了数，说道："先生，你担保的物品大约值50万美金，足够做担保了。不过，我还有一个疑问先生，您是真的想要贷款一美元吗？"

这个人又面无表情地说："没错，我现在只需要一美元。"

经理收起债券，说道："那好，我们去办手续吧。一年之后，您还完了一美元和利息，我们就会把您担保的这些还给您。"

办完手续后，这位经理人又问道："先生，我很好奇，您明明有50万美元的资金，为什么偏偏来借这一美元呢？"

这位先生说道："我来这边是有事情要办的，带着那些债券不方便。我曾经咨询过多家金库，他们的租金都非常的昂贵。后来我了解到，你们银行的安保工作很好，所以我只能把这些东西存放在你们银行了。"

经理听了之后才恍然大悟，顿时对眼前的这位先生肃然起敬。

故事中的这位先生，就是我们的石油大王洛克菲勒。看了这则故事，洛克菲勒的精明让我们感慨。他仅用了 6 美元，就为他的 50 万美金的债券找了一个好去处，令人佩服。这或许也是洛克菲勒成功的一大原因吧。

在我们日常生活中，我们应该也要像洛克菲勒那样，对生活精打细算，找寻有利节省的方法。当然，这种方法是在正当的手段之内。我们要权衡轻重，万不可做捡了芝麻丢了西瓜的事情。

相信自己能把事情做好

商场如战场，充满了残酷激烈的竞争。在这里不讲情分、不讲面子，讲的是你的实力和成败。在这里，没有人能够帮助你、陪伴你走到最后，你所能依靠的不是朋友，也不是家人，而是你自己。

这样一来，相信自己能行也就成了至关紧要的一步。如果连你都不相信自己的话，那么没有哪一个企业或者是合伙人能够相信你。所以，成功的第一步就是相信自己。

我们都知道，洛克菲勒是世界石油大王，他可谓是富可敌国。而他在教育自己的下一代时也传授给了他们一个秘密武器。这一武器并不是我们所想的人脉和资源，而是一句话，一句发自内心的话。

洛克菲勒是世界上最成功的企业家之一，他曾经在给儿子的信中写道："相信自己是每个人迈向成功的第一步，只有你相信自己可以成功，你才能够让这个信念跟随你的全过程，才能够激励你的思想，成为你心中必胜的信念。"

他说："这一种成功的信念，能够激励你最好的心智，而你的这种心智又可以帮助你实施成功的计划。同样，如果你不相信自己，给自己灌输了太多失败的信念，那么这些失败的念头就会阻碍你的成功，而引领你走向失败。"

洛克菲勒还对儿子说："我自己就是这么走过来的。在我日常生活中就经常提醒自己，你比你自己想象的还要好。"这是洛克菲勒的人生信条，现在，他又把这则信条教给了儿子。

他对儿子说："你应该经常对自己说这句话。"

而他的儿子小约翰也是这么做的。

这就是洛克菲勒教给儿子的致富秘诀。其实，那些成功的人并不是超能力的人，他们只是相信自己，相信自己的能力，所以他们所做的事情才会如此出色。

同样，如果你不相信自己的话，再成功的事情也有可能得到一个失败的结果。

自信可以成就一个人，不自信可以毁灭一个人，这也是洛克菲勒想要向自己的儿子所传递的信念。

洛克菲勒还告诫儿子，不管在任何时候，都不能廉价地出售自己。

所以我们也要明白，做事情的最大前提就是对自己有信心。如果我们对一件事情没有信心，那么我们在思想上就会为无法逾越困难寻找各种各样的理由，最终而导致失败；如果我们对自己有信心的话，那么我们的思想就会鼓励我们寻找各种能够完成的办法，最后而赢来成功。

永远作策略性思考

October 14, 1904

亲爱的约翰：

　　汉密尔顿医生又发福了，看来高尔夫运动已无法阻止腰围向外扩张的态势，他只能求助于其他运动方式来减少脂肪的含量了。不幸的是，能防止他增重的运动还没被发明，这令他很痛苦。不过，他倒总能用他脑子里各种稀奇古怪的故事为我们带来快乐。

　　今天，汉密尔顿医生用一个渔夫与垂钓者的故事，好好地让我们娱乐了一把。或许是大家捧腹大笑的场景让汉密尔顿医生颇为得意，他笑着问我："洛克菲勒先生，您是想做渔夫呢，还是想做垂钓者？"

　　我当时告诉他，如果我选择做垂钓者，或许我就没有资格站在这里与诸位一同打高尔夫了。因为我所创造的商业利益，是来自于有效的行为策略，垂钓者的行为方式不能作为我事业成功的保证。

　　当然，我的意思并不是垂钓者只会愚蠢到丢下鱼饵而不进行事先的思考与计划，每一个垂钓者都会做出他们的思考与决定，譬如要钓哪种鱼，用什么样的饵料，需要将鱼线抛到一个什么样的位置，而后他们才坐等大鱼上钩。就过程而言，他们没有任何出错的地方，但结果是否如愿却没人知道。

　　花上一段时间后，他们也许会钓到鱼，也可能会徒劳无功、两手空空，而那条他们理想中的鱼，也许永远不会上钩。因为他们太执着于自己的方式，尽管他们很清楚自己的目标，但是成功的可能性被他们的方式加以限制——除了那条鱼线所能触及的地方，他们捕鱼的范围几乎等于零。但是，如果能像渔夫那样用网捕鱼，捕鱼的范围将大大增加，而丰富的鱼量也为他们提供了众多的选择机会，捕获他们想要的鱼的概率就大大增加了。

　　我告诉汉密尔顿先生和我的球友们，我不是刻板固执、按部就班、以简单方式来解决问题的垂钓者，而是渔夫，我能够创造多种选择直至挑选出最能创造商业利益的鱼。他们都笑了，说我泄露了赚钱的秘密。

　　约翰，不论你做什么，要找出完美想法的最佳途径，就得拥有许多想法。在做出最完美的决定之前，我会致力于寻找具有创意与功效的各种可能性选择，考量多种可能性方案，并积极尝试各种选择，然后才将重点放在最好的选择上。

　　这种做法总能帮助我捕获到我想要的大鱼。当然，在执行计划的过程中，我也会保持开放策略，顺应时势，不断地进行调整或修正我的计划。所以，即使计划进展并不顺利，我也不会惊慌失措，却总能沉着应对。

　　很多人都认为我有着非凡的能力，是一位充满效率与行动能力的领导者。如果真是这样，我想你也可以获得这样的赞誉，只是你需要克制找寻简单、单向解决方案的冲动，乐于尝试能达成目标的各种可能性办法，拥有在困难面前付诸行动的耐心、勇气和胆略，以及不达目的决不罢休的执着精神。

　　把计划单纯地固定成模式的人只配给策略者提鞋。作为总裁，我只为部属设立清楚明确的方向或策略，但不会让自己陷于过分僵化的行动计划中。相反地，我会持续探索能够实现策略的各种可能性。

　　许多人都坚持认为，成功的关键在于扎实而清晰的策略计划，而这项计划必须由具体、可衡量、可达成以及实际的行动目标作为依据。我承认这样做很重要，但它有致命的缺陷。计划强调的是判断的标准与预设的成果，人们所采取的行动也是认为可达成目标的固定方法。由于这些方案依据的是预期能达成目标的已知方法，因此我们在开始行动之前，其实已经局限了范围。

尽管在我们提笔拟定计划之际，该计划看起来似乎天衣无缝，但是局势在计划定稿之前可能已经转变了，也就是说，不仅市场的状况早已改变，客户改变，就连所能支持计划的资源也已改变。这难怪这些成本高昂，又耗时费力的策略，仅有极少的部分能真正被执行。

要如何应对这种状况呢？不论我们是为公司或是单一部门拟定计划，我们都必须确认自己所拟定的是策略，而非手段。策略的本质是弹性的、长远的、多面向的、大格局的。它们强调的是如何成长或扩大利润这类的成果，而不是某个可衡量的目标。同时策略所提供的是一个大方向，而非达到成功的唯一方式。

要成为杰出的领导者，我们必须让自己成为一位策略性的思考者，而不仅是手段的设计者。我们还得避免将自己局限于既定的文件流程中，我们的座右铭将是专注，但是具有弹性空间。我们着重于探索的过程，每时每刻，我们都能开创有助于达成长远目标的可能方向。

我们不会固守 3 种、5 种方式来达成远程目标，而是在无时无刻都能发掘获取利润的机会——不论是在与对手交谈，或与部属进行脑力激荡的会议中。

为了远离危机风暴，我们必须不断地拟定新的策略，同时调整旧有的计划。在应对每天都在改变的商业环境，同时我们也必须依据情势的变化来修正长远的计划。这样在短期内我们不但能维持弹性的作风，同时从长期来看，我们对一个能符合最新经济环境的弹性理想目标，也有了清楚的概念。我们可将陈腐的策略计划束之高阁，并且精力充沛、满怀希望地在朝气蓬勃的环境中步调一致地向前迈进。

要做一名乐观主义者。无论情况看起来或是实际上有多糟糕，请擦亮眼睛找出其中蕴含的无限希望——永远不要放弃寻找，因为希望永远存在。

我相信所有的领导者都担负着提供希望的责任，而且不但要替自己，同时也要为雇员指引出一条发展道路。回想一下生命中你感到最没有希望的那段时日，那很可能是因为你觉得自己已经走投无路，或者相信自己没有任何其他选择，你被困住、被放弃、找不到出路。

克服绝望的方式只有一种，面对障碍，你必须持续创造出各种可能的解决办法。简单地说，希望源自于相信有其他可能的存在。

杰出的领导者具备能够应付特定商业状况的腹案、创造新市场的机动计划、应对危机的应急智慧，以及为自己与员工发展事业的蓝图。当局势似乎跌到谷底而无可挽回时，他们就像骁勇善战的摔跤手一样，即使被对手压制在地难以脱身，他们也永远不会放弃能够翻身的任何机会。

凭借着他们的才能、灵活的身段，以及随机应变的智慧，他们巧妙地找到空隙并逃脱险境。他们在别无选择的劣势下，硬是杀出一条生路。

如果你能在一开始就勇于发挥创意，就能够避免无止境的疲于奔命、挫折与痛苦。

当你看到绝境时，事情似乎到了无可挽回的地步。如果我们始终抱持着坚定的希望，我们就能超越自我设定的界限，并且可以为自己的部属提供选择的机会。所以，在面对困境时，我们要做的就是坚信自己能找到机会并借此开拓一条生路。

爱你的父亲

详解

找到最完美的想法前，脑子里得有许多想法

古人说"居安思危，思则有备，有备无患"，提前作准备很重要，做多手准备更重要。一定程度上，方案越多，选择越多，应对不同状况时的准备措施也就更多，这就为找到最优结果提供了丰富空间。洛克菲勒这样告诫约翰，不论你做什么，要找出完美想法的最佳途径，就得拥有许多想法。在做出最完美的决定之前，我会致力于寻找具有创意与功效的各种可能性选择，考量多种可能性方案，并积极尝试各种选择，然后才将重点放在最好的选择上。

当身处险境或面临重任时，你必须要多做方案，因为你不知道下一秒到底会出现什么样的情况，而哪种方案又最适合处理这些状况。

休伊特公司，对于一个经验不足、胸怀大志的年轻人来说，是一个理想的培训基地。

与大多数只经营一种业务或生产一种产品的公司相比，休伊特公司多元化的经

营模式，为洛克菲勒增长见识提供了有利条件。休伊特公司可以算是各种产品的代理销售商，开始它以食品经销为主，后来率先从苏必利尔湖一带购进铁矿石，而公司赖以生存的两项技术则是铁路运输和电报，其中的铁路运输最不被人认可。大多数人认为，在运输上面只要善于砍价，在宣传上面做好广告就够了。

这天，老板休伊特指派给洛克菲勒一项任务，计算一批货物的运输成本并寻找合适的运输路线。原来，公司需要把一批大理石从佛蒙特州运到克利夫兰，这项业务虽然简单，但是计算上面却涉及了铁路、运河和湖泊运输等各种相对成本的复杂设计。

为了能很好地解决这个问题，提升自己在公司的名气，洛克菲勒很认真地把握这次锻炼机会。刚一接到任务，洛克菲勒便提出了三种运输方案，只不过这三种运输方案都达不到洛克菲勒的要求。于是，他又继续思考和摸索，最后拿出了七种运输方案，并从中选择了最好的一条。

这个结果很让人吃惊，首先可选方案很多，另外，最后从选出的运输方案来看，这比一般情况下的方案至少节省400元运费，更为关键的是速度还能提前一天半。而洛克菲勒为了达到最佳效果，利用了一段新开通的铁路线路和一段常常被别人忽视的湖上线路，再通过合理组合，就给众人呈现出了七种运输方案。

正是这次经历使洛克菲勒意识到早作准备、做多手准备的重要性。明天变化莫测，唯有做好多重防备，才能应对自如。

要想做到临危不惧，做多手准备，首先就要改正观念。在很多人心中，都有"船到桥头自然直"的心态。在他们看来，不需要过于担忧未来的困难，等困难来到的时候再去想解决办法也不迟。而洛克菲勒的做法在他们这些人心中显然有些杞人忧天了。

这类人的观念就有些坐以待毙的味道：问题找上门来，才想着去解决，根本就没有忧患意识，也没有防患于未然的观念。这一种意识，我们是极不提倡的。只有摒弃掉这种观念，树立基本的危机意识才有可能积极备战。

其次，要有创新意识，这样我们才能够有更多想法。

一个好的创意，能够让你少走很多弯路；一个好的创意，也能够让你更好地发挥你的能力，发挥你的智慧。有了创意，才能够带给你诸多的灵感，才能够减少你在人生路上所遇到的困难。

一天，美国迈阿密海滨浴场出现了令人惊心动魄的场面。

那天风和日丽，阳光灿烂，海滨浴场游人如织。有人穿着游泳衣在沙滩上进行日光浴，有人在五彩缤纷的伞下喝着饮料，更多的人则投入了大海的怀抱。好一派欢乐热闹的景象。

有一个妙龄女郎款款走入水中，她在浅水中稍作活动，随即像美人鱼似的游进了深水区。她一会儿蛙泳，一会儿仰泳，活泼的姿态吸引了海滩上众多游客的目光。

突然，女郎双手乱舞，长发纷飞，在水中挣扎起来，还没等大家弄清怎么回事，她已沉入海中。游客们从惊愕中清醒过来，不约而同地呼喊："出事了，那姑娘可能抽筋了！"

千钧一发之际，一个青年男子跃入海中，迅速游到出事地点，将妙龄女郎救出水面。

当人们围上去向他们表示慰问时，有个手持照相机的摄影者挤进了人群，拿出一些照片让众人观看。这些照片再现了刚才惊心动魄的一幕，优美的风光，惊险的场面，美丽的溺水女郎，矫健的青年救护者，还有脸部表情各异的游人。人们的注意力转移到照片上来，惊讶地问："这是怎么回事，照片这么快就出来了？"

摄影者高高举起照相机，得意地说："这是兰德先生创办的普拉公司的最新产品'拍立得'相机，拍摄之后60秒钟就可取到照片。"

游人们争相观看这种新型的"拍立得"照相机。原来刚才的一幕是普拉公司为推广相机而精心策划的一出戏。这出戏演得精彩非凡，在观众的脑海里留下了深刻的印象。他们回味刚才那惊心动魄的一幕时，自然也想到了"拍立得"相机神奇的功能。这些游客来自世界各地，他们回去之后，都成了"拍立得"相机的热心宣传员。

不久"拍立得"相机上市了，人们争相购买，最后竟把橱窗里陈列的样品都买下了。

普拉公司在宣传自己的拍立得产品时，一改往日中规中矩的宣传办法，而是采用了一种比较惊心动魄、有创意的宣传策略，最终不仅让看"活广告"的人记住了拍立得相机，而且还让他们成了拍立得相机的免费宣传员。这才使得拍立得相机一上市，便被人们一抢而空。

由此可见，不管是在日常生活中还是在工作学习中，创意都是人们必备的能力，是人们能够获得巨大成功的关键所在。有了创意，我们才能够有新的灵感，才能够有新的想法和手段，才能够走在他人的前面。

是渔夫，还是垂钓者

如果有人问你，你想做渔夫还是钓鱼者，你会怎样回答呢？你是想要做按部就班、简单作息的钓鱼者，还是做能够掌控鱼类命运的渔夫呢？当然，有些人喜欢平淡的生活，喜欢走一步算一步、钓一天算一天的生活节奏，而有些人却喜欢做长远计划，喜欢做能够掌握大局的渔夫。

洛克菲勒在给儿子的信中曾经说道："我不是刻板固执、按部就班、以简单方式来解决问题的垂钓者，而是渔夫，我能够创造多种选择直至挑选出最能创造商业利益的鱼。他们都笑了，说我泄露了赚钱的秘密。"

汉密尔顿医生是洛克菲勒的朋友，在他们聚会的时候，汉密尔顿医生总能够用他头脑中稀奇古怪的想法将洛克菲勒等人逗乐。

这天，汉密尔顿医生笑着对洛克菲勒说："洛克菲勒先生，如果让你在渔夫和垂钓者之间选择，你想要做哪一种呢？"

洛克菲勒神秘地说道："如果当时我选择的是垂钓者，恐怕今天我就不能和你一起打高尔夫了。"

汉密尔顿医生疑惑地问道："为什么？"

洛克菲勒答道："因为我现在所有的收益，都源于行动有效的行为策略，而我要选择垂钓者的话，显然对我的事业并没有任何的帮助，它根本无法成为我成功的助力。"

根据这个故事，洛克菲勒还告诉儿子小约翰说：

"我的意思并不是说垂钓者事先不会进行思考和计划，正相反，每一个垂钓者在钓鱼之前都会有一番思考和计划，比如要在什么地方钓鱼、要钓到几条、要如何抛鱼线等，然后思考完这些，他们就会在原地等到大鱼上钩。对于过程来说，这些垂钓者们都没有任何的过错，可是至于结果是怎样的，就没有人知道了。

"等上一段时间后，这些垂钓者可能会有所收获，可他们也有可能两手空空，一条都没有钓到。而这其中就因为他们太执着于自己的钓鱼方式，虽然他们对自己的目标很是清楚，但是成功的概率却被他们大大压低了。那条鱼线所涉及的范围有限，所到达的地方更是有限。可是，如果我选择像渔夫般四处撒网的话，结果又肯定不一样了。丰富的鱼群会为渔夫提供很多的选择机会，而他们所捕到的鱼的数量也是大大增加了。"

洛克菲勒选择做渔夫而非垂钓者，正是出于长远的策略和打算。垂钓者被一根渔线所束缚，而渔夫却能够带着渔网走遍整个海域。这就是短期目光和长远目光的区别。

而我们在生活中也要学习洛克菲勒这样的策略性思考，不能只看重一时的方便，而忽略了长远的利益。不管我们做什么事情，都应该长远打算，都应该用策略性的思维去思量我们的决策，去验证我们的选择。

我们拟定的是策略，而非手段

在生活中，不管做什么事情，我们都应该有一个统一的规划和思考，不是仅仅设计出一个手段便可以的。要知道，你的手段设计得再成功，如若缺乏策略性的思考，最后肯定也是行不通的，这也不是最优的方案了。

洛克菲勒在写给儿子的信中曾经这样说道："要成为杰出的领导者，我们必须让自己成为一位策略性的思考者，而不仅是手段的设计者。我们还得避免将自己局限于既定的文件流程中，我们的座右铭将是专注，但是具有弹性空间。我们着重于探索的过程，每时每刻，我们都能开创有助于达成长远目标的可能方向。"

潘石屹可谓是一个成功的企业家，也是商界中的传奇。在各大媒体的眼中，潘石屹就是一个另类，一个是非不断的叛逆者。

"蓝海战略"是潘石屹成功的引路石，也正是在这个战略的带领下，才让潘石屹从一个小小的房地产商，变为如今的地产大亨。

初时，潘石屹在资本方面远远不及任志强、王石等人，他所领导的 SOHO 企业，不管是在规模上还是在实力和开发体量上，都远在他们之下。

如果那个时候，潘石屹选择和这些"大碗"们硬碰硬，那么他可能在这场血战中被吞得骨头都不剩。幸好，潘石屹认准了当时的形势，并没有血拼到底，而是选择了一种斯洛克四两拨千斤的策略，带领自己的企业走上了一条繁荣发展的道路。

只为一小部分人盖房子，是潘石屹制定的策略之一。要知道，房地产的定位是一个关键问题，动则是几十、上百亿的投资。如果定位准确的话，那么不管你处在怎样的不利位置，最后都能够化不利为有利；同样，如若你定位不准确，再有利的位置也会被人夺取，在黄金的地段也会成为破铜烂铁，无人问津。

潘石屹注重收集社会发展的趋势信息，注意了解社会发展和人们生活习惯之间的关系，而且还由此推测出了当下人们对于房子的需求，进而开发出一系列符合市场需求的房子。由此，也打开了潘石屹的天下。

大部分人都将市场定位在大众住宅或者是高档社区的时候，潘石屹却把矛头看向了那些正处于发展阶段的创造阶级，主要消费群体也是中青年消费阶层。此外，他还将国外流行的SOHO概念引进来，虽然刚开始受到了业内许多人士的反对和批评，但是实验结果却证实，潘石屹的这一选择是无比正确的。

而今，潘石屹所创造的SOHO和公寓、写字楼一样，成了一种代表性的物业类型。

潘石屹对房地产的定位非常简单，就是少数人、"密码正确"。潘石屹只为少数人盖房子是房地产界众所周知的事情，这一理念并不为广大业内人士所接受。面对这些质疑，潘石屹进而提出了"密码正确"方案，并且提出只有那些"密码正确"的人才能够购买他的房子。正是由于潘石屹的这一系列的策略，使得很多房地产商说，潘石屹就是属于不与竞争者竞争的商家。

潘石屹之所以能够取得如今的成就，第二个原因就是他拥有长远的目光。当其他人在做毛坯房时，他在做精装房；别人做普通住宅，他就做高档住宅。这也让潘石屹成了房地产界中的很多第一个：第一个在楼上涂抹各种颜色的人；第一个隐藏空调外挂的人；第一个使用大量现代前卫艺术品的人……

正是通过一系列的策划和手段，让潘石屹从一个小小的地产商，成为了如今的大亨。由此也可以看出，我们在实施策略的时候，一定要有长远的目光，要进行战略性的思考，而非一味地执行手段。只有这样，我们才能够应对未来的所有困难，才能够从冷静中看问题，从血战中寻商机。

策略要开放，在于顺应时势

制定策略是好事，可是如果在策略行不通的时候还死守策略的话，就变成坏事了。所以说，我们在制定策略的同时，应该明白策略是有伸展性的，它是开放的，能够随着时势变化而变化的。制定策略再加上变通的思维，才能够将策略更好地贯彻下去，才能够找到最好、最适合的策略。

洛克菲勒对自己的儿子小约翰说："在执行计划的过程中，我也会保持开放策略，顺应时势，不断地进行调整或修正我的计划。所以，即使计划进展并不顺利，我也不会惊慌失措，总能沉着应对。"

李维斯是世界"牛仔大王"，而他最初的梦想则是成为一名成功的淘金者。而他在淘金的路上，通过一系列的策略和变通，最终才坐上了"牛仔大王"的宝座。

美国淘金时期，李维斯跟随淘金大队踏上了西去的路途。途中，李维斯一行人被一条大河拦住了去路。人们都在河边焦急地等待着。一段时间后，河边的人们开始不耐烦起来，一些等不了的人干脆原路返回，放弃了这一次的淘金之旅。

李维斯看着眼前的大河，心想：既然现在没办法淘金，倒不如先依河做点什么营生，也好为自己多赚一点积蓄。他思前想后，便决定要制造一条船，做摆渡生意。要知道，在这里等候多时的人们早就已经失去了耐心，如果有人愿意摆渡他们，就算花点钱，他们肯定也是乐意的。

过了一段时间后，淘金的人都已经摆渡得差不多了，而李维斯也到了离开的时候。他丢掉小船，继续向西行进。到达西部后，李维斯和其他人一样，选择一块空地，买好淘金的工具，开始挖了起来。可是，没过多长时间，几个恶汉将李维斯团团围住，并且威胁他不准在此地淘金。

李维斯势单力薄，只能离开。就这样，他反复换了好几个淘金的场地，最后都被人赶了出来。很显然，李维斯前来此地淘金的计划是行不通了。于是，李维斯便改变了自己原本的策略，放弃淘金，开始了卖水的生意。

刚开始，因为独此一家，生意比较红火。渐渐地，效仿李维斯的店家开始多了起来，生意也渐渐下滑。于是，李维斯干脆又放弃了自己卖水的计划，寻找新的出路。

后来，李维斯看到，这些淘金的人身上穿的衣服很容易被磨破、磨烂，这也给他们的淘金工作带来了很大的麻烦。于是，李维斯便想着做一做衣服的生意。

李维斯发现，在淘金的地方，放置着很多无人要的帐篷，帐篷的料子结实耐磨，是做衣服的好料子。于是，李维斯将这些废弃的帐篷捡回家，开始设计筹划，没过多久，世界上第一条牛仔裤诞生了。人们争相而来。慢慢地，李维斯的牛仔裤生意越做越红火，有些供不应求的意味。于是，李维斯又赶忙联系外界，用船又运进来许多做牛仔裤的料子。就这样，李维斯的牛仔裤行销世界，成了一个著名的裤子品牌，而李维斯也成了名副其实的牛仔裤大王。

李维斯西进的第一目的是想要通过淘金的方式来发家致富。可是，在淘金的过程中，李维斯遇到了重重困难。遭遇这些困难之后，李维斯便放弃了自己最初的策略，改做卖水生意，最后又将自己的目标放在了牛仔裤身上。可以这么说，李维斯的发家史，就好比一段策略的演变史。在策略遭受阻拦的时候，李维斯选择了顺应时势，另谋出路，而不是一味地愚昧坚持。

所以，我们也应该像李维斯那样，在时势面前，一定要懂得变通，不要将策略看成死物，而是要将其看成能够随时伸展的东西。我们要顺应时势，及时调整自己的策略和方针，只有这样，我们的目标才能够达成。

面对障碍，你必须持续创造出各种可能的解决办法

杰出的领导者具备能够应付特定商业状况的方案、创造新市场的机动计划、应对危机的应急智慧以及为自己与员工发展事业的蓝图。当局势似乎跌到谷底而无可挽回时，他们就像骁勇善战的摔跤手一样，即使被对手压制在地难以脱身，他们也永远不会放弃能够翻身的任何机会。

在写给儿子的信中，洛克菲勒这样说道："克服绝望的方式只有一种，面对障碍，你必须持续创造出各种可能的解决办法。简单地说，希望源自于相信有其他可能的存在。"

20世纪90年代，由于通过牺牲长期需求的短期行为来实现业绩增长，即只专注于自己的碳酸饮料增长政策，没有跟上大众口味的变化潮流，可口可乐的业绩接连受挫。

彼时，消费者的口味开始倾向于健康饮料，包括瓶装水、运动和能量饮料以及果汁等成为饮料行业的主要增长源。但可口可乐仍然把重点放在经典的可口可乐、雪碧和芬达等几个核心品牌上，目的是实现现有产品利润的最大化。

更关键的是，此时竞争对手百事公司已经在非碳酸饮料业务上抢先一步。早在20世纪90年代初，百事公司就提出要做"全方位的饮料公司"，并开始不断地并购扩展产品线。如百事公司并购了纯品康纳，收购了桂格公司运动饮料品牌等。

2000年，可口可乐的业绩直线下滑，公司总裁也在巨大的压力下辞职，新总裁上任。新总裁上任后，根据当前所面临的来自百事可乐的压力，他提出了"适应变化中的客户需求"的新的管理构架，包括增加开拓新业务的部门。一位经历此次重组的可口可乐装瓶系统人士告诉记者，当时可口可乐中国装瓶厂也有小规模裁员，

有部分香港办事处的员工被派往内地工作，目的是让员工更接近市场。此后，可口可乐提出要做全方位的饮料公司。

2007年，可口可乐宣布以41亿美元收购美国知名的维生素饮料生产商 Glaceau 公司，此后不久，又收购了全球第二大矿泉水生产商 HighlandSpring。"在自己开发新产品的同时，我们会继续寻找各种发展业务的机会，包括并购。中国及其他市场均会遵循这个全球性的策略。"可口可乐中国区副总裁李小筠说。提出收购汇源，正是可口可乐并购策略在中国的体现。

经过这一系列的改革，才又挽回了可口可乐在世界饮料界老大的位置。可口可乐是全球最大的饮料公司，在面对来自百事可乐的压力时，他们并没有被打乱阵脚，而是想了各种办法来创造出每一种有可能解决的办法。最后，凭借着创新和勇气，让可口可乐又挽回了饮料龙头的地位。

所以，当我们面对障碍的时候，我们不要急着逃跑和躲避，我们应该开动思维，运用各种办法，去实施各种有可能改变现状的方法。只有在我们不断努力的尝试下，我们的企业才会更好地发展，才能够扫除企业发展道路上的障碍。

第**21**封信

只为成功找方法，不为失败找借口

原文

April 15,1906

亲爱的约翰：

　　斯科菲尔德船长又输了，失利让他有些气急败坏，一怒之下他把自己那根漂亮的高尔夫球杆扔上了天，结果他只得再买一个新球杆了。

　　坦率地说，我比较喜欢船长的性格，人生奋斗的目标就是求胜，打球也是一样。所以，我准备买个新球杆送给他，但愿这不会被他认为是对他发脾气的奖赏，否则他要一发不可收的话，那我可就惨了。

　　斯科菲尔德船长还有一个令人称道的优点，尽管输球会令他不高兴，但他认为赢本身并不代表一切，而努力去赢的做法才是最重要的。所以在输球之后，他从不找借口。事实上，他可以以年龄太大、体力欠佳来作为他输球的理由，为自己讨回颜面，但他从来不这样做。

　　在我看来借口是一种思想病，而染有这种严重病症的人，无一例外的都是失败者，当然一般人也有一些轻微的症状。但是，一个人越是成功，越不会找借口，处处亨通的人，与那些没有什么作为的人之间最大的差异，就在于借口。

只要稍加留意你就会发现，那些没有任何作为，也不曾打算创造一番作为的人，经常会有一大堆的借口来解释：为什么我没有做到、为什么我不做、为什么我不能做、为什么我不是那样的。失败者为自己料理"后事"的第一个举动，就是为自己的失败找出各种理由。

我鄙视那些爱找借口的人，因为那是懦弱者的行为，我也同情那些爱找借口的人，因为借口是制造失败的病源。

一个失败者一旦找出一种"好"的借口，他就会抓住不放，然后总是拿这个借口对他自己和别人解释：为什么我无法再做下去，为什么我无法成功。起初，他还能自知他的借口多少是在撒谎，但是在不断重复使用后，他就会越来越相信那完全是真的，相信这个借口就是他无法成功的真正原因，结果他的大脑就开始怠惰、僵化，让努力想方设法要赢的动力化为乌有。但他们从不愿意承认自己是个爱找借口的人。

偶尔，我见过有人站起来说："我是靠自己的努力得到成功的。"到目前为止，我还未见过任何男人或女人，敢于站起来说："我是使自己失败的人。"失败者都有一套失败者的借口，他们将失败归咎于家庭、性格、年龄、环境、时间、肤色、宗教信仰、某个人乃至星象，而最坏的借口莫过于健康、才智以及运气。

最常见的借口，就是健康的借口，一句"我的身体不好"或"我有这样那样的病痛"，就成了不去做或失败的理由。事实上，没有一个人是完全健康的，每个人多少都会有生理上的毛病。

很多人会完全或部分屈服于这种借口，但是一心要成功的人则不然。盖茨先生曾为我引荐过一位大学教授，他在一次旅行中不幸失去了一条手臂，但就像我所认识的每一个乐观者一样，他还是经常微笑，经常帮助别人。那天在谈及他的残障问题时，他告诉我说："那只是一条手臂而已，当然，两个总比一个好。但是切除的只是我的手臂，我的心灵还是百分之百地完整而且正常。我实在是要为此表示感谢。"

有一句老话说得好："我一直在为自己的破鞋子懊恼，直到我遇见一位没有脚的人。"庆幸自己的健康比抱怨哪里不舒服要好得多。为自己拥有的健康感谢，能有效地预防各种病痛。我经常提醒自己：累坏自己总比放着朽坏要好。生命是要我们来享受的，如果浪费光阴去担忧自己的健康而真的想出病来，那才是真正的不幸。

"我不够聪明"的借口也很常见，几乎有95%的人都有这种毛病，只是程度不同而已。这种借口与众不同，它通常默不作声。人们不会公开承认自己缺少足够的聪明才智，多半是在自己内心深处这么想。

我发现大多数人对"才智"有两种基本错误的态度：太低估自己的脑力和太高估别人的脑力。因为这些错误，使许多人轻视自己。他们不愿面对挑战，因为那需要相当的才智。认为自己愚蠢的人才是真正愚蠢的人，他们应该知道，如果有一个人根本不考虑才智的问题，而勇于一试，就会发现自己完全可以胜任。

我认为真正重要的，不在于你有多少聪明才智，而是如何使用你已经拥有的聪明才智，要成为一个好的商人，不需要有闪电般的灵敏，不需要有非常惊人的记忆，也不需要在学校名列前茅，唯一的关键，就是对经商要有强烈的兴趣和热心。兴趣和热心是决定成败的重要因素。

事情的结果往往与我们的热心程度成正比。热心能使事情变好一百倍一千倍。很多人并不知道什么叫热心，所谓热心就是"这是很了不起的！"这种热情和干劲而已。

我相信才智平平的人，如果有乐观积极与合作的处世态度，将会比一个才智杰出却悲观消极并且不愿合作的人，赚得更多的金钱，赢得更多的尊敬，并获得更大的成功。一个人不论他面对的是烦琐的小事、艰巨的任务还是重要的计划，只要他执着热忱地去完成，成果会远胜于聪颖但是懒散的人。因为，专注与执着占了一个人95%的能力。

有些人百思不得其解：为什么很多非常出色的人物会招致失败呢？我可以让他们得到清晰的答案，如果一个绝顶聪明的人总在用他惊人的脑力，去证明事情为什么无法成功，而不是用他的脑力引导自己去寻找迈向成功的各种方法，失败的命运就会找上他。消极的思想牵制他们的智力，使他们无法施展身手以致一事无成。如果他们能改变心态，相信他们会做出许多伟大的事情。

想成大事却不懂得思考的大脑，也就是一桶廉价的糨糊而已。

引导我们发挥聪明才智的思考方式，远比我们才智的高低重要。即使是学历再高也无法改变这项基本的成功法则。才智的好坏不在于教育程度的高低，而是在于思想管理。那些最好的商人从不杞人忧天，而是充满热忱。要改善天赋的素质绝非易事，但改善运用天赋的方法却很容易。

很多人都迷信所谓的知识就是力量。在我看来这句话只说对了一半。拿才智不足当借口的人，也是错解了这句话的意义。知识只是一种潜在的力量，只有将知识付诸应用，而且是建设性地应用，才会显出它的威力。

标准石油公司永远不会为"活字典"式的人物提供职位，因为我不需要只会记忆不会思考的"专家"。我要的人是真正能够解决问题，能想出各种点子的人，是有梦想而且勇于实现梦想的人。有创意的人能为我赚钱，只能记忆资料的人则不能。

一个不以才智为借口的人，绝不低估自己的才智，也不高估别人的才智。他专注地运用自己的资产，发掘他拥有的优异才能。他知道真正重要的不在于才智的多少，而在于他如何使用现有才智的方法以及如何使用自己的脑力。他会常常提醒自己：我的心态比我的才智重要。对建立一种"我一定赢"的态度，他有强烈的渴望。他知道要运用自己的才智积极创造，用他的才智寻找成功的方法，而不是用来证明自己会失败。他还知道思考力比记忆力更有价值，他要用自己的头脑来创造、发展新观念，寻找更好的做事新方法，随时提醒自己：我是正在用我的心智创造历史呢，或只是在记录别人创造的历史？

每一件事的发生必定有其原因，人类的遭遇也不可能碰巧发生。所以，有很多人总会把自己的失败怪罪于运气太坏，看到别人成功时，就认为那是因为他们运气太好。我从不相信什么运气好坏，我只认为精心筹备的计划和行动叫"运气"。

如果由运气决定谁该做什么，每一种生意都会瓦解。假设标准石油公司要根据运气来彻底进行改组，就要将公司所有职员的名字放入一个大桶里，第一个被抽出的名字就是总裁，第二个是副总裁，就这样顺序下去。很可笑吧？但这就是运气的功能。

我从不屈从运气，我相信因果定律。看看那些看似好运当头的人，你会发现并不是运气使然，而是准备、计划和积极的思想为他们带来好的气象。再看看那些"运气不好"的人，你会发现背后都有明确的因素。成功者能面对挫折，从失败中学习，再创契机。平庸者往往就此灰心丧志。

一个人不可能只靠运气成功，他必须付出努力的代价。我不妄想靠运气获得胜利等等生命中的美好事物，所以我集中全力去发展自我，修炼出使自己变成"赢家"的各种特质。

借口把绝大多数的人挡在了成功的大门之外，99%的失败都是因为人们惯于找寻借口。所以在追求事业成功的过程中，最重要的一个步骤就是：防止自己找借口。

爱你的父亲

智者不为失败找借口

面对失败，人们习惯拿很多借口出来做挡箭牌，靠着这些挡箭牌我们敷衍了别人，原谅了自己，但对未来也丧失了信心，产生了消极、懒惰和恐惧的心理，变得不负责任，变得很虚伪。

洛克菲勒指出，借口可以把绝大多数的人挡在成功的大门外，99%的失败都是因为人们习惯于找借口。为了真实地追求成功，享受其中的过程，洛克菲勒告诫约翰：防止为自己找借口。

洛克菲勒十分鄙视那些没事就为自己找借口的人，因为那是懦弱者的表现。有时候，这些借口会像说谎一般，让人厌恶，不过，洛克菲勒有时也很同情这些找借口的失败者，毕竟人们都好面子，总是试图为自己粉饰一下。

斯科菲尔德船长是洛克菲勒的一位好友，闲暇时候，两人会在一起打高尔夫球。

打高尔夫球和骑自行车是洛克菲勒最喜欢的两项运动，尤其是在晚年，退休后的洛克菲勒一方面通过这些运动来打发时间，二则想要通过这些运动来锻炼身体。

这一天，两个人又约在一起打球，结局似乎和以往一样，斯科菲尔德船长又输了。这位性情直爽的家伙直接把球杆狠狠地甩出去很远，口中还带着含糊不清的脏话。

显然，比赛失利使斯科菲尔德船长很是生气，不过倒是可怜了那支漂亮的球杆了。

洛克菲勒看到斯科菲尔德船长的这些举动，并没有感到不愉快，相反，他还特地买了一支新球杆送给斯科菲尔德船长，还打趣地说道："但愿斯科菲尔德不会认为这是对他发脾气的奖励，不然那就一发不可收了，我一定会很惨。"

斯科菲尔德船长虽然脾气急躁了些，不过洛克菲勒倒从中看到了他身上的一个优点，那就是不为失败找借口。

打球比赛也是一场输赢较量，输球就是失败，尽管输球让斯科菲尔德船长很不悦，但他没有用年纪太大、体力欠佳、状态不好等借口来解释。也许斯科菲尔德船长在抛球杆的时候，或者坐下休息的时候，就在想我下次应该怎么样才能赢球，而不是心虚地说完一系列借口后, 暗暗猜想, 他们会相信我说的话吗?

我们不排除这样的情况, 偶尔的一次迟到或许是真的碰到了特殊情况, 值得原谅。但是, 那些习惯性的借口就无法让人容忍了: "环境不好, 影响我发挥""他们都有关系, 只有我没有, 所以我落选了""对方一直不给回复, 我才没有把后期的工作连接上"……有些人将这些看着合情合理的借口当作掩饰自己缺点的常用武器, 隔三岔五地拿出来用一下, 一点儿都不带浪费的。

寻找借口就像是一种病, 随着病发次数的增加, 病情也就随之加重, 唯一能救治的办法就是不为过失找借口, 面对错误和失败, 勇于承担责任, 大胆认错。错了就是错了, 有找那些冠冕堂皇借口的时间, 还不如好好反省下失败的原因, 提醒自己避免重蹈覆辙才是聪明人的做法。

"一个越是成功越不会找借口、处处亨通的人, 与那些没有什么作为的人之间最大的差异, 就在于是否有借口。"这句话是洛克菲勒用来劝诫子女的, 我们不妨也拿过来细细品味一番, 作为自己努力的提醒语录。

累坏自己总比放着朽坏要好

生命是用来享受的, 而不是用来浪费的。这种享受不是无所事事地休息, 而是通过做积极、有意义的事情, 通过充实的生活来体验人生的各种悲喜苦乐。不过仍有人感慨人生苦短, 生来就是受罪的皮囊, 为什么不创造条件让自己好好"享受"下惬意的生活呢? 对于有这种想法的人, 我们只能说, 人生的真谛你是领略不到的。

在参悟人生哲理方面, 洛克菲勒总有着深刻的解读。"我经常提醒自己: 累坏自己总比放着朽坏要好。生命是要我们来享受的, 如果浪费光阴去担忧自己的健康而真的想出病来, 那才是真正的不幸。"

追求幸福的过程就好像是进行一场旅行, 安逸地待在一个地方的话, 我们是永远不会知道前方的美景的, 只有不断地行走在路上, 我们才能邂逅彩霞, 遇到夕阳。用身体的劳累换来的是心灵的愉悦, 这才是真正的幸福。

石油帝国的主人公洛克菲勒从小时候开始就不是一个很具有天赋的人, 洛克菲勒也很坦诚地承认这一点并说道: "上学时, 我不是一个一教就会的学生, 但我不甘人后, 所以我只能勤恳地准备功课, 并持之以恒。在我 10 岁时我就知道要尽我所能地多干活，砍柴、挤奶、打水、耕种，我什么都干，而且从不惜力。正是农村艰苦而辛劳的岁月，磨炼了我的意志，使我能够承受日后创业的艰辛，也让我变得更加坚忍不拔，并塑造了我坚强的自信心。"

洛克菲勒从来不把时间用在各种娱乐场所中，他不喜欢珠光宝气炫耀的装饰，相比来说，他更喜欢运动和工作。尤其是到了中老年之后，洛克菲勒依然不肯放松自己的身体，他把业余时间用来运动，比如骑马，他甚至像一个干劲十足的小伙子一样，两天内骑着赛马跑了大概80英里的路程。

在工作上，洛克菲勒表现得是那么准时和充实。每天早上他的理发师会在梳妆室为洛克菲勒修脸，然后洛克菲勒吃完早餐后，就准时地来到褐砂石门廊，花5分钱乘坐在第六大道出发的高架火车到市中心。车子奔驰的同时，洛克菲勒也不肯浪费这不可多得的好时光，他一路上脑子也不停歇，思考着每天的事物，还用铅笔在衬衫袖口上记下想到的事情，然后像踩着空气垫子一样，在9点钟准时走进标准石油公司的大楼。

有一点，洛克菲勒和查尔斯有着共同的认识，那就是珍惜时间和金钱。在他们看来，生命是不可逆的，时间只会流逝，无法挽留，所以浪费时间的行为是万万要不得的，金钱来得不容易，就应该让它的价值体现在真正需要它的地方，而不是胡乱挥霍。

正是因为懂得珍惜时间，所以，洛克菲勒总是善于把握有效和长期的时间，用来处理各种琐碎的事情，他用超强度的劳动来向他的石油大王梦想前进，因为比别人付出了更多的努力，洛克菲勒才能在30岁的时候成为美国最大的炼油商，更是在40岁成为美国最大的石油产业经营商。看来，有目的地忙碌给洛克菲勒带来了颇多的收获。

不要害怕累坏自己，累了休息一晚，第二天我们依然充满精神和力气。可是幸福和成就不是休息一晚就能得到的；不要害怕累坏自己，现在的劳累能使你掌握更多求生技巧，使你以后的路走起来更加平坦；不要害怕累坏自己，长时间放着不用的机器也会生锈损坏，既然都会有损坏的一天，为什么不让自己用充实的方式度过呢？

习惯于充实生活的人是不会为偷懒找各种借口的，耍小聪明的人才会为了几分钟的休息而斤斤计较，殊不知在休息的时候你错过了更多的学习机会，休息得多了，你也就越落后了。

我们要形成这样一种意识，不要怕辛苦，只怕白辛苦。如此一来，我们不仅会抛弃"端放自己"的思想，还能促使我们寻找积极有效的办法来提高我们的劳作效率，增加收获。

兴趣和热心是决定成败的重要因素

在攀登人生成功的高峰上，不是只有聪明才智一条道路，条条大路通罗马，兴趣和热心也是决定成败的重要因素。

洛克菲勒很重视兴趣和热心这两个因素，甚至这样说道："我认为真正重要的，不在于你有多少聪明才智，而是如何使用你已经拥有的聪明才智。要成为一个好的商人，不需要有闪电般的灵敏，不需要有非常惊人的记忆，也不需要在学校名列前茅，唯一的关键，就是对经商要有强烈的兴趣和热心。兴趣和热心是决定成败的重要因素。"

洛克菲勒是一个看似平静却有着超强耐心的人，他的学习成绩算不上最好，可最后他的成就却鲜有能及者，究其原因，无非是在兴趣的牵引下，洛克菲勒坚定地走下去而已。

收房租——这是老板休伊特交给洛克菲勒的新任务。

休伊特在经营公司主业的同时，也不忘把闲钱用来做一些副业，他在周围买了一些房子，再将这些房子租出去坐收租金，一套两套，慢慢休伊特名下的房子多了起来，而他本人也无暇专门抽时间去管理这些琐事，而克利夫兰又是一个人口流动性很大的城市，也不好一一了解这些来来往往的人有着怎样的人品，于是，拖欠房租的人就多了起来。

近来，洛克菲勒记账的工作略显轻松了，这主要归功于前期他花费很多时间去整理以前的账目。所以，洛克菲勒正好有时间去完成休伊特交给他的任务。

这个工作看似简单却充满挑战性，因为有的租客比较难缠，已经有很多比洛克菲勒资历老的人无功而返了。不过，洛克菲勒对这项工作充满激情，在初涉社会的他看来，任何一个新鲜的玩意都能使自己学到很多知识。

于是，洛克菲勒拿出年轻人不屈不挠的精神去了租房者家中。他彬彬有礼的收债方式显然不能使租房者有所行动，于是，他就换个办法，每天坐在租房者门前，耐心地等待，脸上还带着一副收不到这笔钱就活不下去的样子。不止这样，在门口端坐的洛克菲勒还不忘和租房者的邻居们打招呼："这家的租房者欠了我们老板的钱，我得把钱收回去。"

带给租房者焦虑感受的同时，洛克菲勒也对这份工作充满焦虑，有一天凌晨，睡得蒙蒙眬眬的洛克菲勒突然从床上坐起来大叫道："我收不到托马斯的账。"这一叫还把房东伍定太太吓了一大跳，可见，洛克菲勒是一门心思扑在了收租这件事上。

焦虑的状况很快就结束了，因为洛克菲勒很好地完成了这项任务，被洛克菲勒逼得没办法的租房者们纷纷拿出了该付的租金。

在把钱交给老板休伊特后，洛克菲勒还对老板经营房产方面提了些建议。与其非要等到月末或者是租房者拖欠行为已经让人忍无可忍的时候收租，还不如提前收上来一部分房租呢。洛克菲勒说道，可以通过预交款的形式或者提前多付款可以多住一段时间房的优惠来促使大家先交一部分租金，这样不仅能获得很多流动资金，还能防止他们欠账不还或者长期拖欠。

洛克菲勒的一番讲话，让休伊特再一次对这个年轻人刮目相看。

常言道，兴趣是最好的老师，依靠兴趣的引导，我们能够坚持长时间的探索和尝试。即使我们没有具备先天的聪明才智，或是不能很好地利用自己的聪明才智，凭借一颗炽热的心，也能达到水滴石穿、木锯绳断的结果。要知道，热心往往能使事情变好一百倍一千倍，事情的结果常常与我们的热心程度成正比。

2001年5月，在美国麦迪逊中学的一场入学考试上有这么一道题目：在比尔·盖茨的办公桌上放着五个抽屉，每一个抽屉上分别贴着兴趣、荣誉、成功、财富和幸福五个标签。比尔·盖茨在日常时候，总会带着一个标签出门，而将其他标签的钥匙全部锁在抽屉内。那么请问，比尔·盖茨出行的时候，带的是哪一把钥匙呢？

一个学生看到这个题目后顿时慌了手脚，他不明白出题老师的意图是什么？这是一个选择题还是一个思维题？

最后，这位学生将这道题空下了。考试完了之后，学生找到了这个学校的理事，想要询问这道题的答案，没想到这位理事说道："其实这道题完全没有答案，仅凭个人的理解作答。而老师们则根据他们的答案酌情给出分数。"

试卷发下来之后，这位学生这道题得了5分。在老师看来，他一个字都没有写，最起码表示他是真诚的；而他的同桌则得了1分，他同桌的答案是财富。

其后，这个同桌又写信询问比尔·盖茨，比尔·盖茨回复道：在你最感兴趣的事情上，就隐藏着你人生的秘密。

是的，有了兴趣也就会对某个事物充满热心，有了热心，你人生的方向便隐藏其中了。那么，我们该如何培养自己的兴趣呢？我们可以这样做：善于发现自己的兴趣点，将这个"苗头"把握好。注意及时增加该方面的知识储备，足够的知识能使我们有更强的动力去发展自己的兴趣，而知识缺乏则会使我们的信心严重受挫。开展与自己兴趣相关的活动也是很必要的，这是对书本知识很好的补充方法，收获更多实践成果。明确目标，有意识地培养更多相关间接兴趣。将多种与原来兴趣相关的知识进行综合，可以有效地拓宽知识面，有利于进行全方位、多层次的发展。

最常见的借口，就是健康的借口

在洛克菲勒看来：最常见的借口，就是健康的借口，一句"我的身体不好"或"我有这样那样的病痛"，就成了不去做或失败的理由。事实上，没有一个人是完全健康的，每个人多少都会有生理上的毛病。

很大一部分的人，在事业不成功的时候，总喜欢将原因归结于健康身上，认为自己的身体无法担负这么沉重的负荷。所以，在他们的眼中，工作和失败也就成了理所当然的事情。可是，在我们生活中，却不乏一部分残疾人成了某个领域的领头羊，成了人们争相学习的榜样。

盖茨先生是洛克菲勒的好朋友，也是最忠诚的合作伙伴。有一段时间，洛克菲勒因生意上的事情忙得有些焦头烂额，盖茨先生见状，便给洛克菲勒引荐了一位大学教授。

这位大学教授很特别，他在一次旅行过程中不幸丢失了一只手臂。不过，教授非常地乐观，在和洛克菲勒的谈话中，他全程都在微笑着。洛克菲勒先生得知，他失去了一条手臂，并没有影响到自己的生活，不仅如此，他还能够像以前一样帮助别人，能够像以前一样生活得很快乐。

当洛克菲勒谈到他的残障问题时，大学教授平静地说道："那只是一条手臂而已，但是不可否认，两条手臂总要比一条手臂好得多。不过，虽然我的手臂切除了，但是我的心灵还是很完整且正常的。所以，我不应该为此懊恼，而是应该为此感谢才对。"

有一句话说得好："我一直在为自己的破鞋子懊恼，直到我遇见一位没有脚的人。"庆幸自己的健康比抱怨哪里不舒服要好得多。为自己拥有的健康感谢，能有效地预防各种病痛。所以，我们要经常提醒自己：累坏自己总比放着朽坏要好。

引导我们发挥聪明才智的思考方式

出现问题就一定有解决问题的办法，可能这个办法不是那么完美，不过总有最合适的办法等待我们去发现。而要解决这些问题，只依靠固定的思维可能不会奏效，比才智更加重要的情商和思想则会对我们产生很大的帮助。

洛克菲勒认为，引导我们发挥聪明才智的思考方式，远比我们才智的高低重要。即使是学历再高也无法改变这项基本的成功法则。才智的好坏不在于教育程度的高低，而在于思想管理。那些最好的商人从不杞人忧天，而是充满热忱。要改善天赋的素质绝非易事，但改善运用天赋的方法却很容易。

有时候，变通的方法看起来有些不合常理，不过在不违背道德和法律的基础上能够为我们解决问题，那就值得尝试。

在上学期间，洛克菲勒的很多想法就和同龄孩子有着明显的不同。

同龄的其他孩子经常会为了少玩了几次球、少参加了几次聚会、少吃了几顿节日大餐而苦恼一下，但洛克菲勒就认为这些都是没有意义的琐事了。

很多其他同龄学生为答题、考试而感到头痛，因为在他们看来，没完没了的学习是生活的一种累赘。不过，洛克菲勒却从没有将学习看作是一件可恶的事情。感兴趣的科目洛克菲勒自然就给予更多的关注，而对于不太感兴趣的科目，洛克菲勒也没有回避，他依然用心地学习着，因为以优秀的成绩通过考试就可以早点毕业，而早点毕业就能出去赚钱。这就是洛克菲勒的思维方式，也许显得有些功利，但这就是游戏规则，想要达到自己的目标，就要这样进行。

所以，洛克菲勒在考试的时候，带去的是明确的目标和一颗清醒的大脑，而其他孩子则是带着惴惴不安的心情和一颗患得患失的心。

不仅这样，从小跟随母亲参加宗教活动的洛克菲勒对教堂有着一份特殊的感情，做礼拜、捐钱给教堂、打扫卫生，时间长了，洛克菲勒了解到教堂将面临被拍卖的命运。

原来教堂有2000美元的欠款，因为长时间不能归还，债主忍无可忍便决定给牧师两个月的时间，如果到期不能还款，那就将教堂拍卖掉。

听到这个消息后，大家都表现得无比痛苦和无能为力，不过洛克菲勒决定想办法为教堂做点什么。他看到每天来往于教堂的教徒们，便决定通过请求他们捐赠来积攒资金。这个方法很有效，众多虔诚的信徒表示愿意捐款，虽然不多，但是洛克菲勒都认真地将这些好心人的名字和捐款数量记录下来。

只过了四十多天，洛克菲勒就将面值不等的 2000 美元交到了牧师的手中，惊呆的牧师怎么也没想到，眼前这个孩子竟然能用这个方法来筹集捐款，这是大人们都想不到的主意啊。

在洛克菲勒那里，小孩子的惴惴不安，变成了他的胸有成竹；大人们的惶恐紧张，也成了洛克菲勒的镇定思考。这无外乎就是因为在同一件事情上，洛克菲勒和他们思考的方式并不一样。而在商业行业中，当别人对一件事情都抱有同样的想法时，那么这个行业是不可做的；反之，则可以去做。这就是聪明老板的思维方法。

一个身家亿万的公司老板，却只有小学二年级的文化水平。有人好奇地问道："您企业做得这么大，身边一定有很多有文化的人才吧？"

公司老板回答说："没错，我身边的骨干人才都是硕士以上的学历。"

"啊？……"显然，这个人有些吃惊。

公司老板见对方如此惊奇，便解释道："有知识的人未必有智慧，这个世界上真正有智慧的人能够让有文化的人为他们工作。"

"如何证明您比别人有智慧呢？"这个人继续追问。

公司老板回答道："很简单。当我对一个项目拿不准主意时，就会问身边那些高学历的人，如果他们十有八九说可以做，那我就会放弃不做，因为多个人都认为可以做，就说明这个项目已经是个成熟行业，不是最好的投资时机，反之则做。"

这个公司老板之所以能将企业做大，就在于其具有敏锐的洞察力和不同于常人的思维方式。

没错，不同的思维方式会让你对这个事情产生完全不同的预期，世界还是这个世界，换一个观察角度，我们能得到意想不到的收获。

第22封信

谁都有机会成为大人物

原文

June 8,1906

亲爱的约翰：

在《马太福音》中有一句圣言："你们是世上的盐。"

这个比喻平凡而又发人深省。盐食之有味，又能洁物、防腐。人们来到世上来就是要净化、美化他们所在的世界，他们要让这个世界免于腐败，并给予世人更新鲜、更健康的生活气息。

盐的首要责任是有盐味，盐的盐味象征着高尚、有力、真正虔诚的宗教生活。那么，我们应该用我们的财富、原则和信仰做什么呢？无疑，我们要做世上的盐，去积极地服务社会，使世人得福。这是我们每个人的社会责任。

我们现在的责任，就是完全献身于周围的世界和众人，专心致志于我们的艺术。我想没有比这个更伟大的了。

谈到伟大，我想起了一篇伟大的演讲词，那是我一生中不多见的伟大的演讲词。它告诉我，人没有什么了不起，但没有什么比人更了不起的了，这要看你为你的同胞和国家做了什么。

现在，我就把这篇伟大的演讲词抄录给你，希望它能对你大有裨益。

女士们，先生们：

今天我很荣幸能在这里会晤一些大人物。尽管你们会说这个城市没有什么大人物，大人物都出生在伦敦、旧金山、罗马或其他大城市，就是不会出自本地，他们都来自这个城市以外的地方，如果是这样，你们就大错特错了。事实是我们这里的大人物和其他城市一样多。在座的听众里面就有许多大人物，有男也有女。

现在，请允许我大胆放言，在判断一个人是不是大人物时，我们常常犯的最大错误就是，我们总是认为大人物都有一间宽敞的办公室。但是，我要告诉你们，这个世界根本不知道什么样的人是世上最伟大的人物。那么，谁才是世界上的伟大人物呢？青年人或许会急于提出这样的问题。我告诉你们，大人物不一定就是在高楼大厦里设有办公室的人，人之所以伟大是在于他本身的价值，与他获得的职位无关，谁能说一个靠吃粮食才能生存的君王比一个辛勤耕作的农夫更伟大呢？不过，请不要责备那些位居某种公职便以为自己将成为大人物的年轻人。

现在，我想请问在座的各位，你们有谁打算做个伟大的人物？

那个戴西部牛仔帽的小伙子，你说你总有一天要成为这个城市的大人物。真的吗？

你打算在什么时候实现这个心愿呢？

你说在发生另一场战争的时候，你会在枪林弹雨中冲锋陷阵，从旗杆上扯下敌人的旗帜，你将在胸前挂满勋章，光荣归国，担任政府褒奖给你的公职，你将成为大人物！

不，不会的！年轻人，你这样做并不是真正的伟大，但我们不应该责备你的想法，你在上学时就受到这样的教导，那些担任官职的人都曾经英勇地参战。

我记得，美国与西班牙的战争刚结束时，我们这个城市有过一次和平大游行。人们告诉我，游行队伍走上布洛大街时，有辆四轮马车在我家大门口停下来，坐在马车上的是霍普森先生，所有人都把帽子抛向天空，挥舞着手帕，大声地叫："霍普森万岁！"如果我当时在场，也会这样叫喊，因为他应该获得这份伟大的荣誉。

但是，假设明天我到大学讲坛上问大家："小伙子们，是谁击沉了'梅里马克号'？"如果他们回答："是霍普森。"那么他们的回答是7/8的谎言，因为击沉"梅里马克号"的总共有8个人，另外7个人因为职位的关系，一直暴露在西班牙人的炮火攻击之下，而霍普森先生身为指挥官，很可能置身于炮火之外。

我的朋友们，今晚在座的听众都是知识分子，但我敢说，你们当中没有一个人能说得出与霍普森先生一起战斗的那7个人是谁。我们为什么要用这种方式来教授历史呢？我们必须教导学生，不管一个人的职位多么低微，只要善尽职责，美国人民颁给他的荣耀，应该和颁给一个国王的一样多。

一般人教导孩子的方式都是这样的，她的小儿子问："妈妈，那栋高高的建筑物是什么？""那是格兰特将军的坟墓。"

"格兰特将军是什么人？""他是平定叛乱的人。"

历史怎么可以这么教授呢？各位想一想，如果我们只有一名格兰特将军，战争打得赢吗？哦，不会的。那么为什么要在哈德逊河上造一座坟墓呢？那不是因为格兰特将军本人是个伟大人物，坟墓之所以建在那里是因为他是代表人物，代表了20万名为国捐躯的英勇将士，而其中许多人和格兰特将军一样伟大。这就是那座美丽的坟墓耸立在哈德逊河岸边的真正原因。

我记得一件事，可以用来说明这种情况，这也是我今晚所能想到的唯一一个例子。这件事令我很惭愧，无法将其忘掉。我现在把眼睛闭上，回溯到1863年，我可以看到位于伯克郡山的老家，看到牛市上挤满了人，还有当地的教堂和市政厅也都挤满了人。

我听到乐队的演奏声，看到国旗在飞扬，手帕在迎风招展。我对当天的情景记忆犹新。人群是来迎接一连士兵的，而那连士兵也正在列队前来。他们在内战中服完一期兵役，又要再延长一期，现在正受到家乡父老的欢迎。我当时只是个年轻小伙子，但我是那个连的连长。在那一天，我扬扬得意，像个吹足了气的气球——只要一根细细的针，就可以将我扎破。我走在队伍前列，我比世上任何一个人都骄傲。

我们列队走入市政厅，他们安排我的士兵坐在大厅中央，我则在前排就座，接着镇上的官员列队从拥挤的人群中走出来，他们走到台上，围成半圆形坐下，市长随后在那个半圆形的位子中央坐下来。他是个老人，头发灰白，以前从未担任过公职。他认为，既然他担任公职，他就是一个伟大的人物。当他站起来的时候，他首先调整了一下他那副很有分量的眼镜，然后以无比威严的架势环视台下的民众。突然，他的目光落在我的身上，接着这个好心的老人走向我，邀请我上台和那些镇上的官员坐在一起。

邀请我上台！在我从军之前，没有一个市府官员注意到我。我坐在台前，让我的佩剑垂在地板上。我双手抱胸，等待接受欢迎，觉得自己就像是拿破仑五世！骄傲总在毁灭与失败之前出现。

这时市长代表民众发表演说，欢迎我们这批凯旋的军人，他从口袋里拿出演讲稿，小心翼翼地在讲桌上摊开，然后又调整了一下眼镜。他先从讲坛后面退了几步，然后再走向前。他一定很用心地研究过演讲稿，因为他采取了演说家的姿态，将身体重心放在左脚，右脚轻轻向前移，两肩往后缩，然后张开嘴，以45度的角度伸出手。

"各位亲爱的市民，"他开口说，"我们很高兴欢迎这些英勇参战的……不畏流血的……战士回到他们的故乡。我们尤其高兴，在今天看到跟我们在一起的，还有一位年轻的英雄（指的就是我）……这位年轻的英雄，在想象中，我们曾经看到他率领部队与敌人进行殊死搏击。我们看到他那把闪亮的佩剑……在阳光下发出耀眼的光芒，他对着他的部队大叫，'冲锋'。"

这位好心的老头子对战争一无所知。只要他懂一点战争，就会知道一个事实：步兵军官在危险关头跑到部属前面是极大的错误。我竟然拿着在阳光下闪闪发光的指挥刀，对部下大喊：冲锋！我从来没有这样做过。你们想一想，我会跑到最前面，被前面的敌人和后面己方部队夹击吗？军官是不应该跑到那地方去的。在实际的战斗中，军官的位置就在士兵身后。因为是参谋，所以当叛军从树林中冲出，从四面八方向我方攻来时，我总是要骑着马对我方军队一路叫喊："军官退后！军官退后！"然后，每个军官都会退到战斗区后面，而且军阶愈高的人退得愈远。这不是因为他没有勇气，而是因为作战的规则就是这样。如果将军跑到前线，而且被打死了，这仗也就必输无疑，因为整个作战计划都在他的脑子里，他必须处在绝对安全的地方。

我居然会拿着"那把在阳光下闪闪发光的佩剑"。啊！那天坐在市政大厅的士兵当中，有人曾以死来保护我这名半大不小的军官，有人背着我横渡极深的河流。还有些人并不在场，因为他们为国捐躯了。讲演的人也曾提到他们，但他们并未受到注意。是的，真正为国捐躯的人却没有受到注意，我这个小男孩却被说成当时的英雄。我为什么被当作英雄？很简单，因为那位演讲者也掉进同样愚蠢的陷阱。这个小男孩是军官，其他的人只是士兵。我从这里得到了一个终生难忘的教训。一个人之所以伟大，并不是因为他拥有某种官衔。他之所以伟大，是因为他以些微的工具创下大业，以默默无闻的平民身份完成了人生目标。这才是真正的伟大。

一个人只要能向大众提供宽敞的街道、舒适的住宅、优雅的学校、庄严的教堂、真诚的训诫、真心的幸福，只要他能得到当地居民的感谢，无论他到哪里，都是伟大的。但如果他不被当地居民所感谢，那么不管他到地球的哪个角落，都不会是个伟大的人物。我希望在座的各位都知道，我们是在有意义的行动中活着，而不是在无聊的岁月里；我们是在感觉中活着，而不是电话按键上的数字中；我们是在思想中活着，而不是空气里；我们应该在正确的目标下，以心脏的跳动来计算时间。

如果你忘记我今晚所说的话，请不要忘记我下面的话：思考最多、感觉最高贵、行为也最正当的人，生活也过得最充实！

爱你的父亲

详解

人的伟大在于自身的价值，与身份无关

伟人并不是指的他的官位有多高，他的职权有多大，而是指他为社会做了什么，他又付出了什么。他自身的价值有没有利于社会，他的自身价值又有多大？只有那些自身价值大的人才算是真正的伟大，这种伟大与一个人的身份、职位没有任何的关系。

洛克菲勒曾经说过：大人物不一定就是在高楼大厦里设有办公室的人，人之所以伟大在于他本身的价值，与他获得的职位无关，谁能说一个靠吃粮食才能生存的君王比一个辛勤耕作的农夫更伟大呢？

美国结束了和西班牙的战争后，在美国某个城市举行了一次和平大游行。围观的人都说，坐在马车上的人就是这场战争的统帅——"霍普森先生"。当他的车队从人群中走过时，人们手中都挥舞着帽子和手帕，并且高声大喊道："霍普森万岁。"像这样的事情，不管谁在现场，应该都会这么欢呼的。因为在所有人看来，霍普森将军配得上这份荣誉。

　　而且，如果有人问起：在这种战争中，谁击沉了"梅里马克号"呢？那么在场的大部分人肯定都会说霍普森将军。而这样的答案，证明大多数的人都在说谎。因为将"梅里马克号"击沉的总共有八个人，而另外的七个人，却因为身份和职位的卑微无法被人所知。而这七个人，在战争过程中，也或许会因为职位的关系，而被暴露在敌人的炮火攻击中。作为指挥官，霍普森很可能位于炮火之外。可是，人们却没有记住这七位战士的名字，单单记住了霍普森将军。

　　由此，洛克菲勒教育自己的儿子说："不管一个人的职位多么低微，只要善尽职责，美国人民颁给他的荣耀，应该和颁给一个国王的一样多。"因为，在洛克菲勒看来，一个人的伟大，和他的身份无关。只要他尽职尽责、尽善尽忠，那么他就是一个伟大的人，一个无可超越的人。

　　只可惜，这种观念，在当下的教育中却是被彻底覆盖了。

　　一般人教导孩子的方式都是这样的，她的小儿子问："妈妈，那栋高高的建筑物是什么？""那是格兰特将军的坟墓。"

　　"格兰特将军是什么人？""他是平定叛乱的人。"

　　可是，如果你说这是错的，而历史却都是这么教授的。我们再好好想一下，如果光靠一个格兰特将军去打仗，能够赢得这场战争吗？答案很明显，不会。人们之所以要在哈德逊河上为格兰特将军建造一座坟墓，并不是因为格兰特将军在这场战争中是无可替代的大人物，而是因为他是这场战争的代表人物。他代表了20万名为国捐躯的英勇将士，而其中许多人和格兰特将军一样伟大。这就是那座美丽的坟墓耸立在哈德逊河岸边的真正原因。

　　所以说，一个真正伟大的人，他不一定要有多么尊贵的身份和地位，也不需要有多么伟大的人格和财富，只要他对社会有贡献，那么他自身就有着很大的价值意义，能够服务于社会。而只有将这种价值和意义继续发扬下去，我们的社会生活才能够更加和谐，而我们的动作和行为才更显得伟大。

默默无闻也是一种伟大

　　对于伟大一词，不同的人有不同的理解。有人认为只有那些做了惊天动地、有利于民族的人才是伟大的，也有人认为只要有利于他人的事情，都称之为伟大。而在这个世界上，还有一种伟大，我们称之为默默无闻。

在洛克菲勒看来，一个人的伟大，并不是看他的军衔，也不是看他的职位，而是看他以一个平民百姓的身份对周围人所做的事情。一个人，为百姓提供一所住所，为路人提供一碗热汤，为行人铺平泥泞，这就是真正的伟大。

而在洛克菲勒心中，杰克逊先生便是这样的人。

洛克菲勒在一个偶然的机会认识了杰克逊镇长。在洛克菲勒看来，杰克逊镇长可以说是一个大好人，镇上的很多人都非常喜欢他。

每一次碰到洛克菲勒的时候，杰克逊镇长都会停下来，跟洛克菲勒打声招呼，并且还很热情地询问他需不需要什么帮助。有些时候，镇长还会让自己的夫人给他送来一些日常用品和一些特色小吃。这都让洛克菲勒感动不已。

有一次，洛克菲勒走出旅馆后发现，镇上一些来往的路人竟然将杰克逊家门口的花圃践踏得不成样子，这让洛克菲勒异常的生气。他认为，杰克逊镇长是那么好的一个人，必须要为他讨回公道才行。

于是，洛克菲勒便站在花圃的旁边，指责每一个从花圃上走过的人。洛克菲勒想，这么一来，人们肯定不会再去毁坏花圃了。可是到了第二天，洛克菲勒发现，人们并没有因为他的指责而停止，杰克逊镇长家的花圃照样被踩得面目全非。

洛克菲勒气冲冲地找到杰克逊镇长，将那些镇民的恶行一吐为快。杰克逊镇长听后并没有多大的反应，而是从壁炉里面装了一袋子煤渣，拿着一把铁锹，带着洛克菲勒来到花圃前。杰克逊镇长用煤渣一点点地将花圃前面的那条泥泞小路铺平后，又回到了自己的房子内。

洛克菲勒看着杰克逊镇长的这一举动，心里仿佛明白了什么。从那之后，杰克逊镇长家的花圃就再也没有人践踏了。

在洛克菲勒看来，镇长不仅没有指责那些镇民的恶行，反而为他们铺平了家门口的道路，这就属于一个伟大人物的作为。

的确，在现实生活中，伟大并不是要让你干出多么令人震惊的事业，而那些拥有着善良品行和宽容之心的人，同样也是伟大的。杰克逊镇长的行动虽然很平凡也很简单，但是其中所包含的意味却是深远的。要知道，一个人的伟大，往往就包含在这个简单的行动中。

我们应该把这种朴实和仁爱都融入心里，不求财富和生命，不求轰轰烈烈和赞扬，我们要做到就是那平凡中的一个，就是那良好品行中的一抹。我们做到了这些，也就算是认识了伟大，也就算是做到了伟大。由此，我们也就是一个伟大的人了。

你付出并得到了感谢，就并不是一个"小"人物

人生意义的大小是不能用金钱、权力和地位来评定的，能决定我们人生意义大小的标准只有一个——你是否是一个懂得奉献的人。如果你能尽心尽力为那些需要帮助的人做事，那么你的付出就一定能得到他人的认可，这种肯定和感谢就是对你最好的奖励，从这一点来说，我们就不是一个"小"人物。

有过亲身感受的洛克菲勒极力向约翰分享他的经历和心得，"一个人只要能向大众提供宽敞的街道、舒适的住宅、优雅的学校、庄严的教堂、真诚的训诫、真心的幸福，只要他能得到当地居民的感谢，无论他到哪里，都是伟大的。但如果他不被当地居民所感谢，那么不管他到地球的哪个角落，都不会是个伟大的人物。"

当然，默默无闻服务社会的人一样是了不起的"大人物"，而能收获他人由衷的感谢，并将帮助他人、服务社会的理念传递出去，自然也就不是一个"小"人物了。

洛克菲勒能在慈善事业方面同样取得万人瞩目的成绩，这和盖茨的不懈努力是分不开的。

芝加哥大学一直是在盖茨的帮助下进行的一个慈善项目，从开始设想到最终落实，洛克菲勒亦是花了不少心思，当然资金的投入更是大家最关注的话题。可一向低调的洛克菲勒始终不想让人们将他和芝加哥大学联系在一起，所以在该校成立发展的过程中，洛克菲勒极少去参加一些公开的见面会。

不过这次，在芝加哥大学成立5周年的时候，芝加哥大学的校长终于说服了洛克菲勒。那一天，洛克菲勒和夫人一起出席了学校的5周年庆祝活动，不过并不会进行那些冠冕堂皇没必要的演讲。

到了这一天，洛克菲勒穿戴着极其普通的礼服和礼帽出现在熙熙攘攘的人群中，衣冠楚楚的教授和学生共同涌向学校中心一个四方院里的巨型帐篷中。

整个活动开展得很顺利，洛克菲勒也没有抛头露面进行演讲。只是在结尾的时候，哈珀先生讲到，学校可能需要尽快用一个正规的礼堂来代替现在的这个简陋的

帐篷。洛克菲勒只能出面回答道："这个决定没有问题，仁慈的上帝赐予我金钱，我怎么能不把它用在芝加哥大学的建设上呢？"

第二天上午出现的事情，是最让洛克菲勒感到激动和感动的。当时，洛克菲勒正在行政人员的陪同下，穿着运动装骑着自行车参观学校的美景。俨然像个调皮的孩子，洛克菲勒在自行车上还不忘和路过的学生打招呼。

等他们一行人骑车到了杰克逊公园，停下来休息的时候，洛克菲勒被眼前的场景彻底感动了。一群孩子有秩序地唱起一首歌，歌词是这样的，"约翰·D.洛克菲勒，他是一个了不起的人，把余财全部献给了芝加哥大学……"另外一队的学生则唱起了加油歌，"谁是好汉？谁是好汉？啦啦啦！洛克菲勒，他就是好汉，加油干！……"

一股暖流瞬间就涌上了洛克菲勒的心头，看着这群朝气蓬勃的年轻孩子，洛克菲勒心想，原来我是一个对社会有如此大价值的人，看来把钱用在这所大学上才是真正把钱用在刀刃上了啊。

关于人生价值问题的讨论，应该是伴随着人类文明就开始了。对于那些始终以金钱、权力和社会地位为追求目标的人来说，实现这些所谓的个人目标就是体现其人生价值的过程。

且不要说这些世俗的评判标准，就连时间都不一定能对一个人的价值和人生意义做出客观的评价。列夫托尔斯泰说，人生的价值，并不是用时间，而是用深度去衡量的。

克服自身遇到的重重困难是完善自己人生价值的表现，倾心帮助他人更是对完美人生价值的诠释。一个对社会有所付出的人是会得到他人的认可的。我们相信，从他人的感谢声中，我们就能体会到自己价值的高大，知道自己不是一个"小"人物。

骄傲总在毁灭与失败之前出现

失败是成功之母，那么骄傲就是失败之母。骄傲自满会引来毁灭和失败，谦虚恭谨会赢来成功和未来。洛克菲勒先生也曾经说过："骄傲总在毁灭与失败之前出现。"由此可见，不管任何时候，我们都不能有骄傲自满的情绪，更不可得意忘形，从而丢掉了即将到手的成功。

人，就是这世间小小的一个，我们只有低下骄傲的头，才能够在世间平安地行走，倘若骄傲地抬起头，那么我们就肯定会掉入上天为我们准备的沟壑。

一天，苏格拉底和他的学生们聚在一起聊天。一位富商的儿子趾高气扬地对所有同学炫耀道："我家在雅典附近，拥有一望无际的肥沃土地……"

正在他口若悬河大肆吹嘘的时候，苏格拉底在他身边不动声色地拿出了一张世界地图，之后对他说："请你指出亚细亚所在的位置。"

这个学生看老师关注到自己，以为是吹嘘起的作用，他得意扬扬地回答："这一片都是。"

苏格拉底说："非常好。那么，希腊在哪儿？"

这个学生费了好一会儿工夫才把希腊从地图上找出来，因为它和亚细亚相比实在是太小了。

苏格拉底接着问："那么雅典在什么位置？"

学生指着地图上的一个小黑点说："雅典大概是在这儿吧，它太小了。"

最后，苏格拉底问他："那么，现在请你给我指指看，你们家那片一望无际的肥沃土地在什么位置？"

这个学生急得满头大汗，他当然找不到，因为他家那片一望无际的肥沃土地在地图上根本就没有，学生很尴尬又似乎有所觉悟地回答道："对不起，我没找到。"

因为自己家广博的土地，便四处炫耀、不可一世，可将那块土地放置到地图上的时候，却成了虚幻的东西，连个影子都找不到。最初的趾高气扬也只能变成了自讨无趣。

而在很多时候，失败也正是在你得意忘形的时候不期而至。人们说，失败和成功是一对矛盾体。人们在失败的时候，更容易看清自己，能够看清自己的不足，并且还很容易迎头赶上，最终赢得成功；可是在成功的时候，人们往往却是浑浑噩噩、不知所以然，最后却在最成功的时候，走向了失败。

春秋时期，楚国有一位射箭高手，名为养由基。这个人年轻的时候就臂力过人，练了一身的好武艺，其中射箭最为精通。和养由基同一个时代的，还有一个名为潘虎的勇士，也是射箭的一等高手。

有一天，潘虎和养由基在一块空地上比赛射箭，周围聚集了很多的看客。潘虎身先士卒，接连射出了三箭，都正中五十米开外的靶心。围观的群众接连叫好。潘虎也非常得意地望着养由基，并想要请他赐教。

养由基看了看四周的环境，说道："将靶子放在五十步开外，实在是太容易了。我看，干脆就以百步之外的柳叶为目标吧。"说着，养由基便命人在百步之外的一个柳叶上面画了一个红心。画红心的人刚离开，养由基便拉弓射箭，正中这片柳叶上的红心。

现场爆发出一阵热烈的掌声，只是潘虎还不敢相信眼前的事实，他走上前去，又重新设定了三片柳叶，并且还给每一个柳叶做了标记，想让养由基根据标记来射。养由基看清了编号后，又"嗖""嗖""嗖"三箭，射中了那三片柳叶的红心。

顿时，场上爆发了雷鸣般的掌声，潘虎对此也是心服口服。

可就在这时，群中有一个人附在养由基的耳边说道："只有有了百步穿杨的本领，才可以教人射箭的。"

养由基一听，不由得火冒三丈，他大声地质问道："那你是如何教我射箭呢？"

只见那个人又说道："我并不是来教你射箭的，我只是过来提醒你一下。你有没有想过，只凭着心中的那股骄傲劲，就贸然答应别人的比试，假若你在其中有一箭失误，那么你之前那么多年的名声积累，可就全完了。"

养由基听了那人的话，便觉得十分有道理，便回头连忙向他道谢。

试想一下，如果养由基在这场比赛中有一箭失误的话，那么结果又是怎样的呢？因为心里一时的骄傲，便毁了自己多年积累的成功和名誉，最后则是得不偿失。

所以，不管我们取得多大的成就，拥有多大的事业，我们一定要保持一个谦虚谨慎的心，万不可骄傲自满、自负自大，否则我们将步入万丈深渊，让我们的努力前功尽弃。

生活充实了，人生意义就高

人生可以很平凡，但是不能乏味，如果说要使一段人生变得有意义，那最好的方法就是使他充实起来。充实不意味着忙碌，更不是碌碌无为，充实的人生就像是一场旅行，每一天都有新鲜的事情发生，都有美好的事物被我们发现和享受。

什么样的人才算是一个充实的人呢？洛克菲勒给出了这样的评价标准，思考最多、感觉最高贵、行为也最正当的人，生活也过得最充实。

花瓶再美丽也抵不住盛开的鲜花，要充实自己，就要充实自己的心灵，而不是只顾及光鲜的外表，却遗忘了耕耘内心的一片净土。

刚刚进入石油行业的洛克菲勒并没有这方面的专业知识和技能，除了充分利用在财务和经营方面的特长，平时的洛克菲勒还将工作重心放在石油产品的看护上，比如检验石油罐子的盖儿有没有自动焊接好。

这项工作虽然很简单，不过干起来就有些枯燥无聊了。洛克菲勒的工作流程是这样的，站在焊接机前面，等着焊接剂一滴一滴自动地落下来，然后把油桶转个圈，来检查四周有没有焊接好，最后再把桶盖放在传送带上就可以了。起初，包括洛克菲勒在内的很多人都认为这项工作太过于简单，甚至三岁的小孩都能完成。不过，简单，不一定就能做好。

于是，洛克菲勒开始花费更多心思在这项枯燥的工作上，他总是认真观察桶盖，仔细记录焊接剂的下跌速度和数量。慢慢地，洛克菲勒发现完成滴焊接剂这道工序大概需要39滴焊接剂，但也有38滴完成的情况。于是，他经过周密计算，发现事实和理论都指向了一个方向，只要38滴焊接剂就能完成焊接工作。

发现这个新方法的洛克菲勒马上投入到了产品改造的工作中，他利用自己的空闲时间反复研究、检验，最终研制出了一种更加节省焊接剂的焊接机。依靠这种焊接机，每处焊接部分节省下来一滴焊接剂，积累起来每年可以为公司节省5亿美元。

能在普通的岗位上创造出不俗的工作成绩，洛克菲勒才真正明白：只要认真对待生活，生活就会出现各种有益的事物，充实我们的生活。

没错，要想过着充实的生活其实也不难，只要认真踏实地过好每一天就可以了。不浪费时间，以主动收获的心态面对每一天，注意观察生活才能发现生活的真、善、美。

具体说来，要想充实自己的生活，我们可以通过阅读有益的书籍，增加基本的身体锻炼，多和品德优秀的人交往，多为他人及社会团体着想。让我们心中既充满小爱也充满大爱，唯有让阳光和爱进入到我们的心灵深处，我们才能在人生旅途中，用坚定的信念造就充满意义的人生。

第❷❸封信

花时间让自己富裕起来

原文

July 26,1906

亲爱的约翰：

　　有很多悲剧都是因为偏执和骄傲而引发的，制造贫穷的人也是一样。

　　许多年前，我在第五大道浸礼会教堂里，曾偶遇一个叫汉森的年轻人，一个在节衣缩食中悲惨度日的小花匠。也许汉森先生自以为坚守贫穷是种美德，他摆出一副品格高尚的样子对我说："洛克菲勒先生，我觉得我有责任同你讨论一个问题——'金钱是万恶之源'，这是《圣经》上说的。"

　　就在那一瞬间，我知道汉森先生为什么与财富无缘了，他是在对《圣经》的误解中获取人生教诲，但他却浑然不觉。

　　我不希望让这个可怜的年轻人在他心胸狭隘的沼泽中越陷越深，我告诉他："年轻人，我从小就不断接受各种基督教格言的熏陶，并且以此作为自己的行为准则，我想你也是一样。但我的记忆力似乎要比你好一些，你忘了，在那句话的前边还有一个词语——喜爱，'喜爱金钱是万恶之源'。"

"你说什么？"汉森的嘴巴大张着，好像要吞下一条鲸鱼。真希望他赚钱的胃口能有那么大。

"是的，年轻人，"我拍拍他的肩头说，"《圣经》根源于人类的尊严与爱，是对宇宙最高心灵的敬重，你可以毫不畏惧地引用里面的话，并将生命托付给它。所以，当你直接引用《圣经》的智慧时，你所引用的就是真理。'喜爱金钱是万恶之源。'哦，正是如此。喜爱金钱只是崇拜的手段，并不是目的。如果你没有手段，就无法达成目标，也就是说，你只知道当个守财奴，那么金钱就是万恶之源。"

"想想看，年轻人，"我提醒汉森，"如果你有了钱，你就可以惠及你的家人、朋友，给他们快乐、幸福的生活，甚至可以惠及社会，拯救那些孤苦无助的穷人。"

"年轻人，手里每多一分钱，就增加了一份决定未来命运的力量，去赚钱吧，"我劝导他，"你不该让那些偏执的观念锁住你有力的双手，你应该花时间让自己富裕起来，因为有了钱就有了力量。而纽约充满了致富的机会，你应该致富，而且能够致富。记住，小伙子，你虽是尘世间的匆匆过客，却也要划出一道人生的光亮。"

我不知道汉森能否接受我的规劝，如果不能，我会为他感到遗憾的，他看上去很结实，脑袋也不笨。

我一直以为，每个人都应该花时间让自己富裕起来。当然，有些东西确实比金钱更有价值。当我们看到一座落满秋叶的坟墓时，就不免感到一种难以言喻的悲伤，因为我知道有些东西的确比金钱崇高。尤其是那些受过苦难的人，他们更能深深地体会到，有些东西比黄金更甜蜜、更尊贵、更神圣。然而，有常识的人都知道，那些东西没有一样不是用金钱来大幅提升的。金钱不一定是万能的，但在我们这个世界，很多事情是离不开金钱的！

爱情是上帝赐予我们的最伟大礼物，但是，拥有很多金钱的情人能使爱情更加幸福，金钱就具有这样的力量！

一个人如果说"我不要金钱"，那就等于是在说："我不想为家人、友人和同胞服务。"这种说法固然荒谬，但要断绝这两者关系同样荒谬！

我相信金钱的力量，我主张人人都应该去赚钱。然而，宗教对这种想法有强烈的偏见，因为有些人认为，作为上帝贫穷的子民是无上的荣耀。我曾听过一个人在祈祷会上祷告说，他十分感谢自己是上帝的贫穷子民，我听后不禁心里暗想：这个人的太太要是听到她先生这么胡言乱语，不知会有何感想？她肯定会认为自己嫁错了人。

我不想再见到这种上帝的贫穷子民，我想上帝也不愿意！我可以说，如果某个原本应该很富有的人，却因为贫穷而懦弱无能，那他必然犯下了极端严重的错误；他不仅对自己不忠实、忠诚，也亏待了他的家人！

我不能说，财富的多少可以用来当作衡量人生成功与否的标准，但几乎毫无例外的是，你可以利用财富的多少来衡量一个人对社会所做的贡献。你的收入愈多，你的贡献也愈大。一想到我已经使无数国民永远走向了富裕之路，我便感觉到自己拥有了伟大的人生。

我相信上帝是为他的子民——而不是撒旦之流——才铸出钻石。上帝所给我们的唯一告诫是：我们不能在有违上帝的情况下赚钱，或赚取别的东西。那样做只会让我们平添罪恶感。要获得金钱，大量的金钱，无可厚非，只要我们以正当的方法得来，而不是让金钱牵着我们的鼻子走。

某些人之所以没有钱，是因为他们不了解钱。他们认为钱既冷又硬，其实钱既不冷也不硬——它柔软而温暖，它会使我们感觉良好，而且在色泽上也能跟我们所穿的衣服相配。

我之所以是我，都是我过去的信念创造出来的。坦率地说，自我感觉到人世间贫穷和疾苦的时候，我就萌发了一个信念：我应该是富翁，我没有权利当穷人。随着时间的推移，这个信念变得有如钢铁般坚硬。

在我小的时候，正是拜金思想神圣化的时期，当时数以万计的淘金者怀揣着发财梦从各个地方蜂拥赶至加利福尼亚，尽管事后发现那场淘金热只是个圈套，但它却大大激起了数百万人的发财欲望，这其中就包括我——一个只有10多岁的孩子。

那时我的家境窘迫，时常要接受好心人伸出的援手。我的母亲是一个非常有自尊的人，她希望我能肩负起做长子的职责，建设好这个家庭。母亲的厚望与教诲，养成了我一种终身不变的责任感，我立下誓言：我不能沦为穷人，我要赚钱，我要用财富改变家人的命运！

在我少年时代的发财梦中，金钱对我而言不只是一种工具，它不仅能让家人过上富足无忧的生活，而且通过给予——明智地花出去，金钱更能换来道德上尊严的社会地位，这些东西远比豪华、气派的住宅和漂亮的服饰更令我激动不已！

我对金钱的理解，坚定了我要赚钱、我要成为富人的信念，而这个信念又给予我无比的斗志去追逐财富。

我的儿子，没有比为了赚钱而赚钱的人更可怜、更可鄙的，我懂得赚钱之道：要让金钱当我的奴隶，而不是让自己沦为金钱的奴隶。我就是这样做的。

爱你的父亲

甘于并制造贫穷并非是一种高贵

贫穷，总是在富有的对比下显得那么破旧、寒酸，让人厌恶。没有人愿意接受贫穷的现实，更不会有人愿意一直贫穷下去。于是，总有一些人用清贫来粉饰自己贫穷的现状，用表面上的安逸和谐来掩饰内心的不情不愿。我们能看到的只是贫穷的现状，可至于为什么而贫穷、何时开始贫穷、贫穷多久的问题我们就无法知晓了。因此，在这些贫穷的人中会分出这样几类，有人甘心贫穷下去，有人想摆脱贫穷的境地而不得。

洛克菲勒认为甘心制造贫穷的人多是偏执和骄傲的，其中还有一些更是以此自认为是高尚的行为。洛克菲勒对约翰说："我一直以为，每个人都应该花时间让自己富裕起来。当然，有些东西确实比金钱更有价值。当我们看到一座落满秋叶的坟墓时，就不免感到一种难以言喻的悲伤。尽管说有些东西比黄金更甜蜜、更尊贵、更神圣，可安于贫穷的现状并甘心制造贫穷算是不上是高贵。"

虽然平时公司里面的事情让洛克菲勒已经够忙的了，不过他还是经常抽空去教堂做礼拜。那一次，他遇到了一个叫汉森的男子。通过后面的简单问候及聊天，洛克菲勒知道这个年轻人原来是一个节衣缩食的小花匠。

在教堂里，他们自然而然地谈到了《圣经》上的东西："洛克菲勒先生，我想和你讨论一个问题，《圣经》上说金钱是万恶之源，没错吧？"

从汉森一副自我感觉高尚的语气中，洛克菲勒感觉到这是对他的一种质问，但同时，洛克菲勒也明白了汉森为什么会这么落魄，也知道这个年轻人终究不会和财富结缘了。

洛克菲勒平静地回答道："没错，这是《圣经》上的一句话。不过，汉森，你好像对这句话产生了误解吧！"

汉森没想到洛克菲勒会这样反问自己："哪里有错啊？《圣经》就是这样一字一句写着的。"

"不可能，我从小就接受基督教的教诲，对《圣经》上面的内容都是倒背如流的，你这么明显的错误，难道我还能看错？"洛克菲勒又一次打击汉森。

汉森显然有些不满意这种挑剔了，嚷道："哪里不对了？"

洛克菲勒轻轻地笑道："我的记性可没有你那么差，你忘了，在这句话前面还有两个字——喜爱！喜爱金钱才是万恶之源！"

汉森听到这里怔住了。

洛克菲勒接着说："你我都知道，《圣经》是人世间智慧的结晶，我们可以直接引用它作为我们的人生信条，但是一定要认真阅读，不然就会变成你这样，落个穷途末路的结果。"

汉森有些着急了，他质问洛克菲勒："你这话是什么意思？"

洛克菲勒不希望让这个可怜的年轻人被他自身的心胸狭隘所限制，在沼泽中越陷越深，于是直截了当地跟汉森说："通过我们的双手去挣钱，拥有财富，无可厚非，是正常的行为。而喜爱金钱则使人变成守财奴，一毛不拔，这就不对了。而你误解《圣经》的意思，认为任何时候都要远离金钱，克制自己的欲望，这一点使你和守财奴没有什么区别。为什么这么说呢？守财奴就是拥有巨额财富却不肯为他人使用，你现在没有财富，自然也不能惠及他人了。这样说来，你们都是对他人、对社会没有重大作用的人。"

洛克菲勒看着汉森又补充道："依靠自己的双手，通过劳动和付出挣取合理的报酬，并用这些报酬惠及他人乃至社会的人，才是真正高贵的人。而这些人手中的金钱，自然也就有了比较积极的意义，也就不是什么万恶之源了。"

说完这些，洛克菲勒希望眼前这个身体结实、头脑聪明的年轻人能领悟其中的道理，从以前的偏执中走出来，去多挣钱，多为家人和社会贡献一分力量。

汉森的心理就符合广义上的仇富心理，他看不起那些为金钱奔波的人，那些深陷罪恶之源的人。可我们要知道，只有那些为富不仁的富人才掉进了钱眼里，社会上还有很多散尽家财帮助他人的富人们，而这些富人才是值得称赞的榜样。

那些试图坚持贫穷来收获清高名誉的人是绝对不会被社会认可的，特别是那些身体健全的正常人，更应该通过自己的努力去实现人生理想，而不是妄图虚名，加重家人和社会的负担。真正的高尚是无私付出，而不是各顾各，更不是拖累别人。

金钱不可怕，可怕的是你对它的态度

钱不是万能的，但是没有钱却万万不能，人们对待金钱的态度总是充满矛盾，无以度日的清贫使人们的内心燃烧着对金钱的渴望；极尽奢华的生活又会被人们嗤之以鼻，将金钱看作是地狱的恶魔，避之不及。这些都是过度偏执人的想法，他们不能对金钱做出最理性的思考，也无法用最理智的态度去对待。

对待金钱和财富，洛克菲勒这样认为："我不能说，财富的多少可以用来当作衡量人生成功与否的标准，但几乎毫无例外的是，你可以利用财富的多少来衡量一个人对社会所做的贡献。你的收入越多，你的贡献也越大。一想到我已经使无数国民永远走向了富裕之路，我便感觉到自己拥有了伟大的人生。取之于民，用之于民，才是该有的行事之道。"

因为贫穷，洛克菲勒一度无法接受卑微的自身和人们的侮辱嘲讽，这种自卑的心理使洛克菲勒极度重视金钱，可是内心道德对贪婪的谴责又使他不知如何是好，这种复杂纠结的思想和金钱观可以从洛克菲勒的日记中得到明显的证明。

在俄亥俄州参加一位牧师主持的礼拜时，这位上了些年纪、面容可亲的牧师在布道时说："要去挣钱，光明磊落地挣，然后明智地花出去。"这句使洛克菲勒惊醒的话被记录在他的日记本上，约翰·卫斯理还有一句名言："'能挣钱'的人和'能省钱'的人若同时又是'能给予'的人，那么就能获得更多的神恩。"

就是这两句话打开了洛克菲勒的心结，他想：以金钱的方式及时行善，热心帮助他人也许是唯一证明自身价值的机会。他认为，上帝既然给了他看护财富的许可，也必定要让他再将金钱返还给社会。

在参加这个礼拜以前，洛克菲勒就已经对慈善事业有着明显的兴趣，这点可以从他的账本上看出。即使是在日子拮据的时候，洛克菲勒依然会拿出零散的钱给遇到的乞讨者。而且，这个布施的数目竟然达到了洛克菲勒总收入的6%。要知道，一个常年捉襟见肘的人，可以长期拿出收入中6%的资金来帮助他人，除了需要善良外，又该具有多大的勇气啊！

一手聚财，一手散财构成了洛克菲勒乃至洛克菲勒家族的对待财富的基本方针。

作为虔诚的教徒，洛克菲勒用前半生努力打拼，实现了梦寐以求的富翁梦想，成为美国历史上第一个10亿富豪。而在洛克菲勒的后半生，他散尽了亿万家财，将其全部运用到慈善中。

此后，洛克菲勒家族把许多钱都投到慈善事业上，以至于他们家族从事慈善事业的规模在历史上达到了空前的水平。当年，标准石油公司被分拆时，老洛克菲勒已经退隐江湖十余年，专心做慈善，细数下来很多世界知名基金都是洛克菲勒家族提供的。比如，他们向亚特兰大斯伯尔曼学院的黑人妇女提供教育资金，创立洛克菲勒大学；还创办了芝加哥大学；成立资产达十多亿美元的洛克菲勒基金；就连在中国最负盛名的医疗机构——北京协和医学院也是由洛克菲勒家族于1917年创办的。

洛克菲勒家族的慈善之举除了和宗教信仰及个人品行有关外，或许美国的法律也为国家公益慈善事业的发展提供了动力。

随着对垄断的禁止，规范商务竞争的法律规范也逐步建立，国家开始对富人征收高额累进税和遗产税。这在很大程度上促使美国富人将钱财更多地投入到慈善事业当中——因为捐款可以免税。在制度和文化双重作用下，洛克菲勒家族和其他美国的富人群体形成大体一致的财富观，即只有对社会有益的财富才是正当的、有益的。

金钱是死的，人是活的，金钱不管多少都要被人掌握，当出现巨额财富时，就需要与之相匹配的观念，来指导并约束人们使用这些财富。

不光是金钱，对待任何资源，我们都要谨记过犹不及的教训，客观地看待它，用值得尊重和有益的价值观来指导自己获取资源并使用资源。在这个过程中，我们还需要知道，资源是全体人民共有的，独占资源不仅会使自己孤军奋战，也会落得和葛朗台一样臭名昭著。

财富可以帮你更好地惠及自身和别人

用正当得来的财富惠及自身很重要，惠及社会其他人更重要。而事实上，通过个人之间的财富转移也是对社会分配制度很好的补充。我们手中掌握的财富、知识技能、才干胆识等都属于可造福社会的重要资源，造福人民、报效国家的方式有很多，在这里我们主要提及的是财富。巧妇难为无米之炊，如果我们手中没有这些资源，那么造福社会的理想只能成为空谈。而对于一个想造福社会的人来说，拥有财富就可以很轻易地实现这个愿望。

在教堂巧遇贫穷年轻人汉森的时候，洛克菲勒就对他说："如果你有了钱，你就可以惠及你的家人、朋友，给他们快乐、幸福的生活，甚至可以惠及社会，拯救那些孤苦无助的穷人。"

我们相信，任何一个有爱心的人在满足甚至不能完全满足自己正常生活时，都会伸出援助之手，为他人做一些力所能及的事情，而要想实现这个想法，拥有足够的资金无疑是最快捷的方式之一。

如果跳出狭隘的慈善概念，从更加宽泛的角度来讲，洛克菲勒和标准石油公司一直是在为社会、为人们服务的。首先，标准石油公司的存在使很多人有了工作的机会，而且工资不比相关行业低。而由其生产出来的煤油使人们摆脱了黑暗的束缚，低廉的煤油价格使全国大多数人都能消费的起。从这一点说，洛克菲勒"光明大王"的称号也是敢当的。持有标准石油公司股票的人们也会因为洛克菲勒的英明领导，而使手中的股票市值上涨，增加自己的财富。可这些还远远不够，洛克菲勒时刻想着富人应该卸下体面的财富包袱，去真正做些惠及他人的事情。

洛克菲勒本人也反复称自己只是帮助上帝掌管金钱的管家而已，这些钱最终还是要回馈社会的。洛克菲勒不仅这样想，还真是这样做的。退休后的洛克菲勒致力于慈善事业，其不计其数的资金都投入到各种公益事业中去了，不难想象，有无数人都因为洛克菲勒的资助而享受到极大的帮助。因为洛克菲勒的帮助，这些人能上学了，能看病了，能安心养老了……

有钱不是什么坏事，但是我们一定要像洛克菲勒一样努力将这些钱用在最合适、最有价值的地方，让这些人类共同的财富去更好地惠及社会大众。

对于金钱的作用，每个人因为视点不一样给出的答案也是多种多样。与普通人不同，在富翁眼中，他们认为金钱有非常大的作用，他们欣赏金钱所带来的积极效用，并努力挣很多钱。

金钱到底能为我们提供哪些优惠呢？美国作家泰勒·G.希克斯曾在《职业外创收术》中指出，金钱可以在以下几个方面使我们的生活变得更美好：物质财富，娱乐，教育，旅游，医疗，退休后的经济保障，朋友，更强的信心，更充分地享受生活，更自由地表述自我，更大成就的实现，更多的从事公益事业的机会。

从人类不断发展的历史我们也能看出，金钱对于整个社会和人民都是有益的，都是不可或缺的。我们要学会欣赏金钱，正确利用金钱，去惠及自己也惠及社会。

要理解金钱，而不是单纯赚钱

金钱——一种神奇的东西，很多人常常会在它的光辉下迷失自我，禁不住金钱诱惑的人们开始出卖自己的灵魂，昧着良心赚黑钱，并用这些黑钱满足自己奢华的生活要求。说到底，金钱只不过是一种买卖工具。老话说得好，钱这种东西生不带来死不带去。我们每天辛辛苦苦地工作赚钱是为了什么，赚钱之后要将这些钱花在什么地方，为什么要花在这些地方？这都是需要我们去认真思考的问题。

对于金钱的理解，洛克菲勒给出了这样的回答："有些人认为钱既冷又硬，其实钱既不冷也不硬——它柔软而温暖，它会使我们感觉良好，而且在色泽上也能跟我们所穿的衣服相配。"害怕金钱不可以，崇拜金钱也不可取，你挣的钱要和你的心态相适应。

赚钱并不光是为了满足自己的日常生活，为了照顾家人的生活，更为重要的是要理解金钱的含义和价值。洛克菲勒曾经说过："每一分钱都有其自身的价值，只有把这每一分钱都积累起来，才能创造出更大的价值。而那些只懂得浪费金钱的人，便没有看清楚这些金钱的价值，因此他们也就无法创造金钱，更不会利用金钱。"

另外，洛克菲勒还认为金钱有着明确的归属，谁的就是谁的，任何从持有人之间发生转移的金钱都要伴随着产生利息或代价。这种利息或代价是使社会关系稳定的重要原因。

有一天，出门在外的洛克菲勒突然想给朋友打一个电话，但是摸摸衣兜却发现自己没有带钱。随行的秘书见状，便从自己的口袋中拿出5分钱，递给洛克菲勒，说："洛克菲勒先生，请用这个打电话吧。"

洛克菲勒转过身接过秘书递来的5美分，说了声谢谢就拨通了朋友的电话。

没过几天，洛克菲勒就将那5分钱还给了秘书。洛克菲勒的这一举动让秘书很是吃惊，他惊讶地说道："洛克菲勒先生，这并没有多少钱，您大可不必放在心上的。"

洛克菲勒听后，十分坚定地说："你把这5分钱拿着，要知道如果把一美元存在银行里面，要足足等够一年的时间才能够拿到5美分的利息呢。这5美分可不能小瞧啊。"

洛克菲勒的话让秘书很有感触，拗不过洛克菲勒的秘书也只能收下了这5分钱的硬币。

付出和回报，在洛克菲勒看来也可以用资金的收益来表示，所以金钱不只是厚厚的一沓纸或是一堆硬币，它还是对人们意志力和创造力的奖励。

开源节流是积累金钱很好的方式。开源意味着我们要想办法开辟更多的赚钱道路，节流就是要仔细使用每一分钱，使它们花得有价值，减少不必要的浪费。俗话说，成由勤俭败由奢，洛克菲勒没有闷头只顾赚钱，他将自己对金钱价值的理解很好地教给孩子们。事实证明这些教育也很有成效，约翰和姐姐们养成的节俭勤劳的好习惯，对个人及公司的发展都有着长远的良好影响。

酒、色、财、气，是佛家人提出的需要戒除的四种因素。一个人可以不喝酒；可以没有儿女感情；但生活在经济社会中人们，总要多多少少地和钱打交道；大事小情地过日子，生气也是最不能避免的。酒、色、财、气就是按照人们对这几种东西接触的多少做出了排序，而财占据了重要的位置，可见人们对"财"的理解和参悟还不够深刻。

不管怎么挣钱、花钱，我们需要明白最基本的几个问题：金钱是什么？用它可以做什么？为什么要用钱做这些事？我想，如果能彻底明白这几个问题，那么我们就能对金钱保持客观的态度，不被世俗的金钱价值观所挟持，为金钱卖命，放弃自己的道德心和自尊心了。所以，我们一定要先理解金钱的含义，而不是盲目单纯地去赚钱。

金钱可以提升人的尊严

有些时候，贫穷可以让你把尊严踩在脚底，而金钱却能够让你将这践踏了的尊严重新捡回。这也让所有人都意识到，金钱是个好东西，是一个可以让你维持尊严的好东西。

洛克菲勒在回忆自己的过去时曾经说过："在我少年时代的发财梦中，金钱对我而言不只是一种工具，它不仅能让家人过上富足无忧的生活，而且通过给予——明智地花出去，金钱更能换来道德上尊严的社会地位，这些东西远比豪华、气派的住宅和漂亮的服饰更令我激动不已！"

我们都知道，洛克菲勒小时候家里非常穷，曾因身上衣服太破而被赶出了集体照的行列。这也成了洛克菲勒心中永远的记忆。由此，洛克菲勒才得出，金钱才是真正的上帝，有了它，你就有了尊严，有了别人对你的尊敬。

洛克菲勒成功之后，他的巨额财富给他带来了很多的骂名。人们冠以他"伪君子""小人"的称谓，这让小约翰异常地痛苦。在小约翰看来，他的父亲之所以遭受这么多的谩骂，就是因为金钱的缘故。这也让小约翰从心底对金钱有一种排斥感。

对于小约翰的想法，洛克菲勒是知道的。他必须要扭转小约翰的这种观念，不能让这样的思想影响了儿子的发展。

洛克菲勒找到小约翰说："约翰，其实我经常会把人们的这种谩骂声当成对我的颂扬，我很享受，虽然这份颂扬并不怎么美妙。"

看着儿子疑惑的神情，洛克菲勒再次说道："约翰，我生命的重心就是我自己，我明白什么样的生活方式适合我，所以不管他们骂得有多激烈，我都不会在意。因为在那些人眼中，即便我做了那么多的慈善，他们也会认为我是一个十恶不赦的人。甚至还有人将我的慈善看成是赎罪，这真是一个滑稽的罪名。"

小约翰看着洛克菲勒，问道："父亲，他们又为什么会那么说呢？"

洛克菲勒说道："儿子，不管他们如何说，我一定要让你知道，你的父亲不管在什么时候都不会让你蒙羞的。我向你保证，放在我口袋里的每一分钱都是干干净净的。我相信上帝是奖罚分明的，也相信我的这些财富都是上帝赐予的，对于这些，我问心无愧。"

随后，洛克菲勒又给小约翰说了一些自己年轻时创业的故事。又说道："虽然现在我的做法被很多人误解，但是我相信，时间久了，我的做法肯定会得到大家的尊重的。要知道，金钱是可以提升一个人的尊严的。"

拥有金钱就相当于拥有了让人艳羡的生活方式，也就拥有了别人对你的尊敬和恭维，拥有了别人不可及的权力。面对这些，你要做的并不是为了你的财富而感到羞愧，你应该享受这一切才对。

金钱就是上帝赐予的礼物，是他对那些向往美好生活人群的祝福。不过，我们不能将金钱只看成是现实生活中的寄托，也要将其看成是尊严和精神的寄托，更是人们走向美好的必要工具。所以，我们不需要遮掩心里对金钱的渴望，相反，我们要大声地将它呼唤出来：我们想要拥有它，想要让它成为我们人生的开路虎。

第24封信

财富是勤奋的副产品

原文

January 25,1907

亲爱的约翰：

　　很高兴收到你的来信。在你的信中有两句话让我非常欣赏，一句是"你要不是赢家你就是在自暴自弃"，一句是"勤奋出贵族"。这两句话是我不折不扣的人生座右铭，如果骄傲一点的话，我愿意说，这两句话正是我人生的缩影。

　　那些不怀好意的报纸，在谈到我创造的巨额财富时，常把我比做一台很有天赋的赚钱机器，其实他们对我几乎一无所知，更对历史缺乏洞见。

　　作为移民，满怀憧憬和勤奋努力是我们的天性。而我尚在孩童时期，母亲就将节俭、自立、勤奋、守信和不懈的创业精神等美德植入了我的骨髓。我真诚地笃信这些美德，将其视为伟大的成功信条，直到今天，在我的血液中依然流淌着这些伟大的信念。而所有的这一切结成了我向上攀爬的阶梯，将我送上了财富之巅。

　　当然，那场改变美国人民命运与生活的战争，让我获益匪浅，真诚地说，它将我造就成了令商界啧啧称奇而又望而生畏的商业巨人。是的，南北战争给民众带来了前所未有的巨大商机，它让我提前变成了富人。有利的资本支持，让我在战后抢夺机会的竞技场上占据绝对优势，以致后来才能财源不断。

但是，机会如同时间一样，对每个人都是平等的。可为什么偏偏我能抓住机会成为巨富，而很多人却与机会擦肩而过、不得不与贫困为伍呢？难道真的像诋毁我的人所说，是因为我贪得无厌吗？

不！是勤奋！机会只留给勤奋的人！自我年少时，我就笃信一条成功法则：财富是意外之物，是勤奋工作的副产品。每个目标的达成都来自于勤奋的思考与行动，实现财富梦想也是如此。

我极为推崇"勤奋出贵族"这句话，它是让我永生敬意的箴言。无论是过去还是现在，无论是在我们立足的北美还是在遥远的东方，那些享有地位、尊严、荣耀和财富的贵族，都有一颗永不停息的心，都有一双坚强有力的臂膀，在他们身上都凸显出顽强意志的光芒。而正是这样的品质或者说是财富，让他们成就了事业，赢得了尊重，成为了顶天立地的人物。

约翰，在这个无限变幻的世界中，没有永远的贵族，也没有永远的穷人。就像你所知道的那样，在我小的时候，我穿的是破衣烂衫，家境贫寒到要靠好心人来接济。但今天我已拥有一个庞大的财富帝国，已将巨额财富注入慈善事业之中。如同万物盛衰起伏变幻，如同沧海桑田，生生不息。出身卑贱和家境贫寒的人，通过自己的勤奋工作、执着的追求和智慧，同样能功成名就、出人头地，成为一个新贵族。

一切成功和荣誉都必须靠自己的创造去获取，这样的成功和荣誉才能永葆活力。但在我们今天这个社会，富家子弟正处在一种不进则退的情况之下。不幸的是，他们中的大多数都缺乏进取精神，它们好逸恶劳，挥霍无度，以至有很多人虽在富裕的环境中长大，却不免在贫困中死去。

所以，你要教导你的孩子，要想在与人生风浪的博击中完善自己，成就自己，享受成功的喜悦，赢得社会的尊敬，高歌人生，只能凭自己的双手去创造；要让他们知道，荣誉的桂冠只会戴在那些勇于探索者的头上；告诉他们，勤奋是为了自己，不是为了别人，他们自己是勤奋的最大受益者。

我自孩提时代就坚信，没有辛勤的耕耘就不会有丰硕的收获，作为贫民之子，除去靠勤奋获得成功、赢得财富与尊严之外，别无他法。上学时，我不是一个一教就会的学生，但我不甘人后，所以我只能勤恳地准备功课，并持之以恒。在我 10 岁时我就知道要尽我所能地多干活，砍柴、挤奶、打水、耕种，我什么都干，而且从不惜力。正是农村艰苦而辛劳的岁月，磨炼了我的意志，使我能够承受日后创业的艰辛，也让我变得更加坚忍不拔，并塑造了我坚强的自信心。

我知道，尽管在以后身陷逆境，但我总能泰然处之，包括我的成功，在很大程度上都得益于我从小建立的自信心以及勤奋踏实的品质。

勤奋能修炼人的品质，更能培养人的能力。我受雇于休伊特－塔特尔公司时，我就获得了具备非同一般的能力和出众的年轻记账员的名声。在那段日子里，我可谓是日夜辛劳、孜孜不倦。当时我的雇主就对我说，你一定会成功，以你这非凡的毅力。尽管我不明白将来会是什么样子，但有一点我相信，只要我用心去干一件事，我决不会失败。

今天，我尽管已年近 70，但我依然搏杀于商海之中，因为我知道，结束生命最快捷的方式就是什么也不做。人人都有权利选择把退休当作开始或结束。那种无所事事的生活态度会使人中毒。我始终将退休视为再次出发，我一天也没有停止过奋斗，因为我知道生命的真谛。

约翰，我今天的显赫地位，巨额财富不过是我付出比常人多得多的劳动和创造换来的。我原本是普普通通的常人，原本没有头上的桂冠，但我以坚强的毅力、顽强的耕耘，孜孜以求，终于功成名就。我的名誉不是虚名，是血汗浇铸的王冠，些许浅薄的嫉恨和无知的浅薄，都是对我的不公平。

我们的财富是对我们勤奋的嘉奖。让我们坚定信念，认定目标，凭着对上帝意志的信心，继续努力吧，我的儿子。

爱你的父亲

想要成功，没有什么能替代勤奋

勤劳是成功者必备的特点，是成功道路上最基础的基石。试想，一个不肯动手创造的人，只是衣来伸手饭来张口，那他怎么能有实现梦想的动力和行动？当然，也有人依仗着仅有的小聪明，在某个领域混迹着，这种让人不敢苟同。

勤奋不仅能够给我们提供优渥的生活，而且它还是我们必不可少的一种优良品质。它使我们养成了踏实、隐忍的性格、不屈不挠的意志，所以，在走向成功的道路上，没有什么能替代勤奋。

在写给约翰的信中，洛克菲勒异常激动地说道，勤奋！机会只留给勤奋的人！他还回忆道，自己之所以能够取得如此辉煌的成绩，是因为受到了母亲的影响。"作为移民，满怀憧憬和勤奋努力是我们的天性。而我尚在孩童时期，母亲就将节俭、勤奋和不懈的创业精神等美德植入了我的骨髓。我真诚地笃信这些美德，将其视为伟大的成功信条，直到今天，在我的血液中依然流淌着这些伟大的信念。而所有的这一切结成了我向上攀爬的阶梯，将我送上了财富之巅。"

勤奋的精神不应该被抛弃，洛克菲勒还积极向孩子们传输这些具有高营养的精神思想。

洛克菲勒不放过任何一个可以教育孩子们的机会，晚饭后，洛克菲勒把伊丽莎白和小约翰叫到了书房，今天洛克菲勒要给他们上的课叫作勤奋。

首先被拿来开刀的是伊丽莎白，当时洛克菲勒对她在大学里面的表现了如指掌。"大学一年级那段惨淡的日子你还记得吧？学习上面没有达到很好的成就，不过你在舞会和社交方面却有着颇多的收获。而第二年你的成绩立马就提高了，原因很简单，你想追上优等生的步伐，你在社交方面的时间被大大缩减，你想珍惜未来。"

"那成功就是依靠勤奋喽？"小约翰反问道。

洛克菲勒解释道："当然成功与很多因素有关，不完全凭勤奋，但是勤奋永远是不可或缺的元素。受教育程度不高的人可以通过勤奋的学习补充上来，勤奋还可以使我们以一副积极的态度示人，勤奋还能使我们注意把握细节，收获更多意外的知识。而懒惰的人，即使很有智慧，也会被越落越远。"

说完这些，洛克菲勒看了看伊丽莎白和小约翰："我知道你们对这个观点不反对，但是能在激烈的竞争中，真正做到无时无刻不勤奋的话，好像还真是没有。"

对于勤奋的重要性，洛克菲勒又补充道："的确，在商界，有的人因为缺乏理想的素质，即使拼命打拼一辈子也不会有多大的成就。但是缺少几种素质修养却依然活跃在商界前线的人也是有的。不过，我可以很有把握地说，在人生起步阶段，那些没有付出加倍努力的人是不可能站在前线行列中的。"

"现实中存在着这样两种不同的人，一种是工作狂，他们是真心热爱自己工作的人，每周40小时的工作时长根本不能满足他们的要求，他们的工作时间甚至比规定的还要多出50%，他们还开玩笑，只有埋头苦干才能在领工资的时候不感到内疚。另外一种是喜欢将多余的时间用在看电视、逛街和聚会上面的人，比起工作或者学习，他们总是有强烈的排斥心理。"

洛克菲勒还将自己的母亲拿出来做榜样："你们的祖母年轻的时候每周工作80个小时，这在现在看来都是极大的劳动强度，因为贫穷，使她不得不用勤奋的劳动来换取她想要的东西。"

人们生下来就有用不完的时间，这是大家都有的财富。有些人用勤奋这把刻刀在上面细细雕琢，使生命呈现出异样的光彩；有些人却懒得打理，终于使人生这块玉石变得污浊不堪。

书山有路勤为径，学海无涯苦作舟。人人对成功都怀有不灭的热情，可在奔向成功时，却总不能给自己最好的装备，携带着懒惰、消极、侥幸上路的人，是不能躲过路上的重重磨难的。勤能补拙，掌握着勤奋这个法宝，如何不能取得成功呢？

目标的达成都来自勤奋的思考和行动

洛克菲勒说："在生意场上，不管你的这桩买卖是大是小，你最需要的是智慧的思考和行动。只有这两者具备了，你的买卖才能够成功。"

没有智慧，知识就是没用的，但是光空有智慧和知识而不付出行动的话，一切也都属于空谈，没有任何意义。只有思考和行动二者兼备的时候，你才能够达到目的，才能够走向成功。

我们要明白，思考是行动的前提，行动是思考的实践，二者结合就构成了你的目的。所以，在你忙碌之余，请给自己一些思考的时间，让自己在思考中反思，在思考中醒悟，并在思考中付诸行动。这样，才能够化平凡为传奇，化普通为卓越。

有一天，小约翰为了慈善方面的事宜，带着几个工作人员前去拜访当地一个很有名望的教授。结果，到达教授家门口的时候，小约翰一行人竟然被拦在了门外，并被告知要在外等候一个小时。

同行的人问道："他可是洛克菲勒先生，难道你们也要阻拦吗？"

教授秘书抱歉地一笑，说道："每天这个时间，教授都不会见客的。就算是美国总统来到了这里，也要等候一个小时。"

小约翰出于对教授的尊重，便决定在外等上一个小时。一个小时之后，教授终于走出来了，小约翰好奇地问道："教授先生，这一个小时的时间，您都做了些什么呢？"

教授说道："洛克菲勒先生，真的很抱歉让您等这么长时间。这一个小时，我一直待在我的房间里。哦，我的房间很暗，空荡荡的，只有一张躺椅而已。"

小约翰更加好奇了，他说："您在房间里做什么呢？"

教授说道："思考。这一个小时是我精力最好的时候，我要用这一个小时的时间去思考，去考虑我目前的状况。只有思考，才会让我的脑海中浮现更多的想法，才能够辅助我下一步的行动。所以，这一个小时，我谁都不见。"

从教授家里回来之后，小约翰一直在感慨：要想到达自己的目的，思考才是最佳的办法。就连伟大的军事家拿破仑也曾经说过：思考可以改变一个人的命运。由此可以看出，思考在人生历程中占有很重要的位置。

事实上，只有那些懒惰成性的人才不愿思考，也不愿行动，最后他们只能静待原地，难成大事。而那些懂得思考的人，才会有创造力，有了创造力，才会有行动力，只有行动了，你才能够达到目的。

1890年，顾拜旦访问了希腊奥林匹克运动的发源地——奥林匹亚，碧波荡漾的爱琴海、巍峨的奥林匹亚山，唤醒了他从小形成的对古代奥林匹克的向往和崇敬。

严格地说，顾拜旦并不是世界上第一个提出复兴奥运会的人。在他之前，德国体育教育家古茨·姆茨、考古学家库提乌斯，曾先后提出此议。但他们仅仅局限于设想，而真正将设想付诸行动的，唯有顾拜旦。

从这时开始，顾拜旦开始为这个理想而近乎狂热地努力着。第二年，他创办了《体育评论》杂志，积极宣传复兴奥林匹克精神，为推动奥林匹克运动复兴做了大量思想动员工作。功夫不负有心人，1894年6月16日，"国际体育运动代表大会"

在巴黎开幕，有12个国家的2000多人出席了开幕式，顾拜旦起草了开幕词。

1894年6月23日，31岁的顾拜旦得到了一个圆满的结果：来自欧美37个运动组织的78位领导人一致通过决议，从1896年起恢复四年一次的奥运会，并且规定了"业余运动"的原则和参赛项目，确定了第一届奥运会在希腊举行……

从开始确立复兴奥运会的目标，直到1937年9月2日逝世，顾拜旦整整为奥林匹克运动奋斗了54年。期间，他不顾家庭的不快和困难，对工作不分巨细都亲自操办：文件、宣传、设计图案……他四处奔走联络各方，广交朋友争取支持，呕心沥血，殚精竭虑。

看看今天的奥运会，它代表着整个人类追求的体育精神。2008年的北京奥运会让全世界都看到了中国的新面貌，谁能想象这是由一个人的梦想产生的呢？"让我把全世界的人都号召起来，有组织、有纪律地参加一场盛会，并让大家认可同样的评判标准？这简直不可能！"但是，顾拜旦却用行动将这些变成了可能。

所以，一个有智慧的人，并不一定代表着他有多么高的学历，多么好的家教，但他一定代表着他有着比较强大的思考力和行动力。因为智慧只属于那些勤于思考、付诸行动的人。在这个社会上，但凡那些有成就的人，他们都有一定的思考能力、创造力和行动力。所以，从现在开始，我们每一个人，都应该学着用思考的方式来对待人生，来看待问题，让我们用最好的思考方式，朝着自己成功的方向努力。

意志和坚韧是最伟大的成功信条

世界上没有任何一样东西可以替代意志和坚韧对人的重要性。坚韧和顽强的意志是人生成功路上的催化剂，有了它们，我们才能够得以成功。在现实生活中，智力平庸的人也能够成就大业，智力超群的人也有可能一事无成，而这其中的关键就在于人的意志力和坚韧力。

石油大王洛克菲勒因其家庭环境的缘故，他自小就懂得了意志力的重要性。他坚信，只要你勤恳地工作下去，并且持之以恒地坚持下去，就肯定会有所收获的。他还说，正是他幼年时期的那种生活，才磨炼了他的意志，让他明白了日后生活的艰辛，这也让他变得更加坚韧、更加有自信心了。

洛克菲勒非常喜欢一个推销大师，这位推销大师在退休之际，在体育馆进行了他的最后一次演讲。而洛克菲勒便是其中的观众之一。

那一天，体育馆内座无虚席，人们都在期盼着这位著名大师的精彩演说。渐渐地，大幕缓缓地拉开了，吊在正中央的一个铁球出现在人们眼前。为此，台中央还搭起了一个很高的铁架子。

在人们热烈的掌声中，这位推销大师登台了。他穿着一身红色的运动服，一双白色的球鞋，径直走到铁架子的一边。人们都直直地望着他，期待着他接下来的举动。

就在这时，又有两位工作人员抬上来一个大铁锤，放在这位推销大师的面前。主持人还专门邀请了两位比较强壮的青年上台。洛克菲勒好奇极了，所有人都伸着脖子，等待着大师下一步的行动。

大师让那两个年轻人用铁锤敲击铁球，直到让铁球荡起来为止。可是，这两个年轻人使出了九牛二虎之力，也没能撼动这铁球半分。人们都好奇极了。

两个年轻人退下后，老人从衣服口袋中拿出了一个小铁锤，然后对着大铁球敲打起来。敲一下、顿一下，然后再敲一下、顿一下，就这么循环敲打着。十分钟过去了，半个小时过去了，场内观众的情绪开始波动起来。可老人却没有什么动静，还是一下下地敲打着。

渐渐地，人们一个个地都离去了，最后就只剩下了包括洛克菲勒在内的十几个人。可就在这时，人们惊奇地发现，在小铁锤的敲击下，大铁球竟然动了，并且正在以越来越大的幅度摆动起来，发出"哐哐"的声音。

大师将小铁锤收起来，对在座的人说道："你看，在成功的路上，只有那些有着足够意志力等待的人们，才会享受到成功的喜悦。如果不能，那么你也只能再用一辈子的意志力来承受你将遭受的失败。"

这句话给了洛克菲勒很大的震动。

是的，要想成就大事，就应该让意志力和坚韧力在你身上生根发芽，只有这样，我们才能够在这条艰苦的道路上坚持下去，才能够等来成功的青睐。如此说来，人的意志决定着一个人的成绩，决定着一个人的成功道路。

事实证明，那些有着坚韧意志的人，大多都是成功的。

唐骏在大学的头三年，不满、自暴自弃的情绪一直困扰着他。大四在中科院半导体所实习的时候，唐骏第一次看到了计算机。此时，他开始意识到前三年的懈怠是个多么大的错误。于是，他毅然决定放弃原本的物理学专业，开始攻读第二专业——光纤通信。经过7个多月的学习之后，他报考了这个专业的研究生，并拿到了光纤通信专业的第一名。

尽管成绩很好，但唐骏依旧没能取得出国留学的资格，因为他从未当过三好学生。但是唐骏没有就此放弃。经过多方打听，他终于了解到，北京那一年一共有75个出国名额，但是那一次英语题非常难，成绩合格的寥寥无几，像北邮这样的学校也只有5个学生合格，那么其他的学校肯定会有很多名额用不上！

这个推理让唐骏兴奋不已，他立刻给各个大学的研究生处打电话："老师，你们学校的出国名额用完了吗？"

功夫不负有心人，终于，北京广播学院的一个老师说："我们学校的名额没有用完。"这个声音令唐骏终生难忘。于是，他横穿北京，从北邮骑了一个半小时的自行车到北广，在他的强烈要求下，北广的老师将他的档案抽出来从北邮转到了北广。但是这时已经晚了，因为出国的审批流程已经过了。

于是唐骏自己拿着介绍信，去找教育部出国司的副司长。当然第一次见面人家就回绝了他。

后来他就天天在教育部门口等那个副司长。副司长每天都会来上班，早上七点，唐骏就从学校骑着自行车到教育部门口去等他，见到他唐骏就说："您早，上班了啊？"下午五六点，他又准时等候在那里，跟副司长打招呼："您下班了？"翻来覆去就这么两句话。

唐骏连续在教育部门口待了四天，第五天，副司长终于被这个小伙子的执着感动了。就这样，唐骏获得了去日本读研究生的机会。

唐骏正是凭借着执着不懈的努力和坚持，才把一件在别人看来不可能做成的事情做成了。他用坚韧的意志战胜了一切，到达了自己的目的地，完成了自己的梦想。

意志能够带给你力量，能够传达给你信念。一个意志坚强的人，能够坚守自己的目标，能够坚定自己的方向，并且会用最低的努力，驶向成功的道路。

靠自己去创造的荣誉，才能永葆活力

在这个世界上，没有任何一个人，可以陪我们从出生一直走到终老，即使是最至亲的父亲和妻儿，所以这就要求我们必须要亲自处理方向性的事物，并且致力于在亲自处理的过程中尝试创新和创造的实践。因为只有敢于创新和创造才能使我们有领先他人的机会和实力，才能使我们永远保持活力，能够收获更多的人生褒奖。

　　洛克菲勒也经常会鼓励儿子约翰，要勇于创造，他这样说道："一切成功和荣誉都必须靠自己的创造去获取，这样的成功和荣誉才能永葆活力。但在我们今天这个社会，富家子弟正处在一种不进则退的情况之下。不幸的是，他们中的大多数都缺乏进取精神，他们好逸恶劳，挥霍无度，以至有很多人虽在富裕的环境中长大，却不免在贫困中死去。"

　　不得不说，标准石油公司能够取得傲人的成就，离不开洛克菲勒具有创造性的指导。在困难面前，洛克菲勒不仅仅是勇敢面对，而且他还敢于尝试任何新鲜的办法，并且从这些办法中找出最贴切的答案。

　　标准石油公司的执行委员会就是洛克菲勒大胆创造出来的一个组织。当时，洛克菲勒领导下的标准石油公司在全国有超过40家的下属机构，要将这些下属厂家很好地组织在一起，保证偌大一个企业能够以稳定、高效的状态运行，就需要有一个专门的机构进行统一管理。

　　执行委员会的成员主要是公司的"开国元老"们，当然，他们也是公司的大股东，他们的利益和公司利益有着紧密的联系，这些"开国元老"们一般都有着丰富的经验和知识，都是经过了长期实践检验的专业管理者，所以交给他们管理，洛克菲勒很放心，主动下放权力的做法也能使员工们感受到来自他人的信任。

　　这个执行委员会的责任其实是很重的，关系到公司发展大计和组织机构的问题都是经过该委员会的协商做出决定的。为了更加高效地处理公司的各种事务，在执行委员会下面又成立了制造委员会、润滑委员会、生产委员会、出口委员会等，这些特殊的委员会将不同成员公司的政策融为一体，同时又保留了各自的自主权，由此构成的委员会很好地控制着庞大的标准石油托拉斯企业。

　　而执行委员会的具体工作流程是这样的，其下设的分类委员会，每天会收到来自全国各地经销商、推销员、代理商、炼油厂寄来的信件。在这些信件中，记录着一线工作人员的工作意见和实际问题。委员会的成员们会认真阅读并总结信件中提到的问题，经过整理精选，委员会成员再连同自己的意见呈递给执行委员会的总管理者们。再比如，如果有工厂想要进行一场新技术和新设备的研发设计，那么此时它需要先将意见传达给生产委员会，生产委员会再将信息上传给执行委员会。

　　从这一点来看，特殊委员会就是一线人员和执行委员之间的桥梁，这种机构设置也大大减少了信息传递之间的环节，分门别类的做法也使信息更加清晰，利于执行人员的整理。同时，各特殊委员会之间还会将各部门的生产进度、营业利润等资料做成写有编号的报表，供同事们传看。信息全线畅通透明的做法更是激发了大家的工作积极性，也增加了相互之间的了解，监督之余还能提高相互之间的友好竞争和进步。这样一来，标准石油公司的工作热情就被很好地带动起来了，也正是凭借这种管理制度，洛克菲勒才能在石油行业打造出一片天地，赢得世人瞩目。

创造意味着自己动手去做、去思考，一个脑子里充满想法的人、敢于尝试的人是不会被捆住手脚的，也不会长久失败。赞誉不是靠别人评定的，而是自己用双手创造的成绩去征服困难，去打动他人。

反过来看那些懒于创造的人，面对挫折时只能束手无策，试问从一个思想瘀滞、行动迟缓的人，身上怎么可能会有朝气蓬勃的气息呢？这样的人又凭什么赢得他人对他能力及价值的肯定和爱戴呢？

面对困难不胆怯，敢于创造和尝试才是我们不断提高改善自己的重要方法，这一点值得我们思考并在以后的生活和工作中做出积极的探索实践。

一天也不停止生活的奋斗

路是一步一步走的，饭是一口一口吃的。一天不吃饭，没有多大问题，一周不吃饭就会出大事了。所以，不要羡慕那些位置比你高的、征程比你远的、视野比你广的，他们只不过是靠每一天的经验慢慢积累起来罢了，而且在积累的过程中不能三天打鱼两天晒网，否则就算你到达了目的地，也只是空中楼阁，经不起风雨洗礼的。

"我尽管已年近七十，但我依然搏杀于商海之中，因为我知道，结束生命最快捷的方式就是什么也不做。人人都有权利选择把退休当作开始或结束。那种无所事事的生活态度会使人中毒。我始终将退休视为再次出发，我一天也没有停止过奋斗，因为我知道生命的真谛。"这是洛克菲勒信中的一段原话。

已到古来稀的年龄了，洛克菲勒仍然坚持做事，不肯浪费点滴时间。这种精神也值得我们学习，也值得我们对自己的行为做出反省。

很感谢上帝，因为贫穷，使洛克菲勒拥有了很多优秀的品格，因为贫穷，世界上出现了洛克菲勒这样一个优秀的人才。

无法想象，一个幼稚的孩子能和母亲一道承担起家里的重任，并且还是一如既往，没有一天停止过这种行为和想法，而洛克菲勒对此也从不言苦。

16岁那年，洛克菲勒没有像其他同学一样，计划一场放松美好的旅行。他为了减轻家里的负担，整个夏天都穿梭在克利夫兰的大街上寻找工作。炎热的夏天，灼热的太阳将大地烤得滚滚发热，双脚已经起茧的洛克菲勒不得不和又热又硬的地面打交道。即使双脚发痛，他也必须每天一早就爬起来，把自己收拾得整整齐齐，然后出门继续找工作。这样的日子持续了很长一段时间，这如果放在其他人身上，恐怕他们早就已经放弃了。

功夫不负有心人，在一段时间的寻找之后，工作总算是找到了。找到工作后的洛克菲勒不敢有一丝的放松，他依然用高度的热情投入到工作中。工作了一段时间后，洛克菲勒才发现，因为他这样的工作方式，使得自己连私人时间都没有了，更没有多余的时间留出来让他反思。对此，他严格要求自己在以后的30天里，晚上在办公室工作的时间不能超过10点钟。

但是克服工作狂状态的誓言在洛克菲勒这里是那么难以实现，尽管他在10点之前下班回家了，但他将未完成的工作也带到了家里。洛克菲勒自己说道，我发现如果不能将当天的工作完成，内心就总是受到责难，是无法安然入睡的。

早期的洛克菲勒为了财富而不停地奋斗，晚年的洛克菲勒为健康和良好的反应能力而奋斗。

中年时期的洛克菲勒就因为过度劳累而患上了严重的疾病，他的眉毛、头发开始脱落，没有办法的他只能经常戴着帽子，也正是从这个时候开始，洛克菲勒意识到了健康的重要性。洛克菲勒十分喜欢骑马、打高尔夫球和骑自行车，每每感到节奏加快、心情压抑的时候，洛克菲勒就会骑一会儿马。他骑马的技术很棒，在和其他人比赛的时候常常获胜。

正是为了实现人生目标而不断奋斗的精神，使洛克菲勒成为一个长寿的富翁，使他在实现财富梦之后，又在慈善事业上创造出新的高度。我们应该领悟洛克菲勒的拼搏精神，不断地、坚持地奋斗，终究会让你看似薄弱的力量发挥出难以预料的作用。

如何才能使生命如同清澈的泉水长流不息呢？很简单，给它以活水。流水不腐，户枢不蠹，持续地更新才能使生命长青。我们的生活亦是如此，唯有坚持给它灌溉，它才能长成参天大树。

"千里之行，始于足下"，任何伟大的工程都始于一砖一瓦的搭建，任何耀眼的成功也都是从一跬一步中开始的。所以，我们没有理由停止奋斗的脚步，要想成功获得人生最大的财富，那么我们就必须每天不厌其烦地重复着前进的动作，保证一天也不停止生活的奋斗。

第㉕封信

财富是种责任

November 20,1907

亲爱的约翰：

非常高兴，一场险些酿成毁灭性灾难的金融危机终于过去了！

现在，我想我们那位美利坚合众国总统西奥多·罗斯福先生，可以继续到路易斯安纳心安理得地打猎了，尽管在这场危机中，他表现出了令人吃惊的无能。当然，总统先生并非什么都没有做，他用"担忧"支持了华尔街。我们纳税人真是瞎了眼，竟然把这么一位纽约混混送进了白宫。

坦率地说，一提到西奥多·罗斯福的名字，以及他对标准石油公司所做的一切，就令我感到愤懑。他是我见到的最狭隘、最富有报复心的人。是的，这个人得逞了，他用手中的大权策动一场不公平的竞争，并让自己成为了胜者。他让联邦法院开出了那张美国历史上前所未有的巨额罚单，并下令解散我们的公司。看看这个卑鄙的人都对我们做了什么！

　　然而，我相信，他所谓的惩戒终归不会得逞，反倒会使他感到大为懊丧，因为我相信我们公司所有的人不是毫无能力的垃圾。我们有杰出的管理队伍、有充足的资金，我们可以抵御任何风险与打击，公司的健壮体质依然能为我们带来源源不断的财富。等着瞧吧！我们会有暗自窃喜的时候。

　　但是，我们的确受到了伤害，受到了极不公正的对待。西奥多指责我们是拥有巨富的恶人，那位法官大人侮辱我们是臭名昭著的窃贼，好像我们的财富是密谋掠夺来的。错！那些愚蠢的家伙对大企业的建立过程毫不知情，他们也不想知道。我们每一分钱都渗透着我们的智慧，我们每前进一步都付出了辛勤的汗水，我们事业大厦的基石是我们用生命作奠基的。但他们不想听，却要像偏执狂一样，只相信他们自己低能的判断，带有侮辱性地贬低我们的经商才能，更无视这样一个事实，是我们用最廉价、最优质的煤油照亮了整个美国。

　　我知道，不到大有斩获，西奥多是不会停止挥舞他手中的长剑的，因为他拒绝了我们和解的建议。但我无所畏惧，因为我问心无愧，而最坏的结果也只不过是我们辉煌而快乐的大家庭不得不迫于他手中的强权而遭到拆散。但快乐不会停止，辉煌也不会消失，建立在现实基础上的未来将证明这一切。

　　毫无疑问，我们正在承受着前所未有的迫害——来自罗斯福政府的迫害。但是，我们不能感情用事，不能用愤怒闭塞了心智，当危机来临时我们永远不能袖手旁观，那会让我们感到耻辱和良心不安，我们应该挺身而出。因为我们是美利坚合众国的公民，我们有使国家和同胞免于灾难的职责。而作为富人，我知道，巨大的财富也是巨大的责任，我肩负着造福人类的使命。

　　这次金融危机席卷华尔街，处于恐慌之中的存款人排起长队要从银行取走存款。一场将导致美国经济再次进入大萧条的危机来临的时候，我预感到国家已陷入双重危机：政府缺乏资金，民众缺乏信心。此时此刻，"钱袋先生"必须要为此做些什么，我打电话给斯通先生，请美联社引用我的话，告诉美国民众：我们的国家从不缺少信用，金融界的有识之士更视信用为生命，如果有必要，我情愿拿出一半的证券来帮助国家维持信用。请相信我，金融地震不会发生。

　　幸运的是，危机已经过去，华尔街已经走出困境。

　　而我为这一刻的到来，做了我该做的事情，就像《华尔街日报》评论的那样，"洛克菲勒先生用他的声音和巨额资金帮助了华尔街"。只是，有一点永远都不会让他们知道，在克服这次恐慌中，我是掏钱最多的人，这令我非常自豪。

当然，华尔街能成功渡过此次信用危机，摩根先生可谓功勋卓著，他是这场战争中不折不扣的指挥官，他将一群商界名士聚集起来共同应对危机，用他不可替代的金融才能和果敢的个性拯救了华尔街。所以我说，美国人民应该感谢他，华尔街的人应该感谢他，西奥多·罗斯福更应该感谢他，因为摩根替他做了本该他做却因无能而没有做的事。

如今，很多人，当然还有报纸，都对慷慨解囊的人们大加赞誉，但在我这里它一文不值。良心的平静才是唯一可靠的报酬，国难当头，我们本该当仁不让、勇于承担。我想那些真诚伸出援手的人们同我一样，我们只是想用自己的力量、信仰与忠诚照耀我们的祖国。

但我并非没有可耻的记录。在 46 年前，当许许多多的美国青年听从祖国召唤，忠诚奔赴前线，为解放黑奴、维护联邦统一而战的时候，同样作为青年，我却以公司刚刚开业、我的家人要靠它养活为由，未去参战。

这似乎是一个让人心安理得的理由，但那时国家需要我们，需要我们流血。这件事一直让我良心不安，直到十几年前那场经济危机的到来，我才得有救赎的机会。当时，联邦政府无力保证黄金储备，华盛顿转而向摩根先生求助，但摩根无能为力，是我拿出巨款资助政府一臂之力才平息了那场金融恐慌。这让我非常高兴，比赚到巨额资金都让我高兴。

但我没有将自己视为拯救者，更没有自命不凡、不可一世，只有傻瓜才会因为有钱而自命不凡，因为我是公民。我知道，我拥有巨大财富，我也因它而承担着巨大的公共责任，比拥有巨大财富更崇高的是，按照祖国的需要为祖国服务。

约翰，我们是有钱，但在任何时候，我们都不该恣意花钱，我们的钱只用在给人类创造价值的地方，而绝不能给任何有私心的人一点点好处。当然，我们也绝不再给共和党人捐款助选，那个西奥多·罗斯福已经把我们害苦了。

名誉和美德是心灵的装饰，如果没有她，即使肉体再美，也不应该称之为美。

爱你的父亲

详解

拥有巨大的财富，就承担着巨大的公共责任

只要对社会怀有一份崇高的责任心，自己身边的任何资源都能成为对社会有益的产品。而事实上，当一个人掌握的社会资源越多的时候，其可操作能力就越强，社会影响力就越大。作为取之于民的各种资源，应该回归到社会人们手中。

洛克菲勒很早就知道，拥有巨大财富，也因它而承担着巨大的公共责任。只有真正用心回馈社会，社会才会给予你更多的力量。

构建石油王国后的洛克菲勒俨然已经成为财富的代名词，而各种不怀好意的媒体也对他的财富进行无知、虚假的报道。当然，洛克菲勒从来都懒得理睬这些媒体，但是这些报道产生的效应却让洛克菲勒极其厌恶。

有这样的一篇报道，该文章将洛克菲勒标榜成美国首富，宣称其个人资产高达1.5亿元，平均每一个小时就可以赚到750美元的报酬。这一则虚假报道给洛克菲勒带来了很大的麻烦。一些乞讨者蜂拥而至，他们每天就跟随在洛克菲勒的身边：茶餐厅、火车站甚至是教堂的过道里；还有一些离洛克菲勒较远的乞讨者，则不远万里地寄信过来，乞求洛克菲勒可以给点施舍。对于这样的情况，洛克菲勒苦恼极了。他曾经在自己的日记中写道：堆得像山一样的信件从世界各地滚滚而来，仅仅一轮船就能从欧洲带来5000封乞讨信，甚至一个星期之内我竟能收到15000封来信。

庞大的乞讨人群，让洛克菲勒不得不设立一个专门的职位来审阅这些信件，以区别其中到底有哪些是真正需要资助的，又有哪些人是浑水摸鱼的。只设置阅信岗位还不能系统地解决这些问题，他又将目光放在了慈善事业上。虽然他以前也做过一些乐善好施的事情，但毕竟都是一些烦琐的小事。如今，经过这件事情之后，洛克菲勒便想要做一些真正伟大而又有意义的事业了。

尽管这位笃信基督的商人平时需要应对各种繁忙的公司事务，但洛克菲勒还是抽出时间为自己的慈善事业做了简单的规划，并提出了几个重要的原则：

第一，若捐助学校，资金将用于学校基金会上而不是校舍的兴建和日常开销上。

第二，拒绝成为任何学校或者组织的救世主，拒绝只把勒克菲勒的经费作为全部来源的学校。

第三，一旦发现所捐赠的资金并没有被好好利用时，将把这些钱投入到其他有组织的社会团体。

第四，勒克菲勒希望自己的捐款成为一种抛砖引玉的行为。

第五，最重要的一点，受捐助的对象必须能够证明其捐款的正当用途和使用后经济有效的结果，否则，就不能接受捐助。

这几条原则和洛克菲勒一贯的经商作风一脉相连，注重使用效果和经济性原则。向来在意每一分钱使用效果的洛克菲勒，更是用严格的要求促使慈善事业的开展。因为洛克菲勒知道，若自己捐助的资金不能有效到达被捐助者手中，不能发挥最大的作用，不能真实有效地解决他们的需求，就失去了其该有的意义。自己拥有的资源数量很大，应该承担的责任就很大，但不能让这么多数量的资源白白流失。

当我们开始融入一个社会团体，开始关注并分析各种社会问题的时候，社会公共责任感就会很自然地进入我们的思想意识。公共责任是一个很大、很模糊的词语，其实它可以微小化、具体化，作为一个极其普通的社会人，不乱扔垃圾、帮助乘客拿行李就是具有社会责任感的体现。做好自己该做的，处理好包括与大自然、与社会其他人群、与工作、与家庭、与自身之间的关系，我们就能很好地承担社会责任。

不过每个人在承担社会责任方面表现出来的能力和作用不一样，那是因为主体本身能力大小的不同，当你有一碗水、一桶水和一片海时，你给予他人的数量就不一样，产生的效果就不一样。但是不论能力有多大，我们都应该铭记，社会造就了我们，我们也应该反馈社会。

良心的平静才是唯一可靠的报酬

俗话说，人红是非多。作为财富界的名角，洛克菲勒从年轻的时候就开始遭受媒体和世人的各种误解和谩骂。坐拥数十亿资产的洛克菲勒始终被置于风口浪尖，财富在给洛克菲勒带来无尽成就感的同时，也让他尝到了世人对他的诽谤和争议。

"如今，很多人，当然还有报纸，都对慷慨解囊的人们大加赞誉，但在我这里它一文不值。良心的平静才是唯一可靠的报酬，国难当头，我们本该当仁不让、勇于承担。我想那些真诚伸出援手的人们同我一样，我们只是想用自己的力量、信仰与忠诚照耀我们的祖国。"这是洛克菲勒对自己无奈的安慰。

尽管洛克菲勒始终按照母亲的教诲，在遵守道德和法律的基础上从商，不过在他心中仍有一段不是很光彩的历史，那件事发生在解放黑奴的南北战争中。

克利夫兰的绝大多数人们都支持废除南方的黑奴制度，洛克菲勒也坚定地支持这个想法。在高中读书时，他还选择了一篇名为《自由》的作文题目来阐述自己对人身自由方面的理念，可真正爆发战争，需要像洛克菲勒这样充满热情的人们奔赴战场的时候，洛克菲勒却是花钱雇人替自己上了战场。因为，当时的洛克菲勒是家里的经济支柱，如果他前往战场，家里的生活状况将不堪设想。

在国家需要自己的时候，自己没能贡献出力量，这也成了洛克菲勒多年的心结。随着时间的推移，洛克菲勒也开始慢慢释怀，因为他意识到为国捐躯并不是表达自己爱国之情的唯一方式，用自己的力量使人们生活过得幸福也是报效国家的途径。

为了寻求良心的平静，洛克菲勒积极听取好友的建议，开始大刀阔斧地进行慈善行动。洛克菲勒的资助对象主要集中在教育、科研、医疗等领域。

1901年，洛克菲勒在克星敦大街的一栋大楼上为医疗研究中心设置了工作总部。一些有学识、有本领的优秀人才都汇集于此。洛克菲勒将他们从琐事中解脱出来，给予他们充分的信任和自由，让他们放手去做。

新改组的医学研究中心也很快成立了，洛克菲勒只管资金投入和财务管理，不给研发人员施加任何压力，让他们以成果的实用性为主，而不是为了出成果而出成果。洛克菲勒将这些研究工作看得很长远，可能需要几代人为之奋斗。在洛克菲勒的精心管理下，研究中心也用优秀的成果做出了回报。

研究所的佛莱克斯诺博士成功研制出可以治疗流行性脑膜炎的血清，这是一个振奋人心的好消息。此前，佛莱克斯诺博士发现猴子也会得这种病，后来通过实验他将新研制出的血清注射到猴子身上，最后，这只猴子的脑膜炎竟然奇迹般地好了。这个天大的好消息很快就被传播开，而其药物的实用性也得到了验证，洛克菲勒加紧生产这些血清，并运往世界各地，无偿送给医院等医疗机构，使美国乃至世界各地的儿童们脱离病魔的折磨，免去了病症的困扰。

规模逐渐扩大的研究中心也细分为病理学、生理学、药剂学和生物学四大部门，通过有机配合，他们在医疗卫生方面做出更多的贡献。而这些重大的成功也让世人改变了对洛克菲勒的看法。好友盖茨还美滋滋地对洛克菲勒说："哪怕最敏感的人也不会说一句难听的话了。"儿子约翰也说："您建立的基金会都没有一个像医学研究中心这么深得人心的，以至于听不到一点儿批评。"

对于这些赞美，洛克菲勒淡淡地笑了笑，显然，这不是洛克菲勒最想得到的结果。通过金钱让研究中心的每个成员造福世人，这将是洛克菲勒能做的补偿措施，而且这个项目也将由洛克菲勒家族的子孙们世代传递下去，继续为人们造福。

年老退休后的洛克菲勒有了很多时间去回顾并思考自己的多半生经历，他得到的结论是，自己做了一件极其伟大的事业。不过，与此同时，很多地方仍有不少欠缺和遗憾。想办法做出补救，也许是最有价值的东西。

犯错不要紧，能及时悔改就能获得心灵上的宁静。细细想来，人生就是为一颗平静的心而活，前期，我们经常脑子一热，就做了些有悖礼数的事情，慢慢地，犯错之后也罢，人之将死也罢，那些善言善举不为别的，只图一份平静与心安。

贡献是你唯一能留给世界的财富

多数人对财富的理解都是停留在金钱的数量上、拥有的时间上，好像一个长时间拥有大量资金的人就是拥有财富的人，这是世俗的物质层面的财富含义。财富不止一面，财富还可以是精神方面的，而且我们知道，精神财富的价值要比物质财富的价值高出许多，想要为世人留下珍贵的财富，唯一的方法就是无私付出和贡献。

对于拥有巨额财富的洛克菲勒来说，能够用金钱来做善事是最有效果的行动，为此，他还语重心长地告诫儿子约翰："我们是有钱，但在任何时候，我们都不该恣意花钱，我们的钱只用在给人类创造价值的地方。"

贡献不分能力大小，洛克菲勒之所以能够以慈善家闻名，也许是因为他的捐款数量足够大，不求闻名的他其实更希望用自己的行动为子女和世人传递这样一种思想：只有贡献才是留给世界的唯一财富。

这天，打高尔夫球休息时，小约翰走向父亲，向父亲说明了一件事并希望征得父亲的意见。

原来，小约翰和几个朋友想成立一个专门救助非洲贫困人口的基金会。为此，包括小约翰在内的4个合作人打算先分别从各自的账户上出资捐助一笔资金，作为基金会的活动经费，然后再逐步扩大，号召每一个有能力、有爱心的人士，以此向社会公开募捐，获得善款。

"干得不错，小约翰，这是一件好事！"克菲勒对儿子的行动大加赞赏，洛克菲勒接着问道："计划已经进展到什么程度了？"

"我已经向董事会提交了申请，这样每年就能从公司的营业收入中提取一部分资金作为基金会的活动储备金。"

洛克菲勒对此感到十分开心和欣慰，因为小约翰显然已经懂得了风险的精神和力量，是时候给他在这些概念上面再加深教育了。

洛克菲勒对小约翰说道："你要记住，开公司首先是为了挣钱。但是挣钱永远不是公司经营的唯一目标。不管是作为一个自然人还是商人，我们都应该时刻记着要为社会做出贡献。"

洛克菲勒禁不住回忆起自己以往的经历："随着年龄的增长，看尽世间人生百态，我才知道，人和人都是相互支援生存的，只不过有些人需要被更多地支援。对于非洲贫困人民的帮助，不管是出于国际人道主义还是出于自身的同情心，我们都应该责无旁贷，积极伸出我们的双手。不只是这些人们，社会上其他弱势群体，比如残疾、低能等这样的人群都应该成为我们施救的对象。"

洛克菲勒转过身，对小约翰笑了笑，继续说道："帮助他人时才是人生中最开心的时刻，只是没几个人能明白这个道理。所以，很遗憾，这种开心的时刻就这样悄悄溜走了。"

在洛克菲勒的支持下，小约翰的计划实施得很顺利，经过紧锣密鼓地准备，终于在一个月后，小约翰所倡导的基金会正式成立了。而洛克菲勒也很荣幸地担当该基金会的荣誉理事长，并受邀做了演讲。

对于不善言辞的洛克菲勒来说，这一段致辞不仅是为基金会的发展做出指导，更是他奋斗一生后的人生感悟。

"我认为我们需要将两件事当作目标，首先是得到你想要的东西，然后分享它，而很多目光短浅的人只能看到第一步，不能看到第二步，只有最明智的人才能做到第二点。到现在，我和大家一样认为我的事业是成功的，我拥有了一定的金钱，不过大家没有看到这些以充裕、富庶、丰富为代表的财富之下还有机会、享受、平衡和分享。

"尽管我是一个白手起家的人，但是我始终认为自己只不过是代替上帝管理财富的经手人而已，这些财富不属于我，所以这些神赐的财富应该分散到社会上，只有大家都因为这些财富得到改善，那才是真正的财富。所以，我劝诫在座的各位要善用财富，如果不能好好地利用财富，那么财富反而会变成我们的负担。要记住，使用财富的价值胜于拥有财富。

"记得爱默生曾经说过这样一句话，'金钱是一定数量的玉米和其他商品的代表。它是这么多温暖，这么多面包。'我想现在是将这些玉米和面包分享出去的时候了，一个人的富有程度和他分享的事物成正比。"

经济学家巴师夏有一个比较出名的理论叫服务价值论，他认为社会中的每个人都是因为获得了他人的服务才能得以有序生活，这个就很容易理解：清洁工为大家提供干净的道路，而清洁工本身也会去享受快餐店提供的食物，快餐店也会因为得到水、电、气等组织的服务而正常运营，水、电、气也会享受到其他纳税人纳税所带来的各种好处，而纳税人也会因为清洁工打扫的干净的街道也心情舒畅。所以，以价值为中心，我们复杂的社会就会被系统地联系在一起。且不说该理论正确与否，只考虑其中传达的含义，那就是我们不可能无止境地一味地索取，我们在得到他人服务也可以说是帮助的时候，就应该有帮助他人的想法。

独乐乐不如众乐乐，行善就好像是一盏灯，你在点亮它的时候，既能照亮他人，也能照亮自己。用货币来衡量，这盏灯的价值可能不会很大，可是它带来的社会价值就大得多。它能照亮一个失望者回家的路，能给迷路者指明方向，还能给失败者以温暖。很幸运，洛克菲勒的这种精神被子女很好地加以继承，这种精神财富被世代相传。所以，我们要做一个甘于奉献的人，没事的时候，抬头看看四周，相信一定会有需要我们帮忙的地方。

我们不是拯救者，我们只是一个"公民"

每个人都有一个英雄梦，但是英雄不是高高在上的上帝，他不是人类的拯救者，这些英雄来自于人民大众，他们的成长和壮大是为了更好地服务人民大众。哪怕是富可敌国的洛克菲勒，也对自己的能力和位置有着清晰的认识："我没有将自己视为拯救者，更没有自命不凡、不可一世，只有傻瓜才会因为有钱而自命不凡，因为我是公民。我知道，我拥有巨大财富，我也因它而承担着巨大的公共责任，比拥有巨大财富更崇高的是，按照祖国的需要为祖国服务。"

对于国家来说，我们是国家中的普通民众，享受国家提供的各种福利的同时，也要承担应尽的义务，比如保证国家的安全统一、社会的稳定和谐。正所谓有钱出钱，有力出力，在国家面临困难的时候，我们应该挺身而出，用我们所有的力量来解决这些危机。

当洛克菲勒辛辛苦苦建立起来的美孚托拉斯帝国被政府无情解散之后，没多久美国就爆发了一场金融危机。这次金融危机主要是由于投资过剩引起的。

来势汹汹的金融危机使美国整个经济面都遭受了不同程度的打击，而人民群众无疑是最受伤害的。在金融危机席卷华尔街的时候，慌张失措的人们只能在银行门前排起长队，场面混乱的人们只想从银行取走自己的存款。

面对这种情况，政府因为缺乏资金，没能及时出台救市措施，民众亦是缺乏足够的信心。而洛克菲勒也收到了政府方面间接的求助。原来，美国财政部发现在金本位制支持下，国内的黄金正在合法地外流。于是财政部部长约翰·卡莱尔向摩根寻求解决方法，摩根一时没有可行的办法，又转而请求斯蒂尔曼，绕了一周，斯蒂尔曼又找到了洛克菲勒。

既然政府缺乏资金，那么作为史上最能赚钱的机器，洛克菲勒责无旁贷地承担起了帮助政府渡过难关的义务。

洛克菲勒马上给美联社社长打电话，通过自己的信用为国家政府提供信心。洛克菲勒说，我宁愿拿出一半的证券来帮助国家维持信用。请相信我，金融地震不会发生。在与斯蒂尔曼交换消息的一小时内，洛克菲勒就让标准石油公司从欧洲电汇过来1000万元，又从其他渠道筹集了100万。这以后，洛克菲勒继续拿出大笔资金投入到拯救危机中。

洛克菲勒还和其他商界大亨共同合作，构成了一个强大的战斗团队。在这场战斗中，洛克菲勒是出资最多的人，因为当时联邦政府向摩根先生求助，但无能为力的摩根只能向洛克菲勒请求支援，最后还是洛克菲勒用巨资平息了这场恐慌。

这件事让洛克菲勒感到很自豪、很开心，当然，这跟媒体给予他的赞美没有多少关系，因为洛克菲勒的这次行动能很好地为以前的失误做出补偿。说到那次遗憾的事情，就是指洛克菲勒当年没有主动参加到南北解放战争中去，可以说那场战争也是对人民爱国情怀的一种考验，也是检验人们能否履行公民义务的试题。可惜的是，在那场考试中洛克菲勒没有交出令自己满意的答卷。

洛克菲勒从来没有将自己看作是什么拯救者，如果非要说拯救，我们倒认为是这场金融危机拯救了洛克菲勒，这次举国危机给了洛克菲勒为国付出的机会，给了他弥补错误的机会，也在客观上给了洛克菲勒改变人们对其看法的机会。不管如何，洛克菲勒在公民义务方面给我们做了一个很好的示范，这一点，永远值得我们大家去称赞、去效仿。

我们永远不会拥有上帝的力量，不能像菩萨一般普度众生。作为人，我们生活在一个大部落中，这个部落的每个成员都是依靠相互之间的帮助而生存，我们可以认识、可以不认识，但我们需要为很多一致的目标而奋斗。得到他人帮助的人不能自私地只为自己着想，我们应该要用自己的力量去惠及更多的人，在部落面临危险的时候，唯有共同承担才能共渡难关，这是每个部落成员的责任，亦是义务。

翻手为云，覆手为雨，任凭你有再大的本事，你也是国家这个大家庭中的一分子，人与人之间没有谁是谁的救赎者，只有帮助者。

不要以为你的帮助就是天大的拯救，更不要将这些作为自己的功勋，整日洋洋得意，这种不端正的态度完全混淆了自己的位置，使自己做事的方向出现偏差。不论是谁，也许我们应该永远记住，我们要做的只有为整体利益付出，造福人类，而不是邀功。

任何时候，我们都不该恣意花钱

"不管什么时候，我们都不应该恣意地花钱。钱，一定要用到对人类有益的地方，而非是因为自己的一点私心或者是攀比。"这是洛克菲勒对小约翰的教诲，也是给我们普通人的一种警示。

我们都知道，洛克菲勒富可敌国，可他的生活却十分简朴。他的孩子们在很小的时候就得到了一个账本，将他们靠劳动获得的金钱去处一笔笔地记录在本子上。洛克菲勒这么做的原因，也是希望培养孩子们"金钱来之不易"的观念，由此也养成了他们做生意的头脑。

小约翰长大之后，洛克菲勒也要不定时地检查他的账本。

有一次，洛克菲勒从财务部经理手中拿到了小约翰的交际费用账单。洛克菲勒看着账单上一个个天文般的数字，越看越生气。最后，他拿着账本，急匆匆地来到了小约翰的办公室。

洛克菲勒将账本放在小约翰的面前，生气地问道："约翰，对于这个账本，我想你应该给我一个合理的解释。"

小约翰随手翻看了一下账本，便不以为意地说道："哦，父亲，这些都没什么呀，都是日常交际所必需的花费。"

洛克菲勒听后更加生气了，他愤怒地看着小约翰。

小约翰见状，赶紧起身解释道："父亲，这些花费都是为了给我们公司吸纳更多的客户啊。而且，在我看来，第一印象是非常重要的。假如他们来我们公司视察参观，然后我再把他们带到我们公司食堂去吃饭，他们肯定会认为我比较小气，甚至还会丢掉一大批客户的。"

洛克菲勒听完，语气有些缓和："儿子，你想要向客户显现我们公司的经济能力，这本身是没有什么错误的。但是儿子，在你心里，一掷千金，难道就可以赢得别人的合作吗？你要知道，在很多实业家的眼里，他们看重的是利润。他们认为，即便你拥有再多的钱财，也不可以恣意挥霍的，他们将那样的人称之为傻瓜。我们的钱只有两个用处，一个是投资，另一个则是慈善。"

小洛克菲勒不解地说道："可是，其他公司都是这么做的呀。"

洛克菲勒再次说道："不要和别人比较，否则你的开销会越来越大，而你的积蓄也会越来越少。约翰，我们一定要用正确的态度来对待金钱，这才是我们致富的唯一途径。积攒钱财是漫长的，可是失去它却只在一瞬之间。要按照你的消费方式，不久，你就会被账单淹没的。"

小约翰愧疚地说："父亲，我明白了，我以后肯定会注意的。"

在现实生活中，很多人在生活窘迫的时候，他们会小心翼翼地开销每一分钱，可是一旦等到自己富裕的时候，他们便恣意挥霍，犯下了花钱如流水的错误。就如同洛克菲勒所说，积累财富是一个很漫长的过程，而想要失去财富则可以是一瞬之间。

所以，我们贫穷也好，富裕也罢，都不可恣意挥霍金钱、花钱如流水。相反，不管我们有再多的金钱，我们都要保证每一分钱花销得都有意义，都有其实质的价值。有时候，精打细算并非坏事，这是一个人节俭的体现，也是一个富人推崇的最好的品质。

第㉖封信

只有放弃才会失败

原文

February 12,1909

亲爱的约翰：

今天是伟大的一天！

今天，美利坚合众国举国上下怀着一种特有的感恩之情，来纪念那颗伟大而又罕有的灵魂——无愧于上帝与人类的前总统亚伯拉罕·林肯先生。我相信林肯受之无愧。

在我真实的记忆中，没有谁能比林肯更伟大。他书写了一段成功而又令人动容的美国历史，他用不屈不挠的精神与勇气以及宽厚仁爱的心，使 400 万黑奴获得解放，同时击碎了 2700 万另一肤色的美国公民灵魂上的枷锁，结束了因种族仇恨而使灵魂堕落、扭曲和狭隘的罪恶历史。他化解了国家被毁灭的灾难，将一切不同语言、宗教、肤色和种族的人民团结到一个崭新的国家里。美利坚合众国因他获得了自由，因他而幸运地踏上了正直公平的康庄大道。

林肯是上一个世纪最伟大的英雄，今天，在他百年诞辰之际，举国上下追思他为美国所做的一切，就是一个最好的证明。

然而，当我们回顾并由衷感激他的光辉伟业时，我们应当汲取并发扬其人生所具有的特殊教益——执着的决心与勇气。我想我们纪念他的最好方式就是效法他，让他永不放弃的精神光照美国。

在我心中，不屈不挠的林肯永远是无惧困难的化身。他出身贫寒，还曾被赶出家园。他第一次经商的结果是失败，第二次的从商经历比第一次更惨痛，以至于他不得不用十几年的时间去偿还他的债务。他的从政之路同样坎坷，第一次竞选州议员遭受的结果是失败，他因此丢掉了工作。幸运的是，他第二次竞选成功了。然而接下来的是丧失亲人的痛苦以及州参议员发言人竞选的失败在等待着他。但是他依然没有灰心，尽管在以后的竞选中曾六度落败，但每次失败过后的他仍是力争上游，直至当选美国总统。

每个人都有历尽沧桑和饱受无情打击的时候，却很少有人能像林肯那样百折不挠。每次竞选失败过后，林肯都会激励自己："这不过是滑了一跤而已，并不是死了爬不起来了。"这些词汇是克服困难的力量，更是林肯最终享有盛名的利器。

林肯的一生书写了一个伟大的真理：除非你放弃，否则你就不会被打垮。

功成名就是一连串的奋斗。那些伟大的人物，几乎都受过一连串的无情打击，他们每个人都险些宣布投降，但是他们还是选择了坚持到底，因此终于获得了辉煌的成就。例如伟大的希腊演说家德莫森，他因为口吃，所以生性害臊羞怯。他父亲死后给他留下一块土地，希望他能过上富裕的生活，但是按照当时希腊法律的规定，他必须在声明拥有土地权之前，先在公开的辩论中赢得所有权。很不幸，因为口吃加上害羞使他惨败，结果他丧失了那块土地。但他没有被击倒，而是发愤努力战胜自己，结果他创造了人类空前未有的演讲高潮。历史忽略了那位取得他财产的人，但几个世纪以来，整个欧洲都记得一个伟大的名字——德莫森。

有太多人高估他们所欠缺的，却又低估他们所拥有的，以致丧失了成为胜利者的机会。这是个悲剧。

林肯的一生就是化挫折为胜利的伟大见证。没有不经过失败就获得成功的幸运儿，重要的是不要因失败而变成一位懦夫。如果我们尽了最大努力仍然与成功失之交臂，那么我们唯一要做的就是汲取教训，力求在接下来的努力中表现得更好。

坦率地说，我无心与林肯总统比较，但我自认拥有些许与他同样的精神，我痛恨生意失败、亏损金钱，但是比起这个，更让我关心的是，因为害怕失败而在以后的生意中变成缩手缩脚的懦夫。如果真是那样，那我的损失就更大了。

对一般人而言，失败很难使他们坚持下去，而成功则容易继续下去。但在林肯那里是个例外，他会利用种种挫折和失败，来驱使自己更进一步。因为他有钢铁般的毅力，正如他自己说过的一句话："你无法在天鹅绒上磨利剃刀。"

世界上没有一样东西可取代毅力。才干不可以，怀才不遇者比比皆是，一事无成的天才很普遍；教育也不可以，世上充满了学无所用的人。只有毅力和决心无往不利。

当我们继续迈向高峰时，我们必须记住：我们可以在每一级的阶梯上停留足够长的时间和足够多的次数，但它的用处不是提供我们休息，而是让你有机会踏上更高一层的阶梯。我们在途中不免疲倦与灰心，但就像一个拳击手所说的，你要再战一回合才能得胜。碰到困难时，我们要再战一回合。每一个人的内在都有无限的潜能，除非我们知道它在哪里，并坚持利用它，否则它毫无价值。

绝妙的机会不会自动降临，我们必须努力工作才能把握它。俗话说："打铁趁热。"的确不错，毅力与努力都重要。每一个"不"的回答都使我们愈来愈接近"是"的回答。"黎明之前总是最黑暗"，这句话并非口头禅，我们努力工作发挥技巧与才能时，成功的一天终会到来。

今天，我们在感激和赞美林肯总统的时候，不能忘记的是要用他一生的事迹来激励自己。即使这样做了，我们顶天立地的一天仍未到来，我们依然是个大赢家。因为我们已经有了知识，也懂得面对人生，那是更大的成功。

爱你的父亲

详解

世界上没有一样东西可取代毅力

法国浪漫主义作家雨果曾经说过：世间的人缺乏的并不是气力，而是毅力。而石油大王洛克菲勒在给儿子的信中也曾写道："世界上没有一样东西可取代毅力。才干不可以，怀才不遇者比比皆是，一事无成的天才很普遍；教育也不可以，世上充满了学无所用的人。只有毅力和决心无往不利。"

对于成功者来说，毅力在其中起到了决定性的作用；而对于失败者来说，他们也都有一个共同的特点，那就是缺乏毅力。由此可见，不管是在我们的生活工作还是学习事业中，毅力的作用都是举足轻重的。它能够帮助弱者克服恐惧，也能够将强者拉入悬崖；它可以帮你实现愿望，也能够帮你毁灭希望。

米契尔一生中经历了很多磨难。由于一次意外事故，米契尔身上65%以上的皮肤都被烧坏了，他成了人们眼中的怪物。后来，米契尔动过16次手术，每次手术后，他连刀叉都拿不起来，更别提拨电话、上厕所等基本生活能力了。

米契尔以前曾是海军陆战队队员，军队生活造就了他的顽强意志和不屈精神。米契尔说："我完全可以掌握自己的人生之船，我可以选择把目前的状况看成倒退或是一个新的起点。"米契尔没有被打倒，他带着乐观的精神不懈努力，克服生活中的一个个困难，慢慢地可以自己照顾自己了。但他不满足，他还在不断地学习其他技能。6个月以后，他又能开飞机了！

后来，米契尔在科罗拉多州买了一幢维多利亚式的房子，他还买了一家酒吧和一架飞机。后来他还开了一家公司，专门生产一种以木材为燃料的炉子。他在经商方面表现出了出色的管理能力，这家公司成了佛蒙特州第二大私人公司。

但是上天似乎在故意考验米契尔。四年之后，米契尔在开动飞机时突然发生事故，飞机起飞了，他却摔回了跑道。重重的一摔几乎要了他的命，米契尔12条脊椎骨被摔得粉碎，腰部以下永远瘫痪了。米契尔不解，为何这些倒霉事总是发生在自己身上？但米契尔并没有认输。他认为，在军人的字典里没有"失败"二字。

顽强的米契尔决定重振精神。他使自己做到了最高限度的生活自理，而不是事事都依靠别人。他又能自信地站在阳光下了，积极地挑战生活，参与更多的团体活动。后来，他被选为科罗拉多州一个小镇的镇长，职责是保护小镇的美景及环境，使之不因开采矿产而被破坏。米契尔还竞选国会议员，他的自信、乐观为他赢得了荣誉和很高的支持率。

从米契尔的故事中，我们看到了潜伏在一个人身体中的巨大能量。面对困难，只要不妥协，每个人都有战胜困难的可能。人生就是这样，如果你足够强大，困难就会显得微不足道；如果你很弱小，困难就会显得难以克服。

由此可见，毅力在成功道路上充当着很重要的角色，不可缺失。虽然我们在生活中都会遇到这样那样的波折和挫折，这些困难能够消磨我们的意志，让我们无力迎战，甚至是主动放弃。但是只要我们拥有毅力，拥有战胜困难的决心，困难就会离我们远去，而成功也将会随即到来。

每一个人的内在都有无限的潜能

潜能是人们潜在的能力，是内心深处还未发觉的力量。其实，每一个人的潜能都是无限的，如果你能够发掘你的潜能，并且可以好好地加以利用，那么潜能将会给你带来意想不到的成功。同样，如果你无法激活你心里的潜能，那么你的潜能就如同体内的废物一般，毫无作用。

洛克菲勒曾经说过："每一个人的内在都有无限的潜能，除非我们知道它在哪里，并坚持利用它，否则它毫无价值。"

本·侯根是世界上最伟大的高尔夫选手之一。他并没有其他选手那么好的体能，能力上也有一点缺陷，但他在坚毅、决心，特别是追求成功的强烈愿望方面高人一筹。

本·侯根在玩高尔夫球的巅峰时期，不幸遭遇了一场灾难。在一个有雾的早晨，他跟太太维拉丽开车行驶在公路上，当他在一个拐弯处掉头时，突然看到一辆巴士的车灯。本·侯根想这下可惨了，他本能地把身体挡在太太面前保护她。这个举动反而救了他，因为方向盘深深地嵌入了驾驶座。事后他昏迷不醒，过了好几天才脱离险境。医生们认为他的高尔夫生涯从此结束了，甚至断定他若能站起来走路就很幸运了。

但是他们并未将本·侯根的意志与需要考虑进去。他刚能站起来走几步，就渴望恢复健康再上球场。他不停地练习，并增强臂力。起初他还站得不稳，再次回到球场时，也只能在高尔夫球场蹒跚而行。后来他稍微能工作、走路，就走到高尔夫球场练习。开始只打几球，但是他每次去都比上一次多打几球。最后，当他重新参加比赛时，名次很快地上升。理由很简单，他有必赢的强烈愿望，他知道他会回到高手之列。是的，普通人跟成功者的差别就在于有无这种强烈的成功愿望。

由此也可以说明，人的潜能能够突破你想象的界限，只要你有这个毅力和决心，凡事都能够成为可能。

所以，当我们在人生路上拼搏奋斗的时候，既不要过于夸大自己遇到的困难，也不要过于轻视自己的能力。你要相信，人的潜能是无限大的，它能够增强你的毅力，能够坚定你的决心，能够赐予你无穷的力量，让你有信心面对困难，让你丢掉恐惧和担忧，勇敢无畏地一直向前。只要挖掘出你体内的潜能，那么在这个世界上，就没有你办不到的事情。

汲取教训，力求在下一次的努力中变得更好

偶尔的失败并不可怕，聪明人不仅不因为失败丧失信心，还会将失败的原因进行分析总结，汲取教训，为以后的行动提供指导和借鉴，同时增加自己的经验和阅历。所以，失败不可怕，我们要做的是汲取教训，力求在下一次的努力中变得更好。

洛克菲勒经常这样教导约翰，没有不经过失败就获得成功的幸运儿，重要的是不要因失败而变成一位懦夫。如果我们尽了最大努力仍然与成功失之交臂，那么我们唯一要做的就是汲取教训，力求在接下来的努力中表现得更好。

约翰被骗了！

听到这个消息的洛克菲勒一点儿都没有显示出吃惊的神情，他明白，在商界不吃几次亏、不上几次当是没有办法成长起来的。

原来，约翰在房地产等方面经过一段时间的锻炼后，他开始对投资事业感兴趣。

后来，有一位叫罗杰斯的人告诉约翰，一个名为詹姆斯·基恩的股票交易商买进了一大笔美国皮革公司的股票，这是赚大钱的大好时机。所以，罗杰斯劝说小约翰，也购买一批这家公司的股票。对股票市场一知半解的小约翰听从了罗杰斯的建议，当即便购买了一笔美国皮革公司的股票。

不久之后，约翰听说，在午饭期间，罗杰斯和另一名员工拉马尔进行了一段时间的秘密会谈，这个消息令小约翰心里有些不安。很快，约翰将拉马尔叫到了办公室，已经预知到要发生什么的拉马尔一进来就带着惊慌失措、坐立不安的神情。看到这里，约翰明白了，没必要再对他进行什么询问了，从拉马尔的神情中，他就知道，他被骗了！

后来，约翰才明白其中的诡计，在刚出手购进那个皮革公司的股票后，拉马尔

就迅速抛售了自己持有的该公司的全部股票，而基恩对此事是一概不知的。毫无疑问，约翰这次的投资行动彻底失败了。

洛克菲勒那边也在第一时间知道了儿子约翰的惨败事迹，不过这位慈祥的父亲没有给约翰任何压力和指责，而是安静地帮儿子处理这些事务。而约翰也继承了父亲洛克菲勒在面对失败时的一贯作风，寻找失败原因，汲取教训。针对这次失败，最直接的错误就是没有在进行投资之前与基恩见面，也没有做过任何调查，而是单纯听信了一条不可靠的消息，并因此失去了大量的资金。

不过，虽然洛克菲勒并没有苛责小约翰这一次的错误，但是小约翰却一直不肯原谅自己。为了弥补自己造成的损失，小约翰在接下来的几个月中主动放弃了自己的休假时间，全身心地投入到工作中，希望这样可以让自己心安一些。这种甘于受责、善于总结教训的作风果然使约翰在以后的商业经营中进步不少，他也逐渐向着优秀企业家的行列走去。

失败是成功之母，没有风吹雨打的滋润就不能结出美味的果实。借鉴他人成功的经验固然重要，但我们更要学会汲取自己失败的教训。

托尔斯泰说过这样一句名言："幸福的家庭都是相似的，而不幸的家庭各有各的不幸。"没错，同样的道理，成功的经验多是相似的，而失败的教训却有各种各样的原因。如果我们善于从自身的失败教训中探究根源，引起重视，避免重蹈覆辙，那么我们就能在以后的竞争中表现得更好，进而通向成功的终点。

功成名就来自一连串的奋斗

成功是由多次的失败和不懈的奋斗组成的。要想成功，努力奋斗是我们唯一的出路。而那些成功人士和失败人士之间最大的区别就是：成功人士在失败之后又一次地站起来奋斗，而失败人士则在失败之后便垂头丧气，丧失了奋斗的动力，自然其结果也是失败的。

洛克菲勒在写给儿子的信中曾经说过："功成名就来自一连串的奋斗。那些伟大的人物，几乎都受过一连串的无情打击，他们每个人都险些宣布投降，但是他们还是选择了坚持到底，因此终于获得了辉煌的成就。"

在伦敦的一家科学档案馆里，陈列着英国物理学家法拉第的一本日记本。这本日记本非常奇特：

第一页上写着："对！必须转磁为电。"

以后，每一天的日记除了写上日期之外，都是写着同样的一个词："No"（不）。从1822年直到1831年，整整10年，每篇日记都如此。

只是在这本日记的最后一页，才改写上了一个新词："Yes"（是的）。

这究竟是怎么回事呢？

原来，1820年，丹麦物理学家奥斯特通过研究发现：金属线通电后可以使附近的磁针转动。这一发现引起了法拉第的深思：既然电流能产生磁，那么反过来，磁能否产生电流呢？于是，法拉第开始研究磁能否生电的课题，并做了大量的实验。

10年过去了，经过实验—失败—再实验……法拉第终于成功了。他用实验证实了磁也可以生电，这就是著名的电磁感应原理。正是这个著名的原理，为发电机的诞生奠定了基础。

爱迪生曾经说："失败也是我所需要的，它和成功一样对我有价值。只有在我知道一切做不好的方法以后，我才知道做好一件工作的方法是什么。"其实只有我们完全拒绝失败的时候，才是彻底失败的到来之日。

法拉第的那本日记，表面看起来似乎单调和乏味，可是换个角度来看，给人的启发却是深刻的：多次的失败并不表明你一无所获，而是表明你得到了宝贵的经验，表明你也许要变换方式、另辟蹊径。其实，所有的失败都是在为成功作准备。

10年来，法拉第面对失败，并没有气馁，而是选择了用坚持不懈的努力奋斗回击了一次次的失败。他用自己的行动给"失败乃成功之母"这句名言做了绝妙诠释。而在我们日常生活中，也不乏一些人在即将登上成功舞台的时候，却因一时的沮丧和失望而放弃了。

费罗伦丝·查德威克是第一位游过卡塔林纳海峡的女性，而且比男子的纪录还快了大约两个小时。不过，在查德威克的第一次挑战中，她却因为内心的恐惧而在离终点半英里的地方放弃了，让她和成功擦肩而过。

1952年7月4日早上，在卡塔林纳岛上，查德威克开始了穿越卡塔林纳海峡的挑战。要知道，如果这一次成功了，那么她将会是第一个横穿这个海峡的女性。

挑战正式开始后，查德威克跳入冰凉的海水中。那天的雾很大，前方十几米的地方就已经看不到了。为了保障查德威克的安全，当地人还专门派遣了一艘护送的船只。

　　渐渐地，一个小时过去了，两个小时过去了，千万人都等候在电视机旁，期待查德威克的好消息。在穿越的过程中，有好多次，鲨鱼都已经游到了离她仅有几米的位置，最后都被护送的船队开枪打跑了。而查德威克还在坚持地游着。

　　15个小时之后，冰冷的海水已经冻得她全身僵硬了，她知道，自己已经没有力气再游了。于是，她便想着让人将自己拉上船。而她的教练则在船上大喊道："再坚持一会儿，马上就到终点了。"查德威克看了看雾蒙蒙的海面，除了一片白之外，什么都看不到。但是由于教练的要求，她也只能又坚持了几十分钟。最后，在她坚决的要求下，人们将她拉上了船。而此时，她离目的地仅有半英里的距离。

　　如果查德威克当时能够坚持下来的话，那么她的荣誉也将会提前到来。可是很可惜，她在白雾、海水面前胆怯了，她失去了最初的雄心勃勃，最后却停在了成功的半英里之外。

　　由此可见，当我们在人生路上奋斗的时候，要想成功，除了奋斗，还需要我们不懈的坚持。只有连续不断地奋斗，我们才有可能取得成功的果实。

因害怕失败而缩手缩脚，损失就更大

　　失败就像是一阵风，吹遍世界各地，不分穷人富人、强者弱者，它总会出现在每个人面前。也许你抱怨它，在你前进的道路上形成了阻力，但你也应该感谢，在一阵阵风过后，总会出现不一样的世界。如果你害怕失败，就像害怕吹风带来的阻力和危害一样，而常年躲在屋里不出门，那你一定会错过风吹过之后的新世界。

　　作为世界级偶像，洛克菲勒也是林肯总统的崇拜者，他对林肯总统不屈不挠的精神深有感触，"坦率地说，我无心与林肯总统比较，但我自认拥有些许与他同样的精神，我痛恨生意失败、亏损金钱，但是比起这个，更让我关心的是，因为害怕失败而在以后的生意中变成缩手缩脚的懦夫。如果真是那样，那我的损失就更大了。"

　　那些缩手缩脚的人都是害怕失败的人，坚持谨慎的习惯值得肯定，不过过分谨慎导致的缩手缩脚就会阻碍我们进行正常的判断，由此放弃的选择可能是扭转人生的大好机会。

　　洛克菲勒面临过的失败也不少，从16岁暑假找工作开始，他的面试经历就充满了悲剧和传奇色彩。因为严格按照高要求寻找工作的洛克菲勒在几个月内都被无情拒绝，这让他一度怀疑目标的可行性。不过，即便是这样，对工作有着高要求的洛克菲勒，还是一意按照自己的求职方式：第一轮面试被拒绝后，洛克菲勒又按照计划清单上面列出的公司重新应聘，再一次被全部拒绝后，他又按照这种方式再来一遍。到最后，洛克菲勒对克利夫兰这些大公司的面试都轻车熟路了，因为有些公司他都去过三次了。

在这一一次次的失败中，洛克菲勒并没有灰心丧气，他继续坚持自己的高标准，按照清单上的公司一个个尝试，终于被休伊特公司聘用。但是，反过来，如果洛克菲勒面对失败时一蹶不振，听从朋友的劝导，转向小公司，那我们今天可能就看不到在商界如此叱咤风云的洛克菲勒了。

后来，从雇员成功当上老板的洛克菲勒也没有过着一帆风顺的日子。成立公司的第一年，洛克菲勒就遇到了很多糟心事。因为另外一个合伙人失误的判断，在交货前不久，因为天气变化，他们收到了一船发霉的豆子。对于刚刚成立的公司来说，各个方面都需要资金支出，而且公司筹建中的一部分钱还是洛克菲勒省吃俭用积攒下来的。面对这场突如其来的打击，如果稍微处理不当，这好不容易建立起来的公司就面临着破产的危险。

没有办法，天塌下来也要顶着。洛克菲勒及合伙人一方面和客户沟通解释，一方面挑选尚存的豆子，尽量将损失降低，但一番折腾之后，还是损失了不少钱。无奈之下，洛克菲勒极不情愿地向父亲借了一笔钱，这才使公司挺了过来。

经过这一次，洛克菲勒不仅没有被吓破胆，反而更加大胆地经营了。他跟众多客户承诺，可以接受较长时间的交易预付款，还将经营范围进行扩展，这样一年下来，公司的经营所得不仅将豆子的损失完全弥补，还有了不少的剩余。

洛克菲勒有勇有谋的经营习惯还一直延续到标准石油公司。这一次的赌博是关于莱玛镇油田的。刚刚被发现的莱玛油田储量大，油质却很差，很多将其视为救命稻草的公司管理者在听到这一消息后，纷纷放弃对该油田的开发，毕竟失败之后，公司前期的各种投入将会形成无法估计的损失。

洛克菲勒也害怕失败，不过，他更渴望成功带来的机会。于是在开发与不开发之间，洛克菲勒展开了一场心理战争。当然，后来我们知道最后胜利的是开发的想法。也正是这份坚持和勇敢，洛克菲勒迎来了最终的胜利。

可以这样说，害怕失败才是最大的失败，最清晰的脚印是走在最泥泞的路上。

因为害怕失败而变得缩手缩脚，那你永远不敢迈出成功人生的第一步。

当你专心去一件事情，不为失败和成功所困扰的时候，也许成功指日可待。我们必须减少功利心尤其是失败对我们的影响。因为据现代科技研究发现，恐惧心理会严重消耗我们的心理能量，心里越害怕，因此出现的麻痹程度也就越高。典型的麻痹状态就是精神恍惚，做事没有动力，效率低下，目标感不强。看来，克服恐惧心理需要及时行动了。

第27封信

抱怨只会让优秀沦丧

原文

July 24,1910

亲爱的约翰：

如果我告诉你，那位一直不甘示弱、自认为是世界第一富豪的安德鲁·卡内基先生来拜访我，并向我讨教了一个非常严肃的问题，你会不会感到惊讶？事实上，那位伟大的铁匠确实这么做了。

两天前，在我们的基奎特，卡内基先生不期而至。或许是我友善的态度，和我们之间轻松的谈话气氛，熔化了卡内基先生钢铁般的自尊，他放下架子问了我一个问题：

"约翰，我知道，你领导着一群很能干的人。不过，我不认为他们的才干无可匹敌，但令我疑惑的是，他们似乎无坚不摧，总能轻松击败你们的竞争对手。我想知道，你究竟施了什么魔法，能让他们拥有那种精神，难道是金钱的力量？"

我当时告诉他，金钱的力量固然不可低估，但比之更强大的是责任的力量。

有时，行动并非源于想法，而是源自担负的责任。标准石油公司的每一个人都拥有责任感，他们都知道：我的责任是什么？什么办法能让我把事情做得更出色？我从不对责任或义务发表空泛的谈论，我只是通过我的领导方式来创造具有负责精神的企业。

我本以为，这个话题到此就应该结束了，但我的回答显然挑动了卡内基先生的好奇心，他表情严肃地进一步追问："约翰，那你能告诉我你是怎么做到的吗？"

看着卡内基先生谦逊的神态，我无法拒绝，我必须如实相告。我告诉他，如果我们想要永久持续生存下去，那么这就意味着，不管任何理由，我们领导者都要断然拒绝去责难任何一个人或任何一件事。责难就如同一片沼泽，一旦失足跌落进去，你便失去了立足点和前进的方向，你会变得动弹不得，陷入憎恨和挫折的困境之中。这样的结果只有一个：失去部属的尊重与支持。一旦落到这步田地，那你就好比是一个将王冠拱手让人的国王，从此失去了主宰一切的权力。

我知道，在摧毁领导者的领导能力的众多敌人当中，责难是头号敌人；我还知道在这个世界上没有常胜将军，不管是谁都将遭遇挫折和失败。所以，当问题出现时，我不会因此感到愤懑不已，我思考的问题只有一个：怎么做才能让情势好转起来？采取什么行动可以补救或是修复我们的失误？积极地选择朝向更高的生产力和满意度前进。

当然，我不会放过我自己。当坏事降临到我们头上时，我会先停下来问自己一个问题："我的职责是什么？"抛开一切，对自身角色进行完全坦诚的评估，这样可以避免窥探他人做了什么，或是要求其他人改变什么等毫无意义的行为。事实上，只有将焦点专注在自己身上，我才能将无意中拱手让出的王冠重新收回。

但是，分析"我的职责是什么"并不意味着自责。自责是一种最阴险狡猾的责难陷阱，诸如"那真是一个愚蠢的错误"等自我责难。自责与其他责难一样，只会使我陷入愤恨与不满的圈套之中。事实上，"我的职责是什么"是一个步骤，一个具有强大分析力和自我肯定的步骤。真正的问题不在于他们应该要做什么，而在于我应该要做什么，当我真正明白这点时，我不会选择自怨自艾，我只会让自己变得更强大。自己的强大，就能削弱别人的影响，看来这不是件坏事。

如果我能将每一个阻碍视为了解自己的一个机会，而不是纠缠于他人对我做了什么的问题上，那么我就能在领导危机的围墙外找到新的出路。

当然，我从不把自己视为救世主，也没有救世主的心态。我自问：我在哪些方面应该对自己负责？在哪些方面，部属们要为我负责？领导者并不是一个全知全能的圣人，因此不可能对所有的事情一概负责。如果我视自己为英勇的正义使者，准备去拯救这个世界，那就只会让自己陷入领导危机之中。在我的责任中，很大一部分是让其他人明白，他们必须承担起他们应有的责任。如果一个雇员对于事关自己切身利益的事情都不在乎的话，我不相信这样的雇员能对出色完成工作有强烈的渴望，那他就应该离开，去为别人服务。

感觉重任在肩，这种压力和使命感能让人不自觉地兴奋起来。责任感可以激发并强化做事的能力，其他任何一件事情都不会有这样的功效。将重大责任托付给部属，并让他了解我给予的充分信任，无疑是对他最大的帮助。所以，我不会将部属必须并且能够负担的责任全部揽在自己身上。

我不只光靠示范作用来营造公司负责的氛围与风气，我的部属都知道我的基本原则：在标准石油公司没有责难、没有借口！这是我坚持的理念，每一个人都知道。我不会因为他们犯错而对他们做出惩罚，但是我决不能容忍不负责任的行为存在。我们的信念就是要彻底奉行。我们的箴言是支持、鼓励和尊重将被全心接受与加倍颂扬。只会找借口而不提供解决方式，在标准石油公司是无法容忍的。

我们很少犯错误，因为我办公室的大门随时为部属敞开着，他们可以提出明智的意见，或是纯粹的发牢骚，但是要用一个负责任的方式。这样的结果会让我们彼此信任，因为我们了解所有的事都需要摊在阳光下来讨论。

卡内基先生是位优秀的老学生，他没有让我的时间白白地浪费掉。在我结束这个话题时，他说："在抱怨声中，一支精锐之师也会变成乌合之众！"他真聪明。

约翰，几乎所有的人都有推脱真正责任的防御心理，以致推脱责任的现象处处可见。它贻害无穷，避免和防御其危害的方法就是倾听。

如何创造一个舒适的环境，让大家觉得开诚布公远比隐藏虚实好，这是作为一个领导者必须面对的最大挑战。主动邀请其他人陈述他们的想法，用一些诸如"再多说一点"，或是"我真的想听听你的意见"的话语来鼓励他们说出自己的想法。和一般人所相信的恰恰相反，在对话中，拥有权力的人是聆听者，而非陈述者。

难以置信吧？想想看，陈述者的语调、焦点还有内容，事实上都取决于你倾听的方式。试想一下，和一个面露敌意且肢体呈现侵略性姿态的人以及一个对你表示全神贯注的人说话时，两者之间的差异。当你单纯地聆听其他人说话时，你卸下了你的防卫。你会得到这些好处：你对有攻击性或愤怒的语言的背后隐含的议题，会有着更透彻的了解。你可以得到更多的信息，而这些资讯可以改变你对整个事件来龙去脉的假设。你会有更多的时间来整理思绪。

陈述者会感觉你重视他们的观点。最令人兴奋的是，当你专注地倾听之后，原来的陈述者也会更愿意聆听你的意见。

真实的倾听是不具任何防御性的。即使你不喜欢这个信息，你也应该倾听了解，而非立即做出回应。专注地倾听不太像是一种技巧，它比较像是一种态度。滑雪的人在遭遇障碍时，他们每一秒钟都在投注百分之百的注意力，绝对不会分神去思考一会儿他要对伙伴说什么。同样的，作为一名积极的倾听者，你贡献百分之百的注意力给另外一个人，不会出现想到什么就脱口而出的情况。如此一来，你去除了先入为主的观念，并敞开胸襟开始一段更有意义和更有效果的对话。

长久以来，我们塑造了生活也塑造了自己。这个过程将会持续下去，我们最终都将为自己的选择负责。就如"目的"决定你的方向，拒绝责难将开拓一条实现目标的大道。

爱你的父亲

详解

可以客观评价，但不要一味责难

金无足赤，人无完人，每个人都会有缺点，每个人都会有疏漏，免不了就会犯一些错误。我们不是圣人，无法预知事情如何发展，更不能在事后使损失彻底消除。与其耿耿于怀，还不如坦然面对，勇于承担，吸取教训。

如果自己或者部下出现某些错误时，该怎么对待呢？细心的洛克菲勒早已为约翰做出了解答："在摧毁领导者的领导能力的众多敌人当中，责难是头号敌人；我还知道在这个世界上没有常胜将军，不管是谁都将遭遇挫折和失败。所以，当问题出现时，我不会因此感到愤懑不已，我思考的问题只有一个：怎么做才能让情势好转起来？采取什么行动可以补救或是修复我们的失误？要积极地选择朝向更高的生产力和满意度前进。"

拒绝对下属或周围人的责难是一个优秀领导者应该具备的素养，这也帮助洛克菲勒在领导危机的高墙外找到出路。

曾经，标准石油公司的一位高级管理人员做出了一个错误的决定，因为这个决定使公司损失了两百多万美元。

事情发生后，大家都有意避开洛克菲勒，唯恐洛克菲勒将一肚子的火气发泄到自己的身上。不过，在这些人当中也有一个例外，他就是洛克菲勒的合作伙伴之一——爱德华·贝德福德。

这天，贝德福德敲门走进洛克菲勒的办公室，正看到他趴在桌子上，拿铅笔在纸上写着什么。

贝德福德和洛克菲勒一边打着招呼，一边向他的办公桌走近，并问道："这是在写什么呢？"

"哦，贝德福德先生，想必你已经知道最近我们公司遭受了多少损失吧？"洛克菲勒一边说一边继续在纸上写着。

贝德福德轻轻地皱了皱眉，耸耸肩。

"没错，我想在叫这个负责人进来讨论这件事之前，我需要做一些笔记。"说着，洛克菲勒将手中的纸拿起来给贝德福德看。

洛克菲勒接着说："之前，这名主管曾经有三次正确的决定，这些决定帮助公司获利颇多，远远超过了这次的损失额。"

看着密密麻麻的笔记，贝德福德对洛克菲勒这种大度和不一味责难的做法给予了大大的称赞。

面对错误，洛克菲勒这样说道："当坏事降临在我们身上时，我会先停下，问自己'我的职责是什么'？然后回到原点，通过对自身角色进行准确的评估，这样就能避免窥探他人做了什么，或者要求他人做出改变等无意义的行为。"

没错，聪明的人总是从失败中吸取教训，并从积极的方面思考问题，重新开始，而不是一味地揪着问题不放，更不应该将责任归结到某个人身上，还因此对他产生恶劣的印象。真正让我们刻骨铭心的不该只是失败时的痛苦，而应该是反击的策略和过程。

将焦点专注到自己的身上

始终将自己视为焦点，需要极强的自控能力，只有拥有足够的控制能力才能气定神闲地面对各种紧急状况。洛克菲勒就是一个十分善于控制自己的人，不管是情绪还是经商策略上，洛克菲勒总是能完美地将焦点集中在自己身上，对于这样做的好处，洛克菲勒在信中这样说道："事实上，只有将焦点专注在自己身上，我才能将无意中拱手让出的王冠重新收回。"

显然，洛克菲勒的说法是正确的，他也用他的行动向我们展示了这种集中焦点的行为所带来的力量。

身处商界，身为商业巨头的洛克菲勒免不了总是受到外界媒体和大众评头论足的指点，甚至还会受到他们的攻击和非议。在这种环境下，洛克菲勒养成了一种将专注点聚集在工作上的能力，不管外界多么纷扰，他都能够又快又好地完成自己的工作。

洛克菲勒的父亲大比尔为人比较放荡，他常年在外经商，却把一些流言蜚语留给了自己的妻子和儿子。一些知道他们底细的左邻右舍，都会私下里嘀咕大比尔的风流事。不过洛克菲勒总是置若罔闻，将这些闲言碎语放在一边，专心自己的事情，始终以自己的发展为焦点，并没有因此产生负面悲观的不良情绪。

年纪稍微大些之后，老师以及一些年长的熟悉的人总是给洛克菲勒这样的评价：心思细密、略显老城、老谋深算，这些标签本不属于当时洛克菲勒那个年龄段孩子该有的性格特征。不过洛克菲勒丝毫不顾及这些言论，他明白自己努力的焦点是如何成长和进步，并获得不凡的成绩。

为了谋求行业的统治地位，洛克菲勒毅然加入到了南方改造公司中。可这个组织运行没多久，就因为一个新来员工的失误导致东窗事发。一时间，社会各个层面的人都将发泄的矛头对准了洛克菲勒。他们有的受到背后利益者的操控，有的看热闹，由这些人组成的流动抗议小队伍整日穿梭在城镇间，他们还不断组织聚会，呼吁更多人加入到其中。

媒体更不会放过这个吸引眼球的头条消息，"请看'巨蟒'令人发指的丑恶嘴脸"这样的标题就经常出现在头版报纸上，而洛克菲勒的名字也总是被单独拿出，他的事情也总是被重点羞辱。对标准石油公司的破坏也随之进行，一些粗暴的大开采商还鼓动带领人们烧毁洛克菲勒公司的油桶，砸毁油罐车，将里面的油倒在地上，甚至还拆毁铁路。

也许换做任何一个人都应该对这种暴行加以阻拦，都会到媒体和公众面前去说些什么，或者为自己澄清，或者为自己开脱。但洛克菲勒没有这样做。

面对外面的风风雨雨，洛克菲勒依旧过着平稳有序的生活。每到了周六日，洛克菲勒还会像往常一样，穿着整齐，然后去教堂做礼拜；而对于那些喜欢落井下石、恶语相向的媒体记者们，他则拒之门外，理都不理。此时，在洛克菲勒心中升起的念头就是放弃这种所谓的联盟组织，因为油溪一带就是由无赖和冒险家组成的下等社会，他们就是一些蛮不讲理的家伙，想闹就让他们去闹，我该做的是成为这里强有力的统治者。

这种在非议面前始终保持自我、始终将焦点专注在自身的做法为洛克菲勒赢得了很多重大的胜利。对此，洛克菲勒也曾在自己的日记中有所记录，"我一向愿意平静地忍受种种诽谤，我可以将所有人的议论都置之度外，我在很小的时候就懂得不去理会邻居们口中那些关于我父亲的谗言。我应该并且能够专注于我的目标，能够不去理会那些让我分神的东西。谁都可以指责我，谁都可以攻击我，但是没人能阻止我走自己的路！"

优秀的人不是说他经历的困难比其他人少，更不是他们与生俱来的品质使他们安然渡过危机。相反，他们是经历挫折最多的人，他们被人称赞的好品质也都是从这些磨难中练就的，能使他们在风雨侵袭中毅然不倒的重要原因就是能够将焦点专注在自己身上。

外界的诱惑和压力一直都很多，面对诱惑有一丝分心就会使你走向歧途，面对压力不能排解就会使你裹足不前。外界因素是不可改变的，而人的性情和心思却是活的，一个不小心就会被外界影响而失去自我，始终将焦点专注在自己身上就能很好地解决这个问题。试问，心无旁骛、一门心思做想做的事，还能有不成功的道理吗？

与其自我抱怨，不如变得更强大

习惯抱怨的人总是将自己的视野局限在井底那么大的空间下，束缚了自己的思维，羁绊了自己的脚步，囚困了自己的心灵。而事实上，抱怨不仅有这些危害，更关键的是一味地抱怨也不能很好地解决当下的问题，那么为什么还要苦苦抱怨呢？与其自我抱怨，还不如使自己变得更加强大。

对于抱怨的危害性，洛克菲勒这样说道，在抱怨声中，一支精锐之师也会变成乌合之众！自小就面临不幸生活的洛克菲勒本应该有更多抱怨的理由，可是他聪明地选择了面对，并借助一切机会使自己强大起来，而变得强大是面对困境和抱怨的良方。

1873 年，美国的经济萧条为人们带来了严重的心理阴影，而洛克菲勒所从事的石油行业也没能幸免，48 美分一桶的石油简直比市面上一些城市的运输成本还要低，由此不难想象人们焦躁和恐惧的心理。

面对挫折，洛克菲勒说："在灾难面前只会唉声叹气和抱怨的人永远是弱者和笨蛋，真正聪明的人是会用眼睛发现一切蕴含着巨大能量的未来的。"要挖掘那些未被人开发的宝贵财富，要让自己变得强大，需要付出艰辛的努力，不过这是克服困境和抱怨的根本出路。

行业中尽是抱怨政府和市场的人，他们在着急出卖自己企业的时候还不忘讨价还价。大家浮躁的情绪使整个市场都有些失常。洛克菲勒想，也许这是让自己强大的好机会，既然组织联盟没有什么用处，那就直接用钱进行收购好了。

虽说这是一个好办法，可巨大的资金压力又让洛克菲勒心中产生顾忌。虽然洛克菲勒生平不喜欢向人低头，但是在巨大的资金压力面前，他也只能低声下气地去哀求一个个银行家，期望他们能够伸出援手，能够筹得足够的资金。而要摆脱这些银行家的控制，那就要使自己强大起来，可现在大家对标准石油公司的股票并不是那么认同。在大多数人看来，金钱要远比股票来得实在。为了能实现垄断的梦想，洛克菲勒只得千方百计去筹集资金。

但资金的筹集是很不容易的，为了能使大家选择股票，洛克菲勒在和各个石油提炼商交易的时候，都用各种美好的语言描述标准石油公司的股票走势，忠告他们哪怕将自己身上的衬衣卖掉，也不能放弃持有标准石油公司的股票。尽管如此卖力说服大家持有公司股票，但大多数的炼油商还是不能接受标准石油公司股票的事情，他们还是愿意用最直接的金钱方式来交易。

就这样，洛克菲勒在保证给付对方以公道的价格基础上，力求将交易价格压低，而低迷的经济使大家对市场的预期普遍持悲观态度，这样的情绪无疑为洛克菲勒节省了大笔的资金。一场收购结束后，市场上小规模的炼油厂数量进一步减少，而洛克菲勒离自己的垄断梦更加近了一步。

大千世界，悠悠数十载，我们的生活不可能一生顺利，偶尔的大风小浪才是人生的正常式。如果你想抱怨，那么生活中的一切事情都可能成为你抱怨的对象，如果不想抱怨，生活中的一切都是美好的花朵，为了你的胜利而绽放。

抱怨不会解决问题，只会拖我们的后腿，让我们永远落后于前进的人们，永远面对失败的沮丧。没有一种生活是美好的，没有谁的人生是完美的。在困难面前，我们无法马上改变客观存在的现实，但我们有选择不同心态的权利，用积极的人生态度去面对生活的中所有困难，让抱怨、委屈、憎恨见鬼去吧！

专注地倾听是一种态度

洛克菲勒在给儿子的信中这样写道："专注地倾听不太像是一种技巧，它比较像是一种态度。滑雪的人在遭遇障碍时，他们每一秒钟都在投注百分之百的注意力，绝对不会分神去思考一会儿他要对伙伴说什么。同样的，作为一名积极的倾听者，你贡献百分之百的注意力给另外一个人，不会出现想到什么就脱口而出的情况。如此一来，你去除了先入为主的观念，并敞开胸襟开始一段更有意义和更有效果的对话。"

所以说，当你和别人谈话的时候，一定要付出百分百的注意力，要让别人注意到你的真诚，这样你才能够及时地用语言和眼神与之交流。当你真诚倾听的时候，别人才会相信你，才会有兴趣和你交谈下去；反之，别人则会失去和你谈话的兴趣，甚至还会觉得你这个人很不靠谱，从而失去了和你合作的兴趣。

乔·吉拉德是美国汽车的销售之王。

有一次，有一位很有名气的人来找他买车，于是他便向这位名人推荐了一款最好的车型。这位名人对车非常地满意，并且还当场拿出 1000 美元的现钞。眼看着这桩生意就要做成了，可是这个名人却突然变了卦，扬长而去了。

吉拉德为了这件事情懊恼了一个下午，就是不知道到底哪里出了差错。于是，到了晚上，吉拉德忍不住给那个名人打了一个电话，问道："您好，我是吉拉德，今天我曾经给您推荐过一部车，可是最后您怎么又不买了呢？问题出在哪里了呢？"

那个名人很不耐烦地说道："你知道现在是什么时候吗？"

吉拉德赶忙说道："很抱歉，我知道这么晚了还打扰您实在不应该，可是，我检讨一个下午的时间都没有想到错在哪里了，所以只能打电话向您请教了。"

那位名人说道："你说的都是真的？"

吉拉德回答："千真万确，都是肺腑之言。"

名人又答道："这就好，那您在用心听我讲话吗？"

吉拉德疑惑地回答："当然，我很用心。"

那位名人叹了口气说道："可是，今天下午的时候，你根本就没有听我在讲些什么。就在要签字的时候，我说我的儿子吉米马上要进入大学了，而且我还告诉了你他的成绩和运动能力。我以这个儿子为骄傲。可是，我说了之后，你却一点儿反应都没有。"

吉拉德有些惊愕，因为他确实不记得这位顾客说过这样的话，因为那个时候，他好像在听隔壁的同事讲笑话。也正是因为吉拉德的不专心，才使得他丢了这桩大生意。

在与人交谈的过程中，倾听是一种很重要的态度。你只有用心倾听别人的讲话，才是尊重别人，也才会得到别人的尊重。而推销员吉拉德却以为生意已到手，便不再倾听顾客的讲话，最终让自己失去了一桩生意。

由此也可以看出，不管什么时候，倾听都是非常有必要的。

有一个小国派遣使者出使中国，向中国皇帝进贡了三个一模一样的小金人。只是，在赠送小金人之前，使者还出了一道题目，让在场的所有人都猜猜，哪一座金人是最有价值的。

皇帝叫了很多的大臣，想了很多的办法，都没有得到满意的答案。最后，皇帝器重的一个老臣站起来说，他有一个办法。

老臣让人拿来三根稻草，并且将这三根稻草分别从三个小金人的耳朵里穿进去。第一个小金人，稻草从一个耳朵穿进去，从另一个耳朵里又穿出来了；第二个小金人，稻草从耳朵里穿进去，从嘴巴里出来了；第三个小金人，稻草从耳朵里穿进去后，直接掉进了肚子里。

之后，老大臣胸有成竹地说："第三个金人是最有价值的一个。"

使者听后，也是拍手叫好。

皇帝不解，问大臣何意，大臣答道："最有价值的人，肯定是那个善于倾听的人。"

由此也可以知道，最能说的人，不一定是最有价值的人。人们说，上天之所以给了我们一个嘴巴、两个耳朵，主要就是为了让我们可以多听少说。

专注倾听是一种态度，也是一种美德。不管是在生活中还是在职场上，和人交流、沟通都是不可避免的事情，一个不善于倾听的人，他就不会融入到团体生活中，更不可能和团体做好协调工作，也不会建立起一种和谐的人际关系。所以说，不管你在社会中扮演着什么样的角色，都应该要善于倾听，专注倾听，尊重别人，也尊重自己。

主动邀请其他人陈述他们的想法

老板和员工之间，矛盾的根源便是缺乏沟通。在老板看来，他是公司的主角，是全局的掌控者，更是将他的意见和所想所思变成了想当然，却完全忽略了公司的重要组成部分——员工的感受。由此，老板和员工的想法不和，又无法有效地沟通，才造成了诸多摩擦和不解。

洛克菲勒也曾经说过："我虽然很看重公司内部的团结，但是这并不意味我不喜欢听从别人的建议和想法。实际上，对于那些敢说出自己想法的员工，我却是尤为喜欢的。因为只有这样，领导者才能够及时地了解到员工所需要的信息，了解到员工的想法。"

伊丽莎白升任部门经理后，有一段时间，部门的业绩下滑，而她和员工之间的沟通也出现了很多的问题，这一切都让伊丽莎白感到非常烦躁。后来，伊丽莎白便想着用改变办公环境的办法来缓解一下郁闷的心情。

于是，趁着周末，伊丽莎白便开始设计自己的构想。她让人变换了办公室的陈设，移动了桌子和椅子的位置，重新设定了文件柜和盆景的摆设。在这个过程中，伊丽莎白很是快乐，她觉得自己的这个决定简直明智极了。

周一那天，伊丽莎白早早地来到办公室，她想要看看同事们的反应。可是让她很失望的是，进入办公室的人，看到这些景象都是一言不发，谁也不说一句话。没有人夸奖她，反而倒是多了几分埋怨的味道。

伊丽莎白很是不解，在她看来，这些员工根本就是在故意和她作对。一个星期后，伊丽莎白经不住员工的沉闷，只能又花费了一个周末的时间，将办公室的摆设又还原回去。这下，办公室才算是又有了一点儿生机。

伊丽莎白把这件事情告诉了自己的父亲洛克菲勒。洛克菲勒听了之后便说："哦，亲爱的女儿，在这件事情上，你既然知道来征询我的意见，那你为什么不去问问员工的想法呢？"

于是，第二天，伊丽莎白便让办公室里的所有员工一起设计办公室的摆设方式。当天下午，在员工的共同努力下，一幅办公室设计图便完成了。

这一次的布置，员工们似乎都异常地兴奋。大家一哄而上，忙得不亦乐乎。这一次的办公室布置得到了所有员工的肯定和赞扬。可是伊丽莎白却发现，这一次的摆动和她上一次的摆动几乎差不多，除了一两张桌子的摆放外，位置可以说是一模一样。

布置相差无几的两种方式，却遭到了员工如此天差地别的态度，实在引人沉思。

从伊丽莎白这件事情上我们也可以看出，作为一个领导者，如果你只是一厢情愿地想要改变的话，那么等待你的无非就是员工的闭门羹；而当他下令所有人都参与的时候，却又有了意外的收获。

所以说，领导者在做任何一个决策的时候，都应该听取员工的想法和建议，要善于将自己的策略通过员工共同参与的方式表现出来。在这个过程中，领导者是处于主动地位的，因为他能够更好地引导员工去参与决策、各抒己见。

在我们的生活学习中，很多人都喜欢将自己的想法强加到他人的身上，由此也引发了种种不愉快。在这些人看来，他们的意见就是标准答案，容不得他人的指点和反驳，最后却因为这样，闹得"众叛亲离"，成了一名实实在在的孤家寡人。

要善于听从别人的意见，利用别人的智慧来降低决策的风险，来提高员工整体的积极性，引导他们参与到决策中来，使得决策变得更合理，更加地贴近实际。

第28封信

天下没有免费的午餐

原文

March 17,1911

亲爱的约翰：

我已经注意到那条指责我吝啬、说我捐款不够多的新闻了，这没什么。我被那些不明就里的记者骂得够多了，我已经习惯了他们的无知与苛刻。我回应他们的方式只有一个：保持沉默、不加辩解，无论他们如何口诛笔伐。因为我清楚自己的想法，我坚信自己站在正确的一方。

每个人都需要走自己的路，重要的是问心无愧。有一个故事或许能够解释，为什么我很少去理会那些乞求我出钱来解决他们个人问题的人，更能解释让我出钱比让我赚钱更令我紧张的原因。

有一天，一个老人赶着一头拖着两轮车的驴子，车上拉着许多木材和粮食，走进了"野猪"出没的村庄。当地居民很好奇，就走向前问那个老人："你从哪里来，要干什么去呀？"老人告诉他们："我来帮助你们抓野猪呵！"众乡民一听就嘲笑他说："别逗了，连优秀的猎人都做不到的事你怎么可能做到。"但是，两个月以后，老人回来告诉那个村子的村民，野猪已被他关在山顶上的围栏里了。

村民们感到非常惊讶，追问那个老人："是吗？真不可思议，你是怎么抓住它们的？"

老人解释说："首先，就是去找野猪经常出来吃东西的地方。然后我就在空地上放一些粮食做陷阱的诱饵。那些野猪起初吓了一跳，最后还是好奇地跑过来，闻粮食的味道。很快一头老野猪吃了第一口，其他野猪也跟着吃起来。这时我知道，我肯定能抓到它们了。

"第二天，我又多加了一点粮食，并在几尺远的地方树起一块木板。那块木板像幽灵般暂时吓退了它们，但是那免费的午餐很有诱惑力，所以不久它们又跑回来继续大吃起来。当时野猪并不知道它们已经是我的了。此后我要做的只是每天在粮食周围多树起几块木板，直到我的陷阱完成为止。

"然后，我挖了一个坑立起了第一根桩。每次我加进一些东西，它们就会远离一些时间，但最后都会进来吃免费的午餐。围栏造好了，陷阱的门也准备好了，而不劳而获的习惯使它们毫无顾虑地走进围栏。这时我就出其不意地收起陷阱，那些白吃午餐的野猪就被我轻而易举地抓到了。"

这个故事的寓意很简单，一只动物要靠人类供给食物时，它的机智就会被取走，接着它就麻烦了。同样的情形也适用于人类，如果你想使一个人残废，只要给他一对拐杖再等上几个月就能达到目的。换句话说，如果在一定时间内你给一个人免费的午餐，他就会养成不劳而获的习惯。别忘了，每个人在娘胎里就开始有被"照顾"的需求了。

是的，我一直鼓励你要帮助别人，但是就像我经常告诉你的那样，如果你给一个人一条鱼，你只能供养他一天，但是你教他捕鱼的本领，就等于供养他一生。这个关于捕鱼的老话很有意义。

在我看来，资助金钱是一种错误的帮助，它会使一个人失去节俭、勤奋的动力，而变得懒惰、不思进取、没有责任感。更为重要的是，当你施舍一个人时，你就否定了他的尊严，你否定了他的尊严，你就夺走了他的命运，这在我看来是极不道德的。作为富人，我有责任成为造福于人类的使者，却不能成为制造懒汉的始作俑者。

任何一个人一旦养成习惯，不管是好或坏，习惯就一直占有了他。吃免费午餐的习惯不会使一个人步向坦途，只能使他失去赢的机会。而勤奋工作却是唯一可靠的出路，工作是我们享受成功所付出的代价，财富与幸福要靠努力工作才能得到。

在很久很久以前，一位聪明的老国王，想编写一本智慧录，以飨后世子孙。一天，老国王将他聪明的臣子召集来，说："没有智慧的头脑，就像没有蜡烛的灯笼，我要你们编写一本各个时代的智慧录，去照亮子孙的前程。"

这些聪明人领命离去后，工作了很长一段时间，最后完成了一本12卷的皇皇巨作，并骄傲地宣称："陛下，这是各个时代的智慧录。"

老国王看了看，说："各位先生，我确信这是各个时代的智慧结晶。但是，它太厚了，我担心阅读它的人们得不到要领。把它浓缩一下吧！"这些聪明人费去很多时间，几经删减后，把原书裁定成了一卷。但是，老国王还是认为太长了，又命令他们再次浓缩。

这些聪明人把一本书浓缩成一章，然后减至一页，再变为一段，最后则变成一句话。聪明的老国王看到这句话时，显得很得意。"各位先生，"他说，"这真是各个时代的智慧结晶，而且各地的人一旦知道这个真理，我们大部分的问题就可以解决了。"这句话就是："天下没有免费的午餐。"

智慧之书的第一章，也是最后一章，是天下没有免费的午餐。如果人们知道想出人头地，就必须以努力工作为代价，大部分人就会有所成就，同时也将使这个世界变得更美好。而吃免费午餐的人，迟早会连本带利付出更为惨痛的代价。

一个人活着，必须在自身与外界创造足以使生命和死亡有点尊严的东西。

爱你的父亲

详解

你没有不劳而获的权利

即使是含着金汤勺出生的人，也不会拥有一辈子不劳而获的权利。洛克菲勒这样说过，结束生命最快捷的一种方式就是什么都不做。懒惰的行为、不劳而获的心理终会使你家徒四壁，丧失尊严和财富。

为了避免子女们也沾染不劳而获的恶习，洛克菲勒在信中说："如果你想使一个人残废，只要给他一对拐杖再等上几个月就能达到目的。"换句话说，如果在一定时间内你给一个人免费的午餐，他就会养成不劳而获的习惯。别忘了，每个人在娘胎里就开始有被"照顾"的需求了。

大家对不劳而获的危害是心知肚明，可是依然有那么多秉承这些恶习的人整日无所事事，虚度一生。究其原因，还是没能从小养成勤俭节约、努力奋斗的好习惯。

尽管自己的父亲富可敌国，还被人不怀好意地称作是"有史以来最会赚钱的工具"，可是洛克菲勒的孩子们谁都没有体会到富二代的奢侈生活。不仅没有，他们还过着比普通人还要勤俭节约的日子。

洛克菲勒曾经在日记中非常热情地赞美小洛克菲勒：约翰节俭的好品德让全家为之骄傲，和古尔德的儿子相比，小约翰简直棒极了（古尔德的儿子是出了名的放荡浪子，他用了很大一笔资金买下了一整列私人火车）。

朴素良好的生活习惯被小儿子约翰继承之后，又被小洛克菲勒用来教育自己的孩子。

洛克菲勒明白，孩子们总是希望有花不完的钱去买各种零食和玩具。当然，小洛克菲勒从不克制他们该有的兴趣，不过，要想实现这些愿望，孩子们就要通过劳动来得到了。

小洛克菲勒的孩子们从小便是当家的能手，对于他们来说，干活记账更是轻车熟路了。原来，小洛克菲勒为了培养他们勤劳的品格、对待金钱的正确态度，小洛克菲勒制定了一系列薪酬表。比如，拍死一百只苍蝇可以得到一角钱的报酬，捉住一只老鼠则是五分钱。此外，修剪草坪、擦玻璃都能挣到钱。

而为了扩大收入来源，孩子们还在一些劳动项目上展开了竞争，最终九岁的纳尔逊和七岁的劳伦斯，取得了擦皮鞋的"特许权"。此后，他俩每天早上六点起床开始干活，工作的计价是，一双皮鞋五分钱，一双长筒靴一角钱。后来，这群聪明的孩子们又发现了一个可以挣钱的好方法——亲自种菜，等丰收的时候卖给父亲。于是，他们几个共同开辟土地，春天来的时候，他们在菜园里种下了各种蔬菜和水果的种子，丰收的时候，兴奋的孩子们将摘下来的新鲜果实卖给父亲，小洛克菲勒还鼓励孩子们用童车载着这些果实到市场上售卖。小洛克菲勒还借机会教儿子们缝补衣服及烹饪做菜，并且让他们知道，这些烦琐的事务并不只是妇女的义务。

小洛克菲勒将父亲教育自己时的很多方法都照搬过来，用在了自己子女的教育上。由此一来，做账也就成了这几个孩子的必修课。做账的意义主要是明白自己的收入和支出都形成了什么样的动向，同时也让孩子们知道金钱来之不易，要懂得合理利用，不能浪费。

洛克菲勒家族的金钱教育法不仅使孩子们有了非常多的动手动脑机会，而且孩子们还能从这些实践活动中获得应得的报酬，记账的方式又使孩子们从小就有了理财意识。不得不说，这种教育方式虽然看起来比较严苛，但着实是一种人性化并具有长远教育意义的好办法。

到现在，我们看到自食其力的思想不只是洛克菲勒家族长期的教育方针，美国的多数家庭都会多多少少地采用这种教育模式，"要花钱自己挣"的口号是对不劳而获思想的有力打击和排斥。对比这种教育方式，我们国内一些以孩子为中心、将孩子当成祖宗般供养的行为无疑会助长他们不劳而获的心理，衣来伸手、饭来张口的生活习惯造就了一大批啃老族。

为了能在独立行走的人生中走得更远，走得更平稳，我们必须要抛弃懒惰的思想、不劳而获的恶习，用勤奋来打造一个更加广阔的新世界，用双手铸造一段新人生。

每个人都需要走自己的路

大千世界，每个人都需要走自己的路，每个人也都有自己的路去走。不管是坎坷也好，平顺也罢，在你行走的过程中，总会遇到一些波折和阻拦。不过，这些都不重要，最为重要的是当你在遇到这些问题的时候，你是否还坚持初心，是否还能够问心无愧地行走下去。

富可敌国的洛克菲勒也教育儿子说："每个人都需要走自己的路，重要的是问心无愧。你选择的路，你得到的结果，能够对得起你的付出，对得起你自己的心就好了。"

一个 23 岁的女孩子，除了有着丰富的想象力之外，与别人相比没有什么不同，平常的父母，平常的相貌，上的也是平常的大学。

大学的宽松环境让她有了更多的时间去想象，她的脑海中常会出现童话中的情景：穿着白衣裙的美丽姑娘、蔚蓝的天空、绿绿的草地，当然，还有巫婆和魔鬼……他们之间有着许多离奇的故事。她常常动手把这些想法写下来，并且乐此不疲。

在大学里，她爱上了一个男孩儿，他的举止和言谈真的和童话里一样，他是她想象中的"白马王子"，她很爱他。但是，他却受不了她脑中那些荒唐的不切实际的想法。她会在约会的时候突然给他讲述一个刚刚想到的童话，他烦透了这样的远离人间烟火的故事。他对她说："你已经23岁了，但你看来永远都长不大。"他弃她而去。

尽管这样，她还是一如既往地坚持着。25岁那年，她来到了向往已久的具有浪漫色彩的葡萄牙。在那里，她很快找到了一份英语教师的工作，业余时间继续着她的童话之路。

这时，一位青年记者很快走进了她的生活，青年记者幽默、风趣而且才华横溢。她爱上了他，并且很快步入了婚姻的殿堂。

但她的奇思异想同样让他苦不堪言，他开始和其他姑娘来往。不久，他们的婚姻走到了尽头，他留给她一个女儿。

祸不单行，还没有从打击中恢复过来的她，又被学校辞退了。无奈之下，她只得回到了自己的故乡，靠领取社会救济金和亲友的资助生活。

虽然有一些人也劝她去找一份正经的工作，可是她却不愿意放弃自己已经坚守了这么久的"事业"。这条路，她既然选择了，就会坚定不移地走下去。

有一次，她在英格兰乘地铁。她坐在冰冷的椅子上等晚点的地铁到来，一个人物造型突然涌上心头。回到家，她铺开稿纸，多年的生活阅历让她的灵感和创作热情一发不可收拾。

她的长篇童话《哈利·波特》问世了，并不看好这本书的出版商出版了这本书，没想到，一上市就畅销全国，达到了数百万之巨，所有人都为此感到吃惊。

她叫乔安娜·凯瑟琳·罗琳，荣登"英国在职妇女收入榜"之首，被美国著名的《福布斯》杂志列入"100名全球最有权力名人"，名列第25位。

童话之路是罗琳选择的路，她选择了、坚持了，也成功了。

所以，成功的关键并不在于你选择了哪一条路，而在于你是否能够问心无愧地坚持下去，是否在终点的时候还能够说一句"初心依旧"。只有那些坚守初心的人，或许才能够称得上是一个成功的人。而这样的人也将自己需要走的路，走得那么完美和无憾。

不劳而获的人，会被取走机智

洛克菲勒富可敌国，但是他却不喜欢用金钱的方式资助他人，因为在他看来，这种方式容易让人养成不劳而获的习惯，进而便被剥夺了勤劳的本质，最后受制于人，依附于人，没有了独立的个体。所以，洛克菲勒在给儿子的信中写道："一只动物要靠人类供给食物时，它的机智就会被取走，接着它就麻烦了。同样的情形也适用于人类。"

有一天，一个老人赶着一头拖着两轮车的驴子，车上拉着许多木材和粮食，走进了"野猪"出没的村庄。当地居民很好奇，就走向前问那个老人："你从哪里来，要干什么去呀？"老人告诉他们："我来帮助你们抓野猪啊！"众乡民一听就嘲笑他说："别逗了，连优秀的猎人都做不到的事你怎么可能做到。"但是，两个月以后，老人回来告诉那个村子的村民，野猪已被他关在山顶上的围栏里了。村民们感到非常惊讶，追问那个老人："是吗？真不可思议，你是怎么抓住它们的？"

老人解释说："首先，就是去找野猪经常出来吃东西的地方。然后我就在空地上放一些粮食做陷阱的诱饵。那些野猪起初吓了一跳，最后还是好奇地跑过来，闻粮食的味道。很快一头老野猪吃了第一口，其他野猪也跟着吃起来。这时我知道，我肯定能抓到它们了。

"第二天，我又多加了一点儿粮食，并在几尺远的地方树起一块木板。那块木板像幽灵般暂时吓退了它们，但是那免费的午餐很有诱惑力，所以不久它们又跑回来继续大吃起来。当时野猪并不知道它们已经是我的了。此后我要做的只是每天在粮食周围多树起几块木板，直到我的陷阱完成为止。

"然后，我挖了一个坑立起了第一根桩。每次我加进一些东西，它们就会远离一些时间，但最后都会进来吃免费的午餐。围栏造好了，陷阱的门也准备好了，而不劳而获的习惯使它们毫无顾虑地走进围栏。这时我就出其不意地收起陷阱，那些白吃午餐的野猪就被我轻而易举地抓到了。"

野猪在老人的食物诱惑下，一点点地被迷失了机智，丧失了应有的警觉性，最后被老人全盘收入手中。而人在有些时候，却也和野猪有着相同的本质。他们在长时间的接受资助之后，从内心里就会生出"守株待兔"的念头。他们不再想着劳动，也不再想着奋斗，只一味地依附于他人的施舍，最后让自己陷入了被动的局面。如若资助的人突然撒手，他们很可能还会面临很严重的生存问题。

所以说，不管我们的能力大小、资金多少，我们一定要养成勤劳的习惯。不要有不劳而获的念头，更不可想天下掉馅饼般的美事。我们一定要记住，要想成功，最关键的就在于我们的双手和意志。双手勤劳，意志坚定，那么我们终有一天都会成功。

别用"资助"让别人丧失了努力的尊严和动力

金钱，总是一个让人头疼的东西。渴望金钱，有可能让自己变成金钱的奴隶；远离金钱，有可能让自己变得一贫如洗，无法生存。不劳而获得到金钱，会让我们变得没有尊严和生存技能；辛苦劳动得到金钱，又让我们的身体和心理承受巨大的压力。不光是渴望金钱的人有如此纠结的烦心事，乐善好施的捐赠者也有在金钱上不能理清楚的东西。

向来热心慈善的洛克菲勒认为："资助金钱是一种错误的帮助，它会使一个人失去节俭、勤奋的动力，而变得懒惰、不思进取、没有责任感。更为重要的是，当你施舍一个人时，你就否定了他的尊严，你否定了他的尊严，你就夺走了他的命运，这在我看来是极不道德的。作为富人，我有责任成为造福于人类的使者，却不能成为制造懒汉的始作俑者。"

洛克菲勒在这个问题上又是怎么处理的呢？

忠诚的教徒洛克菲勒一直以造福人们为重要使命，即使被众人排斥的石油帝国也是洛克菲勒造福世人的杰作。他说，标准石油公司为无数人提供了就业机会，使大家都能买得起价格低廉、质量良好的石油，这本身就是一大善举。

直到有一天，洛克菲勒的一位好友告诫他说，您必须要想办法将公司的钱花出去一部分了，因为现在标准石油公司挣钱的速度太快了，如果您不想办法花钱出去，那像滚雪球一般慢慢积累起来的财富，将会成为公司和您子孙后代的重大负担。听闻这番话，洛克菲勒才慢慢地将目光转移到社会的慈善事业上来。

回馈社会是洛克菲勒一直都有的想法，不过出于某些原因，洛克菲勒和慈善事业总是保持着一定的距离，甚是低调。在打算形成系统化的慈善事业时，洛克菲勒毫不保留地表达了这样一个担忧，那就是如何平衡行善和自力更生之间的关系。

　　不管是从宗教伦理还是个人心理来说，接受资助的人很可能增长依赖的情绪，破坏新教的"不劳动者不得食"的主张。洛克菲勒说："我很怕看到一群一群的乞丐们靠着施舍过日子的现象，尽管乞丐几乎没有什么社会生产能力，可这个现象却反映出整个社会的浮躁。"

　　自小便坚持自强奋斗的洛克菲勒也自然不能容忍社会出现不劳而获的局面，他不希望自己的捐助变成鼓励大家做白日梦的理由，他在努力平衡人们心理的同时，还不忘防止打乱现有的社会等级制度。

　　社会本身就有一套赏罚分明的管理制度，聪明人通过自身努力获得事业和地位上的回报，失败者则因为懒惰或是性格上的缺点而不能获得更多的回报，这样天然的竞争机制就把优秀人群和普通人群做了一定的区分。但如果洛克菲勒的捐款一不小心影响到了这种机制，那不仅不能使社会很好地分配资源，还可能挫伤优秀人群的尊严和奋斗意志，助长失败者的懒惰和侥幸心理。所以，洛克菲勒坚持认为，如果自己做慈善事业，一定要慎重地做出选择，将那些需要在个性上被鼓励和支持的人们作为帮助对象，使他们通过重塑性格来获得成功的人生。

　　经过这样一番苦苦思索的洛克菲勒还时常提醒约翰，开始一项慈善事业比结束它要容易得多。

　　毫不夸张地说，我们生来就带有某种依赖性，对母亲的依赖、对朋友的依赖。可这种依赖性并不会给我们的生活带来什么好的影响，甚至还会给我们的人生造成很大的负能量。

　　上帝在造人的时候，给了我们一个会思考的大脑，一双会创造的手，那就是要让我们通过思考和动手来实现自己的理想。不分情况地胡乱资助很可能使本来优秀的人群开始放弃自食其力的生活，转而成为没有尊严和动力的懒惰者。

　　任何一个自恃拥有无尽财富的人都不应该也没有权利进行这样糟糕的资助行动，尤其是为沽名钓誉而来的捐助者更不应该受到欢迎。

工作是我们享受成功所付出的代价

　　如果成功是高高在上的果实，那么工作就是攀登的梯子，不经过工作或者努力，是很难摘到成熟美好的果实的。考取学校、制造机器、培育植物、练习技术……想做成一件事，做成功一件事，都需要我们去付出代价，而主要的代价就是时间和知识技能方面的学习。在职场，这种代价则以工作的形式作为体现。

洛克菲勒总是告诫约翰，勤奋工作是唯一可靠的出路。工作是我们享受成功所付出的代价，财富与幸福要靠努力工作才能得到。小约翰对父亲的话也始终铭记在心，平时工作已经够尽心尽力的约翰，在一次投资失败以后，用延长工作时间的方式来做补偿。约翰之所以采取这种怪异的惩罚方式，也许正是洛克菲勒的教育带来的影响。

盖茨，是洛克菲勒最主要也是最看重的盟友之一。盖茨在洛克菲勒公司期间，尽心尽力地工作，为洛克菲勒尤其是慈善方面的事业贡献了重要的力量。

自从盖茨致力于帮助洛克菲勒管理慈善事业之后，洛克菲勒在慈善方面的工作取得了显著的进步。因为慈善事业，洛克菲勒在世人心目中的形象也发生了很大的变化。而这位忠心且聪明的助手，能使洛克菲勒的慈善事业发生这么大变化，亦是花费了不少心血。

盖茨几乎天天晚上都在研读各种各样的书，内容涵盖非常广泛，有厚厚的经济学、医学、社会学和历史学，他试图用丰富的知识为洛克菲勒找到在慈善管理方面最合适的方式。有一次，因为涉及到一些法律草案的制定，盖茨所看的书，足足能够将门堵起来。在这番努力下，盖茨确实也没有辜负洛克菲勒的期望，制定了一个比较合理而又安全的规章条例。

此外，盖茨能成为洛克菲勒的得力助手，除了忠诚和经验以外，绝对得益于其忘我的工作态度。

在工作方面有盖茨为我们树立榜样，在生活其他方面，比如运动，有洛克菲勒为我们做示范。而从他们二人身上，我们也知道，在不同领域的成功都需要如对待工作一般的认真、耐心和责任感。

退休之后的洛克菲勒狂热地迷恋上了运动，在每年春天举行的"单车节"上，也必定会出现洛克菲勒的身影。

在骑车技术上洛克菲勒一样不肯落后，他把骑车的过程分为几个步骤，并保证每一步都做得尽善尽美。洛克菲勒还尝试玩一些比较惊险的动作，比如撒开车把；让人扶着车子，自己一下子跳到车座上。为了掌握合适的坡度，洛克菲勒还埋头研究土木工程方面的书籍，最终发现将车子骑到陡坡上的最佳角度。

高尔夫球也是洛克菲勒钟爱、迷恋的一项运动。他还曾经和妻子开了这样一个玩笑。洛克菲勒偷偷请来一位专业高尔夫球教练来教自己打球，而为了不让妻子知道，球童就要帮忙把风，每当看到妻子朝球场走过来的时候，洛克菲勒就会躲在灌木丛中。

坚持几周的练习之后，洛克菲勒在一次谈话中故意说自己对高尔夫球运动很感兴趣，并愿意打一个作为尝试。而结果让赛迪很吃惊，一下子把球从平坦的球道上打到160码以外的成绩让妻子忍不地称赞洛克菲勒："约翰，我早就知道你学东西比别人快，学得比别人好！"

妻子的称赞让洛克菲勒对自己取得的小成绩很满意，可毕竟还是初学者的洛克菲勒在很多地方都存在严重问题。比如，洛克菲勒在击球时右脚总是往里拧，他便让人制作了一个槌球拱门将脚固定起来；击球时总是低头，他便让球童提醒他"低下头去"；总是打侧旋球，洛克菲勒请一位专业的摄影师抓拍他的击球动作，并制定电影，仔细加以研究。

效果很不错，到后来，洛克菲勒在运动方面也有了可圈可点的良好表现。

从这些事例中我们也不难看出，对待工作时的热情可以使我们在某些方面获得重大突破。

在现代经济社会，我们以半辈子上班工作的方式代替以往自耕自织的生产方式。这样一来，工作成了我们大多数人一生中重要的部分。工作能让人忙碌起来，能从充实的生活中积累深厚的经验和专业技能，而这些经验和技能无疑就是我们打开成功之门的敲门砖。所以，请热情地去工作，使自己忙碌起来吧！

第29封信

让合适的人出现在合适的地方

原文

November 17,1912

亲爱的约翰：

　　收到你的来信让我感到非常兴奋，因为对于一直帮助我成就事业的处世哲学——做你喜欢做的事情，至于其他的事情，就交给喜欢做这件事的人去完成，你似乎已经读懂它了。

　　就我而言，做自己喜欢做的事情，是一项无可非议的定论。如果要想激发部属发挥胜任工作的能力，你绝对不能依赖某些管理技巧，而是要采用一种更具效能的宏观调控方式。在这一方面，做自己喜欢做的事情，这一定论给了我不少启发。

　　具体而言，就是不让部属拘泥在程序刻板的工作职务上，而是要想办法利用每个人的长处并诱发他们将热情倾注在工作之中，来创造高效的生产力。这就是我的制胜之道。

　　在我读书时，有这样一句话让我印象深刻，它说："最完美的人就是那些彻底投身于自己最擅长的活动的人。"后来,我对这句话略加改造,使其成为我的一个管理理念:最能创造价值的人就是那些彻底投身于自己最喜欢的活动的人。

我说过,每个人都有忠于自己的天性,都渴望成为理想中的自己,而他们实现忠于自己的方式就是做自己喜欢做的事。遗憾的是,很多管理者并没有注意到这一点,他们对于员工忠于自己的祈求置若罔闻,结果往往是事倍功半,因小失大。

其实这很好理解,如果你不将时间投入到你喜爱的事情上,你就绝不可能感到自我满足;如果你得不到自我满足,你就将失去生活的热情;生活的热情一旦消失,那么生活的动力也将随之而去。对一个失去工作热情和生活动力的人,你要指望他去出色地完成工作任务,就好比期望一个停摆的闹钟去准确报时一样可笑至极,你的期望只会换回失望。

所以,每时每刻我都不忘给手下忠于自己的机会——燃烧他们的热情,让他们的特别才干在自己喜欢的领域内发挥到极致,而我自己从中收获的,恰恰是财富与成就。忠于自己就意味着,有机会去赢得人生中最伟大的一场战役,谁会放过这样的机会呢?

要让自己的部属发挥工作热情,你必须知道自己作为领导者的职责所在。你的职责就在于关注与激励部属的优点与才干并让这些优势得以充分发挥,而不是紧紧地盯住他们的弱点。挑出部属最脆弱的特质,我没有这种恶习,相反,我总乐意去寻找他们最坚强的特质,让他们的才干充分地展现在工作的挑战与需求上。我重用阿奇博尔德先生就很好地证明了这一点。

与有些人不同,我不以自己感情上的喜恶作为选拔人才的标准。选拔人才,我并不会在乎他身上贴着什么标签和头衔,我看中的是他在工作中展示出来的能力。我喜欢自己的喜好,但更喜欢效率。

阿奇博尔德绝不是一个完美的人,他嗜酒如命,这点大大地忤逆了我,因为我是个禁酒主义者。但是,阿奇博尔德具备非凡的领导才能和天赋:他头脑机敏、乐观幽默,而且在激烈的竞争中,他那出众的口才和胆大心细的性格无疑是对胜利的保证。所以在从对手变为合伙人之后,我一直对他兴趣浓厚,我不断地委之以重任,直至提拔他接替我的职务。

他已经证明了自己是一名天才的领导者,他的职业生涯是那样特殊。如果不是不良习惯有所掣肘,他的成绩将更加出色。

我的目的是要在每位部属身上找出我所重视的价值,而不是那些我不愿意看到的缺点。我找出每个员工值得重视的优点，并致力于将员工的优点转化成出色的才能，而不会试图修正他们的缺点。所以，我总是拥有健全能力而又乐意奉献的部属。

约翰，没有人是无所不能的，现在你是一位管理者，你的成就依赖于你领导能力的发挥，依赖于你部属做事才能的发挥。你需要知道，在你的部属身上也许可以挑出许多毛病，但这并不是你应该关注的地方，你要专注于发掘每个人潜在的优点，注意他们在每个细节上的杰出表现，以及他们为了将事情做得出色，而对完美主义近乎苛求的坚持。这是你领导力的优势所在。

一个人不能主宰一个集体。我不否认领导者的巨大作用，但就整体而言，取胜的关键还在于依靠集体的力量。我所取得的任何荣誉，其背后都站着一个集体，而绝非我个人。也只有众人都付出努力、发挥自己的才干，才能相信并期待奇迹的出现。

祝你好运！我的儿子。

爱你的父亲

详解

把自己彻底投入到擅长的正确的活动中

成功，不是一个难以捉摸的词语，它只不过是在最合适的时间、地点，将自己最擅长的一面投入到最应该做的事情中而已。

"每个人都有忠于自己的天性，都渴望成为理想中的自己，而他们实现忠于自己的方式就是做自己喜欢做的事。遗憾的是，很多管理者并没有注意到这一点，他们对于员工忠于自己的祈求置若罔闻，结果往往是事倍功半，因小失大。"这是洛克菲勒给儿子约翰也是给我们的忠告，这种启示不仅能用在员工身上，对于我们本身的认知和管理也一样奏效。

小时候，洛克菲勒和一般的男孩一样，很是调皮。那一次，他和一些小伙伴们玩起了恶作剧，将邻居家的一头小牛涂成了红色。很快，满身都是红漆的小牛引来了其他牛的攻击。最后，这只可怜的小牛被活活顶死了。

洛克菲勒的母亲知道这件事后，狠狠地批评了洛克菲勒，还罚他去劈柴。洛克菲勒在劈柴的时候不小心被飞来的木屑击中了额头，洛克菲勒的母亲看到后赶紧给洛克菲勒进行了包扎处理，所幸没有出血，只是瘀青。让洛克菲勒想不到的是，就在自己受伤的情况下，母亲还是要求他继续劈柴。

尽管洛克菲勒的母亲很严格，可对待孩子终究有慈祥的一面，而且这种严格就是为了让洛克菲勒明白什么该做，什么不应该做。

可怜换不来母亲的赦免，歪打正着做的好事也不被洛克菲勒的母亲认可。

洛克菲勒还曾经无视母亲不许滑冰的警告，和几个小朋友一起偷偷去滑冰。结果一个小伙伴不幸掉进了裂开的冰窟窿里，洛克菲勒和其他几个人合力把小伙伴救了上来，本想通过这一举动获赞的洛克菲勒仍然受到了严厉的批评。

在洛克菲勒的母亲看来，一码事归一码事，偷着去滑冰就是不应该做的事情，碰巧救人会另外受到奖励。

调皮贪玩不是洛克菲勒长期的任务，他自己也能发觉自己在生意上的兴趣，这一点也得到了其母亲的支持和引导。经商是洛克菲勒的爱好，而母亲严格的教育也使洛克菲勒从小就知道守规矩，明白什么该做，什么不该做。

深知方向对人生重要性的洛克菲勒还不忘将自己的宝贵经验教给孩子们。当女儿伊丽莎白因压力太大而想放弃竞争总经理职务时，洛克菲勒告诉伊丽莎白，这是一份你喜爱的工作，而人们的能力就是通过一次次经验的积累和重大情况的考验来提升的，你应该大胆挑战自己，努力谋求该职位，失败了也不可怕，因为你的阅历得到了丰富；当小儿子约翰对工作缺乏积极性的时候，洛克菲勒就告诫他，作为一名职员，准时、努力、忠心是基本的职业操守。事实上，你也很擅长这个工作，那就应该以更大的热情去实现它，而不应该懒散度日。这就是洛克菲勒教给孩子们的道理：选择自己擅长的事情，而且还要是正确的。

在充满各种诱惑的时代，明白自己喜欢什么、该做什么，似乎成了越来越难的一件事，我们放纵内心，使欲望肆意玩闹。如果我们能及时地接受启迪心灵的箴言，并认真纠正自己的言行，那我们心灵上就会被镌刻下"自律"和"努力"的字眼。而自律和努力也会让一个平凡的人变得很睿智，让一个聪明的人变得更加有智慧，我们没有理由不去用正确的人生坐标做指导，没有理由不从现在开始就纠正已经错误的行为，没有理由不主动迎接胜利的曙光。

欣赏别人，就是去寻找别人最强的特质

我们和大自然的生物一样，在成长过程中，都是兼收并蓄，吸收好的营养物质，排斥有害的东西。同时，我们也知道，没有一件东西是绝对的好或是绝对的坏，就像没有十足的好人，也没有完全的坏人一样，我们必须有针对性地接受其好的部分，规避其坏的部分。

像很多年轻人一样，约翰也会犯类似的错误，洛克菲勒便不耐其烦地对约翰说，没有人是无所不能的，现在你是一位管理者，你的成就依赖于你领导能力的发挥，依赖于你部属做事才能的发挥。你需要知道，在你的部属身上也许可以挑出许多毛病，但这并不是你应该关注的地方，你要专注于发掘每个人潜在的优点，注意他们在每个细节上的杰出表现，以及他们为了将事情做得出色，而对完美主义近乎苛求的坚持。这是你领导力的优势所在。

退休后的洛克菲勒已经很长时间没有去公司了，这天，他心血来潮，穿上许久未穿的工作服，拄着拐杖去了公司，

刚走进大厦，来来往往的新老员工同他问好，一种久违的温馨感涌上心头。习惯性地，洛克菲勒向约翰的办公室走去，洛克菲勒坐定后，很开心地说到令人满意的工作氛围。

突然，洛克菲勒脑海中闪过一个人，接着，他问约翰："怎么没有看到维奇呢？"

约翰一边整理资料一边回答说："维奇辞职了。"

洛克菲勒对这个消息显得很是吃惊，约翰也将维奇辞职的原因做了说明。原来，维奇和约翰在公司方案上一直达不到一致，这让约翰很是烦躁。再加上最近几次的争吵，让约翰完全失去了耐心。二人大吵一架后，维奇提出了辞职。

洛克菲勒又不得不对约翰的做法进行了批评。要知道，维奇和洛克菲勒同事13年，都没有发生过这么严重的冲突，而且根据洛克菲勒的了解，维奇是一个忠于职守、工作勤奋的好员工。纵然维奇的性格稍微有些古怪，但维奇也不会像约翰所说的"是一条暗藏的毒蛇，随时准备乘人不备咬上一口"。也许，就是维奇古怪的性格使约翰感到反感、不舒服，并导致两人反目吧。

可是约翰却没有想到，公司要想培养出一个既忠诚能力又好的职员，需要花费

多大的成本。要知道，一个公司为了保证能发挥最高的经营效率，就要使员工的离职率维持在低的水平；另外，创造一个和谐稳定的工作氛围，也是维护员工士气的重要方法。而最关键的一点是，看人不能只看到短处，只有发现别人最强的特质，并加以利用，才能使之发挥最好的作用，这才是真正去欣赏一个人的做法。

世界上没有完全相同的两片叶子，更何况是人！尽管我们有着相似的外表，但是总有着不同的内心思想，这是我们无法改变的事实，但是只要这种性格和习惯不会影响到大家的合作就可以了。就比如说维奇，他在公司工作期间，公司上下没有一位员工对他产生过任何的不满情绪。

为了能更好地促进约翰反省这件事情，洛克菲勒对如何把握人才任用做了总结：首先，公司要把每个人都当作人才看待，这样才能做到人尽其才。其次，在选拔任用人才时，要秉持公正、民主的心态。再次，在用人上要有"看人长处，容忍短处"的胸怀，这样才能调动他们的积极性。最后，要有感恩之心，还要有不避用仇人的心态。

洛克菲勒还告诫约翰，员工是很宝贵的资源，不能和石头砖瓦相提并论，虽然维奇已经不能再回来了，但是为约翰补上这一课已经是迫在眉睫了。

因为私人的一些拌嘴和争吵，便任由公司骨干辞职的事情，显然是很不理智的。故事中的小约翰，因为和维奇的一点矛盾，让公司白白流失了一名优秀的员工。虽然一时可能出了心里的气，但是最后的结果还是得不偿失的。

有一个盲人在夜间走路时总是提着一盏灯笼，旁人对他这种行为也常是窃笑不已，便问盲人："你走路打灯笼，岂不是白费蜡烛吗？"盲人严肃地回答道："不是，我打灯是为了给别人照亮，别人看见了我，就碰不到我了。"

照亮别人就是照亮自己，懂得欣赏别人，自己才可能被人欣赏。以欣赏的眼光去主动发现别人身上的优点，才能明白自己的不足，才能萌发学习与合作的思想，欣赏别人不仅能塑造我们良好的心理素质，还能使我们与他人融洽相处，共同进步。所以，欣赏他人的方式值得我们借鉴学习。

一个人不能主宰一个集体

集体的力量要远大于个人的力量，这是众所周知的事情。不管是团队生活还是日常生活，都离不开集体的作用。一个团体，若能够充分发挥团队、集体的力量，那么这个团队就将拥有不可思议的奇迹；同样，一个喜欢单枪匹马的人，是不适合在团队生活的，他们没有集体意识，也没有团队荣誉。而等待这种人的下场，就是被团队驱逐出去。

洛克菲勒曾经说过："一个人不能主宰一个集体。我不否认领导者的巨大作用，但就整体而言，取胜的关键还在于依靠集体的力量。我所取得的任何荣誉，其背后都站着一个集体，而绝非我个人。也只有众人都付出努力、发挥自己的才干，才能相信并期待奇迹的出现。"

美国航天工业巨子休斯公司的副总裁艾登·科林斯曾经评价乔布斯说："我们就像小杂货店的店主，一年到头拼命干，才攒那么一点财富，而他几乎在一夜之间就赶上了。"

乔布斯22岁就开始创业，从一清二白打天下，到拥有2亿多美元的财富，他仅仅用了4年时间。不能不说乔布斯是一个创业天才。然而乔布斯却因为从来都独来独往，拒绝与人团结合作而吃尽了苦头。

他骄傲、粗暴，瞧不起手下的员工，像一个国王高高在上，他手下的员工都像躲避瘟疫一样躲避他，很多员工都不敢和他同乘一部电梯，因为他们害怕还没有出电梯就已经被乔布斯炒鱿鱼了。

就连他亲自聘请的高级主管——优秀的经理人，原百事可乐公司饮料部总经理斯卡利都公然宣称："苹果公司如果有史蒂夫在，我就无法执行任务。"

对于二人水火不容的形势，董事会必须在他们之间做取舍。当然，他们选择的是善于团结员工、和员工拧成绳的斯卡利，而乔布斯则被解除了全部的领导权，只保留董事长一职。

对于苹果公司而言，乔布斯确实是立下了汗马功劳，是一个才华横溢的人才，如果他能和手下员工们团结一心，相信苹果公司是战无不胜的。可是他选择了孤立独行，这样他就成了公司发展的阻力，他越有才华，对公司的负面影响就越大。所以，即使是乔布斯这样出类拔萃的老员工，如果没有团队精神，公司也只好忍痛舍弃。

乔布斯的才华是有目共睹的，他创立了苹果公司，带领苹果公司成为电子产品的领头军，成为世界级的领军品牌。可是尽管这样，乔布斯也曾经因为个人主义，而被苹果公司扫地出门，后又历经坎坷，才又重新走上了苹果总裁的位置。

一个人的能力决定不了集体的发展，更无法代表整个集体的命运。不管你是多么了不起的人物，你也无法主宰一个集体的力量。作为一个领导者，更不可实施独裁主义，将自己的意志强加在所有员工的身上，最后可能会适得其反，收不到你想要的效果。

不要在乎别人身上贴的标签和头衔

千里马常有，而伯乐不常有。千里马之所以被埋没，很大程度上是因为没有好眼光的伯乐去发现他们。现实中还有这样的情况，即使有伯乐发现了千里马，却因为这匹马有着不好的名声，伯乐便放弃任用这匹马。

"与有些人不同，我不以自己感情上的喜恶作为选拔人才的标准。选拔人才，我并不会在乎他身上贴着什么标签和头衔，我看中的是他在工作中展示出来的能力。我喜欢自己的喜好，但更喜欢效率。"洛克菲勒在用亲身经历教育约翰的时候，也为我们众多企业经营者做了一个很好的榜样。

因为代管股票的事情，洛克菲勒和公司又一次得面临法庭的指责，洛克菲勒不得不在法庭上竭力证明公司没有用任何直接或者间接的手段来合并其他工厂，而要实现这个目标，他们需要想一个完美的法子。

就在这个时候，一个名叫多德的人进入到洛克菲勒的视野中。多德年轻有为、精明能干，自然而然地也就成了洛克菲勒在法庭上的得力助手之一。而在此之前，洛克菲勒和多德还有一点小渊源。

原来，那是在几年前的南方公司风波中，多德曾在宾西法亚洲的制宪会议上怒斥标准石油公司，甚至还代表石油原产地对洛克菲勒进行了严厉的讨伐和诉讼。也许那个时候，这个大胆自信的年轻律师就已经给洛克菲勒留下了深刻的印象。此外，多德曾在一篇文章中这样写道："小商人的时代已经结束，大企业时代即将来临。"读到这里的洛克菲勒深以为然，也看得出多德在经商方面有着独到的眼光。

不过，这一段不愉快的经历显然没有妨碍洛克菲勒现在的选择。他坚持一贯的原则，没用以前的印象为某个人打上标签。只要对公司发展有益的人才，都会被洛克菲勒启用。不计前嫌、唯才是举才是一个大企业家该有的领导风范，而正在发展壮大的标准石油公司更应该积极吸引四方贤才，壮大自己的实力。

于是，洛克菲勒决定聘用这个年轻律师为自己公司的法律顾问，并给出500美元的月薪，欣然上任的多德很快就为公司这场法庭之战想出了三个对策。

洛克菲勒虽然和多德有过一段不愉快的过往，但是在公司危难关头，洛克菲勒并没有因为一时的狭隘偏见而将多德拒之门外，而是自动忽略掉了多德的过去，将多德招纳在自己的旗下。而在中国历史上，曹操也是一位求贤若渴、唯才是举的典型代表。"争天下必先争人"，三下求贤令就能明显体现出曹操对人才的渴求。为了留住人才，曹操甚至可以受辱。

有一次，袁绍命陈琳写文章骂曹操，陈琳在书写时骂得很难听，还把祖宗三代一起给骂了。后来陈琳被抓住接受审讯时，曹操问他："你骂我可以，为什么骂我的祖宗？"陈琳无奈地说："箭在弦上，不得不发耳。"曹操听了他这含蓄的说辞心领神会，于是，不计前嫌将陈琳留在了身边。

只要能诚心改过、释怀，以前多大的不光彩抑或是仇恨都能成为浮云，不论对方是如何位高权重、威震四方，只要不在乎别人身上的标签，真诚相待，我们都能结交到真心好友，他们也都会成为我们成长道路上的优秀伙伴。

别试图修正部属的缺点，应将其优点转化成才能

每一个企业老板都希望他们的部属能够忠诚，能够全心全意地为企业的发展做出贡献。可是，大部分的企业老板却将员工的付出看成是理所应当，甚至会无视他们的存在。更有些老板，不仅不会重视员工，还会不断地挑剔员工的缺点。

不过，洛克菲勒却和他们不一样。他不仅看重他的雇员，而且还将雇员摆在了一个很重要的位置。这位石油大王从来不会高声训斥、谩骂自己的部属。在他看来，只有给予雇员最起码的尊重，他们才会发挥出自己的潜能。

他从来不会挑剔部属的缺点，而是注重将部属的优点和才能激发出来，让他们的才能有一个足够大的发展空间。洛克菲勒的这一观点，在他和自己的部属阿奇博尔德先生之间就得到了充分的体现。

众所周知，洛克菲勒先生是一个禁酒主义者，可他的部属阿奇博尔德却偏偏是一个嗜酒的人。

阿奇博尔德是一个比较乐观的人，洛克菲勒对他也是非常重视。起初，洛克菲勒一直要求阿奇博尔德戒酒，阿奇博尔德便装出一副已经不喝酒的样子，而且为了掩饰酒味，还在自己的口袋里放上一些丁香花。

对于阿奇博尔德的这一做法，洛克菲勒并不是一无所知，只不过世上没有完美

的人，阿奇博尔德虽然嗜酒如命，但是他却有着非凡的领导才能，他头脑机警、口才出众，这些都给洛克菲勒的公司带来了无比强大的竞争力。

对于这样的部属，洛克菲勒不仅没有斥责他，反而将他的这一缺点主动忽略，尽可能地提拔他的职位，尽可能地给他的才能提供大的施展空间，希望他的职业生涯能够更加耀人一点。

对于洛克菲勒的做法，阿奇博尔德心里是充满感激的。后来，阿奇博尔德因酗酒过度而给身体带来了极大的伤害。从这个时候开始，他才真正有了悔改之心。他曾经给洛克菲勒写下一封信，信中他再三对洛克菲勒做了保证，保证自己从此不再饮酒。

从这之后，阿奇博尔德每隔一个星期都会给洛克菲勒写下一封信，证明他在这个星期内并没有触碰酒精。虽然阿奇博尔德真心实意地想要戒除酒精，但是却因为酗酒已久，身体病发的次数也越来越多。对此，洛克菲勒感到非常地痛心。

对此，阿奇博尔德曾经说过：他最无法报答的人就是洛克菲勒。洛克菲勒是一个禁酒者，但是却能够容忍他的这一缺点，还提升了他的职务，给了他发展的空间。

对于阿奇博尔德这个部属，洛克菲勒这样评价道：阿奇博尔德是一个天生的领导者，如果他没有酗酒这个坏习惯的话，他的职业生涯还将更加耀眼。

阿奇博尔德酗酒这一习惯，是洛克菲勒最不喜欢看到的，但是他却没有一直试图纠正他的这一缺点，而是将目光放在了阿奇博尔德自身的才能和价值上。洛克菲勒也曾经说过，他从来不会把精力放在部属的缺点上，而是放在每一个部属值得被重视的部分，并且会根据员工的才能和优点，为他们提供发展的空间。这或许是洛克菲勒总能拥有能力出众、乐意奉献的部属的原因吧。

一个企业的成长，虽然离不开领导者的英明领导，但是也离不开部属们的齐心协力。每个部属都有这样那样的缺点，如果我们仅把目光放于此，那么你永远都不可能拥有得力的员工。我们所需要做的应该是自动忽视员工的那些缺点，去发掘他们潜在的优点，并且引导他们把才能奉献到事业上来。只有这样，你的公司才能够发展，才能够进步。

结束是另一个开始

原文

November 31,1912

亲爱的约翰：

　　安德鲁·卡内基先生又接受了记者的专访，我一直弄不明白，他为什么总喜欢在报纸上抛头露面，我猜想他准是患上了遗忘恐惧症，生怕人们忽视了他的存在。

　　但不管怎样，我还是比较欣赏这个常与我竞争的家伙，因为他勤奋、雄心勃勃，像个不知疲倦的铁汉，总将前进视为他第一、第二、第三重要的事情。也许正是因为如此，当他被问及成功的秘诀时，记者得到的答案是：结束只是开始。

　　真让人难以置信，这个铁匠竟会说出如此精辟的话语。我相信这个仅由 3 个单词组成的短句，很快就会远播出去，或许卡内基先生也会因此得到个商界哲学家的头衔。事实上他值得人们如此称道，能将自己成功的一生浓缩成一个短句，不正体现了这位商业巨人的非凡智慧吗？

　　不过，卡内基先生只给出了一个成功者的成功公式，却没有给出其中的演算过程，看来这个家伙还是不能改变其自私的本性，总怕别人窥见他成功的秘密。我倒想试着替铁匠解一解那个公式，但你不要外传，否则，他会因我泄密，在圣诞节时就不光送我威士忌了，他一定还会送来雪茄，他知道我滴酒不沾，更知道我是个禁烟主义者，这个有趣的家伙。

"结束只是开始"，在我看来，"铁匠"是在试图表明成功是一个不断繁衍的过程，这就像一个多产的母牛，当它生下一个牛崽之后，马上又怀上了另一个牛崽，如此往复，生生不息。结束是一段路程的最后一站，又是新梦想的开始。每一个伟大的成功者，都是用一个个小的成功把自己堆砌上去的，他们用结束欢庆梦想的实现，又用结束欢送新梦上路，这是每一个创造了伟大成就的人的品质。

但是，如何开始新梦呢？卡内基先生"忘"了说，而这恰恰是期望能否顺利冲到最后一站的关键，更是开始下一个新梦的关键。其实，答案很简单，那就是从一开始你就要千方百计地掌握优势。我的经验告诉我，有3种策略能让我拥有优势。

第一个策略：一开始就要下定决心，关注竞争状况和竞争者的资源。这个策略表示，我要注意自己和别人都拥有什么，还表示，要了解降低机会的基本面。从事新事业时，在了解整个状况之前，不应该采取初步行动，成功的第一步是了解达成目标所需的资源在哪里，数量有多少。

从一开始，我就设法预测会出现什么机会，当它出现的时候，我会像狮子一样扑向它。而且我还知道，"最好"是"好"的敌人。很多人总喜欢追求最好的东西，而放弃好的东西。这样做不是聪明的策略，因为"好"总是胜过"不好"。而现实是，理想的机会很少自动上门，但常常有很多还算好的机会，尽管它不尽如人意、尚有不足之处，但这绝对远胜过完全没有机会。

第二个策略：研究对手的情况，然后善用这种知识，以形成自己的优势。了解对手的优点、弱点、做事的风格和性格特点，总能让我在竞争中拥有优势。当然，我也要知道自己是谁。我用这个策略就曾经让那个"结束只是开始"的发明者卡内基先生甘拜下风。

卡内基先生是当之无愧的钢铁巨人，挑战他就如同挑战死亡。但是他的弱点却能帮上对手的大忙，他固执己见，也许他钱包太鼓了，他总喜欢俯视、低估别人。他不把我放在眼里，愚蠢地认为只有石油行业才是我的舞台，而且他固执地认为只有愚蠢的人才会去干采矿那一行，因为他认为矿石的价格太过低廉，而且矿石取之不尽。

所以，当我投资采矿业时，他几乎逢人就不忘对我讥讽一番，说我对钢铁业一窍不通，是全美最失败的投资者。事实上，卡内基是个只能看到山腰却望不到山顶的人，他不知道价格是没有什么神圣的，重要的东西是价值，如果不能控制采矿业，他那些引以为豪的炼钢厂就只能变为一堆废铁。

当别人认为把你看作对手等于是在抬举你因而忽视你的时候，就是你为未来竞争积攒竞争资本的时候。所以，从一开始，我便放心大胆地全面投资。冒险胜过慎重，很快这个高傲的铁匠就发现，那个"以最差投资者而闻名于世的人"控制了铁矿业，成为了全美最大的铁矿石生产商，一举取得了支配地位。在我取得了和他分庭抗礼的资格后，他才如坐针毡，只能向我求和。

在竞争中，首先发现对方弱点并发起致命一击的人，常常是最后的胜者。

第三个策略：你必须拥有正确的心态。从一开始，你就必须下定决心，不获成功绝不罢休。这表示你必须在道德的限制下，表现得积极无情，因为这种态度直接来自残酷无情的竞争。

既然决心追求胜利，就必须全力以赴。也只有全力以赴才能取得辉煌的成就。在竞争开始时更应如此。说得好听一点，这是努力取得早期的优势，希望建立独占的地位，说得难听一点，付出努力取得优势等于是削弱别人的机会。而与此同时，我们还要积极果敢，要有气吞山河的雄心与胆量。我相信，天才竞争者的角色总是由勇士来扮演，这是亘古不变的规律。

在每一个新梦的初始阶段，最重要的是追求胜利的决心。没有追求胜利的态度，其他所做的一切如关注竞争状况和了解对手都将是徒劳的。获得知识、保持控制力、评价竞争状况，正是帮助你建立信心，协助你达成追求胜利最高目标的东西。

看看那些失败的人，你就会发现，其中大多数的人招致失败的原因不是因为犯错，而是因为他们没有全心投入，企业也是一样。

约翰，别忘了卡内基先生那句即将广为传诵的名言，"结束只是开始"，当然，还有我那3个策略。

哦，我不是在营救一个不需要营救的谋略家吧。

爱你的父亲

"最好"是"好"的敌人

很多人在追求最好的事物时，都忽略了身边一些好的东西。这并不是聪明者的选择，毕竟好的东西总要胜于不好的东西。这一点，在股市上尤为显现。

很多炒股的人最后之所以输得那么惨，主要是因为他们不满足于当下所赚得的利益，一心想要更好的利益，最后被股市牢牢地套住，不仅当下的利益没有守住，还又赔进去许多。要知道，在现实生活中，并没有那么多最好的东西供我们选择，就算是好的东西也是屈指可数。如果我们把目光就放在那些最好的东西上，那我们都永远不会有好的成就。

所以，当你遇到"好"时，就不要再贪婪地期望"最好"。就如同洛克菲勒所说："最好"是"好"的敌人。很多人正是因为追求更好的东西，才舍掉了这个原本应该抓住的"好"的东西。

洛克菲勒的三女儿阿尔塔热衷于炒股。开始的时候，她每一次的投入都会小心翼翼，金额也不会特别大。经过几次的投入后，阿尔塔发现，她的几笔资金都已经有了不小的收获，这让她很是兴奋。

她将这则消息告诉了洛克菲勒："父亲，我购买的股票增值速度很快，我简直高兴坏了。"

洛克菲勒见状，便提醒女儿说："有了收益就收手吧，否则到时候你会赔光的。"

可是正在兴头上的阿尔塔根本就不听洛克菲勒的劝阻，因为在她看来，股票投资很容易，并没有外界传言的那么夸张。而她投资的时候也变得越来越大胆，越来越不谨慎了。

有一次，阿尔塔往股市投入了很大一笔资金，刚开始的时候，股票的行情还比较好，所以阿尔塔并不着急往外出售。可是过了一段时间后，股票开始下跌，不过如果这个时候撤出来，也还是能够有一笔不小的收入。可是阿尔塔却不甘心，一直想着等股票再次上涨后再抛售。

小约翰知道了这件事情后，也奉劝姐姐赶快将手中的股票脱手，可阿尔塔非常固执，根本就听不进去小约翰的建议。

结果，阿尔塔在这一次的股票投资中损失了一大笔钱，最后沦落到向自己的父亲洛克菲勒借债的地步。对于这一次的投资，阿尔塔懊恼极了。

洛克菲勒又劝解道："你要知道，在这个世界上，最好的机会绝对不会主动找上门的，不过这并不代表我们身边没有其他的机会。只是这些好的机会都被那些追逐最好的人给忽略掉了。最后致使我们不仅丢失了最好的机会，还没有抓住好的机会。"

在我们现实世界中，也有很多人都不满足现在的生活，总是期盼着能够得到最好的东西，最后却是在追逐的过程中将原本已经拥有的大好机会给丢掉了。

很多人的不满并不是因为他没有好的机会，或者是没有好的生活，而是源于他没有得到自己想要的东西。我们每个人每天都在想象着如何抚平心中的欲望，却忽略了潜藏在我们身边的一些好的事物。

所以，要想抓住好的事物，就必须要放弃对最好事物的追求。毕竟最好的东西少有，好的东西还是很多的。

研究对手的情况，形成自己的优势

中国有句古话：知己知彼，百战不殆。意思也就是说，只有了解了你对手的情况，你才能够在这场战争中取得胜利。而我们也都知道，商场如战场，甚至比战场的竞争还要来得激烈。要想在这其中取胜，就更需要了解你对手的情况了，只有了解了这些，你才能够根据实际的情况，将这些消息转换成自己的优势，你才有可能取得胜利。

小约翰初入商场时，洛克菲勒便送给他这么一段话："研究对手的情况，然后善用这种知识，以形成自己的优势。了解对手的优点、弱点、做事的风格和性格特点，总能让我在竞争中拥有优势。当然，我也要知道自己是谁。"而在实战中，洛克菲勒也正是使用这一策略打败了不可一世的卡内基。

卡内基先生是钢铁巨人，这是毋庸置疑的事情。毫无疑问，任何一个敢于挑战他的人都是自寻死路。不过，在洛克菲勒那里，卡内基的弱点却帮了他的大忙。卡内基性格比较偏执，看不起和他竞争的人。当初，洛克菲勒初出茅庐，而卡内基根本就没有把他放在眼里。

在卡内基看来，洛克菲勒的主场就在石油行业，开采矿石完全是徒劳无功，矿石的价格很低，而且还是取之不尽的资源，也只有那些愚昧无知的人才会开采矿石。

所以，洛克菲勒看准了卡内基的心态，积极投身于采矿业。刚开始，卡内基还对洛克菲勒好一番冷嘲热讽，并且对人说：洛克菲勒真是不知好歹，他了解钢铁业吗，他进来的结果只有失败。实际上，卡内基的眼界过窄，他根本不明白矿石价值的意义。如果他不能很好地控制住采矿业，那么他的那些炼钢厂也将会成为一片废铁。最后，卡内基被洛克菲勒逼得走投无路，也只能求和了。

后来，洛克菲勒说："当别人认为把你看作对手等于是在抬举你因而忽视你的时候，就是你为未来竞争积攒竞争资本的时候。所以，从一开始，我便放心大胆地全面投资。冒险胜过慎重，很快这个高傲的铁匠就发现，那个'以最差投资者而闻名于世的人'控制了铁矿业，成为了全美最大的铁矿石生产商，一举取得了支配地位。在我取得了和他分庭抗礼的资格后，他才如坐针毡，只能向我求和。"

洛克菲勒正是知道卡内基的弱点在哪，才会趁着他分神之际，尽快地将触角深入钢铁行业，最后这个钢铁大王也只能来向他这个石油大王求和了。所以说，当我们在竞争的时候，万不可盲目竞争，也不可冲动竞争。一定要了解、研究好竞争对手的情况，对症下药，争取将对方的弱点转化为我方的优势，然后再将竞争对手一举拿下。

不要忽视你的对手

当你被别人忽视的时候，也是你努力奋起的时候。这是洛克菲勒一直坚持的策略。这就好比洛克菲勒初入商海的时候，钢铁大王卡内基便十分瞧不起他，可是后来卡内基也只能低下骄傲的头颅，和这个当初他极其看不起的对手握手言和。

洛克菲勒说，忽视了你的对手，也就为你事业的发展埋下了一颗定时炸弹。它总有一天会引爆，在你最不经意的时候，给你最有力的一击。所以，不管什么时候，都不要轻视你的对手，你要拿出对待强敌的姿态，去严阵以待。只有这样，你才能够保住自己的事业，才能够走在别人的前面。

范德比尔特将军出身于贵族，在战争时期还立下了赫赫战功。他为人比较自傲，倚仗着在战场上的成绩横行一时、不可一世。再加上范德比尔特将军的手中还掌控着运输大权，所以他通常会瞧不起那些需要用铁路的人。而像洛克菲勒这样的石油大王，也被他看成了一个打零工的小伙计。

有一次，洛克菲勒的合作伙伴亨利找范德比尔特将军商讨运输上的事宜，可是范德比尔特却极其轻蔑地说："小伙子，你和我谈事情，你的军阶似乎还不够资格啊。"亨利听后，心里气愤极了，但是并没有做出什么失态的举动。

回到公司后，亨利将自己的这番遭遇说给洛克菲勒听。洛克菲勒安慰他道："亨利，把他说的那些话都忘掉。你等着吧，我肯定会为你讨回公道的。"

不久之后，范德比尔特将军急需要和洛克菲勒他们做一项生意，于是便让人传话说叫他们前往自己的住所谈判。因为亨利上一次的事情，洛克菲勒并没有答应，而是让人转告范德比尔特将军：要想做生意，只能他亲自到洛克菲勒的办公室里来谈。

最后，这位自负一世的年过六旬的老将军，只能前来拜见这两个年轻人，并且还要答应这两位年轻人所提出来的条件。或许在那一刻，范德比尔特将军也明白了一个道理：在任何时候，都不要忽视你的对手，因为在你走上坡路的时候对他们好点，在你走下坡路的时候，他们才会对你好点。

实际上，洛克菲勒并不是一个喜欢以牙还牙的商人，不管对待任何人，他几乎都是非常的平和，很少见他发脾气。而他对于范德比尔特将军所做的一切，一方面是为了帮助亨利挽回尊严，而另一方面洛克菲勒也想让范德比尔特明白，不管在什么时候，请不要忽视你的对手，哪怕他再弱小。

要知道，在生意场上，没有永远的老大，也没有永远的弱小，只有永恒的利益。当你风头十足的时候，对别人好一点，那么当你暂时失败的时候，别人才会对你好一点。所以说，请重视我们的对手，只有这样，我们在事业上才能够放心大胆地发展，而不需要担心会有人中途给你出乎不意地使绊。

找个好对手来激励自己

强者喜欢找强者挑战，弱者喜欢找弱者挑战，这是竞争场上的规矩。那些强者，不管做什么事情，都喜欢给自己找一个有实力的竞争对手，以此来提升自己的速度和潜能，只有这样，你才能够发挥出最佳的实力。

在洛克菲勒看来，有商场的地方就有战争，有战争的地方就有对手，与其整日担惊受怕、东躲西藏，倒不如找一个很强劲的对手，把他当作事业的催化剂，督促你前行。

洛克菲勒创建的标准石油公司，可谓是石油行业的领头军。在管理上，洛克菲勒很注重员工心理素质培训。有一次，他们公司做了一个骑自行车的实验。

第一个人，单独骑自行车，平均速度为每小时26千米；

第二个人骑自行车的时候，有一个跑步的人跟随，最后其时速达到了30千米；

第三个人则是参加了一场骑自行车竞赛，在这场比赛中，这个人的时速为每小时33千米。

由此可以看出，当你一个人奔跑的时候，你的速度是最慢的，当你的竞争对手出现时，你的速度就会跑快一点儿；而当出现一个更强的竞争对手时，你体内的潜能也就发挥到了最大，速度也达到了顶点。

通过这个实验，我们可以知道，造成上述如此大差距的原因就是竞争对手的存在，因为竞争而使得效率大大提高。所以说，我们每一个人，在面对竞争的时候，一定要保持积极的心态。要知道，在没有竞争对手的时候，我们的速度是最慢的。

有了对手，就有了压力，有了压力，才能够激发他们战胜困难的动力，让他们在竞争生活中时刻保持一种危机感。其实，这种生存法则，不仅适用于人类，在动物界也是一样的。

洛克菲勒公司有一名讲师，这位讲师曾经讲述过这么一个故事。一位动物学家在非洲考察的过程中发现，奥兰沿河东岸和西岸的羚羊大不一样。东岸羚羊的繁殖能力和奔跑速度要远远大于西岸的羚羊。

生物学家感到非常奇怪，按理说，两批羚羊生活的环境一样，食物也一样，那为什么会有这么大的差别呢？为了弄清楚原因，这位生物学家在同伴的帮助下，分别将两岸的10只羚羊换到对岸生活。最后发现，送往西岸的羚羊繁殖到14只，而东岸的羚羊还只有三只。

谜底终于揭晓了。原来，在东岸羚羊群边还有一个狼窝，为了生存，东岸的羚羊只能变得越来越强壮，越来越有力，而西岸的羚羊之所以如此，也是因为缺少了竞争对手的原因。

这则故事告诉我们，没有竞争的压力，就没有前进的动力。就好比羚羊一样，只有你处在一个强大的竞争圈子中时，你的潜能才会发挥出来，你的生理机能也会不断地强壮。

所以说，事业中出现竞争对手并不是一件坏事。竞争也是一把双刃剑，我们既要看到它残酷的一面，也要看到它积极的一面，只有这样，我们才能够化压力为动力，才能有利于我们事业的发展，才能有利于我们人生的进步。

June 21,1914

亲爱的约翰:

　　查尔斯先生永远地离开了我们,这让我很难过。查尔斯先生一直是一位非常善良的富人,他乐善好施,不断用自己辛勤赚到的钱去救助那些处于贫困噩梦中的同胞。

　　与真挚的灵魂相伴,是天赐的福气。我能有像查尔斯先生这样的合伙人,是我一生的荣幸。当然,查尔斯先生谨小慎微的性格常常导致我们之间发生龃龉,但这丝毫不会影响我对他的尊重。失去对高尚者的尊重,也是在剥夺自己做人的尊严。

　　当年,公司最高管理层有共进午餐的习惯,每次用餐的时候,查尔斯先生都坐在象征公司核心的座位上。尽管我是公司第一人,但为了对他的高尚人格表示敬意,我便把座位让给了他。是的,这不足为道,高尚的道德本该受到褒奖。而就一个整体而言,虽然这只是很小很小的细节,但这样一个细节可能影响到整个公司,影响到公司的成绩。

　　事实上，标准石油公司的合伙人都是正直的人，我们每个人都懂得彼此尊重、信任、团结一心对合作有多么重要，我们努力使之成为现实。所以，即使出现分歧，我们只会直言不讳、就事论事，从不钩心斗角、搬弄是非。我相信，在这种纯洁的氛围中，即使有人心术不正，他也会把心术不正的恶习留在家里。但这只是标准石油公司强大到令对手敬畏的原因之一，而视精诚协作为我们的生命才是最重要的因素。在这方面，查尔斯先生身体力行，堪为表率。

　　作为公司的引领者，我在一次董事会上曾真诚倡议："我们是一家人，我们荣辱与共，我们坚强的手掌托起的是我们共同的事业。所以，我建议大家，请不要说我应该做什么，要说我们应该做什么。千万别忘了，我们是合作伙伴，无论做什么事都是为了我们大家的利益。"

　　我的发言感染了查尔斯先生，他第一个回应我："先生们，我听懂了，约翰的意思是说，比起'我'来说，'我们'更重要，我们是一家人！没错！是应该说我们！"

　　在那一刻，我看到了我们伟大的未来，因为我们已经开始忠于"我们"。别忘了，人人自私，每个人的天性都是忠于自己，"我"是每个人心中的宗教。当"我们"取代"我"的时候，它所焕发出的力量将难以估量。我所以能取得巨大成就，就在于我首先经营的是人，所有的人。

　　我与查尔斯先生有着共同的信仰。我喜欢查尔斯先生最喜欢的一句格言："珍惜时间和金钱。"我一直以为这是一则凝聚着伟大智慧的箴言。我相信绝大多数的人都会喜欢它，但他们却难以将其变成自己的思想信念和价值信条，并永远融入自己的血液中。

　　是的，无论一个人积储了多么丰富的妙语箴言，也无论他的见解有多么高明，假使不能利用每一个确实的机会去行动，其性格终不能受到良好的影响。失去美好的意图，终是一无所获。

　　事实上，这没有哥伦布先生发现美洲那么难。要利用好自己的时间，最重要的是我们对每一天甚至是每一刻都做好计划，思考自己应该思考什么，并采取怎样的行动。计划是我们按照每天情况去如何生活的依据，它能显示什么是可行的。要制订完美的计划，首先要确认自己想要什么。还有，每项计划都要有措施，并要监督成果。能付诸行动、有成果的计划才是有价值的计划。当然，创造力、自发精神和信念可以化不可能为可能，并突破计划的限制，所以，不要让计划成为束缚自己的枷锁。

　　赚钱不会让你破产，是查尔斯先生的致富圣经。在一次宴会上，查尔斯先生公开了他的赚钱哲学，那天他用一种演讲家般的激情，激励了我们每个人，他告诉我们大家：世界上有两种人永远不会富有。

第一种是及时行乐者，他们喜欢过着光鲜亮丽的日子，像苍蝇叮臭肉那样，对奢侈品兴趣盎然，他们挥霍无度，竭尽所能地收揽精美的服饰、昂贵的汽车、豪华的住宅，以及价格不菲的艺术品。这种生活的确迷人，但它缺乏理性，及时行乐者缺乏这样的警惕：他们是在寻找增加负债的方法，他们会成为可怜的车奴、房奴，而一旦破产，他们就完了！

第二种人，喜欢存钱的人，把钱存在银行里当然保险，但它跟把钱冷冻起来没什么两样，要知道靠利息不能发财。

但是，有一种人会成为富人，比如在座的诸位，我们不寻找花钱的方法，我们寻找、培养和管理各种投资的方法，因为我们知道财富是可以拿来滋生更多的钱财，我们会把钱拿来投资，创造更多的财富。但我们还要知道，让每一分钱都能带来效益！这正如约翰一贯的经商原则——每一分钱都要让它物有所值！

查尔斯先生的演讲博得了热烈掌声，我被他燃烧起来，鼓掌时太过用力，以致饭后还觉得两个手掌在隐隐作痛。如今，再也听不到那种掌声了，也没那种鼓掌的机会了。但"珍惜时间和金钱"一直与我相伴。我没有理由浪费生命，浪费生命就等于糟蹋自己，世界上没有比糟蹋自己更大的悲剧了。我也不把安逸和享乐看作是生活的目的，因为那是我称之为猪的理想。

爱你的父亲

详解

建立一种纯洁的氛围

在很多时候，职场成了尔虞我诈的代名词。在大多数员工心中，职场就是职场，它不能称之为生活的一部分，只是自己工作的一个场所而已。这样一来，作为企业的老板，压力可想而知了。要想让员工给你创造出最大的价值，那么你所要做的就是给员工建立一种纯洁的氛围，让员工感觉到舒适后，他们的最大潜能才能够被激发出来。

很明显，石油大王洛克菲勒便深知这一点的厉害。他所选择的合伙人都是比较正直的人，他和员工之间也是相互尊重、团结的。在洛克菲勒的带领下，他们之间即便出现了矛盾和分歧，也会就事论事，而不是钩心斗角。因为洛克菲勒相信，在这么一个纯洁的工作范围内，就算其原本是一个心术不正的人，在这里，他也只能将心术不正放在家里，而不是带到工作中。在这一方面，洛克菲勒可谓是表率。

1907年的一天，洛克菲勒来到了标准石油公司最上层的房间，这里是管理阶级谈话、用餐的场所。刚一推开门，他便看到了几个比较熟悉的人，而那几个人在他上一次来的时候还只是小职员，如今已经成了标准石油公司的管理人才，成为公司的中坚力量了。

这一次用过餐之后，他找到了以前的一些老员工，想要和他们随便聊聊。谈话间他发现，员工之间的团结、和谐的气氛好像更加浓烈了。这让洛克菲勒很是高兴。这到底是怎么回事呢？

其实，这和洛克菲勒的一条规定有关。洛克菲勒规定，在用餐的时候，一定要采用一种团结和谐的集体用餐方式。一百多个人坐在长桌边，用过餐之后还要留下来聊上两句。这样一来，不仅加深了同事间的了解，还缓解了工作时的紧张气氛。

这一策略，初看起来好像没什么，其实这里面还蕴藏了极大的意义。洛克菲勒成为石油巨头之后，市场上便一直流传着各色各样的谣言，认为洛克菲勒的合伙人都是在他的逼迫下加入的。

事实并非如此。洛克菲勒在对待自己的合作伙伴时，也注重给他们创造一个纯洁的氛围。他会和公司高层一起用餐，会将主要的位置让给比自己年龄大的下属，会在餐桌上开玩笑，会在餐桌上聊天。也正是在这样的轻松环境下，才打造出了一支能力强大、团结友爱的管理团队。这也是标准石油公司能够快速发展的主要原因之一。

是的，最高明的老板是不会把自己当作老板的。如果一个企业领导者将自己看得不可一世，不肯放下身份，去接触、了解自己的员工，不愿意和员工交谈，也不愿意让员工交谈，那么这样的领导者肯定是不合格的。我们应该向洛克菲勒学习，善于观察员工的情绪，善于给员工创造一个轻松、纯洁的氛围。这也是洛克菲勒能够保证公司正常运营的原因之一。

所以，我们一定要了解员工内心深处的需求，给员工带来家的感受，让员工有一定的自主权和发言权，这样才能将员工团结起来，为公司的发展做出自己最大的努力和贡献。

忠于"我们"，而不是忠于"我"

"我"是一个独立的主体，"我们"是一个团结的群体，"我"可能才华出众，以一当百，"我们"也有三个臭皮匠胜过一个诸葛亮的智慧。通过短板效应我们知道，作为一个团队，个人水平很重要，团队综合实力更是决胜关键。所以，重视"我们"的力量，营造和谐团结的氛围才是一个企业管理者最需要做的事情。

在一次董事会上，作为公司引领者的洛克菲勒真诚倡议："我们是一家人，我们荣辱与共，我们坚强的手掌托起的是我们共同的事业。所以，我建议大家，请不要说我应该做什么，要说我们应该做什么。千万别忘了，我们是合作伙伴，无论做什么事都是为了我们大家的利益。"

在用人方面很有一手的洛克菲勒也时刻注意公司员工之间的良好协作关系，并努力营造一种和谐的氛围，以加强公司总体战斗力。

1885年，标准石油公司总部进行了一次搬迁，来到百老汇26号的新总部依然继承着以前的工作惯例。每天中午，执行委员会的成员都会在顶层房间共进午餐。

按照一般的习俗，普拉特坐在上首的位置，因为他是这里年龄最大的人，虽然他经常跟洛克菲勒提出相反的意见。而弗拉格尔在洛克菲勒的左边，阿奇博尔德在右边。尽管大家都知道洛克菲勒在公司中的地位和作用，不过这种不分彼此的座位排序，在洛克菲勒看来更有助于促进大家的合作和团结。

随着石油帝国的规模越来越大，洛克菲勒知道仅凭自己的力量是难以有效控制和运行它的，因此他反复提醒自己必须要和企业以及所有成员融为一体。所以，在洛克菲勒的言谈中，他经常使用"我们"这个字眼，而不是"我"。使用第一人称复数这种行为使大家谨记公司的共同利益，不忘大家都是合作伙伴的关系。只有忠于"我们"，才能真正对公司负责，对工作负责。

要让大家忠于"我们"，那就需要维系公司的团结统一。具体如何操作？洛克菲勒有一套自己的实践经验。首先，要学会管理不同的助手并调动他们的工作积极性。他从拿破仑身上寻找经验，如果拿破仑手下没有那么多优秀的将士，他就不会取得如此辉煌的胜利。因此，洛克菲勒给予手下人足够的信任，不独断专行，总是积极将权力下放，只在适当的时候以平和的态度对下属的工作情况过问一下。果然，这种方式很有效果，在开会的时候大家总是畅所欲言，而洛克菲勒也能够在此过程中听到员工最真实的心声。

对于公司成员之间意见不一致时的争执，他也有一套细致的管理办法。这也是维持公司团结该注意的第二个方面。面对争执的时候，洛克菲勒还是不多说话，他总是安静地听，听双方尽情地表达他们的意见和看法，然后常常做出折中的决定来维护公司的团结。而洛克菲勒从早年开始就保持着这样一种习惯，那就是他总是利用空余时间，比如吃午饭时和公司主要领导人讨论问题，而不是在董事会成员一致反对的情况下采取重大行动。

排斥反对意见和维护团队和谐并不冲突，而洛克菲勒本人也非常喜欢那些敢于谏言、直言不讳的成员，他十分讨厌那些溜须拍马、浮滑虚伪的人。所以，只要他人提出的意见是为了公司的利益着想，哪怕逆耳，他也会认真听取。善于倾听，是洛克菲勒维持公司团队关系和谐的一大法宝，也是避免标准石油公司出现重大失误的良方。

最后，坚持到底、绝不半途而废的品质也是帮助洛克菲勒维护公司团结氛围的利器。短时间的政策都不会出现深远的影响，好的政策随着执行时间的增长，会给每个人带来正能量的烙印，而坏政策的长时间执行也会使公司变得没有准则和道德意识。认识什么是好的，并将信念像不能回头的箭一样射出去，坚决执行不打折扣，这样，在任何事情上，都能像得到上帝的帮助一样取得圆满的成绩。

俗话说"众人拾柴火焰高"，我们没有理由不充分利用团队的力量。而事实上，多数人也明白团结高效的道理，只不过在真正的实行过程中就遇到难题。对于如何摆脱独"我"的羁绊，增强"我们"协作的意识，我们在此给出几点建议。

第一，求全责备的态度需要彻底摆脱，要做到团结合作伙伴，首先就要有包容与平和的心态，多一些理解和信任，遇到和他人看法不同的事件时，不要过于急躁。第二，善于倾听，这是理解和包容他人的具体表现，也是解决问题的好方法。倾听他人的意见能够弥补我们思路上的缺失，为方案提供更加周密的计划。第三，团结他人不是意味着自己什么都不做，只平和地听取他人的意见，在方案制定上，我们也应该具备必要的责任感和使命感，通过集思广益、取长补短，选取最合适的办法，这才是团结的真正意义。

不寻找花钱的方法，寻找养钱的策略

挥霍的方法总是很多，轻便得可谓信手拈来，但是挣钱就不容易了，要么付出劳动，要么付出智慧，懒惰的人不肯用辛勤的汗水换取丰厚的劳动收入，愚笨的人也无法靠高智商玩转职场和商界。对于喜欢挑战的人来说，挣钱养钱更容易使他们产生兴奋的情绪。对于事业不算成功的人来说，更需要继续钻研挣钱的门道。

在一次宴会上，洛克菲勒的好友查尔斯的一番言论让洛克菲勒感到很有意义和力量，于是他将这番话转述给儿子约翰，希望他能从中体会到花钱和养钱的不同含义，并做出正确的行动。"有一种人会成为富人，比如在座的诸位，我们不寻找花钱的方法，我们寻找、培养和管理各种投资的方法，因为我们知道财富是可以拿来孳生更多的钱财，我们会把钱拿来投资，创造更多的财富。但我们还要知道，让每一分钱都能带来效益！这正如约翰一贯的经商原则——每一分钱都要让它物有所值！"

有人认为洛克菲勒是一个天生就掉进钱眼的人，任何可以赚钱的机会他都不会放过，简直是嗜钱的恶魔。但仍有很多人认为，洛克菲勒过分在乎金钱更是将金钱用来培养自己意志的方式，检验自己养钱能力的工具。

有一次，极度劳累的洛克菲勒终于结束了风尘仆仆的旅行，踏上了回程的列车。在火车开始检票之前，他让自己的身体尽情地舒展在候车室的座椅上，以缓解外出时的疲倦。

正当火车开始检票的时候，一个胖太太从外面的候车室中急匆匆地跑过来，显然她也是要赶这趟火车的。不过因为手中拎着很重的箱子，胖太太的速度明显不能快起来。累得气喘吁吁的胖太太对着眼前不远的瘦小老头喊道："喂，前面的老头儿，你能帮我提一下箱子吗？我待会儿可以付给你小费。"

那个老头想都没想，径直走过去，帮胖太太拎起了箱子，两个人一起快步向检票口走过去。

因为瘦小老头的帮助，胖太太没有误了火车。检票上车之后，胖太太一边擦汗，一边从兜里拿出一美元，递给瘦小老头，说道："谢谢您先生，这是应该付给您的小费。"瘦小老头没有说什么，笑了笑就将这一美元钱接过来装进了自己的口袋里。

和胖太太的"交易"刚结束，火车上的列车长就走了过来，他半俯着身子，对瘦小老头说："您好，洛克菲勒先生，欢迎你乘坐本次列车，请问有什么需要为您服务的吗？"

这个瘦小老头抬起头，微笑着说道："谢谢，不用了，列车上温馨舒适的环境已经可以使我放松疲惫的身体，并使我做出安静的思考了。"

而坐在旁边的胖太太显然被这段对话吓到了。"什么？洛克菲勒？"胖太太惊叫道，"天啊，我竟然在火车上遇到了著名的洛克菲勒先生，而且，我还让他帮我提箱子！最糟糕的是，我居然还给了他一美元的小费，快醒醒，我这是在干什么啊？"胖太太拍拍自己的脑袋，结束了自言自语，赶紧向洛克菲勒道歉，"非常抱歉洛克菲勒先生，是我有眼无珠，没有认出您，您能把那一美元的小费退给我吗？不然这传出去，会让大家笑掉大牙的。"

洛克菲勒哈哈地笑起来："这位太太，你没做错事情也不用道歉。另外，这一美元可是我的血汗钱，是我用自己的能力挣的，我本应该收下。"说完，洛克菲勒轻轻地拍了拍装有一美元的口袋。

即使富可敌国的洛克菲勒也不忘时刻寻找养钱的方法，但他之所以能放下自己亿万富翁的身份，和普通人一样帮助胖太太提箱子，还能心安理得地收下胖太太的小费，这是因为洛克菲勒将自己视为和大众一样的普通人。他没有成功者的光环，只有对劳动和金钱的尊重，以及时刻动用自己的大脑去想办法多挣一份的钱。

我们总是感慨钱很难挣，所以我们很希望也很喜欢能有花不完的钱供我们挥霍，这种及时行乐的思想不被洛克菲勒认同。不光是洛克菲勒，相信很多人也认为，想要长久过得舒服，那就要规划自己的财务计划，该花的钱当然要花，但是该挣的钱也一定要挣，而且只有努力想合法合规的办法挣钱，才能得到真正的持久的财富。

靠利息不能发财

世界上有两种人是永远不会成为富人的。第一种是那些挥霍无度的人，第二种就是把钱存在银行的人。把钱放在银行里，就好比是将钱冷冻起来，仅靠着那一点利息升值，这样的财富和一块毫无用处的石头是没什么区别的。

不过，在现实生活中，很大一部分的人还是喜欢把钱存在银行里。虽然这样的人不会再因为没钱而焦虑，但是却永远成不了真正的富翁。因为金钱如流水，只有让它滚动起来，它才能够给你创造出更多的价值。

对于洛克菲勒家族的人来说，将钱存放在银行里，是最愚蠢的存储方式。在他们的观念中，钱就应该流通在市场上，让它来丰富自己的生活，发挥出其更大的价值，让对金钱的利用变得更加有意义。

在一次偶然的机会中，洛克菲勒认识了吉姆、露西这对夫妇。吉姆是一名普通的职员，而露西则是一名老师。夫妻俩每月省吃俭用，将省下来的钱存在银行里面。看着银行卡上日益上升的数字，夫妻俩有说不出来的自豪感。

吉姆说："如果没有这笔储蓄，我们的生活根本就一点儿保障都没有。"

洛克菲勒听了之后便很不赞同地说："每天为了这些储蓄过日子，把人的尊严放到哪里去了呢？男人每天拼死拼活地工作，女人则精打细算地想着要把钱存入银行，人的一辈子如果这样过，真是一点意思都没有。"

吉姆听后，问道："难道你反对储蓄吗？"

洛克菲勒解释道："我并不是说反对储蓄，我所说的是不要把储蓄当成你唯一的嗜好。刚开始的时候，你可以把钱存入银行，等到有一定量的积蓄后，你就应该把它拿出来，放到更有价值的投资方面。要知道，运用好了这些，要远比你储蓄的利息赚的多得多。不仅如此，如果你的储蓄达到一定数目，而你又无法充分利用的话，就很容易给你造成一种生活有保障的假象。这样很容易让你养成不思进取的坏习惯，长久下去，你肯定会被社会淘汰的。"

洛克菲勒对吉姆所说的这段话是极有道理的。把暂时用不着的钱存放起来，确实是一种不错的办法，但是万不可把这种储蓄当成你一生的嗜好。在现实生活中，大部分的人都认为将钱放在银行里面可以赚取利息，还有复利，既妥善保管了金钱，又在这期间赚了点小钱，可谓是最佳的安排了。或许你没有想过，当出现通货膨胀问题的时候，你存在里面的钱所得到的报酬也就相当于零了，就算是把钱冷冻起来，没有丝毫的用处。想着靠利息发财，那简直是痴人说梦。

所以说，对于那些闲置下来的金钱，我们要进行合理地利用。要明白，一个好的理财习惯，决定着一个人或者是一个家庭的富裕程度。这也是存放在银行里的穷人居多，投资在市场上的富人过半的主要原因了。

让每一分钱都物有所值

在现实生活中，有很大一部分人都不会考虑到自己的实际情况，在消费前面更是无所打算，他们不懂得规划，更不懂得在花费面前要量力而行。

事实上，金钱是拿来用的，而不是浪费的，我们在消费的时候，一定要做到让每一分钱都能够物有所值。不管你购买什么东西，最重要的就是你所花费的每一分钱都是必要的，是必需的。要知道，只有学会了花钱，你才有可能走上致富的道路。那些最会赚钱的人，也是世界上最会花钱的人。

世界石油大王洛克菲勒可以说是富可敌国，可是在花钱方面他又"小气"得离谱。因为在他的观念里，每一分钱的开销都应该要有所值，而且是能省则省，毫不浪费。

小约翰也是一个极为"小气"的人。他从来不会乱花一分钱，也从来不会多花一分钱。在金钱方面，小约翰和他的父亲洛克菲勒一样，精打细算，将每一分钱都花出了一百倍的功效。

1914 年对于小约翰来说是一个灾难年。各界民众纷纷对小约翰提出了质疑，一时间，小约翰陷入了舆论旋涡，成了众矢之的。为了尽早从这种困境中脱离出来，有人向他提议，可以邀请麦肯济·金加入他们的队伍。

就这样，双方举行了会面。可是会话到了最后，濒临破产的麦肯济却提出了一个要求，那就是要想让他加入小约翰的队伍，年薪就要达到 1.5 万美金，以此来偿还他的债务。可是在小约翰看来，麦肯济的这一要求完全超出了他的估计范畴，并不值得用 1.5 万美金的代价去买下来这个人才。所以，他一直不肯让步，只出价 1 万美金。

最后，在双方的协调下，以年薪 1.2 万美金达成协议。自此，麦肯济便加入小约翰的旗下，为他出谋划策，帮助小约翰从那种困境中走了出来。

这就是小约翰的金钱观，对于该花的一些钱，他肯定会毫不吝啬，对于不该花的钱，他也是能省则省。因为在他看来，每一分钱都是他和父亲辛辛苦苦地赚来的，一定要让每一分钱的花费变得有意义才行。

可是在当下社会，懂得这一道理的人并不多了。他们没有洛克菲勒家族的富有，也没有洛克菲勒家族的节俭。他们追求名牌，追求所谓的上流生活，他们在别人面前肆意挥霍，可是回到家却只能抱着泡面过生活。

可是我们应该知道，追求名牌、奢侈品、富裕的生活，并不能成为让你挥霍的原因。因为在这个世界上，绝大多数的人都在精打细算地过日子，思量着每一分钱的价值。所以，在我们消费的时候，为了让每一分钱都物有所值，我们一定要量力而行，三思而行，万不可因为自己的虚荣而忽略了自己的经济能力，让自己陷入了两难的境地。

第32封信

充实你的心灵

原文

August 1,1914

亲爱的约翰：

就像我们有身体上的食欲一样，我们也有精神上的食欲。但许多人却常常以没有时间为借口，忍心让自己的心灵忍受饥饿的痛苦。他们只在意外或偶然的情况下才去充实一下自己的头脑，但却时刻不忘满足他们脖子以下的需求。

也许我的看法有些悲观，我们所处的时代，人人都在无限制地满足脖子以下却忽视脖子以上的需求。事实上，你会经常听到有人说：漏吃一顿午餐是件大事，却听不到这样一种声音：最后一次满足心灵饥渴是在什么时候。难道我们每个人都精神富足吗？当然不是。

在我们这个世界上，精神匮乏的人随处可见，那些生活在沮丧、消极、失败、忧郁中的人，他们都迫切需要精神的滋养和灵感的召唤，但他们几乎全都排斥充实他们心灵的机会，任由心灵黯淡无光。

如果空虚的头脑能像空虚的肚子一样，要填满一些东西才能让主人满足的话，那该有多好。可惜，没有这么便宜的事情，人们反要接受心灵空虚的惩罚。

心灵是我们每个人真正的家园，我们是好是坏都取决于她的抚育。因为进入这个家园的每一件东西都有一种效用，都会有所创造，为你的未来作准备，或者会有所毁灭，降低你未来可能的生命成就。例如积极。

每一个达到高峰或快达高峰的一流人物都是积极的，他们所以积极，是因为他们定期地以良好、清洁、有力、积极的精神思想充实心灵。就像食物成为身体的营养一般，他们不忘每天为心灵提供精神食粮。他们知道如果能充实颈部以上的部分，就永远不愁填饱颈部以下的部分，甚至不必忧愁老年的财务问题。

一个人必须找到自己的家，才不至于去流浪或沦为乞丐。首要的，即使你要出卖心灵，也要卖给自己。我们要接纳自己。其次我们要有积极的态度。

两年前，卡尔·荣格先生与我不期而遇，这位心理学家给我讲过一个故事：

有一个人被洪水困住了，他只得爬到屋顶上避难。邻居中有人漂浮过来说道："约翰，这次大水真是可怕，难道不是吗？"

约翰回答道："不，它并不怎么坏。"

邻居有点吃惊，就反驳说："你怎么说不怎么坏？你的鸡舍已经被冲走了。"

约翰说："是的，我知道，但是6个月以前我已经开始养鸭了，现在它们都在附近游泳。每一件事情都还好。"

"但是，约翰，这次的水毁了你的庄稼。"邻居坚持说。

约翰回答说："不，并没有。我种的庄稼因为缺水而受损，就在上周，还有人告诉我，我的土地需要更多的水，所以这下就解决了。"

那位悲观的邻居再次对满脸微笑的约翰说："但是你看，约翰，大水还在上涨，就要涨到你的窗户上了。"

乐观的约翰笑得更开心了，说道："我希望如此，这些窗户实在太脏，需要清洗一下。"

这听起来像个玩笑，但显然这是一种境界——决定以积极的态度来应对这个纷繁复杂、顺逆起伏的世界。一旦达成这种境界，即使遇到消极的情况，我们也能使心灵自动地做出积极的反应。为达到这种境界，我们只有充实、洁净我们的心灵。

每个人都能改变或被改变。荣格先生说，只要改变一个人的词汇，就能增加他的收入并改善他的生活，乃至改变他的人生。例如"恨"字，要把它从你的字汇中除去，不要想它，而是以代表感觉与梦想的"爱"字来代替它。显然，除去与取代的文字，几乎是永无止境的，但心灵却会在除取中变得更加纯净、积极。

我们心灵的行为，以供应她的事物为根据。我相信，放进心灵中的事物对我的未来非常重要。所以问题显然是：我们要怎样喂养我们的心灵——找什么时间去补充什么精神食粮。

你是否听到过这样一件事情，伐木者的产量会下降，那是因为他没有抽出时间来磨利他和他的斧头？我们花钱以及大量时间，去修饰脑袋的外表，刮胡须、理头发，我们有没有必要花同样的时间和金钱，来对我们脑袋的内部进行装饰呢？答案是肯定的，而且可以做到。

事实上，精神食粮随处可得，例如阅读书籍就是一个很好的途径。由伟大的心灵撞击而写成的书籍，没有一本不是洗涤并充实我们心灵的食粮，它们早已为后人指明了方向，而我们可以任意挑选其中我们想要的。伟大的书籍就是伟大的智慧树，是伟大的心灵之树，我们将在其中得以重塑，学会谦逊，变得聪明。

当然，我们不能读那些文字商人的书，他们的书就像瘟疫一般，散布无耻的邪念、讹误的消息和自负的愚蠢，他们的书只配捧在那些浅薄、庸俗的人的手里。我们需要的是能给我们带来行动的信心与力量，能够将我们的人生推到另一个新高度，和引导我们行善的书，例如《奋力向前》。

它是一部激荡我们灵魂、激发我们生命热情的伟大著作，我相信美国人民都将因它的问世而备受惠泽，并在它的指引下，以最积极的方式运用自身的力量，抵达梦想的生命之境。我甚至相信，谁错过读它的机会，谁就很可能错过伟大的人生。我希望我的子孙都能去读这本书，它能为所有的人开启幸福快乐之门。

引领人们爬向高峰的动力，是一种定期滋润与强化心灵，因而日趋旺盛的驱动力。那些拥有成功人生的人，无疑都能体认到，高峰有很多空间，但是没有足够的空间供人坐下停留。他们了解，心灵像身体一样，必须定期供给营养才行，身体、心理与精神方面的营养，都要分别照顾到。

约翰，没有谁可以阻挡我们回家的路，除非我们不想回来。让心灵之光照耀我们前进的路。

爱你的父亲

详解

以积极的态度解决这个世界的纷扰

我们在这个大大的世界中只是一个小小的人，我们所需要做的、所能做的并不是对这个世界评头论足，而是要用最积极的态度，来迎接这个世界的纷扰和喧闹。而要想做到这一步，就必须要充实我们的心灵，让我们的心灵更加的强大和宽容。

在这个过程中，积极的态度是必不可少的食粮。每一个走向人生巅峰的人，都少不了积极态度的充实，都少不了这种纯净、有力的精神食粮的给养。就好比食物为人们提供营养，积极态度也在为人的心灵灌溉保障。

一个人若找不到自己的家，就只能去流浪；一个人只有充实自己的心灵，才能够让积极的态度为你保驾护航。

巴布斯是洛克菲勒唯一的孙女，性格比较乖戾，不喜欢祷告，嗜好香烟，甚至为了香烟还顶撞自己的父亲。巴布斯的这一性格，让她在洛克菲勒家族中成了异类，而洛克菲勒对于他这个孙女也有着诸多的不满。

更为恶劣的是，在1925年，巴布斯因为开快车而被警察局传讯，由此也上了新闻，玷污了洛克菲勒家族的名声，这让洛克菲勒忍无可忍。

有一天，洛克菲勒借着散步的名义，将巴布斯叫了出来。

洛克菲勒盯着巴布斯看了一会儿，说道："在我们这个时代，大部分的人都喜欢满足脖子以下的需求，却忽视了脖子上面的需求，这也是人们为什么会经常犯错的原因。人们讨论最多的是忘吃了一种美味，而非是忘了再满足一下心灵。"

看着巴布斯茫然的样子，洛克菲勒顿了顿，继续说道："亲爱的孩子，你现在的内心就需要很多的东西来充盈，否则你会有更多今天这样的举动。"

听到这里，巴布斯总算知道了，祖父这是借由谈话来警告她呢。

洛克菲勒走到一条长凳上坐下来，接着说道："如果心灵空虚的话，那么必然会给人带来相应的惩罚。因为人们的大脑并不像饥饿的肚子，只要塞进去一点东西，就能够使人满足。这就需要我们自己的积极性，要积极地随时补充心灵的需要，用积极的态度去观察这世界的一切。只有这样，我们才能够尽可能地少犯错误，也不被这个世界的纷扰所打搅。"

在这则故事中，洛克菲勒告诉了我们心灵充实的重要性，也说出了积极态度对人生的重要性。用积极的态度去应对世界的纷扰，与其说是一种态度，倒不如说是一种境界，一种顺逆起伏的境界。只要到达了这个境界，即便我们以后遇到了不好的事情，我们也能够在心灵的指引下，做出积极的反应。

有一个人被洪水困住了，他只得爬到屋顶上避难。邻居中有人漂过来说道：
"约翰，这次大水真是可怕，难道不是吗？"
约翰回答道："不，它并不怎么坏。"
邻居有点吃惊，就反驳说："你怎么说不怎么坏？你的鸡舍已经被冲走了。"
约翰说："是的，我知道，但是6个月以前我已经开始养鸭了，现在它们都在附近游泳。每一件事情都还好。"
"但是，约翰，这次的水毁了你的庄稼。"邻居坚持说。
约翰回答说："不，并没有。我种的庄稼因为缺水而受损，就在上周，还有人告诉我，我的土地需要更多的水，所以这下就解决了。"
那位悲观的邻居再次对满脸微笑的约翰说："但是你看，约翰，大水还在上涨，就要涨到你的窗户上了。"
乐观的约翰笑得更开心了，说道："我希望如此，这些窗户实在太脏，需要清洗一下。"

这听起来像个玩笑，但显然这是一种境界——决定以积极的态度来应对这个纷繁复杂、顺逆起伏的世界。一旦达成这种境界，即使遇到消极的情况，我们也能使心灵自动地做出积极的反应。为达到这种境界，我们只有充实、洁净我们的心灵。

我们要明白，积极的力量是巨大的。心态积极，再冰冷的事物，我们也能够感受到它的温度；心态消极，再炙热的世界我们也能够触摸到它的冰凉。所以，趁着你的灵魂还没有衰老，趁着你还有力气向前奔跑，请你细细聆听这心灵的声音，捡起被你丢在地上的微笑，用最为积极的态度去面对这世间的纷纷扰扰。

每个人都能改变或被改变

洛克菲勒曾经说过：每个人都能改变或被改变。荣格先生说，只要改变一个人的词汇，就能增加他的收入并改善他的生活，乃至改变他的人生。例如"恨"字，要把它从你的词汇中除去，不要想它，而是以代表感觉与梦想的"爱"字来代替它。显然，除去与取代的文字，几乎是永无止境的，但心灵却会在这一过程中变得更加纯净、积极。

仇恨能够让人失去理智，失去原本的智慧和冷静。可是仇恨过去，你是否想过没有，仇恨又有什么意义呢？为什么不放下它，给自己的心灵一个宁静的理由呢？当你将这些放下的时候，你就会发现，劳累了多年的心终于有了休息的时间，累了多年的心情也终于释放出来，重见阳光。

潘石屹是我国著名的企业家，总是给人果断睿智感觉的他，心里曾经也有过一段长达三十多年的仇恨经历。而他所仇恨的对象，就是他的一位远房叔叔。

潘石屹很小的时候，学习成绩非常好，可是因为家庭成分的关系，他直到四年级才戴上了朝思暮想的红领巾。那一天，潘石屹很是兴奋。他想要把自己的这个心情告诉给每一个人。那个时候，开会说话是要被禁止的，所以还在兴头上的潘石屹被他的远房叔叔扯到了讲台上。一些调皮的孩子还朝着他身上吐唾沫。下面的孩子在笑，上面的潘石屹在哭。

几个老师看不下去了，想让潘石屹下去，可是他的远房叔叔却是怎么都不同意。就这样，他在讲台上忍受了两个多小时的侮辱，站了两个小时，也哭了两个小时。那一天，是他的世界末日，也是很长一段时间都无法释怀的事情。

后来，潘石屹有所成就后，曾花钱给他母亲买了一个轮椅，后因为轮椅太大，他又给母亲添了一个更小巧轻便的，这个大的便被搁置一边了。

有一次，潘石屹发现家里的那个大轮椅不见了。当他得知轮椅送给了那位远房叔叔后，潘石屹却突然大发脾气，让家里人都不知所措。

一件幼时的事情，让潘石屹仇恨了三十多年，也折磨了他三十多年，而这种折磨却又是他自己找来的。如今，再次想想这一段让人哭笑不得的回忆，那些曾经自以为严重到不能碰的伤口，放下了，其实也就没有什么了。

在有些时候，我们受过伤，恨过、痛过，可是，当我们学着改变自己，学着去放下这些仇恨的时候，我们疲惫了已久的心，才会感到前所未有的轻松；我们紧绷了多年的情绪，也才终于有了一个宣泄的出口：既然宣泄了，就不要再把它迎回来。

所以，请试着去改变你自己，改变你的生活状态，改变你内心积压已久的不良情绪，请把你封闭已久的心放出来，呼吸一下久违的新鲜空气。这个时候你就会发现，放下了这些，你已经不是过去的你，而是比过去更加优秀的你。而你的心也不再疲惫，不再劳累，而是以更加轻松的状态，陪着你踏上前进的征程，以最饱满的精神来面对你的未来。

阅读是获得精神食粮的捷径之一

高尔基说，书籍是人类进步的阶梯，借助这个阶梯我们可以爬得更高，看到的也就更多更远。优秀的书籍是人类知识的主要载体，通过读书学习，我们能在短时间内学到很多技能，使我们在通往成功的道路上少走弯路。

洛克菲勒也很爱读书，他曾在信中向约翰推荐一本名为《奋力向前》的书，他认为这是一部激荡灵魂、激发生命热情的伟大著作。他相信，美国人民都将因它的问世而备受惠泽，并在它的指引下，以最积极的方式运用自身的力量，抵达梦想的生命之境。洛克菲勒甚至认为，错过读它的人，就很可能错过伟大的人生。所以洛克菲勒希望他的子孙都能去读这本书，因为它能为所有的人开启幸福快乐之门。

喜爱阅读的洛克菲勒不免为那些缺少阅读的人感到悲哀和可怜。要知道，从某种意义上说，我们是生活在一个很小的封闭的空间中的，缺乏外出探险机会的我们，更多情况下只能通过阅读来了解古往今来人们思想的结晶，可即便是这样，仍有不少人懒得阅读，那么，这些可怜的人儿对人生到底了解多少呢？在无知中死去的人们又有多少呢？想来，真是一件可怕的事情！

在进入商界后，受到环境的影响，阅读也越来越被洛克菲勒所重视。他也承认，通过阅读可以提升经营手段。面对琳琅满目的各类图书，在选择哪些经营方面书籍的问题上，洛克菲勒认为，最好去请教大学经营学的老师和教授，他们掌握着最新的情报，同时，在他们那里也能了解到哪篇论文写得好，在哪里能找到等。

阅读不是随便什么都可以拿来读一读，洛克菲勒也认识到大部分的人只喜欢读小说。在这些人眼中，轻松的故事情节能够让他们的人生得到宽慰。当然，必要的放松是应该的，不过过度沉溺于不现实的虚拟情节中，就不是我们所希望的了。看来，一向严谨认真的洛克菲勒还是希望不要浪费时间，多读一些对人生价值观有良好影响、对自己事业有重大帮助的书籍。而且，洛克菲勒以自己的亲身经历为证。他说，经过一段时间的耐心阅读，跟从不阅读的同辈人比起来，跟学历比我高的人比起来，我依然站在一个相当有利的起点上。

洛克菲勒在提倡阅读的同时，更是不辞辛苦地总结出十本值得深入阅读的图书。在洛克菲勒看来，读书不是读死书，就像接受教育，不是单纯获得一些机械的知识，读书和接受教育是为了认同一种观念、一种心态，那就是带着无限的好奇心和求知欲去观察这个世界，去认识某个领域。书籍使我们与大自然和世界共同呼吸、成长，我们应该敞开心扉，抒发真实的感情，体验多彩的生活。

在高节奏的社会中，连阅读都变得那么快速而乏味，这种阅读方式被称为浅阅读。浅阅读是当下阅读的一种特质，人们的这种要求也使得很多图书文字肤浅，思想浮躁，不能给读者以很好的引导。另外，一些没有道德约束的书商为了获得利润，炮制了很多没有营养甚至是违背教化的书籍，这就直接导致一些没有分辨能力和自控能力的人受到了污浊精神的干扰。

但是，不良书籍的存在不能成为我们停止深度阅读的借口，一个有奋斗精神的人是不可能停止阅读爱好的。而作为一个普通人，我们也应该培养良好的阅读习惯，为我们的精神世界寻找优质的食粮，促进我们精神领域的健康发展。

精神食粮随处可得

在这个物质纵横的社会中，大部分人都在追求物质的途中迷了路，他们不顾头破血流，也不顾艰难险阻，只一心寻找能够满足自己虚荣的物欲，而单单忘记了对精神、心灵上的补充。最后致使自己在物质的道路上渐行渐远，在精神的道路上失了光明。

很多人都在抱怨自己时间紧迫，事业跟得紧、家人催得紧、自己急得紧，所以才没有多余的时间去充实精神食粮，没有多余的时间去吸纳心灵阳光。可是，再忙的人，能忙过洛克菲勒吗？连他都说：精神食粮随处可得。闲暇的时候，阅读一本书；和人交谈的时候，努力学习一些知识，这些都是精神食粮的补充途径。不要说你没有时间，因为你没有了这些，你的事业和前途也算是穷途末路了。

标准石油公司创办初期，洛克菲勒每隔上一小段时间就要去公司巡视一次。在巡视的过程中，洛克菲勒总会带着一个红色的小本本。在想到什么问题或者是观察到什么问题的时候，他便会请教员工或者是负责人，然后再将他得到的信息和答案全部都记录在自己的红本本上。

有些时候，他还会将员工的建议全部记录下来，加以实施和识别，并且他还会不时地关注这些建议的落实情况。

这样一来，标准石油公司的员工对那个红本本有着一种莫名的恐惧感。因为有好多次，当洛克菲勒和员工们一起进餐的时候，听到员工聊到一些有趣的事儿，聊到公司需要改进的地方，洛克菲勒就会放下手中的碗筷，拿出自己的红本本，将刚才的话语记录下来，这让在座的员工不禁冒起了冷汗……

可是，洛克菲勒并没有感觉自己的行为有什么不妥。他认为人无完人，每一个人都不是完美的，都有缺点和不足。这就要求你不断地学习，向他人学习，学习每一个人的优点，只有这样，才能够丰富你的精神，才能够让你更好地管理企业，更好地带领企业走上发展之路。

每个人都有长处和短处，每个人也都有你不知道的知识和经验，哪怕是一个名不见经传的小人物。我们要向每一个人学习，学习他们身上的优点。在这个过程中，我们不仅得到了最为宝贵的知识和经验，还拓展了自己的视野，丰富了自己的精神。

在某些时候，我们空余时间所收集的精神食粮，还有可能帮上我们的大忙。

对比尔·盖茨来说，读书是一种莫大的乐趣。在他年幼的时候，有一次，老师给他们布置了作文，要求四五页的篇幅。结果，盖茨利用百科全书和其他医学、心理学方面的书籍，一口气写了30多页。读书让他富有知识，也更加乐于接受新的知识。直到现在，盖茨还保持着每年都要就一个新的问题展开阅读的习惯。

正是因为比尔·盖茨小时候注重学习、知识的积累，才让他在面对作业的时候游刃有余。

所以，我们不能因为比别人聪明一些，便忽视了精神食粮的重要性；更不可因为自己的经验比别人多上一些，便停止了继续学习的脚步。我们要抓住生活中的每一个机会，去补充、去理解。只有这样，才能够让我们的精神食粮持续下去，才能够让我们的心灵继续充实下去。我们每一个人都要认识到精神食粮的重要性，拒绝以时间为借口的懒惰。因为精神食粮随处可得，在你和别人的谈话中，在你阅读的几分钟，甚至在你候车的站台，在你吃饭时的无意间倾听。

第33封信

给贪心留好一个位置

原文

May 6,1918

亲爱的约翰：

不要理会说我贪心的那些人。

多少年来我都在享受着这个在别人看来似乎并不太美妙的"颂扬"——贪心。这份对我特别的颂扬，最早出现在我的事业如日中天之时，那时洛克菲勒的名字已不再仅仅是代表一个人的符号，而是财富的象征，一个庞大的商业帝国的象征。

我记得当时有很多人、很多报纸都加入了"颂扬"我的行列。但这样的颂扬并没有让我的心跳加快，尽管我知道这样的颂扬无非是要诋毁我，无非是要给我亲手缔造的商业帝国刷上一层令人生厌的铜臭。

但我知道，在人的本性中早就潜藏着一种力量，它丛生于能力与意志都极为匮乏的土地，那就是嫉妒。当你超越了他们的时候，他们就会嫉恨你，就会用带有贬义的字眼指责你，甚至用编造谎言的手段来诋毁你，同时还要在你的面前表现出一副高傲的神态——在我看来，那并非是高傲，它恰恰是虚伪与懦弱。有意思的是，当你远不如他们，生活潦倒不堪时，他们又会讥笑你，讥笑你无能、愚蠢，甚至会把你贬低到没有任何做人的尊严。我的儿子，这就是人的本性！

上帝没有赋予我改变人类本性的使命，我也没有闲心去阻止某些人要"恭维"我贪心，我所能做的就是让嫉妒我的人继续嫉妒！尽管我知道，如果我能用我创造的财富把那些如此恭维我的人带走，那么这些人也会带走那份恭维。但是我不能，我相信，除非中了什么魔法，否则任何人都不能！

聪明人永远不会与无知者争辩，我当然不会同那些"恭维"我贪心的人论战，但我抑制不住蔑视他们无知的情绪。冷静地回溯历史，检视人类的脚印，我们就能得出这样的结论：没有一个社会不是建立在贪心之上的。那些要诋毁我的人，看似道德的守望者，他们有谁不想独占自己拥有的东西？有谁不想掌控所有美好的事物？有谁不想控制每个人都需要的一切？虚伪的人总是那么多。

没有不贪心的人。如果你有一颗橄榄，你就会想拥有一整棵的橄榄树。我行走于人世已近八十年，我见过不会吃牛排的人，却没有见过一个不贪心的人，尤其是在商界，功利、拜金的背后只印着一个词语，那就是贪心。我相信，在未来，不贪心的人仍将是地球上的稀有者。谁会停止对美好事物的追求和占有呢！

阿奇博尔德先生把我比作一匹赛马，一匹能够闻到终点线味道的赛马。他说我一旦发现终点线在哪，便会开始全力冲刺。我知道这多少有点奉承我的味道，但在我心里，我的确早就给贪心留好了位置。

在我读商业学校时，我的一位老师说过一句让我终生难忘的话，这句话可以说改变了我的命运，他说："贪心没有什么不好，我认为贪心是件好事，人人都可以贪心。从贪心开始，才会有希望！"

当我的老师在讲坛上喊出这番极具煽动性和刺激性的话语时，台下的同学们一片哗然。因为只要想一想"贪心"的意义，就知道这个字眼完全违背大多数人从小习得的道德观念，这种道德观融于宗教、社会、伦理、政治和法律等各个层面，它所具有的标尺般的作用，无疑要给这个字眼打上肮脏的烙印。

但当我走向社会，开始踏上创造财富之旅，我才深深地体会到，那份学费花得真是值得，我老师的主张相当具有洞见性。就像那些演化家所告诉我们的那样，自然界不是仁慈、无私的地方，而是强者为王、适者生存的天地，我们这个所谓的文明社会也同样如此。如果你不贪心，或许就会被别人贪吃掉，毕竟可口的甜点不是很多。

如果你要想创造财富成就，创造非凡的人生，我的感受已不是"贪心是件好事"能够加以概括，而是贪心大有必要！

贪心的潜台词，就是我要，我要的更多，最好是独自占有！有谁不曾在心底做此呐喊？为政者会说，我要掌权，我要由州长再做总统；经商者会说，我要赚钱，我要赚更多的钱；为人父母者会说，我希望我的儿子能有所成就，永远过着富足、幸福的生活……诸如此类，不一而足。只是囿于道德、尊严，顾及脸面，人们才将贪心紧紧地遮掩起来，才使得贪心成为禁忌的观念。

事实上，只要追逐名利的世界一天不被毁灭，只要幸福一天不变得像空气那样唾手可得，人类就一天不能停止贪心。

那些虚伪的人，总视贪心为恶魔。但在我看来，打开我们贪心之锁，并不同于打开潘多拉盒子。释放出无时无刻不在跳动的贪心，就等于释放出了我们生命的潜能。我由一个周薪只有五美元的记账员到今天美国最富有的人，是贪心让我实现了这个奇迹。贪心是推动我创造财富的力量，正如它是推动社会演进的强大动力一样。

在我使用贪心一词时，你或许希望我把它换成抱负。不，我们都处在一个贪心的世界之中，我认为使用贪心比使用抱负更纯朴、更真实。纯朴是灵魂中一种正直无私的素质，它与真诚不同，比真诚更高尚。

在与山姆·安德鲁斯先生合办石油公司之初，我的贪心就在膨胀，每天晚上在睡觉前，我都在勉励自己：我要成为克利夫兰最大的炼油商，让流淌的油溪化成一捆捆的钞票，我要让每一个念头都服从于利益动机，帮我成为石油之王。在最初的那段日子里，我事必躬亲，终日劳碌。我指挥炼油，组织铁路运输，苦思冥想如何节省成本，如何扩大石油副产品市场。我永远忘不了那段让我忍饥挨饿、夜以继日奔波在外的日子。

我的儿子，命运要由自己去开创，真心希望的东西一定要想方设法去得到。成功与失败的间距并不像人们想象的那样，仅仅只在一念之间而已。成功就是看谁有强烈的贪心，谁具有这种力量，谁就能焕发并施展出自己的全部力量，尽力而为，超越自己。我每一个前进的步伐都能让我感受到贪心的力量！贪心不仅能让一个人的能力发挥到极致，也逼得他献出一切，排除所有障碍，全力前进。

很多人都曾问我同一个问题："洛克菲勒先生，是什么支持你走上了财富之巅？"我不能表露真实心声，因为贪心为人们所不齿。然而事实上，支撑我成为一代巨富的支架，就是我唤起了我的贪心，并让它不断地膨胀。

每个人的内心都深藏着一颗活泼、灵敏、有力量的贪心。但你必须热爱它，告诉自己我要贪心，叮嘱自己我要，我要的更多，它才会出来玩耍，助你成功。

没有任何力量可以阻止我解禁贪心，因为我要追求成功。贪心之下实现的成功并非罪恶，成功是一种高尚的追求，如果能以高尚的行为去获得成功，对人类的贡献会远比贫困时所能做得更多，我做到了！

看一看今天我们所做的善举吧，将巨额财富投向教育、医学、教会和那些穷困的人，绝不是我一时心血来潮的个人施舍，那是一项伟大的慈善事业，世界正因为我的成功而变得美好。看来贪心很不错，更不是罪恶。

就此而言，如果那些说我贪心的人不是出于诋毁我的不良动机，我会欣然接受他们对我做出的如此评判。

约翰，我是我生命的重心，我知道什么适合我，所以我不在乎那些人说什么，我的心依然安宁。在有些人那里我似乎永远都是一个动机卑鄙的商人，即使我投资于惠泽民众的慈善事业，也会被他们视为一种诡计，怀疑我有追逐私利的动机，而丝毫看不到我无私的公益精神，更有甚者说我如此乐善好施是为什么赎罪，这真是滑稽。

我想非常真诚地告诉你，你的父亲永远不会让你感到羞愧，装在我口袋里的每一分钱都是干净的，巨额的财富，是对我超群的心智和强烈的事业心的一种回报。我坚信上帝赏罚分明，我的钱是上帝赐予的。而我所以能一直财源滚滚，如有天助，这是因为上帝知道我会把钱返还给社会，造福我的同胞。

到我该去读《圣经》的时间了。今晚的夜色真美，每颗明亮的星星都似乎在说："干得好！约翰。"

爱你的父亲

详解

从贪心开始，才会有希望

贪心总是给人不好的负面印象，似乎贪婪是成为恶魔的核心引爆点，只要被贪心附身，人们就会变得不讲道德、是非不分、不择手段。而一向被人们视为最贪恋金钱的洛克菲勒却对儿子这样讲："那些虚伪的人，总视贪心为恶魔。但在我看来，打开我们贪心之锁，并不等同于打开潘多拉盒子。有时，释放出无时无刻不在跳动的贪心，就等于释放出了我们生命的潜能。我由一个周薪只有 5 美元的记账员到今天美国最富有的人，是贪心让我实现了这个奇迹。贪心是推动我创造财富的力量，正如它是推动社会演进的强大动力一样。"

贪心，是缺少某物而产生的欲望。洛克菲勒之所以执着于对金钱财富的占有，是因为受到父亲和母亲的影响，尤其是其父亲。

从洛克菲勒的日记或者是回忆录中，我们可以看出他对父亲复杂的感情外，还很明确地指出父亲在指导自己经商方面的正面影响，甚至可以说，不管父亲身上的优点还是缺点都对洛克菲勒的成长有着有益的作用。

洛克菲勒的父亲是一个爱财如命的人，除了因为对家庭和婚姻不负责给洛克菲勒留下心理阴影外，他对待金钱的手法和思想也对洛克菲勒产生了深刻影响。首先，因为常年在外经商，洛克菲勒的父亲无法照顾家庭，而力量单薄的母亲也不能满足孩子们的正常生活要求，贫困就成了童年时期洛克菲勒最敏感的话题。过于贫穷，自然就对财富有了深深的渴望，同时父亲视财如命的金钱观也给洛克菲勒灌注了追求金钱的思想。而这种思想也和后来美国经济繁荣发展时崇尚金钱的社会文化相通，这样一来，重视金钱就占据了洛克菲勒经商思想的重要位置。

其次，尽管洛克菲勒的父亲是一个十足的守财奴，但他丰富的经商经验和高明的经商技巧，都或多或少、潜移默化地影响到了洛克菲勒。其父亲甚至还在一些时候出手帮助洛克菲勒。因此，洛克菲勒才敢于踏入社会并接受业务上的一些新挑战。洛克菲勒在晚年的时候还对这些念念不忘、津津乐道。

至于洛克菲勒母亲对他的影响，那就是塑造了洛克菲勒独立、坚韧、顽强甚至偏执的性格。如果说父亲留给洛克菲勒一眼泉水，那么母亲则给了他一把铁锹，洛克菲勒用这把铁锹不断向下挖，终于挖到了清澈的泉水。正是这两者的结合，使得洛克菲勒在掘取人生财富的道路上应付自如，最终成就了大时代下呼风唤雨的洛克菲勒。

没有人生下来就注定会是成功辉煌的一生，即使洛克菲勒也不例外。能促使这些成功人士勇往向前的不竭动力就是贪心了，这个时候把贪心这个词用在这里可能显得不太合适，但事实就是这样。

贪心使我们竭力追求渴望的事物，开动我们的大脑思维，去想，去做，去完善，让我们对未来充满希望。可一旦这个目标被实现，或者根本没有可贪婪的对象，那么百无聊赖、得过且过就是这些人的生活状态，就好像一棵毫无生机的树木，如何能茁壮成长，成为参天大树呢？看来，必要的贪心还是必需的，那么就请在我们内心深处为贪心留一个位置。

使用贪心比使用抱负更纯朴、更真实

贪心并不代表着没有节制，没有界限。将自己的贪心释放出来，也就相当于释放出了自己心中对财富的潜能和渴望。洛克菲勒最初的工作只是一个周薪5美元的记账员，而他之所以能够成为美国首富，正是因为贪心让洛克菲勒实现了自己的财富梦想，让他实现了这个奇迹。可以这么说，贪心就是推动洛克菲勒创造财富的力量，是推动社会的强大动力。

洛克菲勒在写给儿子的信中曾经说过："在我使用贪心一词时，你或许希望我把它换成抱负。不，我们都处在一个贪心的世界之中，我认为使用贪心比使用抱负更纯朴、更真实。纯朴是灵魂中一种正直无私的素质，它与真诚不同，比真诚更高尚。"

洛克菲勒初入石油界的时候，是和山姆·安德鲁斯合伙创办的。在公司创办初期，洛克菲勒便已经沉浸在了这种小小的成功里，他的贪心在无节制地膨胀，他的欲望在无止境地叫嚣着。

每天晚上，洛克菲勒睡觉之前都会对着自己说一句话："我要成为克利夫兰最大的炼油商，让流淌的油溪化成一捆捆的钞票；我要让每一个念头都服从于利益动机，帮我成为石油之王。"

所以，在石油公司创办初期的那些日子里面，小到购买办公用品，大到和客户谈判，凡此种种事情，洛克菲勒都要亲力亲为。每天穿梭忙碌，几乎没有停下来的时候。洛克菲勒指挥大家炼油，组织铁路运输，每天只埋首苦想：该怎样才能够扩大石油副产品市场。在这段日子里，因为内心无法掩盖的野心，洛克菲勒几乎是过着忍饥挨饿、日夜奔波的生活。

在洛克菲勒看来，命运要由自己去开创，真心希望的东西一定要想方设法去得到。成功与失败的间距并不像人们想象的那样，仅仅只在一念之间而已。成功就是看谁有强烈的贪心，谁具有这种力量，谁就能焕发并施展出自己的全部力量，尽力而为，超越自己。洛克菲勒每一个前进的步伐都能让他感受到贪心的力量！贪心不仅能让一个人的能力发挥到极致，也逼得他献出一切，排除所有障碍，全力前进。

在洛克菲勒的一生中，因为他对金钱财富的贪欲，外界对他可谓是议论纷纷，争议不断。

在当时，虽然很多人都说洛克菲勒是一个贪得无厌的大坏蛋，但是也不可否认，洛克菲勒在很多人心中是一个非常宽容的大债主。

洛克菲勒一生的好伙伴盖茨曾经说过："我从来都没有见过洛克菲勒先生催过借出去的个人贷款，也从来没有见过洛克菲勒先生取消过某一个人的抵押品的赎取权，更没有见过洛克菲勒先生去逼迫过哪一个债务人。"

而洛克菲勒的另一个投资顾问亨利·库伯也曾经说过："在生意场上，洛克菲勒先生从来不会过分苛刻，他是一个很好说话的生意伙伴。"

洛克菲勒在很多人眼中是一个贪婪无比的石油大商，而在很多人眼中，他又是一个很慈善和蔼的债主。可以这么说，洛克菲勒将贪欲和宽容融为一体。他的贪欲很大，可他对外界人的宽容心也很大。

由此看来，贪欲和宽容并不是一个矛盾体。同样，有了贪欲，才会有向上的动力，有了向上的动力，才会有创造财富的能力，有了财富，才算是有了对他人金钱上的帮助和宽容。

人活着就要有贪心和目标

没有目标和野心的人就像是一艘没有舵的航船，永远原地打转，漂流不定，最后搁浅在失败和丧气的海滩上。贪心，如果从其正面意义上来讲，其词义可以等同于野心、上进心。一个想要走向成功的人生，或者是已经有着辉煌成就的人生，他们都有相似的一点，即在人生道路上为自己树立一个正确的人生导向和目标。

在上学期间，一位大胆的老师向学生们这样说道："贪心没有什么不好，我认为贪心是件好事，人人都可以贪心。"这句影响洛克菲勒一生的话，也被他写进信中，用来教育小洛克菲勒。的确，人活着可以有贪心，而且必须有"贪心"，这样，我们才能为了一个目标而日夜耕耘，勇往直前。

洛克菲勒能取得举世瞩目的伟大成就，与他从小立志成为世界首富的梦想是分不开的，这个目标成为鞭策他一生的前进动力。

洛克菲勒认为上帝赋予我们聪明的头脑和坚实的肌肉，不是让我们成为碌碌无为的失败者，而是让我们借助大脑和双手成就一番事业，不管最终的成就多大，我们至少在进步。

洛克菲勒的父亲是一个典型的爱财者，根据洛克菲勒的说法，他的父亲在出门的时候身上必须要有1000元的现金，尽管有时候要去人多的地方，但是他似乎从来不害怕被偷被抢，他总有各种方法来保证现金的安全。

这个满身铜臭的"金融家"身上到处都能体现出其贪心的本性，哪怕是借钱给他的儿子洛克菲勒，也是要收取利息的。这样一来，大比尔在经商方面的一些技巧和心得也无形中灌输给洛克菲勒，所以，我们看到年少的洛克菲勒就有很大的野心，找工作要进一流的大公司，求职位也要是一流的主干岗位。当然，因为工作经验达不到要求，洛克菲勒并没能如愿以偿，顺利成为一流职员。不过，他却凭借顽强的意念和优秀的表现被一家大型公司录取，开启了职业生涯新征程。

贪心在洛克菲勒身上也是有数不清的表现，在谋求到职位之后，他起早贪黑，在自己的岗位上忙碌，熟悉业务，完成工作，还努力学习其他方面的相关知识，阅历逐渐丰富的洛克菲勒还被任命代表公司参加一系列的谈判。

升职也不能满足洛克菲勒的野心，他暗暗积攒力量，终于有朝一日成立了自己的合伙公司，从被雇佣者成为雇主。后来成功进军石油行业的洛克菲勒也不甘只做优秀商人，他要做的是这个行业的龙头老大，他要成为这个行业规矩的制定者，而非是实行者。为此，他四处走访，寻觅人才和资金，大刀阔斧进行收购，最终成就了强大的石油帝国。

洛克菲勒不仅自己志存高远，他还极力告诫自己的儿子不能像四处飘荡的航船一样毫无方向，而是要树立人生目标，并且朝着这个目标而努力，而奋斗。洛克菲勒这样说："我的人生目标就是要成为第一，这也是我设法制定出并努力遵守的人生规划，我所付出的所有努力和行动，都忠于我的人生目标。"

人若没有了野心和目标，肯定就会一事无成。而洛克菲勒很幸运，不仅仅是他有一颗征服一切的野心，他还有一个亲身施教的父亲，让洛克菲勒懂得了野心和目标的重要性，让他了解到人生的方向。

一位法国生物学家做过这样一个有趣的实验，他发现树上的毛虫有这样一种行为：它们排着长长的队，由一条毛虫带队，其余的毛虫紧跟其后，亦步亦趋，井然有序。

这时，生物学家开始将一些毛虫放在一个花盆的盆沿上，并使它们首尾相接，排成圆形。做完这些之后，生物学家还在毛虫旁边放置了一些食物。这一次，毛虫还是一如既往地跟着领队毛虫走，让人惊讶的是，自始至终都没有一只毛虫从队伍中解散出来寻找食物，这种执着的循环运动致使七天后，所有毛虫都饿死在花盆上。

没有目标，只是盲目随大众，就像是碌碌行走的毛虫，只是依靠过去的经验，结果落得饿死的下场，这真是辜负了上天赐予生物的机能。所有，从现在开始，我们允许贪心的存在，并要马上树立实际可行的正确的人生目标，杜绝做碌碌无为的毛虫和终日在原地飘浮的航船。

不要做贪欲的奴隶

洛克菲勒曾经说过：贪心是一件好事，每个人都可以有贪婪之心，正是因为有了这些，我们才会看到生活的希望，才想要改变当下的现状。可是，贪欲却是永远无法满足的，如果你过分地贪婪而不加节制的话，你也就变成了贪欲的奴隶，它甚至会督促着你用乞讨的方法去占有，去巧取豪夺。

要知道，如果你无法对现在拥有的一切感到满足的话，那么就算把全世界都给你，你也不会开心的。所以，我们在拥有贪心的同时，也要注意不要越过了贪心的度，到时候贪心成了贪欲，一个活生生的人却演变成了奴隶，这也就违背了贪心的本意了。

有一回，洛克菲勒和小约翰在院子里逮麻雀。洛克菲勒给小约翰做了一套捕鸟的工具，用木棍将一个像箱子模样的东西支起来，下面撒了一些食物，木棍的头上还系着一根绳子，绳子的另一头在他们的手中。只要麻雀进来吃东西，他们一拉手中的绳子，就能够将里面的麻雀一网打尽。

箱子刚支起来，便有一群麻雀飞过来了，足足有九只。不一会儿的工夫，便钻进去了六只。洛克菲勒告诉小约翰，可以拉绳子了。可是小约翰却说："再等一会儿吧，等到全部进去我们再拉。"

一会儿后，箱子底下的六只变成了四只，洛克菲勒又说道："现在可以拉绳子了。"

可小约翰还是说："再进去一只，一只我就拉绳子。"

又过了一会儿，箱子底下还剩下一只。小约翰有些慌张了。洛克菲勒又说道："儿子，如果你现在拉绳子，最起码还捉住了一只。"可小约翰却有些不甘心，他说："应该还会进来几只，再等等吧。"

最后很显然，小约翰一只麻雀也没有逮到。洛克菲勒看着沮丧的小约翰，语重心长地劝解道："儿子，人有贪心是好事，可是贪心又是无限大的，如果你被贪心束缚住，你不仅不会掌控住贪心，你还会成为它的奴隶。所以，有些时候，欲望太多也并非好事，你要学会克制。"

在上述故事中，正因为小约翰的贪欲，才一只麻雀都没有逮到。如果小约翰能够及时克制住自己的欲望，那么他最起码可以逮到六只麻雀，这就是贪欲带来的恶果。因为想要得到更多，最后反而失去了自己可以拥有的。

我们都应该知道，贪心是无止境的，是没有尽头的，如果人们成了它的奴隶，人就会永不知足。如果任其自由发展下去，就会变得贪得无厌，最后可能会走上自我毁灭的道路。洛克菲勒还曾经告诫儿子：对贪欲的追求是一种冲动，我们必须要加以克制才行。

所以，我们一定要做贪欲的主人，而不要成为贪欲的奴隶。

第③④封信

重视对手，勇于竞争

August 11,1918

亲爱的约翰：

今天，在去打高尔夫球的路上，我遇到了久违的挑战：一个年轻人开着他那部时髦的雪佛兰高傲地超过了我的车子。他刺激了我这个老头子好胜的本性，结果他只能看我的车屁股了。这让我很高兴，就像我在商场上战胜了我的对手一样。

约翰，好胜是我永不磨损的天性，所以我说那些谴责我贪欲永无止境的人都错了，事实上我不喜欢钱，我喜欢的是赚钱，我喜欢的是胜利时刻的美好感觉。

当然，让别人输掉的感觉有时会触动我的恻隐之心，但是，经商是一场严酷的竞争，没有什么东西比设法迫使别人出局更无情的了，可是你只能想方设法战胜对手，否则被迫出局、接受悲惨命运的人就是你自己。有竞争出现的地方，都是这样。

坦率地说，我不喜欢竞争，但我努力竞争。每当遇到强劲的对手时，我心中竞争好胜的本性就会燃烧，而当它熄灭时，我收获的是胜利和快乐。波茨先生就曾为我带来这种快感，而且非常巨大。

与波茨先生开战，源于我的一个错误，一个因好心而酿成的错误。在 20 世纪 70 年代，石油都集中在宾州西北部一个不大的地方，如果在那里建设一张输油管道网络，将所有油井连接起来，我只需要借助一个阀门，便可以控制整个油区的开采量，从而彻底独霸这一行业。可是我担心，用管道长途运输会引起与我合作的铁路公司的不安与恐惧，所以为维护他们的利益，我一直没有启动铺设输油管道的计划，更何况他们都曾帮助过我。

但是，那个曾经戏耍过我、又向我妥协了的宾州铁路公司此时却野心勃勃，他们努力想取代我，要将炼油业彻底置于他们的掌控之中。他们把油区两条最大的输油管道并入了自己的铁路网络，想借此扼住我们的咽喉。而肩负完成这一使命的人，就是宾州铁路的子公司帝国运输公司的总裁波茨先生。

坐视对手发展，哪怕是潜在对手的实力增强，都是在削弱自己的力量，甚至会颠覆自己的地位，我可没那么愚蠢。我的信念是抢在别人之前达到目的。我迅速起用精明强干的奥戴先生组建了美国运输公司，与帝国公司展开了一场自卫反击战。我们的努力获得了应有的回报，不出一年，我们控制了油区四成的石油运输业务，压制住了波茨先生的进攻。但这只是我与波茨先生较量的开始。

在这个世界上能出人头地的人，都是那些懂得去寻找自己理想环境的人，如果他们不能如愿，就会自己创造出来。

两年后，在宾州布拉德福又发现了一个新油田，奥戴先生迅速带领他的人扑向那个激起千万人发财梦想的地方，不分昼夜把输油管道铺向新油井。但开采油田的那帮家伙个个都很疯狂，毫无节制，恨不得一夜之间就把油全部采光，然后面带喜悦揣着钞票走人。所以，不管奥戴他们怎么努力，都无法满足运输和储存石油的需要。

我不想看到辛辛苦苦的采油商们自掘坟墓，毁灭自己，我请奥戴警告采油商，他们的开采能力已经远远超过了我们的运输能力，他们必须缩减生产量，否则，他们开采出来的黑金就将变成一文不值的黑土。但没有人接受我们的好意和忠告，更没有人欣赏我们的努力，反来声讨我们，说竟敢不运走他们的石油。

就在布拉德福德的采油商们情绪激动达到顶点的时候，波茨先生动手了。他先在我们的炼油基地纽约、费城、匹兹堡向我示威，收购我们竞争对手的炼油厂。接着，又开始在布拉德福德抢占地盘，铺设输油管道，要将布拉德福德的原油运到自己的炼油厂。

　　我很欣赏波茨先生的胆量，更愿意接受他意欲撼动我在炼油业的统治地位而发起的挑战，但我必须将他赶出炼油行业。

　　我首先拜会了宾州铁路公司的大老板斯科特先生，我直言不讳地告诉他，波茨先生是个偷猎者，他正在闯入我们的领地，我们必须让他停下来。但斯科特非常固执，决心让波茨的强盗行为继续下去。我没有选择，我只能向这个强大的敌人应战。

　　首先我们终止了与宾铁的全部业务往来，我指示部属将运输业务转给一直坚定地支持我们的两大铁路公司，并要求它们降低运费，与宾铁竞争，削弱它的力量，同时命令关闭依赖帝国公司运输的所有在匹兹堡的炼油厂；随后指示所有处于与帝国公司竞争的己方炼油厂，以远远低于对方的价格出售成品油。宾铁是全美最大的运输公司，斯科特先生是握有运输大权的巨头，他们以前从未被征服并以此为荣。但在我立体、压迫式的打击下，他们只有臣服。

　　为与我对抗，他们忍痛给予我们竞争对手巨额折扣，换句话说，他们为别人服务还要付给别人钱。接着他们使出了不得人心的一招——裁减雇员、削减工资。斯科特和波茨没有想到，这很快招致了惩罚，愤怒的工人们为发泄不满，一把大火烧了他们几百辆油罐车和一百多辆机车，逼得他们只得向华尔街银行家们紧急贷款。结果，当年宾铁的股东们非但没有分得红利，而且股票价格一落千丈。他们与我决斗的结果，就是他们的口袋越来越干净。

　　波茨先生不愧是个军人，在你死我活的硝烟中拼出了上校的军阶，有着令人钦佩的不屈不挠的意志力，所以，在已经分出胜负的情况下，他还想继续同我战斗下去。同样有着军旅生涯的斯科特先生，尽管此前曾是最有统治欲、最独裁的实力派人物，但他更懂得什么叫识时务，他果断地低下了不可一世的脑袋，派人告诉我，非常希望讲和，停止炼油业务。

　　我知道，波茨上校想要证明自己是伟大的摩西，可惜他失败了，他彻底失败了。几年后，波茨放弃了与我对抗的欲望，这个精明又滑得像油一样的油商，成为了我属下一个公司积极勤奋的董事。

　　傲慢通常会让人垮台。斯科特和波茨自以为出身高贵，一直目空一切，所以，成功驯服这些傲慢的倔驴，我的心都在跳舞。

　　约翰，我喜欢胜利，但我不喜欢为追求胜利而不择手段。不计代价获得的胜利不是胜利，丑恶的竞争手段让人厌恶，那等于是画地为牢，可能以后永远无法超越。即使赢得一场胜利，也可能失去以后再获胜的机会。而循规蹈矩不表示必须降低追求胜利的决心，而是表示用合乎道德的方式去赢得明确的胜利，也表示在这种限制下，全力公平、无畏地追求胜利。我希望你能做到这一点。

爱你的父亲

详解

丑恶的竞争手段就等于画地为牢

商场竞争，就少不了尔虞我诈。很多人为了追求胜利，都不择手段、不计代价。可是，这样的竞争方式在洛克菲勒看来，却是让人无比厌恶的。他说，我喜欢胜利，但我不喜欢为追求胜利而不择手段。不计代价获得的胜利不是胜利，丑恶的竞争手段让人厌恶，那等于是画地为牢，可能以后永远无法超越。即使赢得一场胜利，也可能失去以后再获胜的机会。而循规蹈矩不表示必须降低追求胜利的决心，而是表示用合乎道德的方式去赢得明确的胜利，也表示在这种限制下，全力公平、无情地追求胜利。

商场上，良性竞争是最为必要的前提，只有保持公正和公平的原则竞争，商场才能够良性地发展下去。那些使用丑恶竞争手段的商家，只能搅乱商场秩序，自寻灭亡。

再强大的人也会有竞争对手，洛克菲勒也不例外。当时，洛克菲勒的石油事业蒸蒸日上，可就在这时，却出现了一个强劲的竞争对手，威胁到了洛克菲勒的地位。这个人就是本森。洛克菲勒为了抑制本森的发展，采用了很多种方法，可是都收效甚微。

于是，洛克菲勒公司中主管公司运输的奥戴先生提出了一个建议，想要使用武力来破坏本森先生的输油管道，这样肯定会给本森带来巨大的打击。洛克菲勒得知后很是生气。他对奥戴先生说："只有无能的人才会选择这样丑恶的竞争方式，请你把这个愚蠢的想法杀掉。我从来没想过自己会输，即便是我输了，我也要输的光明正大，而不是选择这样的方式。"

就这样，洛克菲勒否决了奥戴先生的建议，并且在本森先生春风得意之时，他发起了一系列的、强劲的攻势，摧毁了本森先生的所有计划。随后，本森先生不得不低头言和，主动投降了。

对于这件事情，洛克菲勒先生还说："你在背后捣鬼，可能会取得一时的利益，但是成功永远不可能向着这种人的。最后，它肯定会让这样的人尊严丧尽、颜面尽失。我们要明白，在商场上，任何一种不道德的竞争手段都不会长久的，也都不会给企业带来任何发展的。"

不管在什么时候，不管在任何场合，我们都应该遵循良性而又善意的积极竞争，而不能选择这种丑恶的竞争方式。只有当你处在一个公平的竞争环境时，商业才能够有序地发展。只有这样，才能够赢得竞争对手的尊重，也才能促进彼此间的合作和学习。

所以，在竞争过程中，我们要秉着道德的竞争手段，积极地参与到竞争当中去，这样才能够更快更好地促进企业的发展。而对于那些把竞争对手当作死敌的人，为了竞争而不择手段的商家，他们处心积虑地想要赢得这场战争，但是却因为自己不堪入目的竞争手段，最后只赢得了沮丧和后悔，成了实实在在的输家。

努力和决心促成成功

洛克菲勒一生搞垮了很多家公司，也曾逼得对手走投无路，这和他本性有关。他曾经说过，好胜是他的天性，他不喜欢钱，但是却喜欢赚钱；他不喜欢竞争，但也会努力竞争。他说，我喜欢的只是那种胜利的感觉。

在商场上，竞争是非常严酷的，迫使别人出局也是很无情的事情。但是为了避免惨运的出现，我们只能下定决心，努力战胜对手才行。商人最忌讳的就是有恻隐之心，竞争，什么地方都一样。

在洛克菲勒那里，对手越是强劲，他心中渴望胜利的念头就会越强烈。因为他知道，当这本性之火熄灭的时候，他所得到的就是快乐和胜利。他喜欢这种快感，更喜欢从对手身上找到这种快感。

波茨先生是洛克菲勒的主要对手之一。美国宾州西北部地区不大，但是却是那个时候美国石油的集中地。洛克菲勒知道，要想控制这一行业，就必须控制整个石油产区的开采量。这就需要他在宾州西北部建设一张输油网。

但洛克菲勒还有一个顾虑，如果他选择用管道进行长途运输的话，肯定会造成他的合作商们的恐惧。为此，他只能将这项计划搁浅了。

就在这时，一直和洛克菲勒作对的宾州铁路公司，却想要先下手为强，将这片石油产地控制在自己的手中。他们想将油区内两条最大的输油管并入自己的铁路网内，这样也就算切断了洛克菲勒公司的后路。而负责这一计划的人则是波茨先生。

洛克菲勒明白，如果自己任由其发展下去，那么最后肯定会削弱自己的力量，这是很愚蠢的行为。所以，不管现在的处境如何，他都要下定决心竞争下去，为胜利做最大的努力。

于是，洛克菲勒立刻派遣自己的手下强将奥戴先生成立了美国运输公司，和宾州铁路公司展开了激烈的竞争。不到一年的时间，在洛克菲勒和其团队的共同努力下，他们得到了满意的结果，堵截住了波茨先生的攻击。

在这个世界上，那些能够出人头地的人，都是懂得如何去维持自己梦想的人。如果在梦想的道路上遇到了阻碍，那么他们就会努力走出来，下定决心战胜它，这才是一个成功者该有的信念。

傲慢通常会让人垮台

低头的麦穗总是饱满的，而昂着头的麦穗却是空空如也。在这个世界上只有谦虚的人才会受人尊敬，傲慢无礼、自以为是的人则永远得不到人们的好感。西方哲学家西塞罗说道："最适合伟人的就是谦虚和容忍了。"而著名的希腊哲学家苏格拉底也曾经说过："我不是什么超人，我和普通人是一样的，唯一的不同就是我知道自己的无知在哪里。"

石油大王洛克菲勒就一直教育自己的子女说：傲慢通常会让人垮台。在洛克菲勒的对手中，不乏一些自以为是、傲慢张扬的贵族，而每当看到这些人的时候，洛克菲勒的心里就会升起很强烈的欲望。他要征服他们，他要战胜他们。

富兰克林是18世纪美国最伟大的科学家和发明家，同时他也是美国著名的政治家、外交家。

有一回，富兰克林只身前往一位前辈家里拜访。当他准备从小门进入的时候，谁知因为门低了一些，富兰克林的头部被狠狠地撞了一下。这个情景被出来迎接他的前辈看到了，前辈笑着问道："很疼吗？不过，这也是你今天来我这里最大的收获。你要记住，要想平安无事，千万不要昂着头走，这样容易栽跟头。要适时地懂得低头，低下头，不仅不会损害你的颜面，还能够让你赢得更多的掌声和呐喊。要知道，在这个世界上生存，一定要懂得低头的必要性。这也是我想要告诉你的事情，你可千万不要忘了。"

从那之后，富兰克林便将这位前辈的话牢记在心里，并且还将谦虚作为自己一生的行为准则。

谦虚是人们最基本的道德准则，也是人们为人处世的最基本美德，它是一种高尚的情操。一个懂得谦虚的人，会赢得人们的尊重和喜爱；同样，一个傲慢无礼的人，也会遭到别人的厌恶，这样的人在轻视别人的同时，却也打击了自己。

爱迪生是世界著名的发明大王，一生所发明的事物超过一千多种，也失败了不知多少次。爱迪生曾经有一个助理，这个助理是一个心气很高的年轻人。当他看到爱迪生一次次的失败时，便露出了不可一世的表情，很是傲慢无礼。爱迪生将其看在眼里、记在心上，不动声色地继续观察着这个傲慢的年轻人。

有一次，爱迪生指着一个容器对这个年轻人说："你把这个容器的容量算出来。"这个年轻人心知爱迪生是想要考考他，心想："这点难度，根本不可能难住我。"

可是，一个小时过去了，又一个小时过去了，这个年轻人用尽了各种办法，就是无法得出容器的容量。在试验台上的爱迪生看此情景便走过来，将一杯水倒进这个容器里，然后对那个年轻人说："这下，你只需要计算出这些水的容量是多少就可以了。"

也正是从这件事情开始，这位年轻人才算是收敛了自己傲慢无礼的态度，开始恭恭敬敬地当起了爱迪生的助手。

天外有天，人外有人。有些人得到一点小成就就不可一世、目中无人，而有一些人就算站在了世界的前沿，他们依然是谦逊待人。而前者只会遭人唾弃，后者则会受到众人的敬仰。

傲慢的人，身上再多的优点也会被缺点掩盖，因为高昂的头颅是看不到脚下的路也听不到他人的话的。一个人在傲慢的时候，听不进去别人的教导，也看不清事实的真相，而等一切都已经过去的时候，他才幡然悔悟，可是那个时候却为时已晚了。

所以，我们一定要丢掉身上的傲慢，要做一个谦虚谨慎的人，低头看好脚下的路，才能够一步一个脚印地、踏踏实实地向前行进。

为自己创造理想环境

洛克菲勒说："在这个世界上，能够成就大业的人，都是一些懂得为自己创造理想环境的人，他们懂得借势、造势，懂得利用和合作。这样的人，就算在危难的情况下，他们也会创造出有利于自己的环境来。"

不管在什么地方，不管什么时候，有人存在的地方就有竞争，要想在这里获得一席之位，你就要懂得给自己创造有利的环境。因为在这样的战争中，有利的环境是不会找你的，所以这需要你去创造。不管是与人合作也好、与人竞争也罢，都要给自己争取最有利的战争环境，最有利的战争优势。

有一些时候，美国五大湖地区的造船价格差异太大，洛克菲勒刚刚跨入这个行业的时候，为了减少成本，就必须找有资历的人为自己效劳，让自己在其中有一席之地。于是，洛克菲勒便找到了他的竞争对手马赛先生。

起初，马赛先生非常固执，怎么都不愿意和洛克菲勒合作。为了达到目的，洛克菲勒开出了很诱人的条件，并且声称，只要马赛先生愿意，随时都能够加入他的团队。

马赛被洛克菲勒诚心和报酬打动了，便答应和洛克菲勒见上一面。就在这短短的见面时间里，洛克菲勒便给马赛先生下达了300万美元的订单。公司的其他人都怀疑马赛先生合作的诚意，可是在洛克菲勒看来，要想为自己营造一个好的生存环境，就必须依仗外力的作用，而马赛先生无疑是最好的选择。

洛克菲勒打算要建造12艘船，但是据马赛先生所知，这一地区的造船厂，有的可以承包一只，有的可以承包两只，如果将这12艘船全部交给一个造船厂的话，那么所需要的费用无疑是一个天价。洛克菲勒便询问马赛先生的意见。

于是，马赛先生给每一个造船厂家都寄了一份计划书，并且让他们说一下自己能够承担一艘船还是两艘船。这样，所有的厂家都认为，洛克菲勒公司只要这两艘船，一时间，所有的商家都纷纷降价，希望自己能够拿到这份订单。

等到大部分的商家都拿到订单后，他们才发现，自己以为的竞争根本不存在。而在这一场竞争中，最大的受益者就是洛克菲勒公司。

通过这件事情，洛克菲勒更加庆幸当时将马赛先生拉进了自己的队伍，也正是由于他的加入，才使得自己在造船业这个大环境中有了属于自己的一片天空。要知道，在造船业这个领域，洛克菲勒算得上是一个刚入行的新人，随时都有被吃掉的可能。可是他却懂得在这种情况下，为自己创造一个生存优势，才使得自己在船业领域也有一定的发展。

所以说，当我们所处的大环境不利于自己的发展时，我们就要有意识地为自己创造一个理想的小环境。只有这样，我们才能够在大环境中生存下来，也只有这样，我们才能够在大环境中乘风破浪，闯出自己的一片天空，成就自己的一番事业。

第35封信

始终把部属放在第一位

原文

September 19, 1925

亲爱的约翰:

想象一下这样一个场景:一位交响乐团的指挥,准备让买票进场的观众欣赏一场高水准的演出,但是他却转身面向观众,留下音乐家们独自奋战、辛苦演奏,结果会怎么样?

是的!这注定是一场最糟糕的音乐会。因为指挥没把音乐家们放在眼里,后者就会用消极怠慢的态度来回应他以表示"感谢",事情注定会搞得一团糟。

每个雇主就像是一位乐团的指挥,他做梦都想激励、调动起所有雇员的力量,使之尽可能多地做出贡献,帮助他演奏出赚钱的华丽乐章,让他赚到更多的钱。然而,对许多雇主而言,这注定是一场难以实现的梦,因为他们就像那位愚蠢的指挥一样,忘了善待雇员,以致轻松地关闭了雇员们情愿付出的大门。

同他们一样,我期望所有的雇员都能像忠实的仆人那样,全心全意为我做出更多的贡献。但是，我比他们聪明许多，我非但不会无视雇员的存在，反而会认真看待他们，准确地说，在我的脑子里始终把为我卖命的雇员摆在第一位。

坦白地说，我没有理由不善待那些雇员，是他们用双手让我的钱袋鼓了起来；我也没有理由不去感激他们，因为他们为我的事业做出了努力与牺牲，更何况我们这个世界本来就应该充满温情。

我爱我的雇员，我从不高声斥责、侮辱谩骂他们，也不会像某些富人那样在他们面前颐指气使、不可一世，我用温情、平等与宽容来对待我的雇员，所有这些合成一个词就叫尊重。尊重别人是满足我们道德感的需要，但我发现它还是激发雇员努力工作的有效工具。标准石油公司的每个雇员都为公司竭尽全力地工作，这一事实让我坚信：给予人们应得的尊重，他们就能彻底发挥他们的潜能。

人性最基本的一面，就是渴望获得慷慨。我本人克勤克俭，却从没忘了要慷慨地向他人施以援手。记得那次经济大萧条时，我曾数次借债来帮助那些走投无路的朋友，让他们的工厂和家人平安渡过了危机。而在我的记忆中，我从来没有催债和逼债的记录，因为我知道心地宽容的价值。

至于对雇员，我同样慷慨和体恤，我不但发给他们比任何一家石油公司都要高的薪金，还让他们享受退休金制度，这能保证他们老有所依。此外，我还给予他们每年约见老板要求为自己加薪的机会。我不否认，在付出慷慨的援助时，我怀有功利心，但我更知道我的慷慨将换来雇员生活水准的提升，而这恰恰是我的职责之一，我希望每一个为我做事的人都因我而富有。

雇主就是雇员的守护神，雇员的问题就是我的问题，我握有选择权，我可以选择忽略他们的需求，也可以选择满足他们的需求，但我喜欢选择后者。我总试图了解雇员需要什么，接着就想办法满足他们的需求。我不断询问他们两个问题："你需要什么？"和"我可以帮上什么忙？"我随时都在旁边关心他们。对我来说，这个职务最大的乐趣之一，就是我能为雇员提供一臂之力。

薪水和奖金的确非常诱人，然而对一些人来说，金钱并不能激起他们为之效命的欲望，但给予重视却能达到这个目的。在我看来，每个人都渴望受到重视、赢得他人的尊重，希望自己的价值得到肯定，每个人的脖子上都挂着一幅无形的标志，上头写着：重视我！

我无法想象一个人在工作或在家庭中不被重视的痛苦，我的目的是要让每个人在工作时都能如沐春风。所以，我就像个要侦查出破案线索的侦探，不停地搜索每个雇员引以为豪的才能。当我了解他们认为自己最值得重视的才能后，我就会给予他们重任。一个善于激励雇员做出最大贡献的雇主，要让雇员看到，追随或者效忠于你是有希望、有前途的，你要时刻提醒自己，给予重视、委以重任其实是能让雇员发挥工作热情的关键。

做和善、体贴的雇主，可以使雇员精力充沛，斗志昂扬。而对雇员时常表示谢意，似乎也很有作用。没有一位雇员会记得5年前得到的奖金，但是有许多人对雇主的赞美之词，会永远铭记在心，我会毫不吝惜向他们表达心中的感激之情。没有一件事的影响力，比及时而直接的感谢来得更为深远。

我喜欢在部属桌上留一张便条，上面写着我的感谢词。对于我一两分钟信手写来的感激之语，我可能早已不记得。但是我的感激之意却会产生鼓舞人心的效果，多少年后，他们还都能记得我这个慈爱的领导者留给他们的温暖鼓励，并视其为一个珍贵的箴言。一个简单的感谢申明，能够展现强大的力量，这就是一个很好的证明。

我绝对会认真看待我的部属，包括他们在工作和个人方面的问题。我了解每个人的能力毕竟有限，因此当我尽力为部属解决问题的同时，相对地，他们就可以做出更多的贡献。

约翰，现在你已经是一位领导者，你的成就来自于你的领导能力，也来自于雇员们的能力的发挥，我相信你该知道怎么做。

爱你的父亲

详解

把为自己卖命的雇员摆在第一位

如果想得到他人的重视和认可，那么努力提高自己绝对是最好的方法，作为公司的管理阶层，也需要汇集各种人才，所以积极发现那些卖命工作的人就是一件很重要的事情了。要知道，能够将全部精力用来努力工作的人一定有着超强的意志和决心，这些优秀品质很受众人的喜欢，尤其在面对枯燥的工作时，这些性格特点将会成为促进公司不断发展的源泉。

对于那些拼命为公司、为老板工作的雇员，洛克菲勒表示出了由衷的感谢和信任，他给予这些员工足够的重视，并委以重任，时刻将这些为自己卖命的员工摆在第一位。

对于标准石油公司的第二任CEO阿奇博尔德，大家可能感到有些陌生，不过要提到"四美元先生"，想必大家就都有所耳闻了。

阿奇博尔德和洛克菲勒有着相似的人生经历，阿奇博尔德自幼家境贫寒，这也让他养成了勤劳、诚恳的好品质。工作之后，阿奇博尔德也将这种品质带到了他的工作中去。初到标准石油公司时，阿奇博尔德只是一个小职员，每天的工作就是推销公司所产的石油。尽管阿奇博尔德十分热爱这份工作，并投入了很大的热情，不过起初，阿奇博尔德的工作成绩总是没有其他同事好。

阿奇博尔德心里明白，只有公司效益好了，自己的收入和生活才能得到保障，而自己努力工作不仅能使公司效益持续变好，还能增加自己的收入，所以，他必须要卖命工作。为了能使自己的业绩赶上其他同事，阿奇博尔德想到了一个办法。

在电影院看电影的时候，阿奇博尔德会把一张写着"每桶四美元"的纸条放在座位上；在图书馆看书的时候，阿奇博尔德则会多准备几张小纸条，在每个纸条上面写上"每桶四美元"几个字，然后将这些小纸条分散地夹在书中；去旅馆住宿的时候，阿奇博尔德也总是在签名的地方写下"每桶四美元"几个字；与他人来往时的书信、收据依然是这样的落款。

最开始，大家对阿奇博尔德的行为感到奇怪，大家还开玩笑叫他"四美元先生"。可时间长了，阿奇博尔德的这种宣传方式也的确有了很明显的效果，每一张写着四美元的纸条都可能被他人看到，并注意到其中的商业信息，大家纷纷找到了阿奇博尔德。于是，"四美元先生"有了很多客户。

阿奇博尔德高热情投入工作的事迹也被洛克菲勒知道了，洛克菲勒被他爱岗敬业的精神所感动，对他的行为大加赞赏。于是，洛克菲勒热情地接见了这位"四美元先生"，两人更是共进晚餐。

后来，在洛克菲勒的重点培育下，阿奇博尔德的职位也在不断地上升。最后，让所有人惊讶的是，洛克菲勒退休后，阿奇博尔德成了标准石油公司的第二任总裁，而并不是他的儿子小约翰。虽然洛克菲勒的决定让每个人都感到意外，不过事后证明，洛克菲勒的眼光很独到，他的这个决定也很英明，在阿奇博尔德的带领下，标准石油公司的发展一如既往，稳定并更加昌盛。

没有自己美好的私人生活，每天加班加点，劳累地工作使自己的身体得不到很好的休息，被压得喘不过气的任务使自己在睡梦中也会惊醒，这就是那些卖力工作的员工的状态。他们可能没有突出的天赋，有的只是耐力和意志，这种充满朝气的精神面貌总是能被管理者察觉到。

经营公司不是短跑，而是长跑，更是接力跑，每一波新员工和新领导都是接力选手，如果依仗着以前公司打下的基础，坐吃山空，如何才能保证公司有长足的发展呢？所以，只有时刻将公司命运当作自己使命，铭记在心中的人，为公司效益卖力工作的员工才是担当重任的人选。这样也就提醒我们众多公司管理者们，要时刻将为自己、为公司卖力工作的员工放在首位，激发他们的工作潜力，满足他们的相关需求，如此一来不仅能为公司留下难得的人才，更能结识一些有着优秀品质的好友，何乐而不为呢？

给予雇员爱和尊重，是激发努力的工具

人与人之间应该保持最真诚的沟通，不管处于什么时代，不管沟通的双方是什么身份。这种真诚的态度却常常被人忽视，真诚待人的作用也被我们视而不见，大家都站在自己的职位上，拿出盛气凌人的姿势指挥属下；凭借丰富的经验取笑初出茅庐的后辈。没有平等、亲切的交往氛围是不可能形成团结一致的状态的，恐怕这是公司管理者亟须明确的一点吧。

同样，作为公司管理者的洛克菲勒不仅不趾高气扬地对待员工，更是对他们心怀感激。对于那些全心全意为自己工作的员工，他这样说道："我没有理由不善待那些雇员，是他们用双手让我的钱袋鼓了起来；我也没有理由不去感激他们，因为他们为我的事业做出了努力与牺牲，更何况我们这个世界本来就应该充满温情。"

用爱和尊重去激励员工，满足员工愿望，这种以人为本的待人方式就是洛克菲勒在公司管理过程中的指导方针。

对待那些辛辛苦苦为公司工作一辈子的员工，洛克菲勒总是为他们的生活考虑得很周到，他支付给员工们的工资不仅比其他任何一家石油公司的薪酬都高，洛克菲勒还为员工们提供了优厚的退休金，建立了完善的退休保障制度。假如仍然有人对这些不满意，洛克菲勒还允许他们直接约见自己的老板讨论加薪的问题，不过这

种机会是一年一次。

虽然以钱为衡量标准多少有些铜臭味，不过在金钱衡量背后是对价值和能力的肯定及尊重，职位上的肯定也会使员工们充分感受到他人的重视和尊敬，这种管理机制会很有效地激发员工们的积极性，促使他们为公司、为个人努力奋斗。

深受母亲影响的洛克菲勒还有着一副好脾气，他真心对待自己的雇员，从不高声斥责他们，更不会肆意辱骂他们。盛气凌人、不可一世的态度是不会出现在洛克菲勒的身上的，他给予员工的多是宽容和平等。洛克菲勒总是鼓励员工提出自己的意见和建议，还不忘关心他们的日常生活。洛克菲勒给那些生病的员工和已经退休的员工写信，慰问他们的情况。如果从比较心机的角度来说，不尊重员工的领导不仅不能有效激发员工的工作激情，还可能导致自己被孤立，失去人心，最后搞得溃不成军、众叛亲离。

1870年1月10日，标准石油公司的名号代替了原来由洛克菲勒、安德鲁斯和弗拉格勒成立的合伙公司。在起草公司建立章程的时候，洛克菲勒提出了这样一个特殊的决策，那就是公司的主要负责人不会以领取工资的方式获得报酬，而是从公司股票中收益股票升值部分和红利增加部分。洛克菲勒认为将公司和个人的利益紧密联系在一起的方法能更好地激发大家的工作积极性，增强大家的责任感。

洛克菲勒还经常告诫儿子约翰，希望这位将来家族事业的继承人能有不一样的魄力和胸怀。"雇主就是雇员的守护神，雇员出现问题就是你出现问题，当然，你也可以忽略他们的需求和问题，也可以满足他们的需求，想办法解决他们的问题。如果是我遇到这种情况，我会选择后者，与他们共同分享、分担。"

依靠这种方法，洛克菲勒留住了很多人才，也正是依靠这些人才，洛克菲勒才有能力构建他的石油帝国，更难得的是，他的石油帝国能历经几代依然昌盛。与其说是洛克菲勒领导得好，倒不如说是洛克菲勒的员工行动力好。

在现代化管理体系中，人性化管理越来越受到大家的重视。这种管理方式通过充分挖掘员工的潜能来实现员工的人生价值和人生目标。具体说来，该管理方法包括尊重员工，给予充分的物质激励和精神激励，提供各种有利的成长与发展机会，帮助制订员工的生涯规划等。

对于企业来说，人性化的管理方式能为员工和企业带来双方面的益处。首先，能营造和谐、平等、奋进的工作氛围，给大家以良好的工作环境，增强员工的团队意识和企业凝聚力；其次，人性化管理能有效地激发个人的工作热情，提高工作效率和质量；最后，坚持人性化管理方式还能提高整个公司的执行效率，使整体员工的素质得到提高，形成稳固坚实的合作团队，为公司总成绩加分。

用宽容的态度来对待雇员

洛克菲勒曾经说过："我爱我公司的每一位员工，当他们犯错的时候，我从来不会辱骂他们，甚至连高声斥责都没有，更不会像有些富人对着自己的员工趾高气扬。我对待员工的方法很简单，就是宽容相待，这也是尊重他们的一种表现。"

世人都会犯错，员工犯错也是无可避免。错误既然已经犯下了，你再怎么大发雷霆也于事无补，倒不如静下心来，好好想想对策。更为主要的是，在这个时候宽容自己的下属，要比任何激励政策都有用得多。所以，作为一个管理者，当遇到这种情况的时候，请学着像洛克菲勒那样，试着宽容以待，或许你会承受一时的损失，可是你却能够赢来一辈子的忠诚。

洛克菲勒的大女儿伊丽莎白升任公司领导后，就曾经遇到一件事情，也正是这件事情让伊丽莎白意识到，对下属宽容有着很大的必要性。

有一次，伊丽莎白吩咐她的助手去拟定一份合同，这份合同非常重要，伊丽莎白反复叮嘱过很多次，一定要细心、细心。就这样，合同来来回回地修改了很多次，到了最后定稿的时候，伊丽莎白又发现了一个问题，而且这个问题在上一次的谈话中已经指出来了，可是助手却并没有改正过来。

伊丽莎白刚想发作，但是转念一想，错误已经犯了，发火也改变不了什么。于是，她让自己冷静下来之后，又把助手叫了进来。她将合同推到助手的面前，面带微笑地说："您确定这份合同是最后定稿的吗？"

听到伊丽莎白的问话，助手也察觉到了有什么不妥，于是又拿回去检查了一遍，并且将那个错误改正了过来。助手将合同再次交给伊丽莎白的时候，伊丽莎白还很客气地说了一声"谢谢"，似乎她从来都没有看到过那个错误一般。

不过，经过这件事情之后，伊丽莎白明显感觉到了这个助手的变化，变得比之前更加努力、更加细心了。

人无完人，每一个人都有犯错误的时候，员工也不例外。员工犯了错误之后，领导若只一味地批评和嘲讽，不仅会对员工造成消极的影响，而且在很大程度上也会影响到员工的积极性，影响到接下来的工作进度。

那些会为人的领导，在遇到这些事情的时候，他们所想到的并不是怎样处罚犯错的员工，而是想着如何补救出现的问题。他们会尊重每一位员工，包括那些犯了错误的员工。要知道，在职场上，就算是一个无足轻重的人，也有着自己的尊严。也许他们没有别人那些特长，但是他们却比别人更加努力。如果仅仅是因为一些错误，便否决了他为公司付出的一切，这是不公平也是最愚蠢的做法。

所以，当遇到类似的情况时，老板首要将员工的尊严放在第一位，不要一味地斥责和谩骂，要学着去宽容他们，去包容他们犯下的错误，给他们一个改过的机会。只有这样，员工才会心甘情愿地为你服务，才会尽心尽力地为公司服务。

做一个和善、体贴的雇主

没有一个员工愿意为严厉、不体恤下属的老板服务，也没有任何一个员工喜欢和不苟言笑的老板相处，而一个吝啬、小肚鸡肠的老板更不会领导出一批团结力、凝聚力、工作力都很强悍的员工。

洛克菲勒曾经说过："作为一个雇主，只有做到和善、体贴，才能够让员工更好地为你服务，才能够让员工斗志昂扬。所以，不管什么时候，我都注重自己对员工的态度，注重自己的表达方式，更不会因为员工的一件小错误而随意地将其开除。"

洛克菲勒年轻的时候一心只扑在工作上，这也致使他很少有时间可以充分地锻炼。于是，洛克菲勒便经常会随身携带一个可以收缩的手拉弹簧，这样时间一空下来，就可以稍微锻炼一下。

有一次，他去自己一个分公司里办事，而这个分公司除了总经理外谁都不认识他。洛克菲勒对前台的员工说："我要见你们的总经理。"前台看洛克菲勒穿着简单随便，于是便很不客气地说："我们总经理很忙，不是谁都可以见的。"对于员工的这一态度，洛克菲勒倒也没有生气，只是说："那我就在外面等一下吧。"

当时，公司接待室里面并没有其他客人，于是洛克菲勒便拿出手拉弹簧，很用力地拉着。弹簧会发出声音，这下惹恼了那个员工。他气愤地说："喂，我说你是怎么回事，你知道自己在什么地方吗？这里又不是健身房，把你的东西赶快收起来，不然的话我可让人把你赶出去了。"

洛克菲勒赶快收好自己手中的弹簧，并且很和善地笑了笑，说："我马上收起来，收起来。"

几分钟之后，总经理出来了，一眼就看到了坐在沙发上等待的洛克菲勒。他赶忙迎了上去："洛克菲勒先生，您怎么有空过来？"

那个员工一听到洛克菲勒的名字，立马就瘫软了。他知道，自己在这个公司很可能待不下去了。

洛克菲勒和总经理谈完事情后，临走时还向那个员工点了点头。那个员工很是忐忑，他认为洛克菲勒肯定会惩罚他当时的无礼的。

只是，几天过去了，几个星期过去了，几个月过去了，这个员工并没有收到任何有关处罚的消息，他的心这才慢慢安定下来。显然，洛克菲勒并没有将这名员工的无礼放在心上，而是很宽容地原谅了这个员工的错误。

洛克菲勒认为，一个体贴和善的老板，就应该懂得宽容下属所犯的错误，不要对下属太过于苛求，只有这样，员工才会真心实意地为你工作，才会死心塌地地为你服务。换句话说，你包容了员工的错误，员工就更容易认识到自己的缺点，并且心悦诚服地加以改正，这绝对要比批评和指责有效得多。

不仅如此，历史上那些能够改变历史或者震撼人心的大人物也都是胸襟广阔的人。一个胸襟广阔的人不会因为他人的冒犯和无礼而勃然大怒，相反，他们会温和谦恭地对待那些冒犯他们的人。

俄国沙皇亚历山大骑马旅行到俄国西部。一天，他来到一家乡镇小客栈，为进一步了解民情，他决定徒步旅行。当他穿着没有任何军衔标志的平纹布衣走到一个三岔路口时，记不清回客栈的路了。

亚历山大无意中看见有个军人站在一家旅馆门口，于是他走上去问道："朋友，你能告诉我去客栈的路吗？"

那军人叼着一只大烟斗，高傲地把身着平纹布衣的旅行者上下打量一番，傲慢地答道："朝右走！"

"谢谢！"亚历山大又问道："请问离客栈还有多远？"

"一英里。"那军人生硬地说。

亚历山大抽身道别，刚走出几步又停住了，回来微笑着说："请原谅，我可以再问你一个问题吗？如果你允许我问的话，请问你的军衔是什么？"

军人猛吸了一口烟说："猜。"

大帝风趣地说："中尉？"

那烟鬼的嘴唇动了一下，意思是说不止中尉。

"上尉？"

烟鬼摆出一副很了不起的样子说："还要高些。"

"那么，你是少校？"

"是的！"他高傲地回答。

于是，亚历山大敬佩地向他敬了礼。

少校转过身来摆出对下级说话的高傲神气，问道："假如你不介意，请问你是什么官？"

亚历山大乐呵呵地回答："你猜？"

"中尉？"

亚历山大摇头说："不是。"

"上尉？"

"也不是！"

少校走近仔细看了看说："那么你也是少校？"

亚历山大静静地说："继续猜！"

少校取下烟斗，那副高傲的神气一下子消失了，说："那么，您是部长或将军？"

"快猜着了。"亚历山大说。

"殿……殿下是陆军元帅吗？"少校结结巴巴地说。

亚历山大说："再猜一次吧！"

"皇帝陛下！"少校的烟斗从手中一下掉到了地上，猛地跪在亚历山大面前："陛下，饶恕我！陛下，饶恕我！"

"饶你什么？"亚历山大笑着说，"你没伤害我，我向你问路，你告诉了我，我还应该谢谢你呢！"

卡莱尔说过："一个伟大的人，总是以他对待小人物的方式来表示他的伟大。"面对别人的冒犯，一个宽容的人能够时刻保持谦恭有礼的态度，事实上，他们之所以能够取得成功，也和这种宽容的胸怀分不开的。

所以，我们要做一个体贴和善的人，宽容了别人，也喜乐了自己。因为我们知道，每个人都有其缺点，有其难以掩饰的瑕疵，对于这些，我们只能选择性地忽略，尽量去寻找员工身上闪光的地方。用你的体贴与和善去包容员工，而员工也必将用他的热情和努力来回报予你。

没有什么事比及时而直接的感谢更为深远

你或许会想不起几年前你得到了多少奖金，但是你可能会记得老板夸奖过你的一句话语；你或许记不得写满了多少笔记，但是你一定记得老板递给你的那张写满感谢的纸张。这就是感谢的力量，在这个世界上，没有什么事情的影响可以比直接而又及时的感谢来得更加深远和有力。

在职场上，一个体贴、平和的雇主，总能够带动员工们的工作热情，而那些时常表达自己感谢之意的雇主，也很容易就能够激起员工们的干劲和决心。世界石油大王洛克菲勒曾经说过："若干年后，或许你已经忘记了自己当初所说的三言两语，但是你却忘不了感谢带来的魔力。这些员工，他们会记得我这个老板带给他们的鼓励和温暖，把我所说的每一个感谢当成奋斗的箴言。"由此也可以看出，一个简单的感谢，就能够展现出最为强大的力量。

洛克菲勒担任董事的时候，他经常会在自己员工的办公桌上留下一张纸条，上面写着自己对他们的感激之情。

他的女儿伊丽莎白知道这件事情后，便很不解地问道："父亲，你为什么要在员工的桌子上留一张纸条呢？这难道不是很多余吗？"

洛克菲勒解释道："千万不要小看了这一张小小的纸条。这一张纸条虽然只花费了我几分钟的时间，我甚至在不久之后就会忘记我写了什么样的话语。但是，这张纸条对于员工的意义却很大，他们可能不会记得我曾经写过什么，但是我的这份感激之心却能够成为鼓舞他们前进的动力。说不定在若干年以后，他们离职了、退休了，却依然记得我这个老板给予他们的鼓励。"

伊丽莎白怀疑地说道："一张纸条而已，真有那么大的能量吗？"

洛克菲勒又说道："一句简单的感谢，就能够带给人们无比强大的力量。这么多年我公司的发展不就是最好的证明了吗？"

后来，小约翰上任后，洛克菲勒又对他说："一个老板一定要善于激励员工，一定要让员工从你身上看到希望。你要记得提醒自己，员工是你必须要感谢的群体，也是你必须要委以重任的关键。"

感谢员工是对员工的激励，更是对员工的尊重。只有懂得感谢员工的领导，才能够带领企业走上发展之路。及时感谢是最为聪明的表达方式，它不仅可以提升员工们的自信心和自豪感，还能够带动整个企业的工作氛围。因为感谢，让所有的员工才觉得自己是这个公司中举足轻重的人物；因为感谢，才让员工明白了自己对这个企业的价值；也正是因为感谢，才使得员工甘心为你卖命。

聪明的领导明白感谢对员工的意义，明白一句感谢在员工周围会起到怎样的涟漪。所以，他们毫不吝啬自己心中的感激之情，他们喜欢向员工道谢。与其说他们尊重员工的人格，维护了员工的尊严，倒不如说，老板用一句小小的感谢便留住了企业，促进了整个企业的发展。

成功的希望就在自己手中

May 29, 1926

亲爱的约翰：

　　昨天，就在昨天，我收到一个立志要成为富翁的年轻人的来信。他在信中恳请我帮忙解答一个问题：他缺少资本，他该如何去创业致富？

　　他是想让我给他指明生命的方向。可是教诲他人似乎不是我的专长，而我又无法拒绝他的诚恳，这真令人痛苦。但我还是回信告诉他，你需要资本，但你更需要常识。常识比金钱更重要。

　　对于一个要去创业的贫寒子弟来说，他们常常因为资本匮乏而感到苦恼。如果他们再恐惧失败，他们就会表现得犹豫不决，以蜗牛般的速度缓慢行进，甚至止步于成功之路，而永无出头之日，所以我在给那个年轻人的回信中特别提醒他："从贫穷通往富裕的道路永远是畅通的，重要的是你要坚信：我就是我最大的资本。你要锻炼信念，不停地探究产生迟疑的原因，直到肯定取代了怀疑。你要知道，连你自己都不相信的事情，你是无法达成的，信念是带你前进的力量。"

每一个渴望成功的人都应该认识到，成功的希望就隐藏在他自己身边。只要认识到这一点，他就能得到自己想要得到的东西。在信中我给那个年轻人讲了一个故事，我相信这个故事定将惠泽于他，乃至所有的人。

这个故事也是我从他人那里听来的，讲述这个故事的人是这样说的：

从前有个名叫阿尔·哈菲德的人，住在离印度河不远的地方。他拥有一大片花园，另外还有数百亩良田和繁盛的园林。他是个知足的人，而且十分富有——因为他很富有，所以他十分知足。有一天，一位老僧人来拜访他，坐在他的火炉边跟他说："你富有，你的生活舒适而安逸。但是，你如果拥有满满一手钻石，你就可以买下整个国家的土地；要是你能拥有一座钻石矿的家，你就可以利用这笔巨富的影响力，把孩子送上王位。"

哈菲德听了老僧人这番极具诱惑力的话之后，当天晚上躺在床上的时候，他仿佛变成了一个穷人——不是因为他失去了一切，而是他开始变得不满足，所以他觉得自己很贫穷；也因为他认为自己很贫穷，所以得不到满足。"我要一座钻石矿"的想法在他的脑海里萦绕不断，以致整晚都辗转难眠。第二天一大早他就跑去找那位僧人。

老僧人一大早就被叫醒，非常不高兴。但哈菲德完全不顾及这些，他满不在乎地把老僧人从睡梦中摇醒，对他说："你能告诉我什么地方可以找到钻石吗？"

"钻石？你要钻石做什么？"

"我想要拥有庞大的财富，"哈菲德说，"但我不知道哪里可以找到钻石。"

"哦，"老僧人明白了，他说，"你只要在山里面找到一条在白沙上穿流的河，就可以在沙子里找到钻石。"

"你真的认为有这样一条河吗？"

"多得很，多得很呐！你只要出去寻找，一定会找到。"

"我会的。"哈菲德说。

于是，他卖掉农场，收回借款，把房子交给邻居看管，就出发寻找钻石去了。

哈菲德先是去了月光山区寻找，而后到了巴勒斯坦，接着又跑到欧洲，最后他花光了身上所有的钱，变得一文不值。他如同乞丐般站在西班牙巴塞罗那海边，看到一道巨浪越过赫丘力士石柱汹涌而来，这个历经沧桑、痛苦万分的可怜虫，无法抵抗纵身一跳的诱惑，就随着浪峰跌入大海，终结了一生。

在哈菲德死后不久，他的财产继承人拉着骆驼去花园喝水，当骆驼把鼻子伸到花园那清澈见底的溪水中时，那个继承人发现，在浅浅的溪底白沙中闪烁着奇异的光芒，他伸手下去，摸到一块黑石头，石头上面有一处闪亮的地方，发出了彩虹般的色彩。他将这块怪异的石头拿进屋子，放在壁炉的架子上，又继续去忙他的工作，完全忘记了这件事。

几天后，那个告诉哈菲德在哪里能找到钻石的老僧人来拜访哈菲德的继承人。他看到架子上的石头发出的光芒，立即奔过去，惊讶地叫道："这是钻石！这是钻石！哈菲德回来了吗？"

"没有，他还没有回来，而且那也不是钻石，那不过是一块石头，是我在我家的后花园里发现的。"

"年轻人，你发财了！我认识钻石，这真的是钻石！"

于是，他们一起奔向花园，用手捧起溪底的白沙，发现许多比第一颗更漂亮、更有价值的钻石。

这就是人们发现印度戈尔康达钻石矿的经过。那是人类历史上最大的钻石矿，其价值远远超过南非的金伯利。英王皇冠上镶嵌的库伊努尔大钻石，以及那颗镶在俄皇王冠上的世界第一大钻石，都是采自那座钻石矿。

约翰，每当我记起这个故事，我就不免为阿尔·哈菲德叹息，假如哈菲德能留在家乡，挖掘自己的田地和花园，而不是去异乡寻找，他也就不会沦为乞丐，贫困挨饿，以致跃入大海而亡。他本来就拥有遍地的钻石。

并非每一个故事都具有意义，但这个故事却给我带来了宝贵的人生教诲：你的钻石不在遥远的高山与大海之间，如果你决心去挖掘，钻石就在你家后院。重要的是要真诚地相信自己。

每个人都有一定的理想，这种理想决定着他的努力方向和价值取向。从这种意义上来说，我以为，不相信自己的人就跟窃贼一样，因为任何一个不相信自己而且未充分发挥本身能力的人，可以说是向自己偷窃的人；而且在这个过程中，由于创造力低落，他也等于是从社会中偷窃。由于没有人会从他自己那里故意偷窃，那些向自己偷窃的人，显然都是无意中偷窃了。然而这种罪状仍很严重，因为其所造成的损失，跟故意偷窃一样大。

只有戒除这种向自己偷窃的行为，我们才能爬向高峰。我希望那个渴望发财的年轻人，能思索出其中所蕴含的教诲。

爱你的父亲

你就是自己最大的资本

那些渴望成功的人们应该意识到，成功的种子其实就在你身边。而你唯一要做的就是相信自己，相信自己就是这最大的资本。

著名的石油大王洛克菲勒也曾经说过，不管你是贫穷还是富有，失败或者是成功，其原因都不在于别人，而在于你自己。

所以，在你奋斗的过程中，不要想着去依靠或者依仗别人，你要明白，你才是这场追逐战中最大的资本。只有了解了这一点，你才有胜出的可能，才有求得成功的机会。

有一天，洛克菲勒前往一家分公司去视察工作，路过卫生间时发现，一个年轻的小伙子正跪在地上擦拭地板。让人奇怪的是，这个小伙子每擦拭一下就会叩一下头。

洛克菲勒奇怪极了，于是便将他叫起来询问道："你为什么擦拭一下地板就叩一下头呢？"

小伙子回答道："哦，我是在感谢自己的一位圣人。"

洛克菲勒又问道："你为什么要感谢那位圣人呢？"

小伙子说："就是在这位圣人的帮助下我才找到了工作，才算是有了饭吃。"

洛克菲勒听后，笑了笑说："我年轻的时候也遇到过一位圣人，他不仅让我吃上了饭，而且还让我有了现在这般成绩，你想要见一见他吗？"

小伙子高兴极了，他说道："如果他能够让我在吃饱饭之后还有多余的钱，那么我很高兴去见他。"

洛克菲勒说道："他住在南非的一座名为胡克山的山上。凡是被他指点过的人都会取得一定的成就。如果你愿意前往，那么我会让你的经理批准你一个月的假期。"

小伙子谢过洛克菲勒后，便提包上路了。

小伙子一路风餐露宿，最后终于来到了南非的这座山上。可是，他在山顶上走了一天，除了他自己外，他再也没有遇到过第二个人。

　　小伙子很是失望，他回到公司见到洛克菲勒的第一句话便是："董事长，我到达山顶之后，足足寻找了一天，都没有半个影子。除了我自己外，更别提有什么圣人了。"

　　洛克菲勒接口说道："是的，确实是这样。你要明白，除了你自己外，世界上哪还有什么圣人呢？因为，你就是自己的圣人啊。"

　　小伙子似乎明白了。后来，这个年轻的小伙子成了洛克菲勒公司旗下的一名经理。有一次，他在接受记者采访的时候，说道："承认自己是最大的资本，也算是成功的开始。每一个人都应该相信自己，都应该相信自己可以创造奇迹。"

　　是的，洛克菲勒让这个小伙子去南非寻找圣人的主要原因就是想要让他明白，成功的希望不会掌握在别人手中，而是掌握在自己手里，自己才是成功路上的最大资本。我们每一个人唯一可以相信的就是自己，除此之外，再没有任何一个人可以带给你成功。只有你认识了自己，你才算是找到了成功的源头。

　　苏格拉底在风烛残年之际，知道自己时日不多了，就想考验和点化一下他那位平时看来很不错的助手。他把助手叫到床前说："我的蜡所剩不多了，得找另一根蜡接着点下去，你明白我的意思吗？"

　　"明白，"那位助手赶忙说，"您的思想光辉是得很好地传承下去……"

　　"可是，"苏格拉底慢悠悠地说："我需要一位优秀的承传者，他不但要有相当的智慧，还必须有充分的信心和非凡的勇气……这样的人选直到目前我还未见到，你帮我寻找和发掘一位好吗？"

　　"好的，好的。"助手很温顺、很尊敬地说："我一定竭尽全力地去寻找，以不辜负您的栽培和信任。"

　　苏格拉底笑了笑，没再说什么。

　　那位忠诚而勤奋的助手，不辞辛劳地通过各种渠道开始四处寻找了。可他领来一位又一位，总被苏格拉底一一婉言谢绝了。有一次，当那位助手再次无功而返地回到苏格拉底病床前时，病入膏肓的苏格拉底硬撑着坐起来，抚着那位助手的肩膀说："真是辛苦你了，不过，你找来的那些人，其实还不如你……"

　　"我一定加倍努力，"助手言辞恳切地说，"找遍城乡各地，找遍五湖四海，我也要把最优秀的人选挖掘出来，举荐给您。"

　　苏格拉底笑笑，不再说话。

半年之后，苏格拉底眼看就要告别人世，最优秀的人选还是没有眉目。助手非常惭愧，泪流满面地坐在病床边，语气沉重地说："我真对不起您，令您失望了！"

"失望的是我，对不起的却是你自己，"苏格拉底说到这里，很失意地闭上眼睛，停顿了许久，才又不无哀怨地说："本来，最优秀的就是你自己，只是你不敢相信自己，才把自己给忽略、给耽误、给丢失了……其实，每个人都是最优秀的，差别就在于如何认识自己、如何发掘和重用自己……"话没说完，一代哲人就永远离开了他曾经深切关注着的这个世界。

那位助手非常后悔，甚至后悔、自责了整个后半生。

英国诗人乔叟说："自知的人是最聪明的。"现实生活中，很多人往往由于各种原因，对自己没有一个正确的认识。苏格拉底的助手也是。"不识庐山真面目，只缘身在此山中"，这位助手就是没有跳出"庐山"，没有更好地认识到自己。

我们每一个人都是自己的上帝，每一个人都是自己命运的真正主人。当你相信自己自身的力量时，那么你的脚步也会变得无比轻松，你离成功的距离也会越来越近。所以，请不要把任何希望都寄托在别人身上，我们要做自己的主人，要做成功最大的资本。只有这样，我们才能够跨越困难，才能够走向成功。

关注身边被忽视的资源和宝藏

在创业初期，很多人都面临着同一个问题，那就是创业资金。有些人为了这些资金跑遍了全世界，可最终都没有得到一个有利的结果；有些人干脆就止步于此，望着不可即的创业资金，徒生感慨。

其实，资金来源就在你身边，只是你没有注意到而已。著名的沃尔玛创始人沃尔玛曾经说过：世界上的财富就在你的25米之内。而世界石油大王洛克菲勒先生也曾经说过，每一个渴望创业、希望成功的人都应该知道，创业的资本就在我们身边，成功的希望也就隐藏在我们身边。只要我们抓住这一点，我们就能够得到我们想要的东西。

洛克菲勒是美国石油大王，他与世界钢铁大王卡内基、银行霸主摩根并称为美国19世纪的三大财富大亨。

洛克菲勒年轻时也是两手空空，一点儿创业的资本都没有。有一段时间，洛克菲勒不停地在寻找，想着法子，想要找到一条创业致富的道路。只可惜，他费尽心思，还是没有想出一个很好的办法。

有一天，洛克菲勒在报纸上看到了一篇广告，广告是宣传一本名为"致富秘籍"的书。他迫不及待地去书店购买了一本。回到家他打开一看，书中只印了两个字：节俭。这让他很是失望，想着第二天去找这个书商理论。

当天晚上，洛克菲勒躺在床上，一直辗转反侧，脑子里面想的都是"节俭"两个字。他越想越觉得这本书说得有道理，越想越觉得可行：现在年轻人只一心将目光放在很长远的地方，殊不知，要想积累创业资金，节俭确实是一条很好的路子啊。这可是自己身边的资源啊。

洛克菲勒这下才算是真正明白过来。从那之后，每天他都静心计算所花费的每一分钱，能省则省。几年下来，洛克菲勒的积蓄有800美元。他用这笔钱当作自己的创业资金，开始了石油生意，最终成为美国屈指可数的大富翁。

洛克菲勒发家之后，他也将这种节俭的习惯保留了下来。他出差的时候，会去住最低廉的客房，也会花一毛钱去坐公交车回家。

洛克菲勒创业初期，他并没有像很多年轻人那样四处寻找创业资金，而是依靠节俭的好习惯，在几年的时间内为自己赢得了几百美元的创业资本。这些都是自己身边的财富，是我们从小忽略的一点一滴。

洛克菲勒不光自己节俭，他也注重培养孩子们的节俭意识。

洛克菲勒的孩子长大后，他给每一个孩子都发了一个账本，要求他们将自己所花费的每一分钱都清清楚楚地记录在账本上。在下一次领取零花钱之前，这个账本要交给家长查看。记录得当、花费得体的孩子还会得到一美元的奖励，相反就会被扣除一美元。这样一来，也就让孩子们有了节俭意识，不乱花钱。

洛克菲勒家族能够发展至今，想必和洛克菲勒的这种教育是分不开的，这也是老洛克菲勒的致富之道。

所以，对于那些创业初学者来说，你的财富资本并不来源于外界，而是来源于你的自身。平时多注意节省每一分不必要的花销，就会给你以后的创业带来必不可少的一分投资。这样积少成多，当你开始创业的时候你就会发现，这些平时被你忽视的资源，积聚起来也是一股不小的力量。

理想决定着一个人的努力方向和价值取向

洛克菲勒曾经教育自己的子女说："世界上的每一个人都有理想，这个理想决定着这个人的努力方向和价值取向。"

你想要成为一名律师，你就必须精通法律；你想要救死扶伤，那么你必须成为一个精通医术的医生；你想要保家卫国，那么你就要强健筋骨、保持信念，为祖国的发展而热血奋斗。由此也可以看出，一个人的理想，决定着他的奋斗方向，决定着他人生目标。

不管你的理想是大是小，你只要朝着那个方向努力，最终都会有所收获的。洛克菲勒是世界石油大王，他腰缠万贯、富可敌国。或许是受他父亲的影响，洛克菲勒自小的愿望便是赚钱，努力地赚钱。洛克菲勒自己也承认，他对金钱的渴望是与生俱来的，是他的本性。

洛克菲勒毕业之后便找了一份对账的工作，深受老板的赏识。

有一天上午，洛克菲勒在给老板报告工作的时候，纽约南部一家银行给他的老板寄来了一张4000美元的期票，老板让洛克菲勒看了一下后，便将这张期票放在了保险柜里。

等到老板离开办公室后，洛克菲勒的心突然狂乱地跳起来。他蹑手蹑脚地走到保险柜前，打开保险柜，又拿出了那张期票。他将期票放在手里反复地摩挲，张着嘴巴、瞪着眼睛看了好大一会儿，才又将期票放回去。

4000美元对于当时的洛克菲勒来说可谓是一笔巨款。这一天，洛克菲勒就反复重复着几个动作：打开保险柜，摩挲期票，再放回保险箱。如痴如醉，不能自己。

晚上回来的时候，被凉风吹着的洛克菲勒突然清醒过来。他想到了自己的父亲，他亲眼看到过自己的父亲，在没有人的深夜，拿出一捆捆的美元偷偷地欣赏，那样的情境让洛克菲勒深入心中，久久无法忘怀。

经过一年工作的磨炼，洛克菲勒以为自己内心的急躁和不安已经被压制下去，但是直到今天，洛克菲勒才发现，自己对金钱的渴望并没有从内心真正释放出来，他也真正认识到了自己对金钱强烈的渴望。

他已经不知道什么时候已经没有这般激动过了，这也让他意识到，从现在开始，他真的要为这种与生俱来的金钱欲望而奋斗了。

可以这么说，洛克菲勒对于金钱的渴望可谓是生来就有的。他渴望赚钱，也期望赚钱，他最初的理想就是成为一名"十万富翁"。从这之后，洛克菲勒便会想尽一切办法赚钱，他会留意一切赚钱的时机，不放过一个机会。由此，才为洛克菲勒家族打下了一片江山。

在洛克菲勒看来，赚钱是上天赐给他的本领，所以他努力地朝着赚钱的方向前进。不过，洛克菲勒家族的巨大财产并不是储存封箱，而是被洛克菲勒家族的人拿出来，进行了慈善事业。在洛克菲勒的价值观中，他并不单单满足于赚取更多的钱，而是希望钱能够拿出来，用到有用的地方，而滋生出更长远的意义。

在美国，洛克菲勒家族的痕迹几乎遍布各个角落：基金会、大学、医院等。可以这么说，洛克菲勒家族的发展史就相当于整个美国发展史的一个缩影，而且还成为了美国国家精神的代表核心。

由此也可以看出，当你心中有了理想，有了目标时，我们就应该朝着这个方向去努力、去奋斗。只有这样，你才能够一步步地接近你的理想，并且成就你的理想。

不要恐惧失败

很多人无法成功的原因并不是他们没有能力，而是他们害怕失败，害怕尝试。正是因为这种心理，他们最终将即将到来的成功拒之门外。

在洛克菲勒的家信中，他曾经告诫正在奋斗的年轻人，不要恐惧失败，失败是阻碍成功的最大绊脚石。如果克服不了这种心理的话，那么成功将永远不会降临到你的身上。要知道，失败充斥在我们生活的方方面面。洛克菲勒年老时期，可谓是事业有成、人生顶峰，可就在这一时期，年迈的洛克菲勒还遭受过一次绝无仅有的失败经历。那么，在失败面前，这位年长的智者又是如何面对的呢？

洛克菲勒年老时期有过一次难以忘怀的经历。当时的美国政府对于洛克菲勒旗下的公司进行全面制裁，就是想要将洛克菲勒旗下的所有公司都分解成一个个独立的公司部门，并控告洛克菲勒控制了美国将近90％的石油产业。

每隔几个星期，洛克菲勒家族就会接受新一轮的交锋，让作为标准石油公司名义总裁的洛克菲勒陷入了极大的困境中，而这个时候的洛克菲勒已经68岁了。后来，事态又进一步发展，相关部门怀疑标准石油公司和铁路部分有不正当的合作关系，认定标准石油公司在铁道部门的掩护下有收取回扣的现象。这下，洛克菲勒和他的公司可以说是无法回避了。

更令人瞠目结舌的是，事情还没有完全搞清楚时，芝加哥法庭的头号人物——新上任的兰迪斯法官便命令标准公司的律师提供从 1903 年到 1906 年的资产总额和收益总额。

为此，兰迪斯法官还传唤了包括洛克菲勒在内的公司主要首脑人物。为了避免和法官见面，洛克菲勒便去了女儿家里躲避风头，并且要求他的家人隐瞒他的去向。那一时期，洛克菲勒和当地法官玩起了捉迷藏的游戏。

后来，洛克菲勒听自己的律师说，如果出庭作证的话，就可以避免在更重要的反托拉斯案件中被起诉。由此，洛克菲勒答应出庭。法庭上，洛克菲勒凭借机智的回答和应对，赢得了免起诉权利，而兰迪斯法官却没有得到任何有用的信息。

对此，兰迪斯法官怀恨在心，对洛克菲勒公司开出了 2924 万美元的罚款，这在美国法律史上还是第一次。

收到罚款的时候，洛克菲勒正在打高尔夫，看完判决书后，他又不动声色地放置一边，继续打球。随后，洛克菲勒发表了一篇严厉的声明，斥责法庭的不公正待遇。在洛克菲勒及其合作伙伴的努力争取下，9 月份，联邦上诉法庭驳回了兰迪斯的罚款，并且还对兰迪斯进行了严厉批评。

其后，经历过这么长时间的大风大浪，标准石油公司最终赢来了无罪的审判。虽然当时的罗斯福总统十分不满法庭做出的这一判决，并发表声明，要再次起诉标准石油公司。不过，这些都是以后的事情了，最起码标准石油公司的这一次危机算是闯过去了。

在面对失败和控诉的时候，洛克菲勒并没有慌乱，甚至一丝的情绪起伏都没有。他所做的就是沉着应对，尽力寻找最有利的证据，组织最有利的反驳，而不是退缩、放弃。而面对兰迪斯法官毫无章法的罚款，他更没有暴跳如雷，相反，他却像个胸有成竹的审判官，静待着结果的到来。

而且在有些时候，失败也并非坏事。一次失败，或许就能够给你换来一个巨大的机会。

韦尔奇丧失了一个获取可免除四年大学学费的海军 ROTC（后备军官训练队）奖学金的机会。在塞勒姆高中，一共有三个人通过了海军的考试：他和两位最好的朋友——乔治·赖安和迈克·蒂夫南。韦尔奇的父亲为他搞到了州代表的推荐信，同时他也通过了一连串的面试。他的朋友也都通过了考试。乔治免费去了塔夫茨大学，迈克去了哥伦比亚大学。韦尔奇希望能够去达特茅斯大学或者哥伦比亚大学，但是海军拒绝了他。

韦尔奇始终都不知道个中的缘由。

具有讽刺意味的是，这一次拒绝最终成为了一次巨大的机会。在塞勒姆高中，韦尔奇是一个为了学业而勤奋学习的好学生，不过并没有说他是出类拔萃的。所以韦尔奇申请了马萨诸塞大学的阿默斯特分校。这是一所州立大学，学费每学期50美元。加上食宿费用，总共不超过1000美元，他就可以得到学位。

由此也可以看出，到一个竞争不那么激烈的大学反而对韦尔奇的好处更多。在那个时候，马萨诸塞大学里面的竞争者更容易让韦尔奇脱颖而出。1957年，韦尔奇是大学里两名获得化学工程学位的优秀学生之一。试想一下，如果韦尔奇当初选择去麻省理工学院，他可能只会成为一名中等生。

当我们面对失败和打击的时候，万不可灰心丧气，我们要重整旗鼓、打起精神来。失败了，我们大不了从头再来；失败了，也或许会给我们带来另一个更好的机会。所以我们要勇敢迎战，用我们最饱满的精神状态，去迎接人生丢给我们的困难。沉着应对、积极应对，只有这样，我们才有胜利的希望。

犹豫一刻就会错失良机

在洛克菲勒给儿子的家信中，他曾经写过："那些犹豫不决、瞻前顾后的人，爬行的速度比蜗牛还慢，这样的人就很难走向成功的道路，更很难迎接到成功之日的到来。要知道，竞争是残酷的，机会更不会等人，只有你跑在别人的前面，以迅速、决绝的判断力，做出自己的决定，才有可能取得胜利。"

伊丽莎白是洛克菲勒的女儿，在一场巴黎新产品博览会上，她原本对夺得产品专卖权是有着极大信心的，但是却因为她一个小时的延误而错失了良机。

由此，伊丽莎白显得十分懊恼和悔恨。这时，她想到了自己的父亲——睿智的洛克菲勒。对于伊丽莎白的失利，洛克菲勒也感到非常的遗憾。因为不管是天时还是地利，伊丽莎白都占有绝对的优势。

"父亲，对不起，我以为只有做好充分的考虑之后才能下决定。"伊丽莎白十分抱歉地说。

洛克菲勒安慰道："我的女儿，你不需要抱歉什么，我知道你已经尽力了。不过，通过这件事情，我还是想要告诉你，在商场上，最大的缺点就是犹豫不决，没有果断的判断力。如果仅是一味地考虑，这无疑是事业上的一大损失。事实上，很多人都是因为过度的犹豫而白白错失了眼前的机会。"

伊丽莎白又说道："那父亲，以后我该怎么做呢？"

洛克菲勒耐心地开导着情绪低落的女儿："我的女儿，以后在做出决定之前，万不可把时间浪费在不安和犹豫上。面对这种情况，你唯一的做法就是做出决定。决定做出来了，你的担心也就算是落地了。而且只要你做出了决定，就不要再思前想后，白白给自己找麻烦。"

伊丽莎白还是很沮丧地说："父亲，我应该辞职，我承认我失败了。"

洛克菲勒听后沉思了片刻，说道："失败，最主要的原因就是犹豫不决、优柔寡断。不过，与其看着机会白白溜走，还不如尝试一番之后再让它溜走。要知道，不管什么人，都无法保证自己是永远胜利的那一方。在商界也是一样，只要你敢尝试，你就不是一个失败者。

"不过，这一次的失败，也给了你进步的机会，让你看清了自己的缺点，看清了自己不足的地方。更加值得庆幸的是，当你了解到自己的缺点时，就会减少在下一步竞争中所犯的错误，增加下一次竞争的胜利机会。好吧，我的女儿，你现在要做的就是赶快去抓住下一次机会，不要再让你的犹豫不决放走了下一个成功的机会。"

在父亲的劝导下，伊丽莎白低落的心情总算有了缓解，也打消了辞职的念头，并遵从父亲的意见，整装待发，等候下一次时机的到来。

一个小时，对于我们来说或许只是一节课的时间，或许只是一会儿的谈话时间，但是对于伊丽莎白来说，却是一场生意的决战。伊丽莎白只是因为多花费了一个小时的思考时间，才白白丢掉了这个胜券在握的机会。由此也可以看出，在我们成功的道路上，犹豫不决是最大的拦路虎之一，会夺走我们的机会，抢走我们的成功。

要知道，在一个满心决绝、异常坚定的人面前，任何困难都会为他让路；而在一个犹豫不决、踌躇不前的人面前，再多的优势也发挥不出什么作用。我们只有迈着坚定的步伐，毫不犹豫地向我们的目标走去，这样我们才能够抓住时机，赢得成功。相反，如果我们犹犹豫豫、举步不前的话，迎接我们的只能是沮丧和失败。

第二名与最后一名没什么两样

原文

March 15,1931

亲爱的约翰：

"没有野心的人不会成就大事。"这是我那位汽车大王朋友——亨利·福特先生，昨天来看我时向我吐露的成功秘密。

我非常钦佩这个来自密歇根的富豪，他是一个执着而又坚毅的家伙。他几乎与我有着同样的经历，做过农活儿，当过学徒，与人合伙开办过工厂，通过不懈的奋斗最终让自己跻身于这个时代全美最富有者的行列。

在我看来，福特先生是一个新时代的缔造者，没有任何一个美国人能像他那样，完全改变了美国人的生活方式。看看大街上来往穿梭的汽车，你就知道我绝不是在恭维他，他使汽车由奢侈品变为了几乎人人都能买得起的必需品，而他创造的奇迹也使自己变成了亿万富翁。当然，他也让我的钱袋鼓起了很多。

人活着就得有目标或野心，否则，他就像一艘没有舵的船，永远漂流不定，只会到达失望、失败与丧气的海滩。福特先生的野心超过了他的身高，他要缔造一个人人都能享用汽车的世界。这似乎难以想象，但他成功了，他成了全球小汽车市场的主人，并为福特公司赚得了惊人的利润，用这个家伙的话说，"那不是在制造汽车，那简直是在印刷钞票"。我不难想象，既腰缠万贯，又享有"汽车大王"的盛誉，福特对此会是怎样的一个好心情。

福特创造的成就，证明了我的一个人生信条：财富与目标成正比。如果你胸怀大志、目标高远，你的财富之山就将直冲云霄；如果你只想得过且过，那你就只有沦为平庸之辈，以致一事无成，即使财富近在咫尺，你也只能获得一点点而已。在福特成功之前，有很多汽车制造商都比他有实力得多，但最后他们当中破产的大有人在。

人被创造出来是有目的的，一个人不是在计划成功，就是在计划失败。这是我一生的心得。

我似乎从不缺少野心，从我很小的时候开始，成为最富有的人，就一直是驱使我不断向前的抱负与梦想。对一个穷小子来说，这种梦想好像有些过大。但我认为目标必须伟大才行，因为想要有成就，必须有刺激，伟大的目标能使你发挥全部的力量，也才会有刺激。失去刺激，也就等于失去了一股强大的推动你向前的力量。不要作小计划，因为它不能激励心灵，我经常这样提醒自己。

当然，成就伟大的机会并不像湍急的尼亚加拉大瀑布那样倾泻而下，而是慢慢地一次一滴。伟大与接近伟大之间的差异就是要领悟到，如果你期望伟大，你必须每天朝着目标努力。

但对于一个穷小子而言，如何才能将这个伟大的梦想变成触手可及的现实呢？难道去靠努力为别人工作来实现它吗？这是个愚蠢的主意。

我相信为自己勤奋工作会带来财富，但不相信努力为别人工作就一定成功。在我住进百万富翁大街前，我就发现在我身边，很多穷人都是工作最努力的人。现实就是如此残酷，不管雇员努力与否，替老板工作而变得富有的人少之又少。替老板工作所得的薪金，只能在合理预期的情况下让雇员活下去，尽管雇员可能会赚到不少钱，但变得富有却很难。

我一直视"努力工作定会致富"为谎言，从不把为别人工作当作积累可观财富的上策，相反，我非常笃信为自己工作才能富有。我采取的一切行动都忠于我的伟大梦想和为实现这一梦想而不断达成的各个目标。

在我离开学校、寻找工作的时候，我就为自己设定了一个目标：要到一流的公司去，要成为一流的职员。因为一流的公司会给我一流的历练，塑造我一流的能力，让我增长一流的见识，还会让我赚到一笔丰厚的薪金——那是开创我未来事业的资本，而这一切无疑是我通往成功之路的最坚实的基石。

当然，在大公司做事，能让我以大公司的方式思考问题，这点很重要。所以，我仰慕大公司，我要去的是高知名度企业。

这注定要让我吃些苦头。我先到了一家银行，很不走运，被拒绝了；我又去了一家铁路公司，结果仍是饮恨而归。当时的天气似乎有意要跟我作对，酷热难耐。但我不顾一切，继续不停地寻找。那段日子，寻找工作成了我唯一的职业，每天早上 8 点，尽我所能地把自己打扮一番，然后离开住地开始新一轮的预约面试。一连几个星期，我把列入名单的公司跑了一遍，结果仍一无所获。

这看起来很糟，不是吗？但没人能阻止你前进的道路，阻碍你前进的最大敌人就是你自己，你是唯一能永久阻止下去的人。我告诫自己：如果你不想让别人偷走你的梦想，那你就在被挫折击倒后立即站起来。我没有沮丧、气馁，连续的挫折反而更坚定了我的决心。我接着从头开始，一家一家地跑，有几家公司甚至让我跑了两三次。

上帝毕竟没有将我抛弃，这场不屈不挠的求职之旅终于在 6 个星期后的一个下午结束了，1855 年 9 月 26 日，我被休伊特－塔特尔公司雇用。

这一天似乎决定了我未来的一切。直到今天，每当我问起自己，要是没有得到那份工作会怎么样，我常常会浑身颤抖不停。因为我知道那份工作给我带来了什么，失去它我又将如何。所以，我一生都把 9 月 26 日当作"重生日"来庆祝，对这一天抱有的情感远胜过我的生日。

写到这儿，我自己都被自己感动了。

很大程度上，人的境遇就像骑上一部脚踏车，你只能向上、向前朝着目标移动，否则你就会摇晃跌倒，永远不可能只停留在原地。3 年后我带着超越常人的能力与自信，离开了休伊特－塔特尔公司，与克拉克先生合伙创办克拉克－洛克菲勒公司，开始了为自己工作的历史。

盲目地努力工作很可能在付出巨大艰辛之后仍一无所获，但是，如果把替老板努力工作视为铸就有朝一日为自己效劳的阶梯，那无疑就是创造财富的开始。给自己当老板的感觉真是棒极了，简直无以言喻。当然，我不能总沉浸在年仅

18岁就跻身贸易代理商行列的得意之中，我告诫自己："你的前程就系于一天天过去的日子，你的人生终点是全美首富，你距离那里还很远很远，你要继续为自己努力。"

做最富有的人，是我努力的依据和鞭策自己的力量。在过去的几十年中，我一直是追求卓越的信徒，我最常激励自己的一句话就是：对我来说，第二名跟最后一名没有什么两样。如果你理解了它，你就会认为，我以无可争辩的王者身份统治了石油工业也是在情理之中。

我们每一个人都生活在希望之中，但我更多的是生活在目标的实现过程中。我的人生目标就是要成为第一，这也是我设法制定并努力遵守的人生规划，我所付出的所有努力和行动，都忠于我的人生目标与人生规则。

上帝赋予我们聪明的头脑和健硕的肌肉，不是让我们成为失败者，而是让我们成为伟大的赢家。20年前的今天，联邦法院解散了我们那个欢乐的大家庭，但每当想起我创造的成就，我就兴奋不已。

伟大的人生就是征服卓越的过程，我们必须向这个目标前进，不怕痛苦，态度坚决，准备在漫长的道路上跌跤。

爱你的父亲

详解

伟大的目标能使你发挥全部的力量

你制定的目标越大，你想要将它实现的愿望就越强烈，而你体内的潜能也就会发出巨大的力量，促使目标的完成。

洛克菲勒就经常对儿子小约翰说："我似乎从不缺少野心，从我很小的时候开始，成为最富有的人就一直是驱使我不断向前的抱负与梦想。对一个穷小子来说，这种梦想好像有些过大。但我认为目标必须伟大才行，因为想要有成就，必须有刺激，伟大的目标能使你发挥全部的力量，也才会有刺激。失去刺激，也就等于失去了一股强大的推动你向前的力量。不要做小计划，因为它不能激励心灵，我经常这样提醒自己。"

也正是这样，洛克菲勒才能够将当时的野心化为事实，成就了现在的一番事业。由此可见，野心目标不关乎你的出身和地位，你树立的目标越大，你实现的可能性也就越大，你体内的潜能也就会释放得越大。

多丽·帕顿出生在田纳西州赛维县一个只有两间房的木棚里，她在 12 个孩子中排行第四。全家靠她父亲在一小块山地上辛勤劳作来勉强糊口。多丽·帕顿生来并不比别人强。她在早年过着山里人最贫穷的生活，木棚为家，洗刷操劳，困苦不堪。然而，多丽赋予了自己某种特别的东西，她不愿成为拖儿带女的山里妇人。多丽赋予了自己对生活的热情。

多丽从孩提时代开始学习歌唱，五岁就能谱出歌词，她母亲替她写下来。七岁时，多丽·帕顿用旧乐器的残件制作了自己的吉他。第二年，一位叔叔送给她一把真正的吉他。她一直坚持练唱。

上高中了，她没有什么漂亮衣服，但她有了自己的梦想，她有热情。她的一个妹妹后来回忆说："多丽向别人讲自己的梦想时，一点儿也不害羞。在我们生活的山区，没有一个人这样想过，孩子们当然会笑话她。"

多丽·帕顿后来一辈子都在歌唱。她成了第一位唱片销售百万以上的明星。她的热忱永无停息。

多丽·帕顿小姐的生活为我们提供了一个例证，使你懂得如何利用热忱促使自己行动——促使你迈向自己的目标——促使你努力奋进，直到成为你生活的主宰。

没有人敢想的时候，她想了；没有人敢做的时候，她做了。所以，当别人还在山沟沟里面朝黄土背朝天的时候，她却成了舞台上万众瞩目的明星。她和她们没有相差多少，也不多出什么。而造成如此巨大差异的就只有两个字：目标。正是因为帕顿有了唱歌的目标，所以她才会拼力走出那个小山村，才能够成就如今的星光熠熠。

目标能够给我们信念，能够赐予我们向前的力量。你设立的目标越伟大，你内心的动力也就越强大。伟大的目标能够激发你体内所有的潜能，并且帮助你一步步地接近你的目标、抓住你的目标。

人活着就得有目标或野心

航船如果没有灯塔的指引，那么它就可能迷失于茫茫大海，再也找不到停泊的海滩；如果雄鹰没有翱翔天空的野心，那么它也不必一次次地摔下悬崖，也不必忍受断翅之苦，除了再也无法拥抱蓝天；如果一个人没有了人生目标，那么他就像是在宇宙中漂浮的一粒尘埃，跌跌撞撞，找不到落地的方向。

洛克菲勒为金钱而生，所以他便将自己的目标定在为金钱而奋斗上。他曾经教育小约翰说：人活着就得有目标或野心，否则，他就像一艘没有舵的船，永远漂流不定，只会到达失望、失败与丧气的海滩。

有一次，任国的公子决心要钓一条大鱼，他做了一个特大的钩，用很粗的黑丝绳做钓线，用 50 头牛做钓饵。一切准备完后，他蹲在会稽山上，开始了等待。整整一年过去了，他却一条鱼也没有钓到。但他并不泄气，每天照旧耐心地等待。

终于有一天，一条大鱼吞了他的鱼饵，大鱼很快牵着鱼线沉入水底。过了不大一会儿，又摆脊蹿出水面。几天几夜后，大鱼停止了挣扎，他把大鱼切成许多块，让南岭以北的许多人都尝到了大鱼肉。那些成天在小沟小河旁边，眼睛只看见小鱼小虾的人，怎么也想不通他是如何钓到大鱼的……

任国的公子之所以能钓到大鱼，在于他一开始就把目标锁在了大鱼上。而其他人的目光只能放在小沟小河旁，所以永远钓不到大鱼。

孔子说："取乎上，得其中；取乎中，得其下。"就是说，假如目标定得很高，取乎上，往往会得其中；而当你把定位定得很一般，很容易完成，取乎中，就只能得其下了。

随便安排自己的人生，那么你也只能得到一个随便的结局；明确安排自己的人生，你也会得到你想要的结局。就好比故事中将军说的那样，在这个世界上，没有一件事物名为随便，那些成功的道路都是由一个个明确的目标铺成的。你只有确立了自己的目标和你奋斗的方向，你才能够到达成功的彼岸。

所以，我们每一个人都应该有目标或者是野心，有了目标，我们才能够明确自己的前进方向，才能够向着这个方向而努力奋斗，才能够在一番奋斗之后取得相应的成果。要知道，没有野心和目标的人是不会成就什么大事的。

伟大的人生就是征服卓越的过程

洛克菲勒在给儿子的书信中曾经写道:"在这几十年中,我一直是追求卓越的忠实信徒,我最常用的一句话就是,对我来说,第二名和最后一名根本就没有什么区别。如果你真正理解了这句话,你也就明白,我能够成为石油大王也是情理之中的事情了。"

我们每一个人都有希望,但是生活在为希望而奋斗的过程中的人却少之又少。而洛克菲勒的人生目标,就是成为第一名。为此,他付出了自己所有的努力和行动。这也是他最重要的人生信条。

在洛克菲勒看来,伟大的人生就是征服卓越的过程,我们只有向着这个目标前进,不怕困难和挫折,不怕路程缓慢和艰险,只有一步步地坚定不移地向前行进,才会取得你想要的成功。

洛克菲勒带着自己的女儿伊丽莎白和儿子小约翰参加了一次晚餐会。伊丽莎白似乎见惯了这种场面,应对自如。可是小约翰却显得有些局促,站在那里手足无措。

洛克菲勒见此,便对小约翰说:"约翰,不如陪着我四处走走吧。"

洛克菲勒对约翰说:"第一次参加这样的晚会,是不是很不习惯?"

小约翰点头承认。

洛克菲勒高兴地说:"对于你愿意进入商界这件事情,我非常高兴。不过,商界是一个沉浮不定的世界,有收获的成功,也有破产的失败,更有些人会因为一时的失败而变得一蹶不振,再也无法东山再起。所以,你最好现在就要制订一个10年计划,以防以后你所遇到的陷阱。只有这样,你才能够有能力去接近成功,实现卓越。"

小约翰听后,问道:"父亲,我知道卓越是无法一步实现的,可是我到底该怎么做呢?"

洛克菲勒答道:"从现在开始,你还需要五到十年的学习时间,要学着去熟悉顾客,学着熟悉工作场地和你的员工阵容。当你了解了这些,你就算是一个小小的成功者了。"

小约翰又着急道:"可是父亲,我现在已经很努力了,我应该不用花费这么长时间的。"

洛克菲勒解释道："不，并不是这样，孩子。人的一生其实就是征服卓越的过程。而要想实现这个过程，就必须要经过长时间的打磨和磨炼。只有经过了这些，你才算是已经实现了你的卓越，才算是一个优秀的人。"

由此也可以看出，征服卓越是一个艰难的过程，也是一个漫长的过程。在征服卓越的过程中，我们要做的并不是无效率地做着无用功，而是给自己做一个计划，将我们每一步的努力都看成是我们未来成功的阶梯。

卓越不是一蹴而就的，而是需要人们不断地奋斗、努力，凭其一生去拼搏的。著名的石油大王洛克菲勒也曾经说过，成就卓越的机会并不是从天而降的，而是需要一次次地一点点地去积累。卓越和平凡之间也只有一步之差，那就是你期盼卓越的同时，还要朝着卓越的方向继续努力。不能急功近利，而是要一步一个脚印、脚踏实地地向前。

信念是带你前进的力量

没有信念，是世界上最可怕的敌人。在人的一生中，我们遇到的质疑声、嗤笑声、挫折等数不尽数，有些人承受下来了，有些人则中途退却了。承受下来的人走向了成功，而中途退却的人却只能面临失败。

那些承受下来的人，并不是他比别人多了什么未知的能力，而是他们心中有了坚定的信念，他们相信自己的判断，相信自己的能力。这种信念给了他们成功的希望，指引着他们前进的方向。

洛克菲勒曾经说道："在我离开学校、寻找工作的时候，我就为自己设定了一个目标：要到一流的公司去，要成为一流的职员。因为一流的公司会给我一流的历练，塑造我一流的能力，让我增长一流的见识，还会让我赚到一笔丰厚的薪金——那是开创我未来事业的资本，而这一切无疑是我通往成功之路的最坚实的基石。"

一流的公司，一流的职员，这就是洛克菲勒所坚持的一种信念，也正是这种信念，促使洛克菲勒不断地进步，不断地向前。

所以，你要坚信，信念会带给你力量。

劳伦斯是洛克菲勒的孙子。他长大后，继承了老洛克菲勒当年购买的纽约证券交易所，从此踏上了自己的创业道路，开辟了美国风险投资的先河。

不过，令人感到意外的是，当他接受证券交易所的时候，劳伦斯并没有继续购买更多的蓝筹股，而是将大部分的精力都转移到新近成立的企业上：他出资协助新起的企业创业。而他的第一次尝试也实属偶然。

那个时候，劳伦斯和新婚妻子商议，想要再定制几件家具。后来，劳伦斯无意间看到了芬兰的一位设计师阿尔瓦阿尔托所设计出来的家具照片，他非常喜欢这位设计师的设计风格，并且预感到，这些家具肯定是现代人们的理想选择，人们肯定会喜欢的。

思前想后，他将自己的想法告诉给妻子和朋友们听，都遭到了强烈的反对。因为在他们看来，这种设计在当时是很难被人们接受的，劳伦斯引进这些，纯粹是赔本的生意。不过，劳伦斯却坚信自己的判断，不顾他人的质疑，而定制了一批家具，并在纽约开了一家家具专卖店。

和劳伦斯猜想的一样，家具刚一上市，便遭到了买客们的哄抢。后来，芬兰战争爆发，因货源中断，劳伦斯的家具生意才被迫中断。

劳伦斯和他的祖父洛克菲勒一样，对自己的选择都抱着无比坚定的信念，他们相信自己的选择，也相信自己的判断。正因为这样，才让劳伦斯的家具生意做得如火如荼，而其他人却是后知后觉。

"这件事，我能做成功"，这是很多人都缺少的信念，这也是很多人都失败的原因。信念的威力并没有什么神秘可言，相信则有，不信则无。一个穷小子能够成为亿万富翁，一个普通人也可以当上一国总统，而在此之前，则有一个必要的条件，那就是你要心存必胜的信念。

要知道，信念是奇迹，信念是力量，信念是创业的根基。所以，为了你的理想，为了你的成功，请坚定你的信念，保持好你的步伐，勇敢地向前、再向前。

希望成为第一，并为此不懈努力

《孙子兵法》中有这样一句话："求其上，得其中；求其中，得其下，求其下，必败。"如果在做事的时候，我们对自己的要求高，那么得到的结果也不一定就能完全符合我们的期望，而是得到中间水平的结果；如果我们对自己的要求只是不高不低中不溜，那么得过且过的态度也一定不会给我们带来满意的结果，只能是居下的结果；而对自己没有任何要求和要求极低的人，也一定会和失败相拥。因此，如果没有求胜、得第一的决心，我们就不会有不俗的成绩的。

洛克菲勒忠告儿子约翰："我们每一个人都生活在希望之中，但我更多的是生活在目标实现过程中。我的人生目标就是要成为第一，这也是我设法制定并努力遵守的人生规划，我所付出的所有努力和行动，都忠于我的人生目标与人生规则。"

始终将自己的目标定位在第一名上面，并随时为之不懈努力，成功就指日可待了。

获胜、成为第一始终是洛克菲勒的追求目标，不管做什么事，从事什么行业。在石油业，他用强大的石油帝国赢来了"石油大王"的称号，退休后忙于慈善事业的洛克菲勒竟然也想在慈善领域构建一个垄断组织，使自己成为慈善的代名词。

洛克菲勒家族一个筹备了两年的新计划正要实现，在酝酿期内，年少的约翰和忠诚的盖茨成了这项计划的重要发起人和实施推动者。终于，在1903年，普通教育委员会正式宣告成立，顾名思义，这个委员会主要以帮助教育落后地区提高其教育水平为主要任务。

长期在慈善事业工作的盖茨显然有着和常人不一样睿智的见识，他对洛克菲勒说："洛克菲勒先生，我有这样一个建议，那就是把在商界竞争中的一些规则用在慈善事业中，您看可以吗？"

洛克菲勒听完有些吃惊："盖茨，你具体是指哪些方面？"

盖茨兴奋地说道："竞争和垄断，我们也可以在慈善事业实现洛克菲勒家族的垄断啊。"

这一个提议使洛克菲勒产生了浓厚的兴趣，也是因为盖茨的这一建议很符合洛克菲勒一贯的行事作风，要做就做第一，没错！洛克菲勒几乎毫不犹豫地应允了这件事。为此，洛克菲勒还亲自给卡内基写信，希望他能加入到这项事业中来，请他来担任普通教育委员会的委托管理人。

除了请有实力的资本家助力该委员会外，盖茨还建议做一些其他方面的宣传工作，使洛克菲勒家族的慈善事业以更高的姿态进入到人们的视线，而且这还有一个好处——洛克菲勒不在了之后，其后人早晚会接手这些财富，到那个时候这些财富落到谁手中也不可知，会被以什么名义花出去也不可知。与其这样，还不如现在好好地利用起来，以洛克菲勒自己以及后代的名义为社会做些积极有益的事情。盖茨还进一步建议洛克菲勒，慈善事业要以永久性公司的形式确定下来，并且这些慈善事业要形成系统和规模。

　　按照盖茨的思路，这之后，就需要通过多方面的宣传，这样一来，不管是谁接收这个事业，都会立马成为瞩目的焦点。努力使这项事业具有足够大的影响力，经营它的人就像政府工作人员一样要受到群众的关切、质询和批评；大都要引起世界人们的注意，使全世界的明智人们都能对这个机构提出有建设性的批评。

　　盖茨的建议是那么完善与美好，很自然地获得了洛克菲勒的同意，接下来包括约翰在内的重要管理者都为这项事业的建设贡献自己的力量。随着时间的推移，洛克菲勒家族的慈善事业成为当时规模最大的组织，影响力覆盖全世界，而其资助的领域包括医疗卫生、教育、科学、艺术、宗教，甚至还有扶贫和农业支持。洛克菲勒也因此成为慈善界首屈一指的代表人物。

　　为什么我们在做一件事的时候会经常失败呢？那是因为在最开始我们就没有夯实向上的基础。

　　试想，如果是背水一战，带着必须成功、成为第一的心去做一件事，那么你一定会动用一切你能利用的资源；在遇到困难的时候，开动大脑，寻找任何能解决问题的方法；在遇到挫折的时候，就会用坚强的意志支撑我们向前迈进。

　　反过来，如果从一开始，我们就抱着打酱油的态度，得过且过，那你又怎能保证后期有充足的动力去面对可能出现的各种困难呢？在这种心理的促使下，任何人都不会有为之不懈努力的念头，自然也就不能获得成功了！

第38封信

冒险才能利用机会

原文

November 2,1936

亲爱的约翰：

　　明天，也许等不到明天，就有一个人要过上富人生活了。报上说他叫大卫·莫里斯，与美国独立战争时期的财政总监、费城商业王子罗伯特·莫里斯先生同姓。他刚刚在赌场上交上了好运，赢了一大堆钱。另外报上还说，他是一位赌场上的高手，同时登出了这位赌徒的一句人生格言——"好奇才能发现机会，冒险才能利用机会。"

　　你知道，我对嗜赌的人一向不以为然，但对这位先生却不能不刮目相看，我甚至相信，以他这等近乎哲学家般的智慧和头脑，如能投身商界，他或许会成为一个职业上的成功者——一个优秀的赌徒。

　　我作如此带有欣赏性的假设，并不是说优秀的赌徒就会成为优秀的商人，事实上，我厌恶那些把商场视为赌场的人，但我不拒绝冒险精神，因为我懂得一个法则：风险越高，收益越大。而驰骋商海，对每一个人来说，都是生活提供给他的最伟大的历险活动。

我的人生轨迹就是一趟丰富的冒险旅程，如果让我找出哪一次冒险对我最具有意义、最关乎我的未来，那莫过于打入石油工业了。

在投资石油工业之前，我们的本行——农产品代销，也是做得有声有色，如果继续做下去我完全有望成为大中间商。但这一切让那位安德鲁斯先生打破了，他是照明方面的专家，他告诉我："约翰，煤油燃烧时发出的光亮比任何照明油都亮，它必将取代其他的照明油。想想吧，约翰，那将是多么大的市场，如果我们的双脚能踩进去，那将是怎样的一个情景啊！"

我拥有的东西越多，力量就越大。机会来了，放走它不仅仅是金钱的损失，更是在削弱你在致富竞技场上的力量。我告诉安德鲁斯：我干！我们投资 4000 美元，对我们来说那可是一笔大钱，我们做起了炼油生意。既然钱已经投下去了，我就不去考虑失败，尽管那个时候石油在造就许多百万富翁的同时，它也在使更多人沦为穷光蛋。

我一头扎进炼油业，苦心经营。不到一年时间，炼油工作为我们赢得了超过农产品的利润，成为了公司第一大生意。在那一刻我意识到，是胆量，是冒险精神，为我开通了一条新的生财之道。

当时没有哪一个行业能像石油业那样能一夜暴富，这样的前景大大刺激了我赚大钱的欲望，更让我看到了盼望已久、可以让我大展抱负的机会。我告诫自己："你一定要紧紧抓住它，它可以把你带到梦想之境。"

但我随后大举扩张石油业的经营战略，令我的合伙人克拉克先生大为恼怒。克拉克是一个无知、自负、软弱、缺乏胆略的人，他害怕失败，主张采取谨慎的经营策略，这与我的经营观念完全背离。在我眼里，金钱像粪土一样，如果你把它散出去，就可以做很多的事，但如果你要把它藏起来，它就会臭不可闻。克拉克不是一个好商人，他不知道金钱的真正价值。

当我们对重要的事情产生巨大分歧时，我们的合作也就走到了尽头。克拉克已经成了我成功路上的绊脚石，我必须踢开他——和他分手。这是一个重要时刻。

想获胜必须了解冒险的价值，而且必须有自己创造运气的远见。对我来说，与克拉克先生分手无疑是一场冒险，在我决定放开一切大举进入石油业之前，我必须确信石油不会消失。在那个时候，很多人都认为石油是一朵盛开的昙花，难以持久。我当然希望油源不会枯竭，可一旦没有了油源，那些投资将一文不值，我的下场可能连赌场上的赌徒都不如。但我收到的信息让我乐观，油源不会消失。是时候说分手了。

在向克拉克先生摊牌前，我先在私下把安德鲁斯先生拉了过来，我跟他说："我们要走运了，有一笔大钱在等着我们，那可是一笔大钱呐。我要终止与克拉克先生的合作，如果我买下他们的股份，你愿意和我一起干吗？"安德鲁斯没有让我失望。几天后，我又拉到几家支持我的银行结成联盟。

那年二月，在经过一系列准备之后，我向克拉克先生正式提出分手，尽管他很不情愿，但我去意已决。最后，我们大家商定把公司拍卖给出价最高的买主。

直到今天，一想起那次拍卖现场的情景，就让我激动不已，那感觉就像在赌场上赌钱一样，让人惊心动魄，全神贯注。那是一场豪赌，我押上去的是金钱，赌出来的却是人生。

公司从500美元开拍，但很快就攀升到几千元，而后又慢慢爬到5万美元，这个价格已经超出了我对炼油厂的预估价值。但竞拍价格一直在上涨，开始突破6万美元，接着飙升到7万美元。这时我开始恐惧，我担心自己是否能买下这个公司——一个由我亲手缔造的企业，是否出得起那么多钱。但我很快镇静下来，我闪电般地告诫自己："不要畏惧，既然下了决心，就要勇往直前！"竞争对手报价7.2万美元，我毫不迟疑，报价7.25万美元。这时，克拉克先生站起来，大喊："我不再加了，约翰，它归你了！"

亲爱的约翰，那是决定我一生的时刻，它对我有着超乎寻常的意义。

当然，与克拉克先生的分手让我付出了高昂的代价，我把代理公司的一半股份和7.25万美元都给了克拉克，但我赢得的却是自由和光辉的未来。我成了自己的主人，自己的雇主，从此不再担心那些目光短浅的平庸之辈挡我的路。

在我21岁时，我就拥有了克利夫兰最大的炼油厂，已经跻身于世界最大炼油商之列，今天想来，这个每天能吃掉500桶原油的家伙，是我走向石油霸主之路、征服石油王国的利器。感谢那场竞拍，它是我获得人生成功的开始。

几乎可以确定，安全第一不能让我们致富，要想获得报酬，总是要接受随之而来的必要的风险。人生又何尝不是这样呢。

你无法做到永远维持现状，不进则退，事情就是这么简单。我相信，谨慎并不是完美的成功之道。不管我们做什么，乃至我们的人生，我们都必须在冒险与谨慎之间做出选择。而有些时候，靠冒险获胜的机会要比谨慎大得多。

商人都是利润与财富的追逐者，要靠创造资源和取得他人的资源，甚至逼迫他人让出资源来使自己富有，所以，冒险是商人征战商场不可或缺的手段。

如果你想知道既冒险而又不招致失败的技巧，你只需要记住一句话：大胆筹划，小心实施。

爱你的父亲

详解

冒险是商人征战商场不可或缺的手段

洛克菲勒一向看不惯嗜好赌博的人，不过他却非常欣赏一句从赌博人嘴里说出来的话："好奇心能够给人创造机会，冒险能够让人更好地利用机会。"洛克菲勒将说这句话的赌徒称作是"最有头脑的哲学家"。

商场虽然不是赌场，但同样少不了冒险精神。在那些成功的企业家看来，你冒的风险越大，你的收益也就会越大。而对于洛克菲勒这个商海大亨来说，商场是他人生中最重要、最伟大的一场冒险旅程。

洛克菲勒对自己的子女说："学着冒险是进入商场的必修课，如果你不懂得冒险，那么你只能迎接失败。记住，当机会来到你面前的时候，你一定要抓住它，不管它的风险有多大。因为在那些成功人士眼中，风险越大，他们发大财的机会也就越大。要知道，冒险是商人征战商场不可或缺的手段。"

洛克菲勒在做第一份工作期间，就对中间商的生意有了一些了解，并且还掌握了很多与之相关的商业消息。在他工作的第三年，洛克菲勒没有经过老板的允许，便擅自做了火腿和小麦粉的生意。

老板得知后，将洛克菲勒叫到办公室："洛克菲勒，你为什么擅做主张地做起买卖来了。我们的公司是正儿八经的公司，这样投机倒把的买卖我们是不做的。"

洛克菲勒听后，解释道："老板，我得到消息，英国那边即将迎来饥荒年，到时候我们肯定可以趁机赚上一大笔。此外，除了小麦粉和火腿外，我还进购了 80 多桶高级的火腿。"

老板见洛克菲勒胸有成竹的样子，也就不再说什么了。

这次谈话后，洛克菲勒又进购了一大批玉米、牛肉干和食盐等。公司的仓库里堆满了洛克菲勒进购的这些食物。

对于洛克菲勒的这一做法，公司大部分的人都感到不解和不屑，他们都在等着看洛克菲勒的笑话。不久，英国果然发生了大饥荒，洛克菲勒的公司将他囤积的货物销往欧洲饥荒地区，收获了一笔巨额利润。而洛克菲勒由此也得到了大老板的赏识。

在洛克菲勒眼中，不管做什么事情总归是有风险的。而只有那些真正的商人才会懂得去冒险，由此也比别人更加接近成功。洛克菲勒属于天生的冒险家，在他的字典里，几乎没有胆怯两个字。他喜欢在危险中自由穿行，也喜欢以冒险的姿态迎接各种挑战，这也是他这么多年能够驰骋商场的主要原因。

所以说，冒险是成就商人的最佳捷径，也是最重要的因素之一。只有那些敢于冒险的商人，收到的回报才会越高；也只有那些敢于冒险的人，他们的人生才会越辉煌。

可以有把握地说，任何一个胆怯懦弱的人都不可能独自取得卓越成绩的，而敢于冒险的精神又是那么弥足珍贵，因为冒险精神不只是帮助我们追赶成功的脚步，更重要的是给我们一种勇敢面对生活的勇气和魄力。而生活就是一场充满风险的旅行，要想获得成功就要敢于面对这些风险，风险与成功是对等的，要想成功就要敢于冒险。

洛克菲勒非常明白理智冒险所带来的丰厚收益，他在写给约翰的信中这样说道："事实上，我厌恶那些把商场视为赌场的人，但我不拒绝冒险精神，因为我懂得一个法则：风险越高，收益越大。"

没错，这份收益就是成功。要想有什么样的成功，就要面对怎样的风险，而对抗风险的最好办法就是要敢于冒险。敢于冒险才有获得好运的机会。

开始在标准石油公司任职的约翰也继承了父亲敢于冒险的精神，他和许多略显轻率的年轻新手一样，在股市里摸爬滚打了一年的时间，用从洛克菲勒那里借来的一部分钱，在这个充满风险的地方，做着越来越大的冒险行为。毕竟股市不是稳定创造财富的地方，约翰的财富数值也是经历了大涨大落，最后还是以落败收尾。

对自己在股市的失败，约翰稍微有些情绪低落。见此，洛克菲勒安慰约翰，不管主动迎接风险还是被动等待风险，失败的浩劫是躲不过的。失败不可怕，可怕的是输不起，害怕冒险的感受，这种情绪才是阻碍你成功的最大绊脚石。

冒险，不是每次都能成功，但是每次都能收获经验，不管是关于成功的还是失败的，而这些经验就是打开成功大门的钥匙。冒险就是用失败换取经验，用经验换取机会，用机会换取成功的过程。只有敢于冒险、不怕失败，才能在历次尝试中积累经验，凭借丰富经验发现机会，选择有利时机，抓住机会，赢取胜利。

约翰能在后来的领导过程中以越来越优秀的表现为人们展示洛克菲勒家族的精神和能力，正是他敢于尝试和冒险的结果。相信，冒险精神就是洛克菲勒家族成功的秘诀之一，这也将是我们任何一个普通人成功的秘诀。

在通往成功的路上，没有一条道路是没有荆棘的，没有一条道路是铺满鲜花迎接冒险者的。面对风险退缩的人、不敢冒险的人是不会完美完成这场旅行的。当然，冒险不是赌博，不是脑袋一热、桌子一拍就做出决定的。冒险更多地在强调一种勇敢果断的精神，依靠勇气和技巧来转移风险，赢得胜利。

因此，我们必须要明白，我们也会遇到这样的选择，用勇气换取可能到来的成功，或者是用放弃换取永远的安逸，有了这样的思想准备，我们或许能更加放松地面对这些选择。同时，对于那些梦想成功的人来说，通过各种机会培养勇气是时时都需要我们铭记的，勇气和魄力固然有天生因素，但是后期经历和经验也是培养勇气的重要途径，所以建议这些人积极面对生活中的各种挑战，以此积累自己的勇气和力量。

生活，就是提供给我们的最伟大的历险活动

生活本身就是一场大历险，为了能够在这场历险中完美地生存下来，我们就需要不断地学习和求知。在求得生存的过程中，我们也会遇到各种不同的人和事，经过这些事情我们得以成长，也因此变得强大。既然人生本身就是一场大冒险行动，那我们为什么不用冒险的心态来面对这场轰轰烈烈的人生呢？

同样，洛克菲勒也认为自己在进行着一场历险活动，"我的人生轨迹就是一趟

丰富的冒险旅程，如果让我找出哪一次冒险对我最具有意义、最关乎我的未来，那莫过于打入石油工业了。驰骋商海，对每一个人来说，都是生活提供给他的最伟大的历险活动。"

经历冒险人生的洛克菲勒也用冒险的精神在这场旅途中展现自己的智慧。如果说，最开始时的洛克菲勒一穷二白，可以没有顾虑地去冒险，那后期的洛克菲勒依然保持着这种冒险精神，而冒险精神也几乎成了洛克菲勒独特的商业思想。

洛克菲勒从小就开始了各种冒险活动，他将自己辛苦攒下了的钱小心地借给了邻居，并到期收取约定利息。这种行为显然不是简单的儿童式冒险活动了，显然洛克菲勒已经进入到包括有信任危机、财产损失等风险在内的冒险活动中去了。

慢慢长大后的洛克菲勒在冒险活动中也表现得更加自信和大胆，而进入石油行业无疑是改变洛克菲勒一生的大冒险行为。当然，洛克菲勒的冒险行动从来都不是脑子一热就做了决定的，不管最终结果如何，他的决定都是经过深思熟虑和事先考察的。

花7.25万元从克拉克手中买进石油公司是洛克菲勒的人生重大转折点，也是他重要的一次冒险。巨资购买公司之后的洛克菲勒才能有完备的设施，有志同道合的合伙人，也由此开始，洛克菲勒在石油炼制方面迈向了新台阶。

面对莱玛镇劣质石油的时候，洛克菲勒又是用大胆的冒险精神做出了决定，他依然用巨资投入使公司管理成员安心听从他的计划。没有放弃莱玛镇油田的决定也被证明是正确的，后来化学家们通过科技提炼，能够去除莱玛镇石油中的异味和杂质，洛克菲勒及公司为此将收获巨大的石油储量和市场，这次冒险以胜利结束。

当然，洛克菲勒的每一次冒险活动都能成功，在经营标准石油公司的同时，洛克菲勒也有意做一些其他方面的小投资。但事实显示，这位在石油行业有着天生领导能力的巨商，在其他很多领域都是菜鸟级别的投资水平，好在洛克菲勒能够及时认识事情的发展态势，并做出反省和补救。

在人生漫长未知的旅途中，总会有很多分叉口，在选择道路的时候我们一定会有疑惑和担心，前面的道路是不是好走呢？有没有什么危险呢？这条路和旁边的岔路比哪个更好呢？一系列的问号就出来了。在这个时候，先做出基本的考察工作很必要，而剩余的选择部分就需要我们具有冒险精神了。要明白，我们所走的每一条路都是弯弯曲曲、不可预测的。这也就意味着，我们人生中的每一次选择都是我们的一次冒险机会，为了要获得最好的结果，我们必须要慎重对待。

所谓历险，一定是有危险的，但我们也一定要认真经历才好，所以任何人都不需要有太多的心理负担，用历险的心态积极迎接充满冒险活动的人生吧！

放走机会就是削弱自己致富的力量

如果说那些聪明的富人真有什么出众的才华，那就是懂得抓住致富的机会了。机会是"万事俱备，只欠东风"的东风，大的机会还像一个转台，抓住了就能"十年河东，十年河西"，风水转到自家来，放走了这个机会，那就只能继续以往的老日子了。

"机会来了，放走它不仅仅是金钱的损失，更是在削弱你在致富竞技场上的力量！"这是洛克菲勒说给儿子约翰的话，虽然简单，但是其中的含义和力量不容小觑，要能准确并勇敢地抓住成功的机会，真的需要足够的知识和经营，更重要的是付出相应的代价才能使你不至于失去这次机会。

1861 年 4 月，持续长达 4 年的南北战争爆发了，在萨姆特要塞失利后，林肯发布的征兵号召得到了全国人民的响应。在克利夫兰大街遍地都是征兵站，大家举行了多次火炬聚会，为了国家利益而参加战争的热情也被点燃。

与这种热情场面相对应的是洛克菲勒沉稳的个性，按道理来说，他的身体状况和年龄已经达到了入伍的标准，但是洛克菲勒却选择了逃避该项义务，他花了 300 美元找一个人替他应征入伍了。

对于向来支持废除农奴制的洛克菲勒来说，不能直接参加到保卫国家安全统一的战争中去是有原因的，一来他的生意刚刚开张，有很多事务需要他去处理；二来，他是家中的长子，因为父亲常年不在家，已经有工作能力的他理所应当帮助母亲来分担这些压力，要知道，靠母亲一个人养活一家六口可真不是什么简单的事。可是，到目前为止，这位忠诚的爱国者只是在上学期间的文章中抒发自己反对南方奴隶被欺压的情绪，只能在总统选举中将珍贵的一票投给了受人爱戴的亚伯拉罕·林肯先生。

考虑到这些，洛克菲勒只能逃掉这一次的征兵。但是不被人发现也不是一件容易的事，洛克菲勒先是假装脚疾，试图蒙混过关，后来发现装不下去了，实在没办法的洛克菲勒只能破财免灾，花费了大笔资金找人代替他上战场，由于战争的伤亡损失惨重，洛克菲勒不得不为这种逃避行为负长期的责任，据说洛克菲勒前前后后一共找了二三十人替他入伍。

其实，之所以下定决心不去战场，还是因为洛克菲勒看到了战争带来的巨大商机。很简单，战争过程中部队方面会需要大量物资，这对于经营农产品买卖的洛克菲勒来说无疑是天大的致富机会。后勤供应首先成了洛克菲勒致富的好门路，除了与常规商人合作，洛克菲勒还和政府签订了一些合同，虽然和政府的生意不会有什么盈利，不过他们仍然可以从飞涨的物价和普遍发展的行业中得到好处。而因为战争需要，各处的铁路系统也得到了快速的现代化扩张，大量军队和物资被从一个战场快速地运送到另外一个战场，而对运输有严格要求的克拉克—洛克菲勒公司，也从中受益，他们的代理商品能够更加快捷、安全地被运往全国各地。欣欣向荣的发展迹象能通过财务账目得到更加清晰地证明，据资料显示，1862年克拉克—洛克菲勒公司的年利润是1.7万美元，这可是战前年利润的4倍！

就在战争还在持续进行的时候，洛克菲勒在1863年正式进军石油行业，他给安德鲁斯4000元的投入资金，在远离市区、一片安详的郊外，洛克菲勒选择了这块方圆3英亩的土地作为他们的炼油厂。凭借着安德鲁斯在提炼石油方面的技术以及洛克菲勒的管理才干，他们在美国内战的大背景下，用优质的石油满足了战争和普通人们对石油的需求，从中大赚一笔，获得了丰厚的利润。

其实，通过当逃兵致富的人不止洛克菲勒一个，我们熟知的银行家摩根、钢铁大王卡内基也是通过装病、找人代替来逃避征兵的。相比赚得盆满钵满的洛克菲勒，他的弟弟富兰克林就显得落魄多了，曾经瞒报年龄前去参战的他，回来后只能从头开始，但这个时候他已经和哥哥差了好大的距离了。所以也不难看出，抓住任何可以使自己致富的机会是多么重要！

逃避兵役来发展自己的事业显然不应该得到人们的谅解，这也是后来洛克菲勒后悔的一件事情，他屡次声明自己的爱国心，并希望借助自己的财富来为国家建设做出贡献。但我们不得不说，正是果断行事的洛克菲勒没有轻易放走这次机会，才使他赢在了起跑线上。

能够改变我们命运的机会真的屈指可数，很可惜，面对机会，我们常常会因为准备不足、思虑太多、没有发现等原因而和它们擦肩而过。当你不断用错失良机为代价来积累经验的时候，其他人可能已经因为及时抓住一次机会而打了一个漂亮的翻身仗。慢慢地，当自己越来越老，你会发现已经没有什么机会可被抓住了，一次次放走的机会，都使你无缘成功者。

及时踢开成功路上的绊脚石

我们将生活中遇到的各种阻碍形象地比作绊脚石，这些绊脚石总是牢牢地挡住我们的去路，放慢我们前进的速度。绊脚石有时候是客观存在的不利条件，有时候是影响我们行为的人，对于客观条件我们可以改善调整，可对于人来说，我们常常因为个人感情而优柔寡断，不能清晰分辨并及时处理。

面对同样的情况，洛克菲勒是这样处理的，"当我们对重要的事情产生巨大分歧时，我们的合作也就走到了尽头。克拉克已经成了我成功路上的绊脚石，我必须踢开他——和他分手。这是一个重要时刻。"

及时踢开阻碍我们前进中的绊脚石还是体现了我们对原则的坚持和把握，也是对目标的坚强决心，所以，我们应该克服头脑中的旧思想，大胆去追求我们的梦想。

洛克菲勒在经商过程中遇到了很多志趣相投的好朋友，有些还是很好的合作伙伴。不过，在刚开始的时候，由于缺乏经验和识人的本领，洛克菲勒也招进了一些和自己志不同道不合的伙伴，最后因为各种各样的原因，只能分道扬镳。

这种情况主要出现在洛克菲勒的创业早期，最开始在休伊特—塔特尔公司上班时，年少的洛克菲勒对面前这位能干的商人充满敬仰，休伊特的很多经商手段都让洛克菲勒感到新奇，所以，洛克菲勒是一边做记账员，一边偷偷学艺。

可是，随着洛克菲勒在商界经验的不断积累，休伊特在公司管理上面的很多缺点也被洛克菲勒发现。虽然洛克菲勒始终将休伊特当作恩人一样对待，但经营上的缺点使洛克菲勒对休伊特丧失信心，并选择了离开。

最先被洛克菲勒认为不应该的是休伊特很不重视公司的账目，不关注这些细节，从这一点来说，洛克菲勒将其定性为不够细致和谨小慎微。而在公司经营不景气的时候，休伊特不想着从多方面开辟赚钱渠道，却一门心思想做一批木材的生意，后来洛克菲勒他们才得知，原来从这笔生意中休伊特个人将得到一半的收益。这种保护自己、损坏他人的做法还使很多员工对自己的薪水不满意，纷纷选择了离开。等真正有机会赚钱的时候，休伊特又变得缩手缩脚，没有自信，完全没有一个经商老手该具备的判断力和智谋。果真，在休伊特作风的影响下，公司真的走向了倒闭的道路，因为休伊特开始偷偷转移他的房产了，洛克菲勒在帮忙办理这项业务的时候也对休伊特的才能感到十分失望。不过很庆幸的是，在离开之前，洛克菲勒已经有意识地发展自己的生意圈，这为他下一次的创业打下了坚实的基础。

在即将离开休伊特公司前不久的日子里，洛克菲勒巧遇了克拉克先生，这个比他年长10岁的人物曾经是洛克菲勒的同学。克拉克是个急躁的人，在和洛克菲勒准备成立公司时就因为洛克菲勒不能及时拿出投入资金而发过牢骚。不过，最终洛克菲勒用平和的态度平息了这场争吵。两人的合作在最开始还是很协调的，可是到了后期，公司有了一定的经营成绩后，克拉克身上富家子弟的作风就显现出来了，他喜欢各种娱乐场所，为此还经常早退，将工作方面的事情交给洛克菲勒一个人处理。

这还不算什么，更关键的是克拉克没有敏锐的眼光，总是盲目跟风大家做生意。在石油开采一片热闹的时候，洛克菲勒担心这种高产量会稀释市场需求，导致石油价格下跌，而克拉克则认为再不进入石油行业，就会被其他人远远地抛在后面。后来，在洛克菲勒的坚持下，第一次的石油想法便被压下去了。

可是，时机真正到来的时候，克拉克又拿出不该有的谨慎和担心，他对新技术的怀疑使他坚决不同意和安德鲁斯进行合作。被逼得没办法的洛克菲勒最后只能花高价钱买下了克拉克—洛克菲勒公司，并将其更名为洛克菲—安德鲁斯公司。为了摆脱这样糟糕的合作伙伴，洛克菲勒付出了高昂的代价。

克拉克可以说是洛克菲勒创业初始的合作伙伴，也是他成就大业上的绊脚石。后来，野心勃勃的洛克菲勒为了实现自己的远大抱负，也只能将这个胆小、懦弱、毫无主见的克拉克给踢开了。

而在现实生活中，人们总喜欢将绊脚石看作是我们上升的基石，可这块石头的位置发生了变化，阻碍了我们前进的道路，我们只能绕过它，甚至踢开它。当然，我们换一种思维，还可以将这些绊脚石当作进步之阶，因为各种阻碍都是能够促进我们进步的良好锻炼机会，值得我们牢牢把握。

所以，及时踢开阻碍我们成功路上的绊脚石很重要，将绊脚石的形成原因做出总结也很重要，这对防止我们再次出现相同错误有重要指导意义。

靠冒险获胜的机会要比谨慎大得多

在这个世界上，大部分的人一听说"冒险"两个字，就会有退堂鼓之心，这也是他们一辈子只能在平庸道路上行走的原因。他们无法体会到别人冒险时的惊险，也无法感受到他人领略到的异域风情。

不过，或许他们都没有想到，这样的生活其实也是一种风险。生命本身就是一场冒险的旅行，任何事情都不可能依照着你的梦想实现，也不可能得到一个圆满的结局。我们要主动去揭开风险的面纱，而不是等待着风险的降临。只有我们行动了，才有躲避风险的可能。要知道，在大多数情况下，靠着冒险得胜的机会要远比靠着谨慎得胜的机会多。

洛克菲勒公司旗下的产品部经理，在他上任后所做的第一件事情，就是着手开发研究一种新产品。可惜，这款新产品的研制工作失败了。这位产品部经理很是忐忑不安，他担心自己会因此被洛克菲勒辞退。

这天，这位产品经理被叫去洛克菲勒的办公室，在去的路上，产品经理心里很是恐惧，因为他知道，他的好日子就要到头了。

他战战兢兢地站在洛克菲勒面前，连头也不敢抬。洛克菲勒看着眼前的这个年轻人，轻声问道：你就是那个研发新产品、让我们公司赔了一大笔钱的经理吗？

经理胆战心惊地回答道："是。"

而接下来的一幕却让他始料未及。只见洛克菲勒拍手称道："很好，很好。我这是要向你拍手祝贺了。你敢研发新产品，也说明你有冒险精神。虽然这次的冒险失败了，但是如果你没有了这种精神，我们公司也就很难会有发展了。要知道，在大多数情况下，靠冒险取得胜利的机会要远比谨慎来得多得多。"

之后，这位产品部的经理被提升为了总经理，他一直记得洛克菲勒对他说的那句话："一名合格的员工，一定要具有冒险精神，这也是一个人魅力人格的体现。"

上述的例子也可以应用到我们日常生活中来。我们在工作的时候，要投入进去自己的冒险精神，只有这样，你的老板才能够感受到你对公司的尽心尽力和所做的贡献。同样，一个人的才华要想施展出来，也是需要一点儿冒险精神的。只有你克服了一个个的困难，你的能力才能够完全施展出来。而那些没有危机感、不思进取的人，他们最后的结果肯定不是成功。

一般情况下，靠着冒险取得胜利的概率，要远大于靠着谨慎取得胜利的概率。冒险是人的一种精神，物质上破产了没关系，如果精神也随之破产了，那么你才算是真正输掉了一切。你要知道，人的事业越高，浪头也就会越大，你只有站在这浪头上，才能够取得你想要的功名。

　　冒险不可怕，可怕的是不敢冒险；失败也不可怕，可怕的是不愿意接受失败。所以，我们只要冒险，不管最后的结果是什么，我们都是胜利者，至少在那些保守谨慎、小心翼翼过日子的人面前，是一个成功者。